ŒUVRES
DE
J. F. COOPER

IMPRIMERIE DE H. FOURNIER ET Cᶜ, 7 RUE SAINT-BENOÎT.

J. F. COOPER

TRADUCTION

par Defauconpret.

WYANDOTTÉ.

Paris.
FURNE & Cie, CH. GOSSELIN
Éditeurs.
1846.

OEUVRES
DE
J. F. COOPER

TRADUITES

PAR

A. J. B. DEFAUÇONPRET

TOME VINGT-QUATRIÈME

WYANDOTTÉ

PARIS
FURNE ET Cie, CHARLES GOSSELIN
ÉDITEURS

M DCCC XLV

WYANDOTTÉ

ou

LA HUTTE SUR LA COLLINE

CHAPITRE PREMIER.

> Un gland tombe d'un vieux chêne, et reste couché sur la terre mousseuse. « Oh ! quel sera le sort du gland ? » murmuraient tout autour de douces voix qui semblaient s'échapper des calices des fleurs ; et tout autour galopaient des légions de sauterelles et résonnaient les pas des lourds scarabées.
>
> POÈME SEBA SMITH.

IL existe une erreur généralement répandue au sujet des paysages américains. La dimension des lacs, la longueur et la largeur des fleuves, les vastes solitudes des forêts et l'étendue en apparence illimitée des prairies, y font toujours attacher une idée de grandeur ; ce mot est dans presque tous les cas mal appliqué. Dans cette portion du continent américain qui est échue à la race anglo-saxonne, le paysage s'élève rarement à des proportions qui méritent l'emploi de ce terme ; et quand cela arrive, c'est dû plutôt à des accessoires, comme à des bois interminables, qu'à la conformation naturelle du pays. Pour celui qui est accoutumé aux terribles sublimités des Alpes, à la douce et sauvage grandeur des lacs de l'Italie, ou aux charmes pleins de noblesse des rives de la Méditerranée, notre pays risque de paraître froid et sans intérêt, quoiqu'il y ait certainement des exceptions où les charmes de la nature se déploient dans une ravissante beauté.

On retrouve ce dernier caractère dans cette contrée qu'occupe l'angle formé par la jonction de la Mohawk avec l'Hudson, et qui s'étend au sud aussi loin, plus loin même que les frontières de la Pensylvanie, et à l'ouest jusqu'aux bords de cette vaste plaine qui forme les régions occidentales de l'État de New-York. La surface de ce pays est de plus de dix mille milles carrés et embrasse aujourd'hui dix comtés au moins qui contiennent une population rurale de près de cinq cent mille âmes, sans compter les habitants des cités riveraines.

Tous ceux qui ont vu cette contrée et qui sont familiers avec les paysages plutôt riants que grandioses, sont d'accord pour en admirer les beautés réelles et pour apprécier les perfectionnements dont ils sont susceptibles. On y désirerait, comme pour toutes choses de ce genre en Amérique, plus de fini, plus d'accentuation; peut-être pourrions-nous ajouter que l'absence de pittoresque dans tous les ouvrages faits de main d'homme est un défaut général. Cependant cette région particulière dont nous parlons et toutes celles qui lui ressemblent, car elles abondent sur la vaste surface des vingt-six États, a des beautés qui lui sont propres, et qu'il serait difficile de rencontrer sur aucun des territoires du vieux monde.

Ceux qui nous ont fait l'honneur de lire nos œuvres antérieures, comprendront tout d'abord que la contrée à laquelle nous faisons allusion, a déjà été l'objet de plusieurs de nos descriptions. Si nous y retournons maintenant, c'est moins avec le désir d'en vanter les charmes, que pour la présenter sous un aspect nouveau, mais tout à fait historique. Nos écrits précédents ont dû apprendre au lecteur qu'avant la révolution américaine, toute cette étendue de pays était un désert, à part quelques établissements formés sur les deux grandes rivières. Il y avait cependant à cette règle générale quelques autres exceptions qu'il est bon de signaler, de peur qu'en prenant nos assertions trop à la lettre, le lecteur ne puisse nous accuser de contradiction. Afin d'être bien compris nous allons donner quelques explications assez étendues.

Le pays montagneux qui comprend aujourd'hui les comtés de Schoharie, Otsego, Chenango, Broome, Delaware, etc., était, il est vrai, un désert en 1775; mais les gouverneurs coloniaux avaient commencé à faire des concessions de terrains une vingtaine d'années auparavant. L'acte constitutif de la propriété qui fait l'objet de ce récit est sous nos yeux; il porte la date de 1769, et la concession indienne qui y est annexée est d'un ou deux ans antérieure. Cette date peut être considérée comme la moyenne de toutes les autres; certains actes étant plus anciens, d'autres plus récents. Ces concessions de terrains étaient primitivement faites avec l'obligation de payer une rente à la couronne; il fallait en outre, d'habitude, donner d'énormes gratifications aux officiers coloniaux, et enfin racheter les droits des Indiens. Cette dernière opération se faisait à peu près dans ces jours comme aux nôtres, et ce serait un objet de recherches curieuses que de déterminer la nature précise des valeurs d'échange données aux aborigènes. Dans l'acte qui est devant nous, nous voyons que le droit indien fut racheté par quelques fusils, des couvertures, des chaudières et des colliers, quoique la concession fût nominalement de cent mille acres, et en comprît réellement de cent dix à cent vingt mille.

A mesure que s'accrut la valeur du sol, l'abus des concessions amena une loi qui bornait à mille le nombre d'acres qui pouvaient être accordées à chaque concessionnaire. Nos prédécesseurs monarchiques avaient les mêmes dispositions que nous autres républicains, à faire de la loi une lettre morte, et les mêmes moyens pour y arriver. La patente qui est entre nos mains, portant concession de cent mille acres, est faite au nom de cent différents concessionnaires, tandis que trois parchemins qui y sont joints sont signés chacun par trente-trois de ces mêmes concessionnaires, qui rétrocèdent leurs droits au premier nommé en tête de l'acte; la date de ces derniers actes étant de deux jours postérieure à celle de la patente royale.

Telle est l'histoire de la plupart des titres originaires des propriétés qui couvraient cette contrée à une époque antérieure à la révolution. L'argent et le favoritisme, toutefois, n'étaient pas toujours les motifs de ces grandes concessions. Quelquefois elles étaient la récompense de services rendus, et dans bien des cas, de vieux officiers de l'armée recevaient, à titre de gratifications, une patente de concession à condition d'acquitter la rente et de racheter les droits indiens. Ces concessions à d'anciens militaires étaient rarement considérables, excepté lorsqu'il s'agissait d'officiers d'un grade supérieur, trois ou quatre mille acres bien choisies étant un lot suffisant pour des cadets des lairds d'Écosse ou des squires d'Angleterre, accoutumés à regarder une ferme comme un domaine.

Comme la plupart de ces militaires avaient longtemps occupé les postes-frontières, ils étaient accoutumés à la vie des bois, et s'étaient familiarisés avec les privations et les dangers ; il leur arrivait donc assez souvent, lorsque les besoins de leur famille devenaient pressants, de vendre leur charge, de se mettre à demi-solde et de se retirer dans les terres qu'on leur avait accordées, pour s'y établir en permanence.

Dans les parties de la colonie de New-York qui s'étendent à l'ouest des comtés riverains, les patentes étaient presque toujours de simples concessions de propriété sujettes à une redevance annuelle, sans aucun des priviléges de seigneurie féodale attachés à toutes les concessions antérieurement faites sur l'Hudson ou dans les îles ; la couronne se réservait seulement les droits sur les mines de métaux précieux. Nous ne saurions dire pourquoi fut établie cette distinction ; mais elle existe, et nous en trouvons la preuve dans un grand nombre de patentes originales qui nous ont été transmises par différentes sources. Cependant les habitudes de la métropole l'emportèrent, et certaines habitations ont conservé, même jusqu'à nos jours, le titre de manoirs, bien qu'aucun droit de manoir n'ait jamais été accordé ; les propriétaires convertissaient en terre féodale une propriété accordée à titre simple, sans que l'acte de concession fît mention d'aucun privilége. Au surplus, quelques-uns de ces manoirs étaient d'un aspect si primitif, qu'on aurait pu croire que ce nom ne leur était donné que par dérision ; les constructions étaient faites en troncs d'arbres encore couverts de leur écorce, et l'intérieur correspondait à l'extérieur. Malgré tous ces mécomptes, l'habitude et les souvenirs pouvaient aisément se faire illusion avec des mots ; et il y avait une certaine jouissance mélancolique pour les exilés, à transporter au milieu de leurs forêts les noms et les usages des scènes de leur enfance.

L'effet des différentes causes que nous venons d'énumérer fut de parsemer cette contrée d'établissements éloignés les uns des autres, que l'on rencontre comme des monuments grossiers de la civilisation, au milieu de la vaste étendue de forêts sans bornes. Quelques-uns de ces établissements primitifs avaient fait de considérables progrès avant que la guerre de 1776 forçât les habitants de chercher ailleurs une protection contre les invasions des sauvages ; et longtemps avant le flux d'émigrants qui succéda à la paix, les prairies, les vergers et les fruits de ces oasis du désert les faisaient remarquer au milieu des troncs noircis, des poutres empilées et des noires jachères. Plus tard même on pouvait les distinguer des autres par la surface plus unie des champs, le produit plus abondant des vergers, et l'aspect général d'une civilisation plus avancée et d'une plus vieille date. Çà et là, des villages s'étaient formés, comme Cherry-Valley et Wyoming, qui ont depuis figuré dans l'histoire générale des États-Unis.

Notre récit actuel nous conduit à la description d'un de ces établissements primitifs, situé sur un point très-isolé de la contrée dont nous avons parlé, et qui était sous la direction d'un ancien officier nommé Willoughby. Le capitaine Willoughby, après plusieurs années de service, avait épousé une Américaine. Bientôt la naissance d'un fils et d'une fille l'engagea à vendre sa commission ; il obtint une concession de terrain, et résolut de se retirer dans sa nouvelle propriété pour y achever ses jours dans les travaux de l'agriculture et au sein de sa famille. Une fille adoptive augmentait aussi le nombre de ses charges.

Homme éclairé et prévoyant, le capitaine Willoughby poursuivit son dessein avec résolution, prudence et intelligence. Sur les lignes, comme on était convenu d'appeler les frontières américaines, il avait fait connaissance avec un Tuscarora, connu sous le sobriquet de Saucy[1] Nick. Cet homme, espèce de paria parmi les siens, s'était de bonne heure attaché aux blancs, avait appris leur langue, et grâce à un singulier mélange de bonnes et de mauvaises qualités, accompagnées d'une grande finesse naturelle, il avait gagné la confiance de plusieurs commandants de petites garnisons, parmi lesquels était notre capitaine. Ce dernier ne se fut pas plutôt décidé à former un établissement, qu'il envoya chercher Nick, qui était alors dans le fort, et il se fit entre eux la conversation suivante :

— Nick, dit le capitaine en se passant la main sur le front comme c'était son habitude dans ses moments de réflexion ; Nick, j'ai en vue un important projet dans lequel vous pouvez m'être de quelque utilité.

Le Tuscarora, attachant sur le soldat ses noirs yeux de basilic, le contempla en silence comme s'il voulait lire dans son âme ;

---

1. *Saucy* veut dire impertinent, effronté ; nous conservons dans notre texte le mot anglais, faute d'équivalent exact.

puis, faisant du pouce un geste par-dessus son épaule, il répondit avec un sourire grave :

— Nick comprend. Vouloir six, deux chevelures des Français, là-bas, au Canada. Nick le fera ; combien donnez-vous ?

— Non, misérable Peau-Rouge, je ne veux rien de la sorte ; nous sommes en paix aujourd'hui (cette conversation avait lieu en 1764), et vous savez que je n'ai jamais acheté de scalps, même en temps de guerre. Ne me parlez plus de cela.

— Que voulez-vous donc ? reprit Nick comme un homme fort embarrassé.

— Je veux de la terre, de la bonne terre, en petite quantité, mais bonne. Je suis sur le point d'avoir une concession, une patente...

— Oui, interrompit Nick ; je sais, un papier pour enlever aux Indiens leurs terres de chasse.

— Je ne veux pas l'enlever, je suis disposé à payer aux hommes rouges un prix raisonnable.

— Achetez la terre de Nick, alors ; elle est meilleure que toute autre.

— Votre terre, coquin !..... Vous n'avez pas de terre..... Vous n'appartenez à aucune tribu ; vous n'avez pas de droits à vendre.

— Pourquoi demander le secours de Nick, alors ?

— Pourquoi ? Parce que vous savez beaucoup, quoique vous ne possédiez rien. Voilà pourquoi.

— Achetez alors ce que Nick sait : mieux que lui le grand-père sait qui est à New-York.

— C'est précisément ce que je veux. Je vous paierai bien, Nick, si vous voulez partir demain avec votre fusil et votre boussole de poche. Vous irez vers la source de la Susquehannah et de la Delaware, à l'endroit où les courants sont rapides, et où il n'y a pas de fièvres ; vous tâcherez de m'y découvrir trois ou quatre mille acres de bonne terre, et je ferai la demande d'une patente. Qu'en dites-vous, Nick ? voulez-vous partir ?

— Pas besoin. Nick vendra au capitaine sa propre terre, ici, dans le fort.

— Misérable, vous me connaissez assez pour ne pas plaisanter quand je suis sérieux.

— Nick sérieux aussi, un prêtre morave pas plus sérieux que Nick en ce moment. A de la terre à vendre.

Dans le cours de son service, le capitaine Willoughby avait eu plus d'une fois l'occasion de punir le Tuscarora ; et comme tous deux ils se comprenaient parfaitement bien, le premier vit qu'il était peu probable que l'Indien voulût se jouer de lui.

— Où est cette terre que vous possédez, demanda-t-il après avoir étudié un instant la physionomie de Nick. Où est-elle située ? A quoi ressemble-t-elle, quelle est son étendue, et comment en êtes-vous propriétaire ?

— Répétez vos questions, dit Nick en prenant quatre baguettes pour les suivre par ordre.

Le capitaine recommença, et le Tuscarora déposa une baguette à chaque question.

— Où est-elle ? répondit-il en ramassant la première baguette, en guise de mémorandum. Là-bas, où il dit, à une marche de la Susquehannah.

— Bien, continuez.

— A quoi ressemble-t-elle ? A de la terre, assurément. Croyez-vous que ce soit à de l'eau ? Il y a de l'eau aussi, pas trop ; il y a de la terre, pas beaucoup d'arbres, mais quelques arbres ; des cannes à sucre, de la place pour du blé.

— Continuez.

— Quelle est son étendue ? poursuivit Nick en ramassant une autre baguette ; autant que vous voudrez : voulez-vous peu, vous aurez peu ; voulez-vous beaucoup, vous aurez beaucoup ; voulez-vous pas du tout, vous aurez pas du tout ; vous aurez ce que vous voudrez.

— Poursuivez.

— Certainement. Comment je suis propriétaire ? Comment Face-Pâle est-il venu en Amérique ? Il l'a découverte, ha ! Eh bien, Nick a découvert la terre là-bas.

— Nick, que diable voulez-vous dire par tout ceci ?

— Je ne veux rien dire du diable ; je parle de terre, de bonne terre. Je l'ai découverte ; je sais où elle est : j'y ai pris des castors, il y a trois... deux ans. Tout ce que dit Nick est vrai comme une parole d'honneur, plus vrai encore.

— Serait-ce, par hasard, un ancien cantonnement de castors, détruit aujourd'hui ? demanda le capitaine d'un air d'intérêt ; car il avait vécu trop longtemps dans les bois pour ne pas connaître la valeur d'une telle découverte.

— Pas détruit; encore debout, toujours bon; Nick y était à la saison dernière.

— Alors pourquoi en parler? Les castors n'ont-ils pas plus de valeur que tout l'argent que vous pourriez recevoir pour la terre?

— Je les ai presque tous attrapés; il y a quatre, deux ans; le reste a fui. Le castor ne demeure pas longtemps lorsque l'Indien l'a découvert, lorsqu'il a tendu ses trappes. Le castor plus malin que Face-Pâle, malin comme un ours.

— Je commence à comprendre, Nick. Quelle grandeur a l'étang des castors?

— Pas si grand que le lac Ontario. Supposez-le plus petit. Qu'importe! assez grand pour une ferme.

— Son étendue est-elle d'un ou de deux cents acres? Est-elle aussi grande que les éclaircies autour du fort?

— Deux, six, quatre fois aussi grande. J'ai pris là en une saison quarante peaux. Petit lac; tous les arbres ont disparu.

— Et la terre autour, est-elle montagneuse ou plate? est-elle bonne pour la culture du blé?

— Tout cannes à sucre. Que voulez-vous de mieux? Voulez-vous du blé? vous en planterez; voulez-vous du sucre? vous en ferez.

Le capitaine Willoughby fut frappé de cette description, et il revint souvent sur ce sujet. Enfin, après avoir obtenu de Nick tous les renseignements désirables, il fit avec lui un marché. Un inspecteur fut engagé, et il partit pour visiter les lieux, guidé par le Tuscarora. L'examen prouva que Nick n'avait pas exagéré. L'étang couvrait environ quatre cents acres de bas-fonds; tandis que tout autour s'étendaient trois mille acres de plaines couvertes de hêtres et d'érables. Les montagnes adjacentes étaient labourables et promettaient de devenir, avec le temps, fertiles et profitables. L'inspecteur, calculant avec habileté ses distances, prit ses mesures de manière à comprendre dans les limites qu'il traçait l'étang, les plaines et environ trois mille acres de collines, formant ainsi un ensemble pour une patente d'environ six mille acres d'excellente terre. Puis il réunit les chefs d'une tribu voisine, leur offrit du rhum, du tabac, des couvertures, des ornements et de la poudre, obtint de douze Indiens d'apposer leur marque sur un morceau de peau de daim, et revint auprès du capitaine avec une carte, un plan et un titre au moyen duquel les droits des

Indiens étaient rachetés. L'inspecteur reçut son salaire, et partit dans une autre direction pour recommencer son opération en faveur d'un autre colon. Nick reçut aussi sa récompense, et se montra satisfait de la transaction. C'est ce qu'il appelait avoir vendu les castors, quand ils étaient tous partis.

Après ces actes préliminaires, le capitaine Willoughby fit en bonne forme sa demande de concession. Jouissant d'un certain crédit, il l'eut bientôt obtenue; l'acte fut fait par le gouverneur en conseil, un sceau massif fut attaché à une énorme feuille de parchemin, les signatures furent apposées, et la concession Willoughby figura dans les annales et sur les cartes de la colonie. Mais, ainsi qu'il est arrivé dans bien des cas de cette nature, la concession qui était faite pour six mille deux cent quarante-six acres, se trouva par la suite contenir sept mille quatre-vingt-douze acres d'excellent terrain.

Notre plan et les limites de notre récit nous contraignent de ne donner qu'une esquisse de toutes les opérations du capitaine dans sa prise de possession, quoique nous sentions bien que les détails variés d'un semblable établissement pourraient offrir un intérêt analogue à celui des entreprises de Robinson Crusoé. Comme à l'ordinaire, nos aventuriers commencèrent leurs opérations au printemps. Madame Willoughby et les enfants furent laissés chez des amis à Albany, pendant que le capitaine et ses compagnons s'avançaient en pionniers vers la terre concédée. Nick avait l'emploi de chasseur; c'était presque une haute fonction, et assurément de la plus grande importance dans une expédition de cette nature. Puis venaient huit bûcherons, un charpentier, un maçon, un constructeur de moulins. Tel était, avec le capitaine et un sergent retraité nommé Joyce, le personnel de l'expédition.

Nos aventuriers firent la plus grande partie de la route par mer. Après avoir frayé leur chemin jusqu'aux sources de la Canaideraga, qu'ils prirent pour l'Otsego, ils abattirent des arbres, les creusèrent en canots, s'embarquèrent, et avec l'aide d'un attelage de bœufs que l'on poussait le long du rivage, ils atteignirent la Susquehannah, la descendirent jusqu'à l'Unadilla, remontèrent cette dernière rivière, et arrivèrent enfin jusqu'au petit cours d'eau qui traversait la nouvelle propriété du capitaine. Cette montée fut excessivement laborieuse; mais le voyage fut terminé vers la fin d'avril, lorsque les eaux étaient encore hautes. La neige couvrait encore les bois; mais les bourgeons commençaient à poindre et à étaler les riches promesses du printemps.

La première mesure des aventuriers fut de construire des cabanes. Au centre de l'étang, qui, ainsi qu'il a été dit, couvrait quatre cents acres, était une île de cinq ou six acres d'étendue. C'était une colline rocheuse, qui s'élevait à quarante pieds au-dessus de la surface de l'eau; elle était encore couronnée de sapins qui avaient échappé aux ravages du castor. Dans l'étang lui-même, il ne restait qu'un petit nombre de souches, l'eau ayant peu à peu fait périr ou tomber les arbres. Cette circonstance prouvait que le cours d'eau avait été depuis longtemps endigué par les castors, plusieurs générations successives de ces animaux y ayant renouvelé leurs travaux pendant des siècles. Cependant la digue qui existait alors n'était pas très-vieille, les castors ne s'étant retirés que très-récemment devant leur grand ennemi, l'homme.

Ce fut dans cette île que le capitaine Willoughby transporta toutes ses provisions, et qu'il bâtit une hutte, contre l'avis toutefois des bûcherons, qui prétendaient qu'il valait mieux s'établir sur la terre ferme. Mais le capitaine et le sergent, après un conseil de guerre tenu entre eux deux, décidèrent que la colline formait une position militaire qui pouvait être facilement défendue contre les hommes ou les animaux. Pourtant un autre établissement fut élevé sur le rivage pour servir de retraite aux hommes qui le préféreraient.

Après ces précautions préliminaires, le capitaine projeta un coup hardi pour triompher du désert : il ne s'agissait de rien moins que de dessécher l'étang, et d'en enlever d'un coup de main tous les troncs d'arbres, afin d'y établir une ferme. C'était obtenir en une seule saison les résultats de plusieurs années de travaux, et chacun reconnut l'utilité de l'entreprise, pourvu qu'elle fût exécutable.

On s'assura bientôt qu'elle l'était. Le cours d'eau qui traversait la vallée était loin d'être rapide, jusqu'à ce qu'il atteignît une passe où les collines se rapprochaient l'une de l'autre en bas promontoires; à cet endroit, la terre déclinait sensiblement jusqu'à une terrasse inférieure. C'était à travers cette gorge ou ce défilé, large d'environ cinq cents pieds, que les castors avaient établi leurs digues, aidés en cela par la position de quelques rochers qui s'élevaient à fleur d'eau, et à travers lesquels la petite rivière trouvait son passage. La partie qu'on pouvait appeler la clef de la digue, n'avait que vingt pas de largeur, et immédiatement au-dessous, les rochers s'inclinaient rapidement, et l'eau que ne retenait pas la digue, s'y précipitait en cascades. Le constructeur de moulins trouvait cet endroit si convenable pour commencer ses opérations, qu'il protesta contre la destruction de l'œuvre des castors. Mais comme il était inutile de conserver un étang de quatre cents acres, sans avoir égard à ses réclamations on se mit à l'œuvre.

Le premier coup fut porté à la digue le 2 mai 1765 à neuf heures du matin, et le soir, le petit lac enclos dans la forêt et dont la surface brillait au soleil du matin, avait entièrement disparu. Il restait à la place une large surface de boue liquide, couverte de mares et du débris des cabanes de castors, et lentement sillonnée par la petite rivière. Le changement était triste à l'œil; mais il offrait des charmes à l'avenir de l'agriculteur. A peine l'eau eut-elle obtenu un petit passage, qu'elle se fraya sa route elle-même, se précipitant comme un torrent à travers l'ouverture dont nous avons parlé.

Le lendemain matin, le capitaine Willoughby fut presque tenté de déplorer l'ouvrage de ses mains. Le paysage se présentait si différent de ce qu'il était lorsque les bas-fonds étaient couverts d'eau, qu'il était impossible de ne pas être ému du changement. Pendant près d'un mois tout le monde conserva cette impression. Nick surtout signala cette mesure comme imprudente et intempestive, quoiqu'il l'eût prévue dans son contrat et qu'il eût fait son prix en conséquence; et même le sergent Joyce fut obligé de convenir que la colline, qui cessait d'être une île, avait perdu la moitié de ses avantages comme position militaire.

Le mois suivant, toutefois, amena d'autres changements. Les mares s'étaient en partie desséchées par l'évaporation; la vase se fendait et devenait pulvérulente, et les bords supérieurs de l'ancien étang étaient suffisamment fermes pour permettre aux bœufs de les parcourir sans enfoncer. Des clôtures de broussailles, d'arbres et même de palissades, entourèrent en cet endroit cinquante acres de terre, et l'on y sema du blé de Turquie, de l'avoine, des citrouilles, des pois, des pommes de terre, du chanvre et différentes autres sortes de graines. Le printemps fut sec, et le soleil, brillant au quarante-troisième degré de latitude, eut une action puissante et salutaire. Ce qui n'était pas moins important, c'est que, grâce à l'antiquité de l'étang, il ne s'y trouvait aucune accumulation récente de matières végétales ; et en conséquence, ceux qui y établissaient leurs travaux n'eurent point à souffrir des émanations qui suivent en général le desséchement des marais. Du gazon fut aussi semé aux endroits favorables, et les choses prirent un aspect vivant et joyeux.

Le mois d'août offrit un tableau différent. Un moulin à scie fut élevé et bientôt mis en mouvement. Des piles de planches neuves s'entassaient, et le rabot du charpentier fit son œuvre. Le capitaine Willoughby était riche, en quelque sorte, c'est-à-dire qu'outre sa terre, il possédait quelques milliers de livres sterling, et avait encore à toucher le prix de sa commission. Une portion de ces richesses fut judicieusement employée à l'amélioration de son établissement, et sachant désormais qu'il ne manquerait pas de fourrage pour l'hiver suivant, il envoya acheter deux vaches et une couple de bœufs. Des instruments aratoires furent fabriqués sur place, et des traîneaux tinrent lieu de charrettes qu'aucun des ouvriers présents n'était en état de confectionner.

Les produits d'octobre furent la récompense de ces travaux. La récolte fut abondante et d'excellente qualité. Le capitaine recueillit plusieurs centaines de boisseaux de blé de Turquie, et fit plusieurs meules des feuilles et des tiges. Les navets vinrent aussi en abondante quantité ; ils étaient d'une délicatesse de goût inconnue dans les vieilles terres cultivées. Les pommes de terre ne réussirent pas aussi bien ; elles étaient un peu aqueuses, mais en quantité suffisante pour nourrir le bétail pendant tout l'hiver. Les pois et les produits du jardin étaient de bonne qualité et abondants ; et comme on s'était procuré quelques porcs, on avait suffisamment de provision pour toute la mauvaise saison.

Lorsque l'automne fut avancée, le capitaine, abandonnant les champs, alla rejoindre sa famille à Albany. Il laissait pour garnison le sergent Joyce, Nick, un meunier, le maçon, le charpentier et trois bûcherons. Ils étaient chargés de préparer les matériaux pour la saison suivante, de prendre soin des provisions, de rentrer les récoltes d'hiver, de jeter quelques ponts, de percer quelques routes, d'abattre du bois de chauffage, de construire des granges et des hangars, enfin de surveiller tous les intérêts de la colonie. Ils devaient aussi jeter les fondements d'une maison pour le concessionnaire.

Comme ses enfants étaient en pension, le capitaine Willoughby résolut de ne pas les emmener immédiatement à la Hutte sur la colline. Ce fut le nom que la propriété retint d'après la position du premier bivouac. Ce nom lui avait été donné par le sergent Joyce, et comme il fut confirmé par la condescendance du propriétaire et de sa famille, nous l'avons conservé dans notre récit. De temps en temps, un messager apportait des nouvelles de la colonie, et deux fois dans le cours de l'hiver le même individu y remportait des provisions et des paroles d'encouragement. Cependant aux approches du printemps, le capitaine fit ses préparatifs pour une nouvelle campagne, dans laquelle sa femme devait le suivre. Madame Willoughby, douce et affectueuse Américaine de New-York, ne voulait pas laisser son mari passer un autre été dans cette solitude sans le consoler de sa présence.

Au mois de mars, avant la fonte des neiges, plusieurs traîneaux chargés d'articles nécessaires, remontèrent la vallée de la Mohawk jusqu'à l'endroit où se voit actuellement le village de Fortplain. De là on transporta les différents articles, soit à dos d'hommes, soit avec des chevaux de charge, jusqu'au lac Otsego que l'on ne confondit pas cette fois avec la Canaideraga. Ces laborieux transports occupèrent un espace de six semaines, pendant lesquelles le capitaine alla lui-même jusqu'au lac, et revint à Albany avant que la neige eût disparu.

CHAPITRE II.

> Toutes choses sont renouvelées, les bourgeons, les feuilles qui dorent la cime mouvante de l'orme, et même les nids au bord des toits...... Il n'y a plus d'oiseaux dans le nid de l'an passé.
>
> LONGFELLOW.

— J'AI de bonnes nouvelles à vous annoncer, Wilhelmina, s'écria le capitaine d'un air joyeux en entrant dans le parloir où sa femme avait l'habitude de passer la moitié du jour à coudre et à tricoter. Voici une lettre de mon bon vieux colonel. L'affaire de Robert est arrangée et conclue ; il quittera sa pension la semaine prochaine pour endosser la livrée de Sa Majesté.

Madame Willoughby sourit, et cependant deux ou trois larmes descendirent sur ses joues. Le sourire venait du plaisir qu'elle ressentait en apprenant que son fils entrait comme enseigne dans le 60e régiment ou Royal-américain ; ses larmes étaient un tribut payé à la nature, et témoignaient les craintes d'une mère qui livre un fils unique à la carrière des armes.

—Je me réjouis, Willoughby, dit-elle, parce que vous vous réjouissez ; et je sais que Robert sera enchanté d'avoir une commission du roi ; mais il est bien jeune pour être exposé aux dangers des camps et des batailles.

— J'étais plus jeune que lui lorsque je marchai au feu ; car nous avions la guerre alors. Aujourd'hui, nous jouissons d'une paix qui semble devoir être sans fin, et Robert aura le temps de cultiver sa barbe avant de sentir l'odeur de la poudre. Quant à moi, ajouta-t-il d'un ton de regret, car les vieux souvenirs et les vieilles habitudes renaissaient de temps à autre en lui, quant à moi la culture des navets doit être mon occupation future. Eh bien, ma commission est vendue, Robert a la sienne en place ; la différence du prix est dans ma poche ; qu'il n'en soit plus question. Voici nos chères filles, Wilhelmina, elles doivent dissiper tous les regrets. Le père de deux enfants semblables doit assurément être heureux.

Au même instant entrèrent dans la chambre Beulah et Maud Willoughby, car la fille adoptive portait comme l'autre le nom de la famille. Elles venaient visiter leurs parents dans la promenade du matin que leur faisait faire régulièrement leur maîtresse de pension. Et ce n'était pas sans raison que leurs tendres parents en étaient fiers. Beulah, l'aînée, avait onze ans, et sa sœur était plus jeune de dix-huit mois. La première avait une physionomie calme, mais gracieuse, ses joues étaient colorées, ses yeux brillants, et son sourire charmant. Maud, la fille adoptive, avec le même air de santé que sa sœur, avait la physionomie rayonnante d'un ange. Sa figure avait plus de finesse, ses regards plus d'intelligence, sa sensibilité plus d'enjouement, son sourire plus de tendresse et souvent plus d'expression. Il est à peine utile d'ajouter que toutes deux se distinguaient par cette délicatesse de contours qui se rencontre presque invariablement chez les femmes de ce pays. Ce qui était peut-être plus commun à cette époque que de notre temps, toutes deux parlaient leur langue avec une pureté remarquable, sans aucun accent et avec une grâce qui s'éloignait également de toute affectation et de toute habitude provinciale. Le hollandais étant alors d'un usage très-commun à Albany, et la plupart des femmes d'origine hollandaise conservant dans l'anglais certaines locutions de leur langue-mère, cette pureté de dialecte chez les deux sœurs devait être attribuée à ce que leur père était un véritable Anglais, leur mère une Américaine d'origine anglaise, tandis que la maîtresse de la pension où elles étaient depuis trois ans, était née à Londres, et avait reçu l'éducation la plus distinguée.

— Allons, Maud, dit le capitaine, après avoir embrassé la petite favorite sur le front, les yeux et les joues, allons, Maud, je vous donne à deviner les bonnes nouvelles que je vous apporte ainsi qu'à Beulah.

— Vous et ma mère renoncez à passer l'été à ce vilain étang appelé le domaine des Castors, répondit l'enfant avec la vivacité de l'éclair.

— C'est charmant de votre part, plutôt charmant que sage, ma chérie, mais vous vous trompez.

— Et vous, Beulah, interrompit la mère, qui, tout en chérissant la cadette, avait presque du respect pour la solidité d'esprit et la justesse de jugement de l'aînée, voyons si vous devinerez.

— Il s'agit de quelque chose concernant mon frère; je le vois dans les yeux de ma mère, répondit Beulah en regardant attentivement madame Willoughby.

— Oh oui! s'écria Maud, en sautant joyeusement à travers la chambre, et en se jetant dans les bras de son père. Robert a sa commission! Je le vois maintenant; vous n'avez pas besoin de me le dire; je le vois bien. Cher Robert! comme il sera content! que je me sens heureuse!

— Est-ce vrai, ma mère? demanda Beulah avec inquiétude et sans même sourire.

— Maud a raison : Robert est enseigne, ou il le sera dans un ou deux jours. Vous ne paraissez pas satisfaite, mon enfant?

— J'aurais voulu que Robert ne fût pas militaire. Maintenant il sera toujours absent, et nous ne le verrons jamais; puis il sera obligé de se battre, et qui sait ce qui pourra lui arriver?

Beulah pensait plus à son frère qu'à elle-même, et, à vrai dire, la mère partageait ses tristes sentiments. Il en était autrement de

Maud ; elle ne voyait que le beau côté du tableau, Robert, joyeux et brillant, admiré de tous, la physionomie riante, heureux et faisant le bonheur des siens. Le capitaine sympathisait avec sa favorite. Accoutumé aux armes, il se réjouissait de voir ouverte à son fils unique une carrière où il avait lui-même, il ne se le dissimulait pas, en partie échoué. Il couvrit Maud de caresses, et sortit précipitamment de la maison, sentant son cœur trop plein pour qu'il s'exposât à trahir sa faiblesse en présence des femmes.

Huit jours plus tard, les dernières neiges de la saison ayant disparu, le capitaine Willoughby et sa femme quittèrent Albany pour se rendre à la Hutte. Les adieux furent tendres et douloureux pour les parents, quoique, après tout, ils ne fussent séparés de leurs bien-aimés enfants que par une distance d'environ cent milles ; mais cinquante de ces milles étaient des déserts, et pour franchir le reste, il fallait traverser des forêts épaisses et dénuées de routes, ou naviguer sur des fleuves pleins de dangers. Les communications ne pouvaient être que rares et difficiles. Cependant elles ne devaient pas être entièrement interrompues, et la prévoyante mère laissa à la maîtresse de pension, madame Waring, de nombreuses recommandations sur la santé de ses filles et sur les moyens de les faire revenir en cas d'accidents sérieux.

Madame Willoughby avait souvent surmonté, à ce qu'elle croyait, les difficultés d'un voyage entrepris de concert avec son mari à travers les solitudes. On a coutume de vanter hautement le passage des Alpes par Napoléon ; mais jamais une brigade ne s'est avancée pendant vingt-quatre heures à travers les solitudes américaines, sans rencontrer des obstacles physiques bien autrement embarrassants, excepté dans les cas où un cours d'eau vient offrir les secours de la navigation. Néanmoins, le temps et la nécessité avaient créé des espèces de routes militaires vers les points les plus importants de la frontière occupés par les garnisons britanniques, et madame Willoughby n'avait pas encore rencontré les rudes épreuves qu'elle allait avoir à subir.

Les cinquante premiers milles se firent en traîneau en quelques heures, et sans trop de fatigue. Cela conduisit les voyageurs à une auberge hollandaise sur les bords de la Mohawk, où le capitaine avait souvent fait ses haltes, et où il envoyait de temps en temps ses éclaireurs pendant l'hiver et le printemps. Là, un cheval avait été préparé pour madame Willoughby, et le capitaine le conduisant lui-même par la bride, le passage à travers la forêt se fit jusqu'à la source de l'Otségo. Quoique la distance ne fût que de douze milles, il fallut deux jours pour la franchir. Comme les établissements s'étendaient à quelques milles au sud de la Mohawk, la première nuit fut passée dans une grossière cabane située aux extrêmes limites de la civilisation, si l'on pouvait appeler de ce nom les rudes essais des premiers colons. Les huit milles restants furent parcourus dans la journée du lendemain. C'est assurément plus qu'on n'aurait pu faire dans les forêts vierges, si les gens du capitaine n'avaient déjà souvent parcouru cette route, apprenant par là à éviter les plus grandes difficultés, jetant çà et là des ponts grossiers, brûlant les arbres qui faisaient obstacle, et traçant un chemin en ligne à peu près directe.

Aux sources de l'Otségo, nos aventuriers étaient au cœur du désert. Des cabanes avaient été construites pour recevoir les voyageurs; et là se réunit toute la troupe, prête à continuer l'excursion avec ensemble. Elle se composait de douze personnes, y compris les domestiques nègres et quelques ouvriers qu'emmenait le capitaine pour continuer ses travaux. Les éclaireurs n'avaient pas été oisifs, pas plus que les hommes laissés à l'établissement principal : ils avaient construit quatre chaloupes, un petit bateau et deux canots. Tout cela était sur l'eau, attendant la disparition des glaces, réduites alors en masses de stalactites, vertes et sombres lorsqu'elles flottaient réunies, diaphanes et brillantes lorsqu'elles étaient séparées et exposées aux rayons du soleil. Les vents du sud commençaient à dominer, et le rivage étincelait de glaçons entassés qui fondaient rapidement, mais à travers desquels il était encore impossible de se frayer un passage.

L'Otségo est une nappe d'eau que nous avons déjà eu plus d'une occasion de décrire, et la plupart de nos lecteurs se figureront aisément le tableau qu'elle présentait au milieu de son cadre de montagnes. En 1765, aucun signe d'établissement ne s'apercevait sur ses rives; car peu de concessions territoriales s'étendaient aussi loin. Cependant cet endroit était déjà connu; et depuis plus de vingt ans il était fréquenté par les chasseurs, sans pourtant qu'il restât aucune trace de leur présence. Le matin de son arrivée, madame Willoughby, appuyée sur le bras de son mari, contemplait les scènes environnantes, et assurait qu'elle n'avait jamais vu un si éloquent et si gracieux tableau de la solitude.

— Il y a, dit-elle, quelque chose de doux et d'encourageant dans ce vent du sud, qui semble nous annoncer que nous devons rencontrer une nature bienfaisante dans l'endroit où nous allons. Les doux zéphyrs du printemps me semblent toujours remplis de promesses.

— C'est juste, ma chère; car ils sont les messagers d'une végétation nouvelle. Si ce vent augmente, nous verrons bientôt cette froide nappe de glace se convertir en eau limpide. C'est ainsi que tous ces lacs ouvrent leur sein au mois d'avril.

Le capitaine ignorait qu'alors même, à deux milles plus loin, l'extrémité méridionale du lac était complétement libre, et que cette ouverture donnant une nouvelle impulsion à la brise, les glaçons étaient poussés vers le haut du lac, avec une vitesse d'un mille à l'heure. Dans le même moment, un Irlandais nommé Michel O'heara, récemment arrivé en Amérique, et que le capitaine avait pris à son service, se précipita vers son maître, et lui exprima ses idées à ce sujet avec un sérieux de manières et un désordre de rhétorique, qui caractérisaient à la fois l'homme et sa nation.

— Est-ce vers le sud que se dirige Votre Honneur, c'est-à-dire vers l'autre extrémité de cette pièce d'eau, c'est-à-dire de glace? Eh bien, il y aura de la place pour nous tous, et de reste encore, et il y aura diablement d'oiseaux à tuer dans ces quartiers vers le soir, et il sera difficile de les compter.

Tout cela était dit non-seulement avec une extraordinaire vivacité, mais encore avec un accent que la plume ne saurait reproduire. Aussi madame Willoughby n'y comprenait-elle rien; mais son mari, plus habitué aux manières et au langage des hommes de la classe de Michel, devina ce dont il s'agissait.

— Vous voulez parler des pigeons, sans doute, Mike; il y en a certainement un bon nombre, et je suppose que nos chasseurs nous en rapporteront pour dîner. C'est un signe certain que l'hiver s'en va. D'où venez-vous, Mike?

— Du comté de Leitrim, Votre Honneur, répondit l'Irlandais en portant la main à sa casquette.

— Ah! cela se devine, dit le capitaine en riant; mais d'où venez-vous en dernier lieu?

— De l'endroit des pigeons, Monsieur; oh! c'est une vue merveilleuse et qui prouve qu'il y aura place pour nous dans les pays d'où viennent toutes ces créatures. Je crois vraiment que si nous ne les mangeons pas, ils pourront nous manger.

— Une telle volée de pigeons ferait sensation en Irlande, ajouta le capitaine désireux d'amuser un peu sa femme en faisant jaser l'homme de Leitrim.

— Ah! cela ferait un dîner pour le fils de chaque mère, et pour les filles par-dessus le marché. Une telle masse d'oiseaux ferait tomber, singulièrement tomber la valeur des pommes de terre, et même du lait de beurre. Y en aura-t-il toujours une telle abondance à la Hutte? Ou bien cette vue n'est-elle qu'une illusion, faite pour nous donner des espérances qui ne se réaliseront jamais?

— Les pigeons manquent rarement dans ce pays, Mike, à l'automne et au printemps; nous avons d'ailleurs en abondance d'autre gibier bien plus exquis.

— D'autre gibier! est-il aussi abondant? Eh bien! la vue seule suffirait pour détruire l'appétit humain. Oh! je donnerais un de mes doigts pour voir les enfants de ma sœur à même de choisir leur souper au milieu de cette troupe volante. Oh! qu'il serait doux de voir ces pauvres enfants se satisfaire pleinement, pour la première fois, avec ces oiseaux sauvages!

Le capitaine Willoughby ne put s'empêcher de sourire de la naïveté de son nouveau domestique, et reconduisit sa femme dans la cabane, car il devenait nécessaire de prendre de nouvelles dispositions pour se remettre en marche vers le soir : le lac se dégageait, et un des chasseurs, revenu des montagnes voisines, annonça qu'il avait vu l'eau entièrement libre à trois ou quatre milles plus loin. En même temps le vent fraîchit et chassa devant lui les glaçons amoncelés. Au coucher du soleil, toute la rive septentrionale blanchissait sous l'amas des glaces étincelantes, tandis que la surface de l'Otségo, que ne ridait plus le vent, devint unie comme un miroir.

Le lendemain de bonne heure, toute la troupe s'embarqua. Il n'y avait pas de vent, et les hommes furent placés aux rames et aux pagaies. On prit soin, en quittant les huttes, d'en fermer les portes et les volets; car c'étaient des cavernes pour servir d'endroits de repos aux voyageurs dans les fréquentes allées et venues qui se faisaient de la hutte aux établissements. Les stations étaient alors de la dernière importance, et l'homme des frontières avait pour elles le même respect que le montagnard des Alpes professe pour les couvents de refuge.

La traversée de l'Otségo fut la partie la plus facile et la plus agréable du voyage. La journée était belle et les rameurs vigoureux, sinon habiles, de sorte que les mouvements étaient rapides et suffisamment directs ; mais un incident troubla la tranquillité du voyage. Parmi les ouvriers engagés par le capitaine était un habitant du Connecticut, nommé Joël Strides, qui avait commencé une guerre de taquineries et de petites malices avec l'homme de Leitrim. Cette guerre était complétement défensive de la part de Michel O'heara, qui se bornait, en manière de riposte, à plaisanter sur les formes longues, grêles et maigres de son adversaire. Depuis que Joël était au service du capitaine, on ne l'avait pas vu sourire une seule fois, quoique deux ou trois fois il eût ri aux éclats et toujours aux dépens de Michel O'hearn, qui ne manquait jamais de tomber dans le piége que lui tendait son camarade.

Dans l'occasion présente, Joël, qui présidait aux opérations de l'embarquement, avait placé Michel seul dans une chaloupe, lui persuadant qu'il la conduirait facilement jusqu'au bout du lac. Autant eût valu demander à Michel de marcher sur la surface de l'eau ; car il n'avait de sa vie manié une rame. Cependant, plein de cœur et de bonne volonté, il accepta sa tâche. — S'il suffit d'une certaine quantité de vigueur et de travail, dit-il, du diable si je n'en viendrai pas à bout !

Quant à Joël Strides, il devait conduire le bateau où se trouvaient le capitaine et sa femme, et il avait choisi pour cela les meilleures rames dans les autres bateaux, et tout disposé de manière à naviguer rapidement sans trop d'efforts. Le principe d'égoïsme dominait chez lui, et il ne songeait qu'à son bien-être personnel, quoique dans cette occasion ses soins dussent profiter à ses maîtres.

La plupart des chaloupes et des canots étaient partis une demi-heure avant que madame Willoughby fût prête ; Joël prenant ses mesures pour que Mike restât le dernier, sous prétexte qu'il avait besoin de son aide pour transporter la literie de la hutte dans la chaloupe. Tout fut près enfin ; et Joël, prenant son siége, dit à Mike avec son accent traînard : — Vous nous suivrez, et vous ne pouvez rester longtemps loin de nous. Puis il s'éloigna du rivage et poussa la chaloupe avec une grande rapidité.

Michel O'heara demeura quelques minutes à regarder avec une admiration muette la chaloupe qui s'éloignait. Il était seul, les autres bateaux étant déjà à deux ou trois milles, et la distance l'empêchant de voir la joie malicieuse qui brillait dans les yeux hypocrites de Joël.

— Te suivre! se dit-il; le diable te brûle, méchant Yankeese! comment puis-je suivre des jambes comme les tiennes? Si ce n'était pour mon maître et ma maîtresse, je te tournerais le dos pour m'enfoncer dans le désert, et je te laisserais trouver le domaine des castors dans ta propre et désagréable compagnie. Enfin, il faut essayer, et si le bateau ne marche pas, ce ne sera pas faute d'un homme de bonne volonté.

Michel prit son siège sur une planche placée en travers du platbord à une hauteur très-gênante, plaça dans l'eau les deux rames, dont l'une était de six pouces plus longue que l'autre, et mit la chaloupe à flot. Il se trouvait précisément que la plus longue rame était dans la main droite; et comme Michel n'était pas gaucher, l'inégalité devenait plus marquée. Joël, la face tournée vers le haut du lac, jouissait par anticipation des embarras qui allaient accabler le citoyen de Leitrim; quant au capitaine et à sa femme, ils ne songeaient guère à regarder derrière eux. Mike parvint à s'éloigner un peu du bord; mais bientôt, le bras le plus fort et le levier le plus puissant agissant en même temps, la chaloupe inclina vers l'ouest.

Le zèle du pauvre diable était néanmoins si appliqué, qu'il ne s'aperçut du changement de direction que lorsqu'il fut tourné de manière à voir de loin son maître qui s'éloignait; il en conclut que tout allait bien, et il se mit à ramer avec plus de calme. Il en résulta qu'au bout d'environ dix minutes, le bateau revint au rivage, touchant à environ deux ou trois pas de l'endroit d'où il était parti. L'honnête Irlandais se leva, regarda autour de lui, se gratta la tête, jeta un coup d'œil sur la chaloupe de son maître qui s'éloignait de plus en plus, et commença à murmurer un nouveau monologue.

— Malédiction sur ceux qui t'ont fabriquée, machine tournante, dit-il en apostrophant la chaloupe; tu es libre de faire ton devoir, et tu ne le fais pas par esprit de contradiction. Pourquoi diable ne peux-tu pas faire comme les autres bateaux, et aller du côté voulu, vers la demeure des castors? Oh! tu t'en repentiras, quand tu seras laissée en arrière et hors de vue.

Alors, il vint à l'esprit de Mike, que probablement quelque article d'importance était resté dans la cabane, et que le bateau venait le rechercher; il courut donc vers l'habitation abandonnée, chercha dans tous les coins, et, ne trouvant rien, revint en se grattant encore la tête et en recommençant à marmotter:

— Du diable si je vois quelque chose; ce doit être par esprit de contradiction. Peut-être se conduira-t-elle mieux cette fois; je m'en vais l'essayer encore. A part l'obstination, elle a aussi bonne mine que les autres.

Michel fit ainsi qu'il disait, et procura à la chaloupe les plus belles occasions de faire son devoir. Sept fois il quitta le rivage, et autant de fois il y revint, s'avançant graduellement vers la rive occidentale, jusqu'à ce qu'enfin, à force de descendre le lac, il rencontra une barrière de terre qui empêchait la chaloupe d'incliner davantage vers l'ouest.

— Que le diable te brûle! s'écria l'honnête Irlandais, le visage ruisselant de sueur; je pense que tes fantaisies n'iront pas jusqu'à rentrer dans la forêt, où je voudrais de tout mon cœur que tu fusses encore au milieu des arbres qui t'ont donné naissance. Maintenant, je vais voir si tu aimeras assez les contradictions pour remonter une colline.

Il essaya donc de ramer le long du rivage, espérant que la vue de la terre et le voisinage des arbres guériraient le bateau de ses fantaisies. Il n'est pas nécessaire d'ajouter que ses espérances furent trompées, et il fut enfin réduit à entrer dans l'eau, malgré la fraîcheur de la saison, et à s'avancer ainsi le long du rivage, traînant le bateau derrière lui. Aucun de ces incidents n'échappait à Joël, mais pas un seul mouvement de ses muscles ne mit le capitaine dans le secret des perplexités du pauvre Irlandais.

Cependant la flottille s'avançait sans obstacle, et dans l'espace de trois heures elle avait traversé tout le lac. Comme cette distance avait été plusieurs fois parcourue par plusieurs des compagnons du capitaine, il n'y avait pas d'hésitation sur la direction à suivre. Les bateaux abordèrent près du rocher. aujourd'hui appelé le roc Otségo, au pied d'une rive escarpée et couverte de bois, à l'endroit où la Susquehannah sort du lac en un rapide courant, surmonté d'un arceau de branches entrelacées qui n'étaient pas encore ornées de leurs feuilles.

Ici l'on commença à s'inquiéter de l'absence de Michel. On ne voyait nulle part sa chaloupe, et le capitaine sentit la nécessité d'envoyer à sa recherche avant d'aller plus loin. Après une courte conférence, on détacha vers l'ouest un bateau monté par deux nègres, le père et le fils, qu'on appelait Pline l'ancien et Pline le jeune. Sur la plaine qui à cet endroit traverse la vallée, on prépara immédiatement une hutte pour madame Willoughby. A cet endroit s'élève aujourd'hui la jolie petite ville de Cooperstown, qui ne fut commencée que vingt ans plus tard.

La nuit était tombée avant que les deux Plines revinssent, traînant derrière eux la chaloupe de Michel, comme leurs illustres homonymes auraient pu ramener en triomphe une galère carthaginoise. L'Irlandais avait laborieusement fait son chemin à travers les eaux, parcourant l'espace d'une lieue avant d'être rencontré, et n'avait pas été médiocrement satisfait en voyant approcher du secours. A cette époque, il n'existait pas encore entre les émigrés irlandais et les nègres la violente antipathie que l'on rencontre aujourd'hui, la concurrence entre ces deux races pour le service intérieur ne s'étant développée que cinquante ans plus tard. Cependant, comme le nègre aime par constitution les drôleries, Michel ne fut pas à l'abri de leurs sarcasmes.

— Pourquoi donc, Irlandais, s'écria Pline le jeune, traîner ce bateau comme un bœuf? Pourquoi pas le ramener à la rame, comme tout le monde?

— Ah! vous ne valez pas mieux que les autres, murmura Michel. On m'avait dit que l'Amérique est un pays chaud, et je le trouve effectivement chaud, quoique l'eau ne soit pas aussi chaude que du bon whiskey. Allons, diables noirs, voyons si vous pourrez contraindre cet être contrariant à faire ce qu'on lui demande?

Les nègres eurent bientôt pris Michel à la remorque, et descendirent gaiement le lac en faisant mille plaisanteries aux dépens de l'Irlandais. Quand il eut rejoint son maître, il ne dit pas un mot de sa mésaventure; Joël se garda bien de révéler son secret, et fit même chorus avec Michel en dénonçant les mauvaises qualités du bateau. Nous devons ajouter que les méchancetés de Joël venaient de ce qu'il voyait dans Michel un domestique favorisé par ses maîtres; et il voulait le faire tomber en discrédit.

Le lendemain de bon matin, le capitaine prescrivit à Michel et aux nègres de descendre la Susquehannah pour débarrasser le fleuve d'un amas d'arbres flottants, qui, d'après le rapport d'un chasseur, obstruait le passage à environ un mille de distance. Deux heures plus tard, les bateaux quittèrent le rivage en descendant le courant; ils eurent bientôt atteint l'endroit où travaillaient Michel et les nègres. Au grand contentement de Joël, ils faisaient les choses tout de travers, commençant leur travail par la partie supérieure du radeau, et empilant les troncs d'arbres les uns sur les autres, afin d'ouvrir un passage au centre.

On fit halte, et les femmes débarquèrent. Le capitaine Willoughby regarda autour de lui avec hésitation :

— Il me semble que cela ne va pas trop bien? dit-il.

— Cela va très-mal, dit Joël en riant comme un homme enchanté des fautes d'autrui. Toute créature sensée aurait commencé la besogne en enlevant les troncs d'arbres au côté inférieur du radeau.

— Prenez la direction des travaux, et faites comme vous l'entendrez.

C'était justement ce que Joël voulait; le travail qu'il préférait était celui où il occupait la première place : il s'y mit avec ardeur et résolution. Après avoir gourmandé les nègres en termes de mépris qui retombaient sur Michel, il recueillit ses forces, et commença à débarrasser le courant avec intelligence et promptitude.

Attaquant le côté inférieur du radeau, il en détacha un ou deux arbres que les eaux entraînèrent, et qui devaient être bientôt suivis par d'autres. Par ce moyen, un passage fut ouvert en une demi-heure, Joël ayant la précaution de ne pas mettre en mouvement trop d'arbres à la fois, de peur que le courant inférieur ne se trouvât obstrué. De cette manière, le voyage put se poursuivre, et à la nuit, nos aventuriers étaient à moitié chemin de l'embouchure de l'Unadilla. Le lendemain au soir, ils campèrent au confluent des deux rivières, et firent leurs préparatifs pour remonter la dernière dès le jour suivant.

Cependant les difficultés pour remonter ne commencèrent que lorsque les bateaux entrèrent dans le petit cours d'eau, tributaire de l'Unadilla, qui traversait la propriété du capitaine. A cet endroit, la marche fut lente et laborieuse; la rapidité du courant et le peu de profondeur des eaux, rendant le travail excessivement pénible. Cependant, à force de persévérance et d'adresse, on surmonta tous les obstacles, et les bateaux atteignirent avant la nuit les chutes d'eau sur lesquelles étaient construits les moulins du capitaine. Là s'arrêtèrent les embarcations : une route grossière avait été percée; elle suffit pour transporter le bagage sur des traîneaux. Pendant toute cette journée fatigante, Joël non-seulement avait dirigé les travaux, mais il avait aussi payé de sa personne. Quant à Michel, jamais il n'avait fait d'aussi désespérés efforts. Il sentait tout le ridicule de son aventure sur le lac, et voulait en effacer le souvenir par ses exploits sur les rivières. Serviteur loyal, il avait vendu sa chair et son sang, et, dans sa conscience, il voulait que le maître en eût pour son argent. La facilité avec laquelle le bateau avait descendu la rivière lui causait, il est vrai, quelque surprise, et en débarquant, il ne put s'empêcher de la témoigner au jeune Pline.

— Voilà un curieux bateau, après tout, dit-il : un jour il est plein de contrariétés; un autre, il est obligeant comme une bonne mère. Il nous a suivis toute une journée comme un chien fidèle, tandis que sur cette grande surface d'eau, là-bas, il n'y avait pas plus à le faire marcher qu'un pourceau entêté. Oh! à en juger par ses caprices, il doit être du sexe féminin!

CHAPITRE III.

<blockquote>
Il dort oublieux de sa brillante renommée,
Il n'a plus le sentiment de la gloire passée ;
Il ne s'échauffe plus aux feux de l'ambition
Qui aux jours d'autrefois transportaient son cœur;
Il dort dans les rêves de l'oubli
Et ne demande plus qui porte les lauriers.

Percival.
</blockquote>

Le premier aspect de l'endroit où l'on doit passer le reste de ses jours offre toujours un puissant intérêt. Aussi, madame Willoughby observait en silence tout ce qui était autour d'elle, depuis que le capitaine lui avait appris qu'ils avaient franchi les limites de leur propriété et qu'ils approchaient de l'endroit de leur résidence.

La rivière était si étroite et la forêt qui la bordait si épaisse, qu'il y avait peu de place pour la perspective ; mais la bonne mère de famille put voir que les collines se rapprochaient en rétrécissant la vallée, que les rochers commençaient à se montrer dans le lit de la rivière, et que la pousse vigoureuse des arbres indiquait un sol fertile et généreux.

A l'endroit où le bateau s'arrêta, la petite rivière descendait en murmurant une pente entrecoupée, et un moulin, disposé de manière à moudre et à scier, se présentait comme le premier monument de civilisation qu'elle eût aperçu depuis qu'elle avait quitté sa cabane près de la Mohawk. Après avoir donné quelques ordres, le capitaine, offrant le bras à sa femme, l'entraîna avec une vivacité presque enfantine pour lui montrer tout ce qui avait été fait autour de leur résidence. Il y a un plaisir à plonger dans une forêt vierge et à y commencer les travaux de la civilisation, qui ne se peut comparer à aucune autre jouissance des occupations humaines : il semble qu'on ait le sentiment de la création avec toutes ses prévisions et toutes ses espérances.

Une exclamation joyeuse révéla le plaisir que ressentit madame Willoughby au premier coup d'œil qu'elle jeta sur l'étang, lorsfut parvenue au sommet des collines d'où s'échappait la petite rivière qui descendait dans la vallée. Une année avait produit des changements considérables. Les souches et les racines qui défiguraient le bassin avaient été arrachées et brûlées ; la surface entière des quatre cents acres était unie et prête à recevoir la charrue. Le sol était formé des dépôts successifs de plusieurs siècles, et la pente des bois jusqu'à la rivière était à peine perceptible à l'œil. Elle suffisait néanmoins à l'écoulement des neiges de l'hiver. La forme du bassin était irrégulière, ce qui ajoutait au pittoresque, mais les inégalités de la surface étaient rares et presque insensibles. En un mot, la nature avait créé là une de ces positions d'élite qui réjouissent le cœur de l'agriculteur, sous un soleil dont les ardeurs modérées par les glaces et les neiges de l'hiver, avaient la puissance de faire jaillir toutes les richesses cachées du terrain.

Autour du bassin les arbres avaient été éclaircis, et les espaces vides remplis de branchages, de manière à former une haie de clôture. Comme c'était une mesure de précaution plutôt qu'un objet d'embellissement, le capitaine avait ordonné qu'on en traçât les lignes dans l'intérieur du bois, de sorte que la limite visible de la plaine était la forêt vierge. Ses gens avaient protesté, une clôture leur semblant l'accessoire indispensable de la civilisation ; mais l'autorité du capitaine, sinon son bon goût, l'emporta, et l'enceinte d'arbres et de broussailles fut complétement cachée dans l'épaisseur de la forêt, et toute la surface ouverte ne forma qu'un seul champ. Cent acres avaient été semés en blé d'hiver, et comme il avait été confié à la terre en automne, il s'élevait alors verdoyant sur la partie la plus sèche du terrain, et donnait à tout le bassin un aspect de richesse et de fertilité. Du gazon avait été semé sur les deux bords de la petite rivière dont les eaux s'avançaient silencieusement entre deux larges bandes de fraîche verdure, les jeunes pousses couvrant déjà le sol sous l'influence d'un soleil printanier. D'autres portions de la vallée offraient des signes de régénération ; la charrue s'y promenait avec activité depuis plus de quinze jours.

C'était plus que n'attendait le capitaine, plus encore que sa femme n'avait osé espérer. Madame Willoughby avait été accoutumée à voir la lenteur des progrès d'un nouvel établissement ; mais jamais elle n'avait pu se figurer ce qu'on pouvait produire avec un étang de castors. Pour elle, tout semblait magique ; et bientôt ses yeux se tournèrent vers sa future résidence. Le capitaine, avant de quitter sa propriété, avait laissé ses ordres concernant la maison, et il vit avec plaisir qu'on s'y était conformé. Comme ce lieu doit être le théâtre de la plupart des événements que nous aurons à raconter, il n'est pas inutile de le décrire avec quelque détail.

La colline qui s'élevait au milieu de l'étang, en forme d'une petite île rocheuse, était une de ces formations capricieuses qui se rencontrent souvent à la surface de la terre. Elle était située à trente perches environ de l'extrémité septentrionale du bassin, presque au centre des limites orientales et occidentales, et présentait une pente inclinée vers le sud. La plus grande hauteur, par conséquent, était vers le nord, où elle présentait une hauteur perpendiculaire de quarante pieds. Le plateau avait une étendue d'environ une acre, et s'inclinait de trois côtés, brusquement vers l'est et l'ouest, et doucement vers le midi. Ce qui avait déterminé le capitaine à y établir sa demeure, c'est que loin de tout poste militaire, et dans un endroit de si difficile accès, la prudence lui ordonnait de prendre des précautions de défense. Tant que l'étang subsistait, l'île offrait une position très-forte contre toutes les attaques des Indiens, et même après que le bassin eut été desséché, il était facile de s'y défendre. Au nord, le côté perpendiculaire du rocher dominant la plaine était presque inaccessible, tandis que les autres côtés offraient de grandes facilités pour la défense. De tout cela le capitaine résolut de tirer le parti le plus favorable, familiarisé qu'il était avec toutes les ruses de la stratégie indienne.

En premier lieu, il fit bâtir une forte muraille en pierre, de cent cinquante pieds de longueur sur une hauteur de six pieds. Elle s'étendait sur le front perpendiculaire des rochers, et s'appuyait sur deux autres murailles de chacune deux cents pieds de longueur, qui s'inclinaient sur les côtés en pente. Ces clôtures formaient une vaste enceinte fortifiée. Sur toute la muraille, il n'y avait qu'une seule entrée, au centre du côté méridional. Les matériaux avaient été extraits du rocher même, qui était couvert de pierres énormes. Au dedans de la muraille, qui avait été solidement bâtie par un maçon écossais, expert dans son métier, avait été construite une maison en poutres massives, régulièrement appuyées par de solides cloisons. Ce bâtiment, haut de vingt pieds non compris le toit, suivait dans toute son étendue la muraille, qui formait intérieurement la moitié de la hauteur. La largeur de cet édifice n'était que de vingt pieds; car on avait ménagé à l'intérieur une cour d'environ cent cinquante pieds carrés. Le toit se projetait au-dessus de la porte d'entrée, de sorte qu'avec les barrières l'espace était entièrement clos. Tout cela avait été fait durant l'hiver, et l'extérieur de l'édifice semblait complétement quoique grossièrement achevé. Cependant il avait l'aspect sombre d'une prison; il n'y avait rien qui ressemblât à une croisée; aucune ouverture même, autre que la barrière, dont les deux battants étaient fixés, mais non encore mis en place; on les voyait appuyés contre les murailles adjacentes. Il est à peine nécessaire de dire que le bâtiment ressemblait plutôt à une caserne qu'à une demeure ordinaire. Madame Willoughby la contemplait en silence, ne sachant si elle devait approuver ou condamner, lorsqu'une voix se faisant entendre à quelques pas d'elle attira son attention.

— Comment trouvez-vous ça? demanda Nick qui, assis sur une pierre au bord du ruisseau, se lavait les pieds après une journée de chasse; n'est-ce pas meilleur qu'une peau de castor; le capitaine est mis au courant de tout; maintenant il donnera à Nick une nouvelle indemnité.

— Comment! Nick, mais je vous ai déjà donné deux indemnités.

— Une découverte vaut beaucoup, capitaine. Voyez comme elle fait un grand homme d'une Face-Pâle.

— Oui, mais votre découverte, Nick, n'a pas tant de mérite.

— Comment la trouvez-vous donc? demanda Nick avec la rapidité de l'éclair. Si vous n'aimez pas la découverte, rendez-moi donc mes castors. Je serais enchanté de les revoir; les peaux se vendent plus cher que jamais.

— Nick, vous êtes un cormoran, si jamais il y en eut. Tenez, voici un dollar pour vous; je n'aurai plus à vous payer d'indemnité, cette année au moins. Ce devrait être pour la dernière fois.

— Laissez partir Nick pour tout l'été, capitaine. Oui, Nick est un merveilleux cormoran! Il n'y a pas un œil si bon parmi les Oneidas?

Alors le Tuscarora quitta le bord de l'eau, s'avança sur le rocher, et prit d'un air de bonne humeur la main de madame Willoughby, qui était assez attachée à lui, quoiqu'elle sût qu'il avait un grand nombre des vices de sa race.

— Superbe habitation de castors, reprit-il en balançant gracieusement son bras sur le paysage; bientôt viendront les pommes de terre, et le blé, et le cidre; tout ce que demande la squaw. Capitaine a un bon fort aussi. Vieux soldat aime un fort, aime à y demeurer.

— Le jour peut venir, Nick, où ce fort peut nous être d'un grand secours, ici dans cette solitude, dit madame Willoughby d'un ton mélancolique; car ses pensées se reportaient vers ses jeunes et innocentes filles.

Le sauvage contempla la maison avec des yeux enflammés, quoique habituellement son regard semblât terne et voilé; mais il y avait alors dans ses yeux une intelligence menaçante qui rappelait les sentiments de sa jeunesse et ses habitudes passées. Vingt ans auparavant, Nick avait été l'un des premiers dans le sentier de la guerre, et parmi les plus sages au feu du conseil Il était né parmi les chefs, et s'était fait expulser de sa tribu plutôt par l'effet de ses passions indomptables que par aucun acte de bassesse.

— Capitaine, dit-il en se rapprochant de lui et en le fixant avec curiosité, pourquoi bâtir une telle maison, ici, au milieu des vieux os de castor?

— Pourquoi, Nick? Pour avoir une place de sûreté où puissent se reposer les têtes de ma femme et de mes enfants. La route du Canada n'est pas trop longue pour qu'une Peau-Rouge ne puisse la traverser avec une seule paire de moccasins. Et puis, les Oneidas et les Mohawks ne sont pas tous des enfants du ciel.

— Aucun méchant Face-Pâle à craindre, je suppose, ajouta Nick d'un air sardonique.

— Si fait; j'avoue qu'il y a quelques hommes de cette race qu'il vaut mieux hors de sa maison que dedans.... Que pensez-vous de la Hutte? Vous savez que je l'appelle la Hutte sur la colline?

— Elle contiendrait beaucoup de castors, si vous en attrapez. Mais plus d'eau, plus de castors. Pourquoi faites-vous le bâtiment en pierre d'abord, en bois ensuite? Eh? Beaucoup de rochers, beaucoup d'arbres.

— La pierre ne peut être coupée ni incendiée, Nick. J'ai mis de la pierre comme défense, et du bois comme plus facile à travailler.

— Bon; c'est ce que pensait Nick. Mais comment aurez-vous de l'eau si les Indiens viennent?

— N'y a-t-il pas la rivière qui serpente au pied de la colline, comme vous voyez, Nick? Puis il y a une source abondante à cent pas environ de la barrière.

— De quel côté? demanda Nick avec vivacité.

— A gauche de la barrière et un peu à droite de la grosse pierre.

— Non, non, interrompit l'Indien, pas de gauche, pas de droite. De quel côté, en dedans de la barrière ou en dehors?

— Oh! la source est en dehors, assurément: mais on peut trouver le moyen d'y arriver par un chemin couvert; puis la rivière coule directement sous le rocher, derrière la maison, et avec des cordes on peut y puiser de l'eau. Nos fusils doivent compter pour quelque chose, aussi bien pour tirer de l'eau que pour tirer du sang.

— Bon; le fusil a les bras longs. Quand il parle, l'Indien fait attention. Maintenant que vous avez fait bâtir le fort, quand croyez-vous que les Peaux-Rouges viendront?

— Pas avant longtemps, j'espère, Nick. Nous sommes encore en paix avec la France; et je ne crois pas qu'il se présente de nouveaux sujets de querelle. Tant que les Français et les Anglais seront en paix, les hommes rouges n'attaqueront ni les uns ni les autres.

— Vous parlez vrai comme un missionnaire. Mais si la paix dure longtemps, que fera le soldat, capitaine? Le soldat aime le métier de la guerre.

— Je voudrais qu'il n'en fût pas ainsi, Nick. Mais ma hache est enterrée, j'espère, pour toujours.

— Nick espère que le capitaine saura la trouver, s'il en a besoin. C'est mauvais de mettre une chose dans un endroit où on l'oublie, surtout le tomahawk. Quelquefois une querelle vient sans qu'on l'attende.

— C'est vrai. Cependant je crains que la première querelle ne se passe entre nous. Le gouvernement métropolitain et les colonies commencent à n'être plus d'accord.

— C'est très-étrange! Pourquoi la mère Face-Pâle et la fille Face-Pâle ne s'aiment-elles pas?

— En vérité, Nick, vous faites bien des interrogations, ce soir. Mais ma femme doit être désireuse de voir l'intérieur de sa maison, et je dois vous adresser pour une réponse à cet honnête garçon que vous voyez là-bas. Son nom est Michel; j'espère que vous et lui vous serez toujours amis.

Ainsi parlant, le capitaine salua d'un air amical, puis conduisit madame Willoughby vers la maison en prenant un sentier déjà battu et qui suivait les sinuosités de la rivière à laquelle il servait de digue. Nick prit le capitaine au mot, et se tournant vers l'homme de Leitrim, il le salua d'un air affable et lui tendit la main à la manière des Faces-Pâles.

— Comment va, Michel? dit-il, sago, sago, content de vous voir; bon garçon pour boire avec Nick du vin de Santa-Cruz.

— Comment va, Michel, dit l'autre en regardant avec stupéfaction le Tuscarora; car c'était le premier homme rouge qu'il voyait. Comment va, Michel? Êtes-vous donc le vieux Nick?[1] Eh bien, vous êtes à peu près tel que je m'attendais à vous voir. Mais, je vous prie, comment avez-vous pu savoir mon nom?

---

1. Le vieux Nick (Old Nick), nom populaire du Diable.

— Nick sait tout. Content de vous voir, Michel; j'espère que nous vivrons en bons amis. Ici, là, partout.

— Vraiment, vraiment! le diable me brûle, si je me soucie d'une telle société. Vieux Nick est donc votre nom?

— Vieux Nick, jeune Nick, long Nick, c'est tout un. Je ne fais pas de différence; appelez-moi, je viens.

— Oh! vous êtes adroit : le diable m'emporte si vous ne venez pas sans qu'on vous appelle, ou bien vous n'êtes pas de la famille de votre père. Demeurez-vous dans les environs, maître Nick?

— Je demeure ici, là-bas, dans la hutte, dans les bois, partout; cela ne fait pas de différence pour Nick.

Michel fit un ou deux pas en arrière, tenant les yeux fixés sur son interlocuteur, car il s'attendait à voir s'opérer en lui quelque soudain et prodigieux changement; il se croyait en présence du diable en personne. Lorsqu'il crut avoir pris une position favorable à une vigoureuse défense ou à une prompte retraite, il reprit un peu de cœur et poursuivit son dialogue.

— S'il vous est indifférent d'avoir une demeure, pourquoi ne pas rester chez vous, et laisser le monde porter ces manteaux et ces paquets de madame à la maison où elle est entrée?

— Nick vous aidera. Il a porté plus de cent fois les affaires de la squaw.

— De la... quoi? Est-ce à madame Willoughby que vous donnez ce nom barbare?

— Oui, la femme du capitaine, la maîtresse squaw. J'ai porté pour elle des paquets, des paniers, mille fois.

— Que le ciel me préserve de tant d'atrocités et de tant d'impudence! dit l'Irlandais en déposant les manteaux et les paquets, et en regardant l'Indien avec indignation. A-t-on jamais entendu un tel menteur! Maître Nick, madame Willoughby ne souffrirait pas qu'un être comme vous touchât l'extrémité de ses vêtements. Vous n'auriez pas le droit de marcher dans le même sentier qu'elle, encore moins de porter ses paquets. Vous êtes un fameux menteur, vieux Nick, j'en réponds du fond de mon cœur.

— Nick grand menteur, répondit l'Indien en souriant; car sa réputation à cet égard était si bien établie qu'il ne voyait pas la nécessité de le nier. — Qu'importe? mentir est quelquefois bon.

— En voilà bien d'une autre! Oh! vilain animal! j'ai bonne envie de vous tomber dessus et de voir ce qu'un honnête homme obtiendrait de vous dans une bataille. Je vous apprendrai à parler convenablement de votre maîtresse.

— Nick parle comme il peut ; jamais il n'a été à l'école ; appeler squaw, bonne squaw. Que voulez-vous de plus ?

— Arrière ! si vous approchez un pas de plus, vous connaîtrez la pesanteur de mon poing. Comment vous trouvez-vous dans cette pacifique demeure où la vertu seule et l'honnêteté ont pris leur séjour ?

Nous ne savons ce que Michel eût ajouté si Nick, obéissant à un signe du capitaine, ne se fût retiré à travers la vallée, laissant l'Irlandais dans une position défensive, et à vrai dire assez satisfait d'être débarrassé de lui. Malheureusement pour Michel, le dialogue avait été entendu par Joël, qui rejoignit son compagnon, fort peu disposé à corriger son erreur.

— Avez-vous vu cette créature ? demanda Michel avec emphase.

— Certainement ; on le voit assez souvent à la hutte ; on peut dire qu'il y passe la moitié de son temps.

— Belle société, ma foi ! Pourquoi tolérez-vous ce vagabond ? Il n'est pas fait pour frayer avec des chrétiens.

— Oh ! il est quelquefois bon compagnon. Quand vous le connaîtrez mieux, vous l'aimerez davantage. Allons, prenez ces paquets, le capitaine nous cherche.

— Eh bien, il a dû s'étonner de vous voir en telle compagnie. croyez-vous que cette créature fasse du mal à Madame ?

— Pas du tout. Je vous dis que vous l'aimerez quand vous le connaîtrez mieux.

— Si c'est vrai, que le diable me brûle ! Comment, il dit lui-même qu'il est le vieux Nick... et je me suis toujours représenté le démon sous cette forme.

Afin que le lecteur ne se fasse pas une idée trop exagérée de la crédulité de Michel, il est bon de dire que dans un moment de fantaisie, il s'était peint quelques jours auparavant : une moitié de sa figure était noire, l'autre d'un rouge foncé, et chacun de ses yeux était entouré d'un cercle de blanc, et toutes ces couleurs se trouvaient plus ou moins mélangées par suite d'une ou deux nuits d'orgies. Son costume était aussi fait pour venir en aide à la mystification ; il se composait d'une couverture bordée de jaune et de rouge, de jambières et de mocassins de diverses couleurs. Michel suivait son compagnon en grommelant, et en suivant des yeux l'Indien qui, après avoir abordé le capitaine, avait été envoyé par lui vers les granges.

— Je savais bien que le capitaine ne tolérerait pas une pareille créature; il l'a renvoyé aux bois, comme vous voyez. Penser qu'un tel être oserait parler à Madame! Je lui tomberais dessus plutôt que de souffrir qu'il lui dise un seul mot déplacé. Il a des griffes, c'est possible, quoiqu'il les tienne bien cachées dans ses belles chaussures. Que le diable me brûle, si je ne l'empoigne pas par son pied fourchu!

Joël vit alors quelles étaient les singulières illusions de l'Irlandais, et sachant bien qu'il serait promptement désabusé, il se décida à faire de nécessité vertu, en lui faisant connaître la vérité, se créant par là une confiance qui devait rendre plus faciles les fourberies qu'il méditait.

— Des griffes! s'écria-t-il d'un air de surprise, pourquoi donc croyez-vous qu'un Indien ait des griffes, Michel?

— Un Indien! appelez-vous cette créature peinte un Indien? n'est-ce pas un de vos démons Yankées?

— Allons donc, croyez-vous que le capitaine logerait un démon? Cet homme est un Tuscarora, aussi connu ici que le propriétaire de la hutte lui-même. C'est Nick, Saucy Nick.

— Oui, le vieux Nick, il me l'a dit de sa propre bouche, et le diable lui-même n'est pas assez menteur pour mentir sur son propre nom.

Joël vit alors qu'il avait beaucoup à faire pour dissuader son compagnon. Michel était convaincu qu'il avait rencontré un démon américain, et il fallait une puissante rhétorique pour lui persuader le contraire. Nous laisserons Joël occupé de cette tâche difficile dans laquelle il put enfin réussir, et nous allons suivre le capitaine et sa femme vers la hutte.

Ils examinaient d'un œil curieux tous les détails de leur future demeure. Jamie Allen, le maçon écossais, se tenait debout devant la maison pour entendre ce qu'on allait dire de sa muraille, tandis que deux ou trois ouvriers manifestaient une émotion pareille à celle du débutant littéraire lorsqu'il se demande ce que la critique va prononcer sur son premier ouvrage. L'extérieur causa au capitaine une grande satisfaction. La muraille n'était pas seulement solide; elle était encore d'un bel aspect. Les cheminées, au nombre de six, étaient enduites de chaux vive. Les barrières massives, formées de planches de chêne de quatre pouces d'épaisseur, pouvaient résister à un assaut. Leurs puissants gonds de fer étaient en place, mais on n'y avait pas encore suspendu les lourds battants; cette tâche avait été remise à un temps plus favorable, lorsqu'on pourrait consacrer à cette opération toutes les forces réunies du manoir. Ils étaient donc là debout contre la muraille, de chaque côté de l'entrée, semblables à des sentinelles indolentes, qui sentent trop de sécurité pour lever même les yeux.

Les différents ouvriers se pressèrent autour du capitaine, chacun désireux de lui montrer sa portion de besogne. L'hiver avait été bien employé : complétement séparés du reste du monde, les hommes avaient travaillé presque sans interruption, car leurs travaux étaient leur unique distraction. Madame Willoughby trouva finie et meublée toute la partie de la maison qu'elle devait occuper avec sa famille : elle comprenait toute la façade située sur le côté oriental de la porte d'entrée, et une grande partie de l'aile qui s'étendait en arrière jusqu'aux bords du rocher. A l'extrémité de l'aile, était une buanderie, près de laquelle avait été établie une pompe qui faisait monter l'eau de la rivière. Puis venaient la cuisine et les chambres des domestiques, et plus loin, les chambres à coucher de la famille, un grand salon et la bibliothèque du capitaine.

Le côté occidental du bâtiment était consacré aux besoins de l'économie domestique. Il s'y trouvait une salle à manger, plusieurs chambres de domestiques et d'ouvriers, des magasins et de vastes greniers pour recevoir les provisions de toutes sortes. Toutes les fenêtres et les portes s'ouvraient sur la cour, tandis que le mur extérieur ne présentait aucune ouverture. Le capitaine, cependant, avait l'intention d'y pratiquer des meurtrières, de manière que des hommes placés dans les greniers pussent couvrir de leurs feux les différentes faces de l'édifice. Mais de même que la pose des barrières, ces moyens de défense furent ajournés à un temps plus favorable.

Madame Willoughby fut enchantée de tous les arrangements domestiques, et un sourire de bonheur rayonnait sur sa belle physionomie, pendant qu'elle suivait son mari de chambre en chambre, prêtant l'oreille à ses explications. Quand ils entrèrent dans leurs appartements particuliers, déjà meublés et disposés pour les recevoir, le respect engagea les serviteurs à se retirer, et ils se trouvèrent seuls de nouveau.

— Eh bien, Wilhelmina, s'écria le joyeux capitaine, joyeux de voir le bonheur illuminer la douce figure et les beaux yeux bleus de sa femme; eh bien, pouvez-vous renoncer à Albany et à tous les agréments des habitations de vos amis, pour vous contenter de cette retraite? Il n'est pas probable que je me mette encore à bâtir, quelque chose que fasse Robert quand il viendra après moi. Ainsi cet édifice, moitié maison, moitié caserne, doit être notre habitation pour le reste de nos jours.

— C'est plus que suffisant, Willoughby. Il y a espace, commodité, chaleur, fraîcheur et sécurité. Que faut-il de plus à une épouse et à une mère quand elle est environnée de tous ceux qu'elle aime? Je vous recommande seulement, Hughes, de bien veiller à ce qui concerne notre sûreté. Rappelez-vous combien nous sommes éloignés de tout secours, et combien les Indiens sont prompts et féroces dans leurs attaques. Deux fois nous avons été effrayés par des surprises, et nous avons dû notre salut plutôt au hasard ou à la Providence qu'à votre propre vigilance. Si cela peut arriver dans des garnisons, au milieu des troupes royales, ne courons-nous pas bien plus de risques ici, où nous n'avons pour nous protéger que des ouvriers et des laboureurs?

— Vous vous exagérez les dangers, ma chère. Dans cette partie de la contrée, il n'y a pas d'Indiens qui tenteraient d'attaquer un établissement comme celui-ci. Nous comptons treize hommes robustes, outre sept femmes, et nous pourrions, en cas d'attaque, disposer de dix-sept ou dix-huit fusils. Aucune tribu n'oserait commencer les hostilités en temps de paix, et si près des établissements; et quant aux maraudeurs, qui voudraient voler ou assassiner, nous sommes tellement forts contre eux, que nous pourrions sans les craindre dormir en paix.

— On ne sait jamais cela, cher Hughes. Une demi-douzaine de maraudeurs peuvent suffire contre deux fois leur nombre lorsqu'on ne les attend pas. J'espère au moins que vous ferez placer des barrières; quand nos filles seront ici, à l'automne, je ne pourrais dormir sans que l'entrée soit bien close.

— Ne craignez rien, ma chère, dit le capitaine en embrassant sa femme avec tendresse. Quant à Beulah et à Maud, elles peuvent venir dès qu'elles voudront; elles seront toujours reçues avec bonheur, et elles ne peuvent être mieux en sûreté que sous les yeux de leur père.

— Je ne parle pas pour moi, Hughes ; mais, je vous en prie, n'oubliez pas de faire placer les barrières avant que nos filles ne viennent.

— Tout sera fait ainsi que vous le désirez, ma bien-aimée ; quoique ce soit une rude besogne de suspendre à leurs gonds ces deux massives pièces de bois. Il nous faudra choisir un jour où tous nos hommes seront disponibles. Lundi prochain, j'ai l'intention de passer une revue, et une fois par mois il y aura réunion générale, pour nettoyer et charger les armes, et donner les instructions nécessaires en cas d'alarme. Un vieux soldat ne voudrait pas s'exposer à être surpris par des vagabonds. Mon amour-propre est en jeu, et vous pouvez dormir en paix.

— C'est bien, mon cher Hughes, je suis tranquille.

Alors madame Willoughby continua de visiter les chambres, en exprimant sa satisfaction des soins qu'on avait pris pour son bien-être et pour l'embellissement de sa demeure.

L'intérieur de la maison présentait ces singuliers rapprochemen's entre la civilisation et les premiers essais de la vie sauvage, que l'on rencontre si fréquemment sur les frontières américaines. Des tapis en Amérique, et dans l'an de grâce 1765, n'étaient pas un article indispensable dans un ameublement ; on en trouvait cependant, quoiqu'ils ne couvrissent guère que le centre de la chambre. Un de ces accessoires, si essentiels dans un climat froid, était étendu sur le carreau du salon de madame Willoughy, qui servait en même temps de salle à manger. Les chaises, quoique massives, étaient élégantes, et l'on pouvait se mirer dans le brillant acajou des tables. Des bureaux, des secrétaires, des buffets, et autres articles semblables, avaient été transportés à la hutte sur des traîneaux et par les voies navigables. La mode n'était pas beaucoup consultée à cette époque de simplicité, où le fils n'hésitait pas à porter même les habits de son père, bien des années après qu'ils étaient sortis des mains du tailleur. Les vieux meubles massifs duraient pendant plusieurs générations, et madame Willoughby voyait plusieurs articles, qui avaient appartenu à son grand-père, réunis sous le premier toit qu'elle pût considérer comme à elle.

Elle termina son inspection par les offices. Là, elle trouva déjà installés les deux Pline ; Marie, la sœur de Pline-l'Ancien ; Bessy, femme de Pline-le-Jeune, et Mony, autrement, Desdemona, collatérale à un degré que n'aurait pu déterminer la science généalogique ; car il était difficile de savoir si elle était la cousine, la tante ou la belle-fille de Marie. Toutes les femmes étaient à l'œuvre. Bessy chantait à se faire entendre de la forêt. Marie était le chef suprême de la cuisine ; Pline-l'Ancien lui-même se courbait sous son autorité, et elle donnait ses ordres à son frère et à son neveu dans un langage impératif, qui était un mélange d'anglo-saxon, de vieil hollandais et du dialecte africain.

— Allons, nègres, criait-elle, pourquoi ne pas vous donner de mouvement. Toute chose demande une main et beaucoup demandent des pieds. Les assiettes à laver, la porcelaine à déballer, l'eau à faire bouillir, les couteaux à nettoyer, et toutes choses à ranger. Seigneur ! voici Madame, et toute la cuisine en confusion !

— Eh bien, Marie, s'écria le capitaine d'un air de bonne humeur, vous voici à gronder comme si vous étiez dans la place depuis six mois et que vous en connaissiez le fort et le faible.

— On ne peut s'empêcher de gronder dans des jours comme ceux-ci. Ne touche pas à ces assiettes, grande briseuse, et laisse-les pour des mains plus adroites.

Il est à propos de dire que le capitaine avait donné à Bessy le sobriquet de grande briseuse, tant à cause de sa facilité à casser la vaisselle qu'à cause du volume de sa personne, qui pesait environ deux cents ; tandis que Marie était appelée la petite briseuse ; non que les assiettes et les tasses fussent plus en sûreté dans ses mains, mais parce qu'elle ne pesait que cent quatre-vingts livres.

— Voilà ce que je leur dis, maître, poursuivit Marie d'un ton dogmatique. Je leur dis : ceci est la hutte et ce n'est plus Albany ; ici, il n'y a pas de magasins, pas d'endroit où acheter ce que vous cassez, aucune diseuse de bonne aventure pour vous faire retrouver ce que vous avez perdu : quand une cuillère d'argent est perdue, elle ne se retrouve plus.... Ah ! bon maître, dit-elle en regardant vers la cour, que vois-je donc là-bas ?

— Oh ! ce n'est qu'un chasseur indien que je garde pour nous apporter du gibier. Votre broche sera toujours bien garnie, Marie. Ne craignez rien, il ne vous fera pas de mal. Son nom est Nick.

— Le vieux Nick, maître ?

— Non, Saucy Nick. Le camarade est bien négligé aujourd'hui

dans son costume, et vous voyez qu'il a déjà apporté plusieurs perdrix, outre un lapin. Nous aurons toujours le gibier de chaque saison.

Ici, tous les nègres, après avoir regardé Nick pendant près d'une minute, poussèrent une grande exclamation, en riant comme si le Tuscarora eût été créé pour leur amusement spécial. Quoique le capitaine fût assez sévère dans sa discipline, il n'avait jamais été en son pouvoir d'empêcher chez les nègres ces éclats de gaieté, et il se retira avec sa femme, laissant Marie et la grande briseuse et la petite briseuse et les deux Plines dans les transports d'une joie effrénée. Le tapage continua jusqu'à ce que l'Indien se soit retiré avec un air de dignité offensée.

Tel fut le commencement de la vie intérieure des Willoughby à la hutte sur la colline. Le plan de notre récit n'exige pas que nous les suivions avec une rigoureuse exactitude pendant les années qui suivirent; mais quelques explications seront encore nécessaires pour indiquer pourquoi cet établissement différait un peu des autres.

Dans l'année même, c'est-à-dire dans l'été de 1765, madame Willoughby hérita, par la mort d'un oncle, d'un bien-fonds en Albany, et de quelques milliers de livres en espèces. Cet accroissement de fortune faisait du capitaine un homme riche, et lui permettait d'agir comme il l'entendait dans la direction de ses terres. Situées comme elles l'étaient, si loin des autres établissements, sans voies de communication, il devenait inutile de forcer la production, puisqu'il était très-difficile d'envoyer au marché; et il eût été embarrassant d'appeler autour de soi une population trop nombreuse, qui n'aurait pu vivre en paix sans les ressources ordinaires de l'achat et de la vente. Puis il convenait aux goûts du capitaine d'être le commandant en chef d'un établissement isolé, et il se contentait de vivre sur ses terres, nourrissant son peuple et ses troupeaux, et ayant parfois l'occasion d'offrir une riche hospitalité au voyageur qui s'aventurait dans ces solitudes.

Ainsi, rien sur le sol n'était vendu ni loué. Il ne demeurait personne sur la terre qui ne fût dans sa dépendance, et il était dans ses domaines le maître absolu. Le bétail seul était envoyé au marché. Chaque année un petit troupeau de bœufs gras et de vaches laitières traversait la forêt pour être conduit à Albany, et le produit de la vente était consacré à l'acquisition de denrées étrangères. Les rentes et les intérêts de l'argent s'accumulaient ou étaient employés à faire monter Robert en grade dans l'armée. De nouvelles concessions de terres virent naître d'autres établissements dans ces parages, et çà et là quelques anciens officiers comme lui ou quelques fermiers isolés, commençaient à peupler la solitude, mais aucun n'était dans le voisinage immédiat.

Cependant, le capitaine ne vivait pas complétement en ermite. Il visitait parfois M. Edmeston de Mont-Edmeston, voisin qui demeurait à près de cinquante milles. On le voyait quelquefois à Johnson-Hall avec sir William, ou bien à l'établissement de sir John sur la Mohawk, et une ou deux fois il sut assez triompher de son indolence, pour consentir à accepter les fonctions de représentant dans un comté nouveau appelé Tryon, d'après le nom du gouverneur d'alors.

CHAPITRE IV.

> Salut, beau soir ! toi qui soulages les cerveaux fatigués et les cœurs en souffrance, qui apportes le repos au travail, le répit à la douleur. A ta venue, le sage sortant de sa retraite étudie les lois de l'univers, et le barde commence ses doux entretiens avec les esprits inaperçus des yeux du vulgaire et trouve le bonheur dans de célestes mystères.
>
> SANDS.

DANS le chapitre précédent, nous avons terminé notre récit par les scènes qui se passaient dans la hutte au printemps de 1765. Maintenant nous franchirons un espace de dix années, et nous reprendrons au mois de mai de l'année 1775. Il est presque inutile d'avertir le lecteur que c'est l'amener aux premiers jours de notre révolution. Les discussions qui précédèrent ce grand événement avaient eu lieu dans l'intervalle, et nous sommes maintenant sur le point de nous trouver mêlés à quelques-uns des incidents secondaires de la lutte.

Dix années forment un siècle dans l'histoire d'un établissement entièrement nouveau. Les changements qu'elles produisent sont prodigieux, et la petite colonie présentait un aspect de bien-être qui révélait et la richesse de la nature et l'industrie des habitants.

Le site de l'ancien étang était un miracle de beauté rustique. Les inégalités et les imperfections avaient disparu, et le tout présentait un bassin vaste et pittoresque dont les contours avaient été dessinés par un artiste qui manque rarement son effet, la Nature. La plaine était divisée en champs entourés de palissades, le capitaine s'étant fait une loi d'écarter de son domaine tous les animaux sauvages. Les granges et les bâtiments extérieurs étaient bien construits, et judicieusement placés, et les trois ou quatre sentiers qui y conduisaient formaient en traversant les terres des courbes si gracieuses, qu'ils ajoutaient considérablement à la beauté du paysage. Çà et là on entrevoyait presque ensevelies dans la forêt des huttes en troncs d'arbres, demeures des laboureurs qui semblaient heureux de passer leur vie dans une retraite assurée. La plupart de ces hommes s'étant mariés, la colonie, y compris les enfants, comptait plus de cent âmes, dont vingt-trois hommes pleins de vigueur. Parmi les derniers étaient les meuniers; mais leurs moulins étaient cachés au fond du ravin où ils avaient été élevés tout d'abord, tout à fait en dehors du paysage que nous venons de décrire, épargnant ainsi aux regards tous les accessoires grossiers et peu pittoresques d'une scierie.

Mais l'objet le plus intéressant et le plus en vue, était la Hutte sur la colline. C'est donc là que nous allons porter notre attention, pour la décrire telle qu'elle était dix ans après l'époque où nous l'avons d'abord présentée au lecteur.

De ce côté, les changements extérieurs n'étaient pas aussi sensibles. Le capitaine Willoughby s'était abstenu de faire peindre la façade de la maison, et elle s'élevait dans ses couleurs primitives, grise dans le bas où la construction était en pierre, brune dans la partie supérieure où dominait le bois. Aucun portique ne décorait l'entrée, aucune fenêtre extérieure n'éclairait la façade. Quelques ouvertures seulement avaient été pratiquées au sommet pour donner du jour aux greniers. Les massives barrières étaient encore dans la même position où nous les avons laissées, toujours appuyées contre les murs de chaque côté de l'entrée, et les gonds couverts d'une rouille produite par le temps et l'humidité. Pendant dix années, il ne s'était pas présenté un jour de loisir pour les mettre en place, quoique madame Willoughby parlât souvent de la nécessité de cette dernière précaution. Elle-même s'était enfin tellement familiarisée avec cet état de choses, et tellement habituée à voir les barrières dans l'endroit qu'elles occupaient, qu'elle ne les regardait plus que comme de simples ornements, comme ces lions en pierre qui se trouvent fréquemment des deux côtés d'une porte.

L'intérieur de la hutte avait cependant subi beaucoup de changements. La partie occidentale avait été complétée, et d'élégantes chambres disposées pour les hôtes et les amis. Les hangars, les écuries et les logements des ouvriers ayant été transportés sur la lisière de la forêt, la maison était devenue la demeure exclusive de la famille. Par derrière, une aile avait été construite sur le bord de la colline, fermant ainsi complètement la cour. Cette aile, qui dominait la petite rivière, et d'où les regards plongeaient sur un paysage des plus pittoresques, contenait maintenant la bibliothèque, le parloir et le salon de musique, ainsi que les autres pièces consacrées aux dames pendant le jour, les appartements qui servaient d'abord à ces différentes destinations ayant été convertis en chambres à coucher. Cette aile nouvelle était entièrement construite en énormes pièces de bois, à l'épreuve de la balle, sans qu'on jugeât nécessaire de faire une fondation en pierre, à cause de sa position sur les bords d'un escarpement qui avait bien quarante pieds de hauteur. De ce côté de l'édifice, il y avait des fenêtres extérieures, l'élévation du bâtiment le mettant hors de portée des projectiles ennemis, tandis que la vue se reposait agréablement sur de fraîches campagnes. Aussi le capitaine avait-il soigneusement disposé toutes les prairies qui s'étendaient sous ses fenêtres, leur conservant leurs limites naturelles, de manière que les yeux pussent embrasser toute la forêt vierge, en reléguant au sud, à une distance assez considérable pour n'être pas vues, les granges, les cabanes et les autres constructions secondaires. Beulah Willoughby, douce et paisible créature, avait une admiration profonde pour les beautés de la nature, et c'est à elle qu'avait été confiée la surveillance de tout ce qui était considéré comme un travail artificiel pour charmer les yeux : son bon goût avait aidé et complété les riches efforts de la nature. Dans les fissures des rochers avait été rapportée de la terre végétale, d'où s'élançaient les tiges capricieuses de rosiers sauvages, et les bords de la petite rivière qui baignait la base de la colline étaient ornés de saules et d'aunes. Sur le devant de la maison s'étendait une pelouse entrecoupée d'arbrisseaux, au milieu desquels circulaient des sentiers ménagés avec art, qui en faisaient en même temps une promenade et un lieu de repos. Cette pelouse avait deux acres d'étendue; le capitaine l'appelait son glacis. C'est là que se trouvait réunie la famille à l'époque que nous avons indiquée au commencement du chapitre. C'était un peu avant le coucher du soleil, on respirait la fraîcheur d'un air pur et les premières chaleurs d'une saison bienfaisante. Des bancs pittoresques, de grossiers siéges de jardin étaient dispersés de côté et d'autre; sur l'un d'eux on voyait assis le capitaine, vigoureux vieillard de soixante ans, aux forces athlétiques et aux allures imposantes; à côté de lui se tenait sa femme, âgée de quarante-huit ans, et conservant encore des traits agréables et qui n'étaient pas sans fraîcheur. Devant eux se voyait un personnage vénérable, d'une petite taille, revêtu d'un habit noir dont la coupe dénotait un ecclésiastique; c'était le révérend Jedediah Woods, né dans la Nouvelle-Angleterre, qui avait longtemps servi comme chapelain dans le régiment du capitaine. Alors retiré du service, il partageait depuis huit années la demeure de son ancien camarade, où il remplissait les doubles fonctions de médecin du corps et de l'âme; il y ajoutait aussi les attributions de professeur pour les enfants de la colonie.

Beulah, la tête recouverte d'un large chapeau de paille qui la garantissait contre les ardeurs du soleil, surveillait les travaux de Jamie Allen, qui ne trouvant rien à faire comme maçon, remplissait les fonctions de jardinier. Maud, la tête nue, ornée seulement de sa belle et soyeuse chevelure qui tombait sur ses épaules, jouait au volant avec la petite briseuse, à laquelle elle donnait plus d'exercice que ne le comportait sa volumineuse circonférence. Dans un des vergers voisins, deux hommes s'occupaient à la taille des arbres. Tout à coup la petite briseuse poussa un cri formidable.

— Qu'y a-t-il, Desdemona? demanda le chapelain mécontent de se voir interrompu dans ses méditations. Combien de fois vous ai-je dit que le Seigneur voit avec déplaisir toute violence et tout éclat bruyant?

— Peux pas m'empêcher, maître, peux pas m'empêcher quand surprise grandement. Voyez, maître, voyez, là-bas, vieux Nick!

C'était Nick, en effet. Pour la première fois depuis plus de deux ans le Tuscarora reparaissait, remontant dans la vallée, d'un pas allongé et rapide. Lorsque la servante le signala, il se montrait au-dessus des rochers dans la direction des moulins. A cette distance, qui était d'un demi-mille, on pouvait le reconnaître à son allure qui était bien connue à la hutte.

— C'est bien Nick! s'écria le capitaine. Le gaillard s'avance aussi vite qu'un coureur, comme s'il était porteur de nouvelles importantes.

— Nous sommes trop au courant des tours de Nick, pour qu'il puisse tromper aucun de nous, dit madame Willoughby, qui entourée de son mari et de ses enfants se sentait trop heureuse pour redouter aucune apparence de danger. Cependant, ajouta-t-elle, je crois vraiment qu'il doit nous apporter quelque nouvelle. Il y a plus d'un an que nous ne l'avons vu.

— Il y a plus de deux fois un an, ma chère. Je n'ai pas vu sa figure depuis que je lui ai refusé un baril de rhum pour la découverte d'un autre étang de castors. Il a essayé de me vendre un nouvel étang chaque saison depuis l'acquisition de celui-ci.

— Croyez-vous, Hughes, qu'il se soit sérieusement fâché de ce refus? En ce cas, ne vaudrait-il pas mieux lui donner ce qu'il demande?

— J'y ai peu songé et je m'en soucie peu, ma chère. Nick et moi nous nous connaissons bien : c'est une connaissance de plus de trente ans, éprouvée sur le champ de bataille et garantie même par les étrivières. Trois fois je me suis vu contraint de faire de mes propres mains de salutaires applications sur le dos de Nick, quoique maintenant il y ait bien dix ans qu'il n'y a pas eu de coups échangés entre nous.

— Est-ce qu'un sauvage pardonne jamais des coups? demanda le chapelain d'un air de surprise et même de crainte.

— Je pense, Woods, que ce *sauvage* est aussi disposé à pardonner que le serait un homme *civilisé*. Pour vous, qui avez servi si longtemps dans l'armée de Sa Majesté, quelques coups ne doivent pas paraître du nouveau.

— Sans doute, envers les soldats; mais je ne savais pas qu'on eût jamais fouetté des Indiens.

— C'est parce qu'il ne vous est jamais arrivé d'assister à la cérémonie. Mais assurément, c'est bien Nick; et à son allure, je pense que le gaillard est porteur de quelque nouvelle.

— Quel âge a cet homme, capitaine?

— Nick a cinquante ans bien comptés. Il y en a vingt-cinq que je le connais; c'était un guerrier brave et habile.

Pendant ce temps, le nouveau venu s'était tellement rapproché que son arrivée fit cesser la conversation, chacun se tenant debout les yeux fixés sur lui. Quand Nick fut à cinq ou six pas du capitaine, il s'arrêta, croisa les bras, et demeura dans une attitude calme, pour ne pas montrer un empressement trop féminin à raconter son histoire. Il n'était nullement essoufflé et paraissait aussi composé que s'il avait parcouru à pas comptés l'espace qu'il venait de franchir en courant.

— Sago, sago, dit le capitaine, soyez le bienvenu, Nick; je suis charmé de vous voir encore aussi agile!

— Sago, répondit l'Indien d'une voix gutturale et en inclinant légèrement la tête.

— Voulez-vous quelque chose pour vous rafraîchir, Nick, après votre voyage? Nos arbres nous donnent maintenant d'excellent cidre.

— Le vin de Santa-Cruz est meilleur, répliqua le sentencieux Tuscarora.

— Le santa-cruz est certainement plus fort, répondit le capitaine en riant, et en ce sens vous pouvez le trouver meilleur. Vous en aurez un verre dès que nous serons rentrés. Quelles nouvelles nous apportez-vous?

— Un verre ne suffit pas. Nick apporte des nouvelles qui en valent une carafe. La squaw donnera deux carafes pour les nouvelles de Nick. Est-ce un marché fait?

— Moi! s'écria madame Willoughby; en quoi suis-je intéressée à vos nouvelles? Mes deux filles sont près de moi, Dieu soit loué; toutes deux se portent bien. Quel intérêt puis-je avoir à vos nouvelles, Nick?

— N'avez-vous d'autres papoose que des filles? Pensez que vous avez un garçon, officier, grand chef; il est là-bas, il est ici.

— Robert! le major! que pouvez-vous avoir à me dire de lui?

— Je dirai tout pour une carafe. La carafe est dans la maison; l'histoire de Nick est ici. L'une vaut l'autre.

— Vous aurez tout ce que vous voudrez, Nick, pourvu que vous me donniez vraiment de bonnes nouvelles sur mon fils. Parlez donc, qu'avez-vous à me dire?

— Je dis que vous le verrez dans dix, cinq minutes. Il a envoyé Nick devant lui, pour empêcher la mère de trop pleurer.

Maud fit entendre une exclamation ; puis l'ardente jeune fille descendit rapidement la pelouse, son chapeau tombant sur ses épaules, et ses beaux cheveux flottant en longues tresses dorées. Elle volait plutôt qu'elle ne courait dans la direction du moulin, où l'on pouvait voir Robert qui s'avançait précipitamment à sa rencontre. Soudain la jeune fille s'arrêta, se jeta sur un tronc d'arbre, et cacha sa figure dans ses mains. Quelques instants après elle était dans les bras de son frère. Ni madame Willoughby, ni Beulah n'imitèrent l'impétueux mouvement de Maud ; mais le capitaine, le chapelain et même Jamie Allen s'avancèrent rapidement à la rencontre du jeune major. Dix minutes après, Robert Willoughby était pressé sur le cœur de sa mère ; puis vint le tour de Beulah ; après quoi, la nouvelle s'étant répandue dans la maison, le jeune homme eut à recevoir les félicitations de Mary, des deux briseuses, des deux Plints et de tous les chiens. Plus d'un quart d'heure se passa dans le tumulte avant que l'ordre se rétablit dans la hutte. Et encore, pendant tout le reste de la journée, il y eut une certaine excitation, résultat nécessaire de l'arrivée soudaine d'un nouveau personnage dans un établissement solitaire, surtout quand ce personnage est le fils unique et l'héritier de la maison. Bientôt toute la famille fut réunie dans le parloir, et le major Willoughby put se régaler d'une excellente tasse de thé avant le coucher du soleil. Le chapelain voulut se retirer par discrétion ; mais le capitaine s'y opposa, voulant que tout se passât comme si son fils était un hôte ordinaire.

— Comme le garçon est grandi ! s'écria le capitaine, les yeux pleins de larmes qu'il s'efforçait en vain de dissimuler.

— J'allais faire la même remarque, dit le chapelain ; je pense vraiment qu'il est tout à fait aussi grand que vous, mon cher monsieur.

— Sans aucun doute, Woods, et il est plus grand dans un sens, car il est déjà major à l'âge de vingt-sept ans, et je ne pus atteindre ce grade qu'à deux fois cet âge.

— Cela tenait, mon cher monsieur, répondit promptement le fils avec un léger tremblement dans la voix, à ce que vous n'aviez pas un aussi bon père que celui que le ciel m'a donné, ou du moins un père aussi bien pourvu des moyens d'acquérir une commission.

— Dis que je n'en avais pas du tout, Robert, et tu ne blesseras aucun sentiment, car c'est la vérité. Mon père mourut avec le grade de lieutenant-colonel, quand je n'étais qu'un écolier ; je dus ma charge d'enseigne à mon oncle sir Hughes, le père du sir Harry Willoughby d'aujourd'hui ; après quoi je dus chaque avancement à de longs et rudes services. La fortune de ta mère t'a fait avancer plus rapidement, quoique j'aime à croire que le mérite y a été pour quelque chose.

— Le nom de sir Harry Willoughby, Monsieur, me rappelle un des motifs de mon voyage à la hutte, dit le major en jetant sur son père un coup d'œil d'intelligence, comme pour le préparer à quelque nouvelle inattendue.

— Qu'y a-t-il sur mon cousin? demanda le capitaine avec calme. Nous ne nous sommes pas vus depuis trente ans, et nous sommes presque étrangers l'un à l'autre. A-t-il fait ce sot mariage dont on nous parlait la dernière fois que nous allâmes à York? A-t-il déshérité sa fille, comme il l'en menaçait? Parle sans réserve ; notre ami Woods est de la famille.

— Sir Harry Willoughby n'est pas marié, Monsieur, mais il est mort.

— Mort! répéta le capitaine en posant sa tasse, comme quelqu'un qui a reçu un coup soudain ; j'espère que ce n'est pas sans s'être réconcilié avec sa fille, et avoir pourvu à l'existence de sa nombreuse famille.

— Il est mort dans ses bras, et n'a pas réalisé sa folle intention d'épouser sa servante. Toute sa fortune est laissée à sa fille, sauf une exception.

Le capitaine demeura quelque temps pensif, et les autres imitèrent son silence. Cependant les sentiments maternels poussèrent madame Willoughby à demander la nature de l'exception.

— Ma foi, chère mère, contre mon intention et je puis ajouter contre mes désirs, il m'a laissé vingt-cinq mille livres sterling dans les cinq pour cent. Je tiens cet argent à la disposition de mon père.

— Tu le tiendras à ta propre disposition, maître Robert, je t'en réponds.

Le major regarda son père comme pour voir s'il était compris, puis il ajouta :

— Vous vous rappelez sans doute, Monsieur, que vous êtes l'héritier du titre?

— Je ne l'ai pas oublié, major Willoughby; mais qu'est-ce qu'un vain titre de baronnet, ici, dans les déserts de l'Amérique? Si j'étais encore à l'armée, et colonel, ce serait de quelque utilité; mais dans ma position, j'aimerais mieux avoir une route passable d'ici à la Mohawk, plutôt que le duché de Norfolk sans le domaine.

— Il n'y a sans doute pas de domaine, répliqua le major d'un ton légèrement contrarié, à moins que vous ne fassiez un domaine baronial des terres que vous possédez ici, et qui ne sont après tout pas à dédaigner.

— Sans doute, c'est tout ce qu'il faut pour le vieux Hughes Willoughby, ex-capitaine du 23ᵉ régiment d'infanterie; mais cela ne suffirait pas pour sir Hughes. Non, non, Robert. Que la baronnie dorme pendant quelque temps. On s'en est suffisamment servi depuis une centaine d'années. Hors de notre petit cercle, il n'y a peut-être pas dix personnes en Amérique qui sachent que j'y ai quelque droit.

Le major rougit, fit sonner la cuillère dans sa tasse vide, et répondit en hésitant :

— Je vous demande pardon, mon cher père; mais à dire vrai, ne m'attendant pas à cette décision de votre part, j'en ai parlé à plusieurs amis. Je suis sûr qu'en présence de quelques autres, je vous ai appelé plus d'une douzaine de fois le baronnet ou sir Hughes.

— Eh bien, quand il en serait ainsi, la chose s'oubliera. Un prêtre peut être défroqué, Woods; et un baronnet peut être débaronneté, je suppose.

— Mais, dit la mère attentive et inquiète, sir William Johnson de New-York n'a pas trouvé que ce titre fût indifférent, pas plus que ne le trouvera son fils et successeur sir John. D'ailleurs si vous n'êtes plus dans l'armée, Robert y est encore. Ce sera dans l'avenir un grand avantage pour notre fils, et ce n'est nullement à négliger.

— Ah! je vois ce que c'est. Beulah, ta mère ne veut pas perdre le droit de s'appeler lady Willoughby.

— Je suis sûre, répondit Beulah, que ma mère ne veut pas être appelée autrement qu'il ne convient à votre femme. Si vous restez sir Hughes Willoughby, elle restera madame Hughes Willoughby. Mais, mon père, le titre pourrait être utile à Robert.

—Eh bien, que Robert prenne le baronnetage, répondit le père en souriant. Le major sir Robert Willoughby! cela sonnera bien dans une dépêche.

— Mais Robert ne peut pas l'avoir, s'écria Maud; personne ne peut l'avoir que vous, et ce serait dommage qu'il fût perdu.

— Alors, qu'il attende que je n'y sois plus et qu'il puisse le réclamer comme son bien.

— Cela peut-il se faire? demanda la mère, pour laquelle rien n'était indifférent quand il s'agissait de l'intérêt de ses enfants. Qu'en dites-vous, sir Woods, un titre peut-il se suspendre et se reprendre? Quel est ton avis, Robert?

— Je pense que cela se peut, ma mère. Il existe toujours tant qu'il y a un héritier; et les dédains de mon père ne m'engagent en aucune façon.

— Oh! dans ce cas, tout s'arrangera bien, quoique je regrette que tu ne puisses pas l'avoir dès à présent, puisque ton père n'en veut pas.

Ces mots furent dits avec la plus grande simplicité, comme si mistress Willoughby n'y avait pas le moindre intérêt. Cependant le titre de baronnet, et le privilége d'être appelée milady était d'une haute importance en 1775 dans la colonie de New-York. On n'y connaissait alors qu'un seul baronnet, sir John, et c'était aux yeux de tous un personnage respecté; mais le sacrifice ne coûta à mistress Willoughby ni regrets ni même une pensée.

— Où as-tu rencontré le Tuscarora? reprit brusquement le capitaine. Le gaillard a été si longtemps absent, que je commençais à croire que nous ne le reverrions pas.

— Il m'a dit, Monsieur, qu'il était sur le sentier de la guerre, quelque part parmi les sauvages de l'ouest. Il paraît que ces Indiens se battent entre eux de temps en temps, et Nick s'en mêle pour s'entretenir la main. Je l'ai rencontré à Canajoharie, et je l'ai pris pour guide, quoiqu'il ait eu l'honnêteté de me dire qu'il était sur le point de venir ici, quand même je ne l'eusse pas engagé.

— Je réponds qu'il ne t'a pas dit cela avant que tu l'eusses payé.

— Je dois en convenir. Il prétendait devoir quelque argent dans le village, et obtint d'être payé d'avance. Je n'appris ses intentions qu'à quelques milles de la hutte.

— Je suis charmé de voir, Robert, que tu donnes à notre demeure son nom propre. Cela sonnerait bien, sir Hughes Willoughby, baronnet de la Hutte, comté de Tryon, New-York! — Nick t'a-t-il raconté combien de chevelures il a pris aux Carthaginois?

— Je crois qu'il en avoue trois, quoique je n'aie vu aucun de ses trophées.

— Oh! le fameux Romain! — Cependant j'ai connu Nick un bon guerrier. Il combattait contre nous dans mes premières années de service, et notre connaissance s'est faite parce que je le sauvai de la baïonnette d'un de mes grenadiers. Je crois qu'il en fut reconnaissant pendant quelques années; mais enfin je pense que les coups de fouet que je lui fis administrer firent sortir de son esprit toute reconnaissance. Toutes ses affections se concentrent maintenant dans la Santa-Cruz.

— Le voilà là-bas, dit Maud en penchant hors de la fenêtre sa forme délicate. Michel et l'Indien sont assis au bord du ruisseau, une cruche entre eux deux, et paraissent engagés dans une profonde conversation.

— Je me rappelle, dit le capitaine, qu'à leur première entrevue Michel prit Nick pour le diable. L'Indien fut d'abord assez mécontent d'être confondu avec le malin esprit; mais ces deux personnages se rapprochèrent bientôt, et au bout de six mois ils étaient devenus intimes. On dit que quand deux hommes ont un principe commun ils ne manquent jamais de former une étroite alliance.

— Et quel est ce principe qui les unit, capitaine? demanda le chapelain avec curiosité.

— Le rhum. Michel et Nick cultivent cette boisson avec une égale ardeur.

Pendant que se disaient ces choses, toute la société s'était placée aux fenêtres, et pouvait voir Michel et l'Indien à l'endroit désigné par Maud, tous deux occupés à caresser alternativement une cruche de liqueur, ce qui ne les empêchait pas de se livrer à une conversation de plus en plus animée à mesure que diminuait le contenu de la cruche.

— Vous êtes un bijou, Nick, un vrai bijou, s'écriait l'Irlandais dans un accès d'enthousiasme bachique; soyez le bienvenu à la hutte.

Nick était de son côté passablement échauffé; mais il savait mieux que son compagnon se maintenir.

— Tout va comme autrefois ici, à la vieille façon? dit-il, en évitant cependant de manifester de la curiosité.

— Ah! ouï-da; tout est assez vieux ici. Le capitaine se fait vieux et Madame est plus vieille qu'elle n'était, et la femme de Joël paraît avoir cent ans, quoiqu'elle n'en ait que trente, et Joël lui-même, le fourbe, paraît plus que son âge.

Nick fixa sur son compagnon un de ces regards enflammés qui paraissaient pénétrer jusqu'au centre même de l'objet qu'il contemplait.

— Pourquoi, dit-il, un Face-Pâle haïr l'autre? pourquoi l'Irlandais n'aime pas le Yankee?

— Oh! du diable! aimer une pareille créature! autant me demander d'aimer un crapaud. Qu'y a-t-il à aimer en lui, que la peau et les os? autant aimer un squelette, un vrai squelette.

Nick fit un autre geste, et sembla réfléchir profondément. Le rhum troublait son cerveau; mais il perdait difficilement sa présence d'esprit.

— L'Irlandais aime-t-il quelqu'un? reprit-il.

— Certainement: j'aime le capitaine, oh! c'est là un gentilhomme; j'aime Madame, elle est si comme il faut; j'aime mademoiselle Beuly, elle est si douce, et j'aime mademoiselle Maud, qui est le ravissement de mes yeux. N'est-ce pas que celle-là est charmante?

L'Indien ne fit aucune réponse, mais ne parut pas content. Après quelques instants de silence, Michel reprit:

— Vous avez donc été en guerre, Nick?

— Oui, Nick devenu chef de nouveau; il a pris des chevelures.

— Ah! cela c'est un vilain métier! si l'on disait cela en Irlande, personne ne voudrait le croire.

— On n'aime pas la bataille en Irlande, eh?

— Je ne dis pas cela; non, je ne dis pas cela; car on se donne souvent des passe-temps où les batailles jouent un bon rôle. Mais nous aimons à taper sur la tête, et non pas à l'écorcher.

— C'est votre mode; la mienne est de scalper. Vous tapez, j'écorche. Lequel est meilleur?

— Ah! le scalpage est une horrible opération; mais le jeu de bâton vient nettement et naturellement. Combien de chevelures avez-vous recueillies, Nick, dans votre dernier voyage?

— Trois, hommes et femmes, pas de Papoose. Une assez grande pour faire deux. Aussi je dis quatre.

— Que le diable vous brûle, Nick, car il y a après tout quelque chose de lui en vous. Trois créatures humaines écorchées ne vous satisfont pas, et vous trichez pour en faire quatre. Ne pensez-vous donc jamais à votre fin? ne vous confessez-vous jamais?

— Je pense tous les jours à cela. J'espère trouver plus de chevelures avant mon dernier jour. Beaucoup de chevelures ici, eh! Michel.

Ces paroles étaient dites avec imprudence; mais l'Irlandais était sous l'influence d'une quantité considérable de rhum, et il n'en saisit ni le sens ni la portée. Nick lui-même, quoique alourdi par la liqueur, comprit qu'il avait trop parlé. La cruche était vide, et les deux amis se séparèrent cordialement pour aller prendre un repos dont ils avaient besoin.

CHAPITRE V.

> L'âme, Monseigneur, est façonnée comme la lyre; frappez soudainement une corde et les autres vont vibrer.
>
> HILLHOUSE.

L'APPROCHE de la nuit, sur mer et dans le désert, a toujours quelque chose de plus solennel que dans les grands centres de la civilisation. La solitude du marin s'accroît comme si un rideau s'abaissait devant ses yeux; et même sa vigilance inquiète semble être mise au défi par le voile épais qui lui cache les signes de l'heure. De même dans une demeure isolée, les mystères de la forêt sont augmentés, et contre le danger il semble qu'il y ait moins de protection, moins de ressources. Dans la soirée dont nous parlons, le major Willoughby était debout contre la fenêtre, entourant de son bras la taille délicate de Beulah, Maud se tenant un peu à l'écart; et tandis que le crépuscule s'évanouissait, laissant les ombres du soir s'épaissir sur la forêt, qui était à cent pas de la hutte, il sentit cette impression dont nous parlions tout à l'heure avec une vivacité qui jusque-là lui était inconnue.

— Ceci est un endroit bien retiré, mes sœurs, dit-il d'un air pensif. Est-ce que nos parents ne parlent jamais de vous mener dans le monde?

— Nous allons tous les hivers à New-York, depuis que notre père fait partie de la députation, répondit Beulah. Nous espérions vous y rencontrer à la saison dernière, et nous fûmes bien contrariées de ne pas vous voir.

— Mon régiment avait été envoyé, comme vous le savez, vers l'est; et comme je venais justement d'obtenir mon nouveau rang de major, il n'aurait pas été convenable de m'absenter. Est-ce que vous ne voyez pas ici d'autres personnes que celles qui habitent le domaine?

— Oh! si fait, s'écria Maud avec vivacité; puis elle fit une pause, comme si elle eût regretté d'avoir trop parlé, et reprit d'un ton plus calme : Je veux dire, de temps en temps. Sans doute l'endroit est très-retiré.

— A quelles conditions appartiennent vos visiteurs? Sont-ce des chasseurs, des trappeurs, des sauvages, ou des voyageurs?

Ce fut Beulah qui répondit.

— Un peu de tout cela, dit-elle, quoique très-peu assurément des derniers. Les chasseurs se présentent assez souvent; un ou deux par mois dans la belle saison. Les Indiens y viennent plus fréquemment, quoique je pense que nous en avons vu moins pendant l'absence de Nick que lorsqu'il était au milieu de nous; une centaine environ par an, y compris les femmes. Vous savez qu'ils marchent toujours par troupes; cinq ou six visites peuvent donc atteindre ce nombre. Quant aux voyageurs, ils sont rares; ce sont en général des hommes d'affaires, des surveillants, et quelquefois des propriétaires à la recherche de leurs terres. Nous avons eu deux de ces derniers la saison dernière, avant notre voyage à la ville.

— Voilà qui est singulier; au fait, cependant, il y a de quoi chercher dans une immensité comme celle-ci. Quels étaient ces deux propriétaires?

— Un vieillard et un jeune homme. Le premier était, je crois, en quelque sorte associé avec feu sir William, qui avait dans notre voisinage une concession, objet de ses recherches. Son nom était Fonda. Le second était un des Beckman, qui a dernièrement hérité d'une propriété très-étendue, située à quelque distance l'ici, et qui est venu la visiter. On dit qu'il possède bien cent mille acres d'une seule contenance.

— Et a-t-il trouvé sa terre? Des milliers et des dizaines de milliers d'acres peuvent dans ces solitudes échapper aux recherches.

— Nous le vîmes deux fois, à l'aller et au retour, et il avait réussi. La seconde fois, il fut retenu ici par un ouragan de neige, et resta quelques jours. Nous l'avons aussi très-souvent rencontré, l'hiver dernier, en ville.

— Maud, vous ne m'avez rien écrit de tout cela. Des visiteurs de cette sorte sont-ils si communs, que vous n'en parlez pas dans vos lettres?

— Vraiment, n'en ai-je pas parlé? C'est un oubli que Beulah ne voudra pas me pardonner. Car elle pense sans doute que M. Evert Beekman mérite d'occuper une place dans une lettre.

— Je le crois un jeune homme très-convenable et très-intelligent, répondit Beulah avec tranquillité, quoique l'obscurité servît alors à cacher une teinte plus rougeâtre sur ses joues. Je ne suis pas certaine, cependant, que son nom doive occuper un grand espace dans les lettres de vos sœurs.

— Eh bien, voilà quelque chose de révélé! s'écria le major en riant; et maintenant, Beulah, si tu veux me dire quelque chose de semblable sur le compte de Maud, je serai au fait de tous les mystères de famille.

— Tous? reprit Maud avec vivacité; n'y aurait-il rien à raconter sur un certain major Willoughby, cher frère?

— Pas un mot. Je suis aussi sain de cœur qu'un chêne vigoureux, et j'espère continuer ainsi. En tout cas, tout ce que j'aime est dans cette maison. Pour vous dire la vérité, chères sœurs, nous ne vivons pas dans un temps où un soldat puisse penser à autre chose qu'à son devoir. La querelle se fait sérieuse entre la métropole et les colonies.

— Pas assez sérieuse, j'espère, reprit Beulah, pour arriver à des actes de violence. Evert Beekman pense qu'il pourrait y avoir du trouble, mais rien au delà de quelques agitations.

— Evert Beekman! Presque tous les membres de cette famille sont loyaux, je crois; comment pense cet Evert?

— Je suppose que vous le compteriez parmi les *rebelles*, répondit Maud en riant; car alors Beulah gardait le silence, laissant les explications à sa sœur. — Il n'est pas exalté, mais il se dit avec emphase un *Américain*, et c'est dire beaucoup, quand cela signifie qu'on n'est pas un *Anglais*. Et vous, Robert, de quel nom vous appelez-vous ?

— Moi ! certainement Américain dans un sens, mais Anglais dans l'autre. Américain, comme mon père était un homme du Cumberland, et Anglais comme sujet, comme faisant partie de l'Empire.

— Comme saint Paul était Romain. Eh bien, je crains de ne pouvoir accepter pour mon compte qu'une seule dénomination. Si j'avais comme vous un habit d'écarlate, peut-être pourrais-je aussi avoir de l'Anglais en moi.

— Tout cela, reprit Beulah, c'est attacher trop d'importance à des disputes de mots. Au moins telle est l'opinion d'Evert Beekman.

— C'est sagement penser, répondit le major qui paraissait réfléchir profondément. Cet endroit me semble réellement trop retiré pour une famille comme la nôtre. Je voudrais qu'on pût persuader à mon père de passer plus de son temps à New-York. Des jeunes personnes de votre âge devraient d'ailleurs se produire un peu plus dans le monde.

— En d'autres termes chercher des admirateurs, n'est-ce pas, major Robert? dit Maud en riant, et en jetant sur son frère un regard malicieux. Bonsoir ! Notre père nous a priées de vous envoyer dans sa bibliothèque lorsque nous pourrions avoir assez de vous, et ma mère nous a envoyé dire qu'il est six heures, véritable heure de retraite pour des gens rangés.

Le major embrassa ses sœurs avec affection, et elles allèrent rejoindre leur mère, pendant qu'il se rendait auprès du capitaine.

Ce dernier était dans la bibliothèque, fumant sa pipe en compagnie du chapelain, qui s'était aussi bien que le capitaine conformé à cette habitude de garnison. Un peu d'excellent cognac modéré par l'eau arrosait de temps en temps leurs lèvres et donnait une certaine sensualité à leurs jouissances. Au moment où le major entrait, il était le sujet de la conversation, les deux vieillards trouvant presqu'un égal plaisir à faire ressortir sa belle tournure, ses bonnes qualités et ses futures espérances. Le capitaine poussa une chaise vers son fils, et l'invita à prendre place devant la table.

— Je suppose que tu es trop damoiseau, Robert, pour fumer, dit le père en souriant. A ton âge, je détestais la pipe, ou plutôt j'en avais peur, la seule fumée alors de mode parmi nos habits écarlates étant la fumée du canon. Eh bien, comment vont Gage et tes voisins les Yankees?

— Ma foi, Monsieur, dit le major en regardant derrière lui pour voir si la porte était bien fermée, pour vous dire la vérité, ma visite actuelle se rapporte à cette malheureuse querelle.

Le capitaine et le chapelain ôtèrent tous deux la pipe de leur bouche, tous deux prenant une attitude de surprise et d'attention.

— En vérité! s'écria le premier. Je croyais que je devais ce plaisir inattendu à ton désir de m'apprendre que j'avais hérité des honneurs d'un baronnetage!

— C'était un des motifs, Monsieur, mais le moindre. Je vous prie de considérer la singularité de ma position, comme officier du roi, au milieu de ses ennemis.

— Du diable! Dites donc, chapelain, ceci sent l'hérésie et le schisme. Appelles-tu être au milieu d'ennemis lorsque tu loges dans la maison de ton père? C'est une révolte contre la nature, ce qui est bien pis qu'une révolte contre le roi.

— Mon cher père, personne ne sera plus que moi en sécurité avec vous, et même avec M. Woods. Mais il y a dans cette partie du monde d'autres personnes que vous, et votre établissement pourrait ne pas être en sûreté huit jours de plus, il ne le serait certainement pas, si ma présence ici était connue.

Les deux auditeurs déposèrent leurs pipes, et la fumée commença à se dissiper, comme si elle s'était élevée d'un champ de bataille. Ils regardaient le capitaine avec étonnement et curiosité.

— Quelle est la signification de tout ceci, mon fils? demanda gravement le capitaine. Est-il arrivé quelque chose de nouveau pour compliquer les vieux sujets de querelle?

— Le sang a coulé, Monsieur, la rébellion ouverte a commencé.

— C'est une chose sérieuse, en effet, s'il en est ainsi. Mais n'exagères-tu pas les conséquences de quelque nouvelle imprudence des soldats qui auront tiré sur le peuple? Rappelle-toi que dans la première affaire, même les autorités coloniales ont justifié les officiers.

— L'affaire est bien différente aujourd'hui, Monsieur. Le sang a coulé non pas dans une émeute, mais dans une bataille.

— Une bataille! Tu m'étonnes, major! cela peut conduire à de graves conséquences.

— Que le Seigneur nous préserve des mauvais jours, s'écria le chapelain, et nous conduise, pauvres créatures que nous sommes, dans le sentier de la paix et du repos! Sans sa grâce, nous ne sommes que des aveugles conduisant des aveugles

— Veux-tu dire, major, que des corps armés et disciplinés se sont rencontrés sur un champ de bataille?

— Peut-être pas littéralement, mon cher père; mais les volontaires de Massachusetts se sont rencontrés avec les forces de Sa Majesté. Je dois le savoir parfaitement bien, car mon régiment a combattu. Je crois inutile d'ajouter que son second officier n'était pas absent.

— Bien entendu que ces volontaires n'ont pas pu tenir devant vous, dit le capitaine en serrant les lèvres sous l'impulsion de son orgueil militaire.

Le major Willoughby rougit, et il eût volontiers souhaité que le révérend père Woods fût sinon au diable, au moins assez loin pour ne pas entendre sa réponse.

— Monsieur, dit-il en balbutiant, pour dire la vérité, ces volontaires ne sont pas des adversaires autant à dédaigner que vous autres soldats pourriez le croire. L'affaire fut un peu chaude, parce qu'ils combattaient derrière un mur, et dans ce cas, vous savez, Monsieur, que la discipline des troupes perd de son avantage. Ils nous contraignirent assez vivement à la retraite.

— A la retraite, major Willoughby!

— J'ai dit la retraite, c'est vrai; mais ce n'était qu'une marche en arrière, après que nous eûmes accompli ce qui nous avait été ordonné. Cependant j'avoue, Monsieur, qu'ils nous pressèrent vivement jusqu'à ce que nous eussions reçu des renforts.

— Des renforts, mon cher Robert! Ton régiment, *notre* régiment n'aurait pas eu besoin de renfort contre tous les Yankees de la Nouvelle-Angleterre.

Le major ne put s'empêcher de sourire à cette fierté que par esprit de corps déployait le capitaine; mais sa franchise naturelle et l'amour de la vérité le forcèrent d'avouer le contraire.

— Et cependant, pour être vrai, il en eut besoin, répondit-il, et grand besoin. Quelques-uns de nos officiers qui ont assisté aux plus chaudes affaires de la dernière guerre, déclarent qu'en tenant compte de la marche, de la fusillade et de la distance, ils ne se souviennent pas d'en avoir vu de plus terrible. Notre perte, en outre, n'est pas insignifiante eu égard au nombre de troupes engagées. Nous pouvons compter environ trois cents hommes mis hors de combat.

Le capitaine resta pendant quelques instants muet et même pâle; son esprit semblait calculer les formidables résultats d'un tel événement. Puis il pria son fils de lui faire un récit détaillé de toute l'affaire. Le major obéit, en commençant par un aperçu sur la situation générale du pays, et en terminant par une description fidèle du dernier engagement, autant du moins qu'il était possible à un homme dont la fierté militaire et les sentiments avaient été trop vivement blessés pour lui permettre une entière impartialité.

Les événements qui précédèrent la vive escarmouche qu'on est convenu d'appeler la bataille de Lexington, et les incidents de cette mémorable journée, sont trop connus de nos lecteurs habituels pour que nous ayons besoin de les rappeler. Le major expliqua clairement tous les détails militaires, rendit pleine justice à la persévérance et à l'audace des provinciaux; c'est ainsi qu'il appelait ses ennemis, car, Américain lui-même, il ne voulait pas leur donner le nom d'Américains. Il chercha en outre à expliquer par des arguments plausibles la marche rétrograde, autant par un sentiment de piété filiale que par amour-propre; car, à vrai dire, la mortification du vieux soldat était tellement évidente, que son fils en éprouvait une véritable douleur.

— Le résultat de tout ceci, ajouta le major quand son récit fut achevé, a été de provoquer dans tout le pays une terrible exaltation, et Dieu sait ce qui doit suivre.

— Et tu es accouru ici pour me faire part de tout cela, Robert, dit le père d'un ton affectueux. Je t'en sais bon gré, et je n'attendais pas moins de toi. Nous aurions pu passer ici tout un été sans avoir appris un mot de cet important événement.

— Peu après l'affaire, ou du moins aussitôt que nous pûmes en apprendre les effets sur les provinces, le général Gage m'envoya secrètement porter des dépêches au général Tryon. Celui-ci connaissait votre position, et comme j'avais aussi à vous communiquer la mort de sir Harry Willoughby, il me prescrivit de remonter secrètement la rivière, d'avoir une entrevue avec sir John et de pousser jusqu'ici sous un faux nom, pour communiquer avec vous. Il pense, maintenant que sir William est mort, qu'avec vos propriétés, votre nouveau rang et votre influence locale, vous pouvez être très-utile pour le soutien de la cause royale ; car il ne faut pas se dissimuler que cette affaire va probablement prendre le caractère d'une révolte ouverte contre l'autorité de la couronne.

— Le général Tryon me fait trop d'honneur, répondit froidement le capitaine ; ma propriété a quelques acres de terres désertes, mon influence ne s'étend guère au delà de cette prairie dérobée aux castors, et je puis commander à mes domestiques et à quinze ou vingt laboureurs. Quant au nouveau rang dont tu parles, il n'est pas probable que les colons en fassent grand cas, puisqu'ils méconnaissent les droits du trône. Pourtant tu as rempli les devoirs d'un bon fils, Robert, en courant de tels risques, et je prie Dieu que tu puisses rejoindre ton régiment en sûreté.

— Voilà qui raffermit mes espérances, Monsieur ; car j'aurais éprouvé un véritable chagrin si vous aviez pensé qu'il fût de mon devoir, parce que je suis né aux colonies, de renoncer à mon grade et de prendre rang parmi les rebelles.

— Je ne pense pas plus que ce soit ton devoir, que je ne pense que c'est le mien de prendre parti contre eux, parce que le hasard m'a fait naître en Angleterre. C'est se faire une pauvre idée des obligations morales que de les faire reposer sur les accidents de naissance et de localités. Il peut se produire avec le temps des situations nouvelles qui modifient tous nos devoirs, et il est nécesssaire de les accomplir tels qu'ils sont, et non pas tels qu'ils ont été ou qu'ils doivent être. Ceux qui font tant de bruit sur un lieu de naissance, n'ont ordinairement pas une idée bien nette des obligations d'un ordre plus élevé. Nous n'avons aucun contrôle à exercer sur notre naissance, tandis que nous sommes complétement responsables de l'accomplissement des obligations volontairement contractées par nous

— Est-ce là votre opinion, capitaine ? dit le chapelain d'un air d'intérêt. Pour moi, j'avoue que je pense en cette matière non-seulement en natif d'Amérique, mais en véritable Yankee. Vous savez que je suis né dans la Baie, et..... le major m'excusera.....

mais il sied mal à ma robe de dissimuler..... j'espère que le major m'excusera.....

— Dites, dites, monsieur Woods, s'écria Robert Willoughby en souriant. Vous savez que pour vous il n'y a rien à craindre de votre ancien ami le major.

— Je m'en doutais, je m'en doutais. Eh bien, j'ai été satisfait, j'ai été profondément heureux d'apprendre que mes compatriotes, du côté de l'est, aient fait fuir devant eux les troupes royales.

— Je n'ai pas conscience de m'être servi de ces termes, Monsieur, lorsque j'ai raconté comment nous étions rentrés dans nos retranchements, répliqua le jeune soldat avec un peu de raideur. Je suppose qu'il est naturel pour un Yankee de sympathiser avec un autre ; mais mon père, monsieur Woods, est un homme de la vieille Angleterre et non pas de la nouvelle, et on peut lui pardonner de sentir quelque chose pour les serviteurs de la couronne.

— Certainement, mon cher major, certainement, mon cher monsieur Robert, mon ancien élève, et toujours, j'espère, mon ami, tout cela est assez vrai et très-naturel. Je permets au capitaine Willoughby de faire des vœux en faveur des troupes royales, tandis que je fais des vœux en faveur de mes compatriotes.

— C'est naturel des deux parts, sans doute ; mais il ne s'ensuit pas que des deux parts ce soit juste. « La patrie quand même » est une maxime pompeuse, mais ce n'est pas toujours une maxime d'honnête homme. Notre pays, par exemple, ne peut pas prétendre sur nous à plus de droits que nos parents ; et qui pourrait moralement réclamer le droit de soutenir même un père dans ses erreurs, ses injustices, ou ses crimes ? Non, non ; je déteste ces prétentieux dictons ; ils ne signifient au fond rien de bon et de solide.

— Mais quand votre patrie se trouve en guerre ? dit le major du ton modeste qui lui était habituel en parlant à son père.

— C'est juste, Bob, mais la difficulté ici est de savoir où est la patrie. Il s'agit, à vrai dire, d'une querelle de famille, et il ne saurait être question d'étrangers. C'est comme si je traitais Maud avec dureté, parce qu'elle est seulement la fille d'un ami, et non ma propre fille. Je prends le ciel à témoin, Woods, que je ne puis savoir en ce moment si je n'aime pas Maud Meredith aussi tendrement que Beulah Willoughby. Il y eut même, je crains de l'avouer, une époque de son enfance où la charmante petite avait peut-être la plus grosse part de mon affection. C'est donc l'habitude et le devoir, bien plus que les liens de la naissance, qui enchaînent nos cœurs.

Le major pensa qu'il n'y avait rien de singulier à préférer un enfant à un autre, quoique ce fût un sujet sur lequel il ne se souciait guère de discuter. Mais le chapelain, pour qui toute occasion était bonne, ne voulut pas laisser tomber l'argument.

— Je suis, dit-il, pour les liens de la naissance, du sang et de la nature, tout en comptant les droits particuliers de mademoiselle Maud qui sont tout à fait *sui generis*, et ne peuvent être confondus avec aucun autre cas. Un homme ne peut avoir qu'une patrie, de même qu'il ne peut avoir qu'une nature, et de même qu'il doit être fidèle à sa nature, de même il doit être fidèle à sa patrie. Le capitaine assure que dans une guerre civile, il est difficile de savoir où est la patrie; je ne puis admettre cet argument. Si Massachusetts et l'Angleterre en viennent aux coups, Massachusetts est ma patrie; si les comtés de Suffolk et de Worcester sont en querelle, mon devoir m'attache à Worcester, où je suis né; et je suivrai ainsi mon principe de pays à pays, de comté à comté, de ville à ville, de paroisse à paroisse, et même de maison à maison.

— Voilà un singulier aperçu des devoirs sociaux, mon cher monsieur Woods, s'écria le major avec feu, et si une moitié de la maison se querellait avec l'autre, vous vous rangeriez du côté où vous vous trouveriez pour le quart d'heure.

— C'est une étrange idée du devoir pour un ministre, reprit le capitaine. Reprenons un peu l'argument, et voyons ce que nous allons en faire sortir. Vous mettez le chef de la famille en dehors de la question. Et cependant n'a-t-il aucun droit? Un père ne doit-il compter pour rien dans une lutte entre ses enfants? Ses lois sont-elles abolies, ses droits méconnus, sa personne sera-t-elle maltraitée, sa malédiction peut-être méprisée, parce qu'une bande d'enfants indisciplinés entreprendra des combats pour quelque caprice de leur égoïsme?

— J'abandonne ce qui a rapport à la famille, cria le chapelain, car la Bible a réglé cela, et ce qu'a dit la Bible n'admet pas de discussion. « Honore ton père et ta mère, afin que tes jours soient durables sur la terre que le Seigneur ton Dieu t'a donnée. » Voilà des paroles terribles et qui ne peuvent être transgressées.

Mais le décalogue ne dit pas une autre syllabe qui se rapporte à la question. « Tu ne tueras pas » se dit de l'homicide ordinaire. « Tu ne déroberas pas, tu ne commettras pas d'adultère », tout cela n'a pas de rapports avec la guerre civile.

— Mais que pensez-vous de ces mots du Sauveur : « Rendez à César ce qui appartient à César. » César n'a-t-il pas de droits ici? Massachusetts et lord North peuvent-ils vider leur querelle de manière à ce que César soit complétement hors de cause?

Le chapelain baissa les yeux et réfléchit un instant, puis reprit l'attaque avec une nouvelle ardeur.

— Il n'est pas ici question de César. Si Sa Majesté veut venir prendre rang avec nous, nous sommes prêts à l'honorer et à lui obéir; mais si le roi prétend se tenir éloigné de nous, c'est une résolution qui provient de son fait et non du nôtre.

— Voilà une nouvelle manière d'apprécier le devoir ! Si César fait ce que nous voulons, il sera toujours César; mais s'il refuse, à bas César. Je suis un vieux soldat, Woods, et tant que je reconnaîtrai que cette question a deux faces, ma disposition à respecter et honorer le roi aura toujours la même force.

Le major parut charmé ; et, voyant que la discussion semblait tourner à son avantage, il se retira en s'excusant sur la fatigue. Il pensait bien que si son père, entraîné par la dispute, se retranchait dans les questions de fidélité à la couronne, l'opiniâtreté du vieillard serait plus efficace que toutes les paroles persuasives de son fils. Du reste, les deux lutteurs étaient si chaudement engagés, qu'ils s'aperçurent à peine de la disparition du jeune homme. La discussion continua jusqu'après minuit, les deux combattants ayant repris leurs pipes et poursuivant leur engagement au milieu de flots de fumée qui auraient fait honneur à un champ de bataille régulier.

Pendant que le combat dans la bibliothèque était ainsi vivement disputé, madame Willoughby était retirée seule dans sa chambre, après avoir accompli avec la régularité ordinaire tous les devoirs de la journée. Son cœur de mère était rempli d'un calme délicieux qu'il lui eût été difficile de décrire. Tout ce qu'elle avait de plus cher au monde: son noble fils, si loyal, si fidèle, si longtemps aimé, l'orgueil et la joie de son cœur; Beulah, sa fille, si douce, si naïve, si sincère, si semblable à elle-même ; et Maud, l'enfant de son adoption rendue chère d'abord par la compassion et la sollicitude, puis tant aimée à cause de ses qualités personnelles : tous étaient là autour d'elle, sous son toit, presque à la portée de ses bras. La hutte n'était plus une solitude ; le domaine n'était plus un désert pour elle ; car là où était son cœur, là aussi étaient ses trésors. Après quelques minutes de pensées de bonheur, l'excellente femme s'agenouilla, et son âme s'éleva pleine de reconnaissance vers l'Être qui l'environnait de tant de bénédictions. Hélas ! elle ne soupçonnait guère l'étendue et la durée des maux qui pesaient en ce moment même sur son pays natal, et toutes les peines qu'allait endurer son cœur affectueux !

Le major n'avait fait connaître à personne le véritable objet de sa mission, si ce n'est, ainsi que nous l'avons vu, au capitaine et au chapelain. Nous allons maintenant le suivre à son appartement et passer quelques instants en tête-à-tête avec le jeune soldat.

Deux chambres meublées avec goût et simplicité lui étaient consacrées ; elles étaient connues de tous les habitants de la maison, blancs et noirs, sous le nom des quartiers du jeune capitaine, et Maud l'appelait en riant le sanctuaire de Bob. Le major y retrouva toutes choses dans le même état où il les avait laissées dans sa dernière visite, une année auparavant ; augmentées cependant de quelques articles nouveaux.

Aussitôt qu'il eut déposé sa lumière, il regarda autour de lui, comme quelqu'un qui reconnaît de vieux amis, et fut charmé de renouveler connaissance avec tant d'objets chéris.

Les jouets de son enfance étaient là ; même un beau cerceau qui avait eu du service, orné de rubans par une main inconnue. Serait-ce ma mère, pensa le jeune homme en s'approchant pour examiner le cerceau bien connu qui n'avait jamais été l'objet d'un pareil hommage ; serait-ce ma bonne et tendre mère qui ne pouvant se persuader que je ne suis plus un enfant, aurait fait ceci ? J'en rirai demain avec elle en l'embrassant. Il se tourna ensuite vers la toilette sur laquelle se trouvait une corbeille remplie de différents objets. Jamais il n'avait visité la hutte sans trouver un semblable panier dans sa chambre à coucher ; c'était une tendre preuve du souvenir qu'on gardait de lui en son absence.

— Ah ! pensa le major en ouvrant un paquet de bas de laine tricotés, c'est encore ma chère mère avec ses préoccupations sur l'humidité des pieds et les vicissitudes du service. Une douzaine de chemises avec le nom de Beulah attaché sur l'une d'elles !

Comment diable la chère fille suppose-t-elle que je pourrai emporter une telle provision de linge sans même un cheval pour m'alléger d'un seul paquet. Ma valise ressemblerait à celle d'un général en chef, si j'emportais tout ce qu'elles me destinent? Qu'est ceci? une bourse, une belle bourse en soie! et encore le nom de Beulah! Rien de Maud. Maud m'aurait-elle oublié? Manchettes, mouchoirs! jarretières; oui, j'en vois une paire tricotée par ma mère. Et rien de Maud. Ah! qu'avons-nous ici? Par ma foi, c'est une belle écharpe de soie à rendre jaloux tout un régiment. A-t-elle été achetée, ou bien est-ce le travail d'une année? Il n'y a pas de nom dessus. Cela vient-il de mon père? Peut-être est-ce une de ses vieilles écharpes; dans tous les cas, c'est une *vieille bien neuve*, car je ne pense pas qu'elle ait jamais été portée; je m'en informerai demain matin. Je m'étonne qu'il n'y ait rien de Maud.

Puis le jeune homme mit les présents de côté, baisa son écharpe, et, je regrette de le dire, sans réciter ses prières, il se mit au lit.

Transportons-nous maintenant dans la chambre où les deux jeunes filles, sœurs d'affection, sinon de naissance, allaient aussi gagner leur lit. Maud, toujours la plus vive et la plus prompte, dans toutes ses actions, était déjà en toilette de nuit, et, enveloppée dans un châle, elle attendait que Beulah eût fini ses prières pour commencer l'entretien. La jeune fille agenouillée se releva bientôt, et notre héroïne lui dit : — Le major doit avoir examiné la corbeille maintenant, je l'entends aller et venir dans la chambre. Comme les hommes marchent plus lentement que nous, Beulah!

— C'est vrai. Bob est devenu si grand qu'il m'effraie souvent. Ne trouves-tu pas qu'il ressemble merveilleusement à papa?

— Je ne vois pas cela. D'abord il ne porte pas de poudre, ensuite il est plus grand, mais plus blond, plus coloré, beaucoup plus jeune, et tellement différent de mon père que je suis étonnée de t'entendre parler ainsi.

— C'est singulier, Maud; ma mère et moi nous avons été frappées ce soir de la ressemblance, et nous nous en réjouissions. Mon père est beau et Bob l'est aussi.

— Ils peuvent être beaux tous deux sans être semblables. Mon père est certainement un des plus beaux vieillards de ma connaissance, et Bob est comme ci comme ça. Mais, je suis surprise que tu compares un homme de vingt-sept ans à un de soixante.......... Bob m'a assuré que maintenant il jouait très-bien de la flûte.

— Il fait si bien tout ce qu'il entreprend ! M. Woods disait, il y a quelques jours, qu'il n'avait jamais rencontré un garçon qui comprît si bien les mathématiques.

— Oh ! les oies de M. Woods sont des cygnes. Je suis sûre qu'il y a d'autres jeunes gens aussi habiles que Bob. Je ne crois pas aux *non-pareils*, ma chère Beulah.

— Tu me surprends, Maud ; j'ai toujours cru que Bob était ton favori. Lui-même, d'ailleurs, trouve ce que tu fais si bien, si parfait ! Ce soir encore il regardait l'esquisse que tu as faite de notre établissement, et il assurait qu'il ne connaissait pas, même en Angleterre, un artiste capable de la mieux exécuter.

Maud rougit et baissa la tête, mais elle conserva son sourire moqueur. — Quelle absurdité, dit-elle ; et comment Bob pourrait-il juger des dessins ? il sait à peine distinguer un arbre d'un cheval.

— Comment peux-tu parler ainsi de ton frère ? dit la généreuse Beulah, qui ne pouvait voir d'imperfection dans Bob. Quand il t'apprenait à dessiner, tu lui trouvais l'habileté d'un artiste.

— Vraiment ! eh bien, j'avoue que je suis une capricieuse créature. Mais, quoi qu'il en soit, je ne puis considérer Bob comme je le faisais autrefois. Il a été longtemps loin de nous, tu sais... et l'armée rend les hommes si formidables... et puis, ils ne sont pas comme nous, tu sais... enfin, je trouve Bob tout à fait changé.

— Eh bien, je suis contente que maman ne t'entende pas, Maud ; elle qui considère son fils, maintenant qu'il est major et qu'il a vingt-sept ans, absolument comme elle le faisait quand il était en jupons. Du reste, elle nous regarde tous comme des enfants.

— C'est une bonne mère, je le sais, dit Maud tandis que ses yeux se remplissaient de larmes involontaires ; et elle ajouta plus impétueusement : Ses paroles, ses actions, ses souhaits, ses espérances, ses pensées, tout cela est toujours bien.

— Oh ! je te reconnais bien, dès qu'il s'agit de notre mère. Hé bien, moi, je n'ai pas une telle horreur des hommes, qu'il ne me semble juste d'avoir autant de tendresse pour son frère ou son père que pour sa mère.

— Pas pour Bob, Beulah. De la tendresse pour Bob ! Mais, ma

chère sœur, l'affection qu'on ressent pour *un major d'infanterie* n'est-elle pas bien différente de celle qu'on a pour une mère? Quant à papa, je l'aime certainement autant que j'aime ma mère.

— Tu le dois, Maud ; tu étais, je suis certaine que tu es encore sa préférée.

Beulah fit cette réflexion, sans qu'il lui vînt à l'esprit que Maud n'était pas sa sœur ; dans le fait, elle ne lui était pas parente, pas au moindre degré. Mais le capitaine et mistress Willoughby avaient si bien gardé le secret, que personne, pas même les intimes de la famille, ne l'avait jamais considérée que comme étant réellement leur fille. Pour Beulah, ses sentiments étaient si naïfs, si sincères, et tellement au-dessus des considérations ordinaires, qu'elle prenait avec Maud les mêmes libertés qu'elle eût prises avec une sœur. Maud, seule de tous les habitants de la hutte, se souvenait de sa naissance, et elle en acceptait toutes les conséquences. Quant à ce qui regardait le capitaine, jamais il ne lui venait dans l'idée qu'elle n'était qu'une fille d'adoption. Pour mistress Willoughby, elle avait toujours eu envers elle les tendres soins d'une mère ; Beulah agissait avec elle comme une sœur ; mais Bob était si changé, il avait été tant d'années séparé d'elle ; il l'avait même récemment appelée miss Meredith ; elle ne savait même pas comment il se faisait que depuis six années elle ne se souvenait plus qu'*il* était son frère.

— Quant à mon père, dit Maud en se levant avec émotion et parlant avec un accent exalté, je ne dois pas dire que je l'aime, je l'adore.

— Ah ! je le sais bien, Maud, et, à vrai dire, vous vous idolâtrez tous deux ; maman le dit elle-même quelquefois, quoiqu'elle avoue qu'elle n'est pas jalouse. Mais ce qui l'affligerait beaucoup, ce serait de voir que tu n'as pas pour Bob absolument les mêmes sentiments que nous.

— Mais le dois-je, Beulah ? je ne puis pas.

— Et pourquoi donc, Maud ?

— Mais tu sais… je suis sûre que tu dois te souvenir…

— De quoi ? demanda Beulah, réellement épouvantée de l'excessive agitation de Maud.

— C'est que je ne suis pas sa vraie sœur.

C'était la première fois que Maud rappelait sa naissance. Beulah devint pâle, elle fut saisie d'un tremblement convulsif ; par bonheur des larmes abondantes vinrent la soulager et l'empêchèrent de s'évanouir.

— Beulah, ma sœur, ma véritable sœur, s'écria Maud en se jetant dans les bras de la jeune fille désolée.

— Ah! Maud, tu es, tu seras à jamais ma sœur, mon unique sœur.

CHAPITRE VI.

> Qu'il est grand de mourir pour son pays!
> La couronne de la renommée est brillante!
> La gloire nous attend! la gloire qui n'est
> jamais obscure! la gloire qui resplendit
> d'une lumière sans fin! la gloire qui ne
> se flétrit jamais!
>
> PERCIVAL.

MALGRÉ la surprenante nouvelle qui avait si subitement atteint l'habitation du Rocher, et le chaud conflit qui avait eu lieu dans ses murs, la nuit se passa paisiblement. Au retour de l'aurore, les deux Plines, les briseuses et tous les domestiques étaient sur pied; et bientôt Mike, Saucy Nick, Joël et les autres purent être vus dans les champs et sur le bord des bois. On fit paître les bestiaux, les vaches furent traites, les feux allumés, et tout se passa selon les habitudes du mois de mai. Les trois négresses, suivant leur usage, se mirent à chanter en travaillant, de façon à étouffer les chansons matinales des oiseaux de la forêt. Marie, en son particulier, aurait pu défier le bruit du Niagara. Habituellement le capitaine la nommait son clairon.

Bientôt les maîtres de la maison firent leur apparition. Mistress Willoughby sortit la première de sa chambre, suivant son habitude quand il y avait beaucoup à faire. Dans l'occasion présente, le veau gras devait être tué, non en l'honneur du retour de l'enfant prodigue, mais pour celui qui était l'orgueil de ses yeux et la joie de son cœur. Le déjeuner qu'elle ordonna était celui qu'ont fait tous ceux qui ont visité l'Amérique. La France peut préparer un splendide déjeuner à la fourchette, et l'Angleterre a travaillé à l'imiter ; mais pour l'impromptu, l'abondance, le naturel des repas du matin, allez en Amérique, dans une bonne maison du pays, et vous aurez trouvé le nec plus ultra de ces sortes de choses. Le thé, le café et le chocolat, le premier et le dernier excellents, et le second respectable ; le jambon, le poisson, les œufs, les rôties, les gâteaux, les petits pains, les marmelades, se voyaient ensemble dans une noble confusion ; ce qui mettait souvent les convives, comme l'avouait naïvement M. Woods, dans un complet embarras d'esprit, ne sachant quel plat attaquer quand tous étaient les bienvenus.

Laissant mistress Willoughby en grande consultation avec Marie au sujet de la fête, nous retournerons vers les deux jeunes filles que nous avons si brusquement abandonnées dans le dernier chapitre. Les traces des larmes étaient encore visibles sur les joues animées de Maud, comme la rosée sur la feuille de rose ; mais elles disparurent complétement par le secours de la toilette ; et elle sortit de sa chambre brillante et fraîche comme une matinée de mai qui vient réjouir la solitude du manoir. Beulah la suivait, tranquille, douce, calme comme le jour même, vivante image de la pureté de l'âme et des profondes affections de son honnête nature.

Les deux sœurs allèrent dans la salle à manger, où elles avaient de petits devoirs de maîtresse de maison à remplir en l'honneur de leurs hôtes. Chacune d'elles s'occupa à orner la table et à voir s'il ne manquait rien. Quand leur agréable tâche fut accomplie, la causerie ne chôma pas. Rien cependant ne se dit qui fît la moindre allusion à la conversation de la nuit précédente. Ni l'une ni l'autre ne se sentait le désir de raviver ce sujet, et Maud regrettait amèrement de l'avoir abordé ; ses joues rougissaient quand elle se rappelait ses paroles, et elle ne savait pas pourquoi. Les sentiments de Beulah étaient différents : elle s'étonnait que sa sœur pût penser qu'elle était une Meredith et non une Willoughby. Parfois, elle craignait que quelque malheureuse allusion de sa part, quelque indiscrétion, eût rappelé à Maud les circonstances de sa véritable naissance. Et encore il n'y avait rien là qui pût éveiller en elle de désagréables réflexions. La famille des Meredith était non moins honorable que celle des Willoughby, selon l'opinion du monde. Pour ce qui regardait sa fortune Maud était indépendante, cinq mille livres, en fonds anglais, lui avaient été assurées par le contrat de mariage de ses parents, et pendant vingt années de bonne administration les intérêts, scrupuleusement accumulés, avaient doublé le montant de la somme; ainsi Maud était loin d'être pauvre, et souvent le capitaine en raillant faisait allusion à sa fortune comme s'il se proposait de lui rappeler qu'elle avait les moyens d'être indépendante. Maud elle-même ne soupçonnait pas qu'elle avait été élevée par le capitaine, sans que son argent eût été employé à son éducation. A dire vrai, elle y pensait peu et savait seulement qu'elle avait une fortune personnelle, dans la possession de laquelle elle devait entrer en atteignant sa majorité. Comment elle était devenue riche, c'était une question qu'elle n'avait jamais faite, quoiqu'il y eût des moments où de tendres regrets et une affectueuse mélancolie venaient attrister son cœur, quand elle pensait à ses véritables parents et à leur mort prématurée. Maud se reposait aveuglément sur le capitaine et sur mistress Willoughby comme sur un père et une mère; et en effet rien dans l'amour, les manières, les pensées, ne rappelait qu'ils ne l'étaient pas de fait aussi bien que d'affection.

— Bob pensera que tu as fait ces confitures de prunes, Beulah, dit Maud avec un sourire, en plaçant un compotier sur la table; il ne croira jamais que j'aie pu rien faire de cette sorte : comme il est amateur de prunes, il les goûtera certainement; alors les éloges te reviendront.

— Tu parais croire qu'il les doit, ces éloges. Peut-être ne trouvera-t-il pas les confitures bonnes.

— Si je pensais ainsi, je les emporterais tout de suite, s'écria Maud, prenant une attitude de doute. Bob ne trouve pas que de telles occupations soient faites pour nous; car il dit que les dames n'ont pas besoin d'être cuisinières; mais encore, quand on a fait une chose on aime à l'entendre approuver.

— Mets ton cœur en repos, Maud, les prunes sont délicieuses, bien meilleures qu'aucunes que nous ayons jamais eues, et nous sommes fameuses pour cela, tu sais. Je réponds que Bob les déclarera excellentes.

— Et s'il ne le dit pas, pourquoi m'en soucierais-je? Tu sais que ce sont les premières confitures que je fais, et il est permis de se tromper pour un coup d'essai. D'ailleurs, un homme peut aller en Angleterre, voir de belles choses, vivre dans de grandes maisons, et ne pas discerner si les confitures qui sont devant lui sont bonnes ou mauvaises. J'ose dire qu'il y a dans l'armée bien des colonels qui sont ignorants sur ce point.

Beulah convint en riant de la vérité de la remarque, quoique dans le secret de son esprit elle fût persuadée que Bob connaissait toute chose.

— Ne trouves-tu pas que notre frère a gagné beaucoup dans ses manières, Maud? dit-elle après une courte pause. Son voyage en Angleterre lui a rendu au moins ce service.

— Je ne vois pas cela, Beulah; je ne vois aucun changement; pour moi, Bob est absolument le même depuis qu'il est devenu homme, je veux dire depuis qu'il a été fait capitaine.

Comme le major Willoughby avait atteint ce rang le jour qu'il avait eu vingt et un ans, le lecteur peut préciser la date du changement de façon de penser de Maud.

— Je suis surprise de t'entendre parler ainsi, Maud! papa dit qu'il est bien dressé, selon son expression, par la discipline anglaise, et qu'il a maintenant tout à fait l'air militaire.

— Bob a toujours eu l'air martial, dit Maud vivement; il l'a acquis dans les garnisons quand il n'était qu'un enfant.

— S'il en est ainsi, j'espère qu'il ne le perdra jamais, dit l'objet de cette remarque, qui était entré sans être vu et avait entendu les dernières paroles. Étant soldat, on désire le paraître, ma petite critique.

Le baiser qui suivit, et qui n'était que le salut d'un frère à sa sœur, toucha légèrement des joues rosés : et pourtant Maud rougit, car elle avait été surprise.

— Les écouteurs n'entendent rien dire de bon d'eux-mêmes, dit Maud avec une vivacité qui montrait sa confusion. Que n'êtes-vous venu une minute plus tôt, maître Bob, vous y auriez trouvé de l'avantage.

— Oh! je ne crains pas les remarques de Beulah, et si je puis échapper aux vôtres, miss Maud, je me croirai un heureux garçon. Mais qui m'a fait devenir le sujet de votre discussion, ce matin?

— Il est bien naturel que deux sœurs parlent de leur frère après une si longue séparation.

— Ne lui dites rien, Beulah, interrompit Maud. Laissez-le écouter aux portes, et apprendre nos secrets comme il le pourra.

J'espère, major Willoughby, que voilà un déjeuner qui pourra satisfaire votre appétit militaire.

— Cela paraît bien, vraiment, Maud, et j'aperçois les excellentes confitures de prunes que j'aime tant et que Beulah fait si bien. Je sais qu'elles sont spécialement pour moi, et je dois vous embrasser, ma sœur, pour cette preuve de souvenir.

Beulah, à qui il semblait qu'il était injuste de s'approprier l'honneur qui appartenait à une autre, allait dire la vérité, mais un geste suppliant de sa sœur la fit sourire et elle reçut l'hommage en silence.

— Quelqu'un a-t-il vu le capitaine Willoughby et le chapelain Woods, ce matin? demanda le major. Je les ai laissés engagés dans une discussion désespérée, et j'ai quelque crainte qu'on ne trouve quelques débris sur le champ de bataille.

— Les voici tous deux, s'écria Maud, heureuse de voir la conversation prendre une autre tournure; et voici ma mère, suivie de Pline; elle va dire à Beulah de prendre la place près du café, pendant que je m'occuperai du chocolat; mais nous laisserons le thé à la seule main qui puisse le préparer ainsi que l'aime mon père.

Tous les personnages que nous avons mentionnés entrèrent dans la salle, et, après les compliments habituels, ils s'assirent à table. Le capitaine Willoughby fut d'abord silencieux et pensif, laissant libre carrière aux causeries, dissimulant ainsi ses inquiétudes, ce qui ne faisait que mieux ressortir la tranquille gaieté de sa mère et de ses sœurs. Le chapelain fut plus communicatif, mais il semblait aussi inquiet et aussi désireux d'arriver à un point qui, probablement, ne serait pas compris d'une partie de la famille. Enfin, les impulsions de M. Woods triomphèrent de sa discrétion, et il ne put cacher plus longtemps ses pensées.

— Capitaine Willoughby, dit-il simplement, j'ai fait peu de chose depuis que nous nous sommes séparés, il y a sept heures, mais j'ai beaucoup songé au sujet de notre discussion.

— S'il en est ainsi, mon cher Woods, il y a une forte sympathie entre nous; j'ai à peine dormi, et je dois dire que je n'ai pas pensé à autre chose. Je suis content que vous ayez encore examiné le sujet.

— Je vous avoue, mon digne monsieur, que la réflexion, mon oreiller et vos admirables arguments, ont produit un changement complet dans mes sentiments. Je pense maintenant tout à fait comme vous.

— Que diable dites-vous, Woods? s'écria le capitaine avec étonnement; réellement, mon cher ami, c'est bizarre, excessivement bizarre, s'il faut dire vrai. Vous m'aviez convaincu, et j'allais justement reconnaître votre triomphe.

Il est à peine nécessaire d'ajouter que le reste de la compagnie ne s'étonna pas peu de cet échange de concessions. Maud s'en amusa beaucoup. Pour mistress Willoughby, rien de risible ne pouvait s'allier avec les actes ou les paroles de son mari, et elle eût pensé attaquer l'église elle-même en ridiculisant un de ses ministres. Beulah ne pouvait rien voir que de raisonnable chez son père, et, quant au major, il se sentait trop affligé de cette rétractation imprévue, pour apercevoir autre chose que l'erreur.

— Avez-vous suivi l'injonction de l'Écriture, mon excellent ami? dit le chapelain; avez-vous laissé aux droits de César tout leur poids et toute leur autorité? le nom du roi est une tour fortifiée.

— N'avez-vous pas, Woods, oublié les droits supérieurs de la raison sur les hasards de la naissance? L'homme doit être considéré comme un être raisonnable, gouverné par des principes et des faits qui varient sans cesse, et non comme un animal abandonné à un instinct qui périt avec son utilité.

— Que peuvent-ils vouloir dire, ma mère? murmura Maud, à peine capable de réprimer l'envie de rire qui venait si facilement à une personne pleine d'une malicieuse gaieté.

— Ils ont discuté sur le droit du parlement à taxer les colonies, je crois, ma chère, et chacun d'eux a persuadé l'autre. Il est bizarre, Robert, que M. Woods ait converti votre père.

— Non, ma très-chère mère, c'est quelque chose de plus sérieux.

Pendant ce temps les deux adversaires, assis en face l'un de l'autre, avaient de bonne foi recommencé la discussion et ne voyaient rien de ce qui se passait. — Non, ma mère, c'est bien pis que tout cela. — Pline, dites à mon domestique de brosser ma veste de chasse, et voyez à ce qu'il ait un bon déjeuner; c'est un coquin qui murmure sans cesse, et qui donnerait une mauvaise réputation à la maison. Vous n'avez pas besoin de revenir avant que nous vous sonnions. — Oui, ma mère, oui, mes chères sœurs, c'est plus sérieux que vous ne pouvez le supposer, quoiqu'il ne faille pas en parler inutilement à tout le monde. Dieu sait ce qu'on en dirait, et les mauvaises nouvelles se propagent assez rapidement d'elles-mêmes.

— Miséricordieuse Providence! s'écria mistress Willoughby, que voulez-vous dire, mon fils?

— Je veux dire, ma mère, que la guerre civile commence maintenant dans les colonies, et que les gens de votre sang et de votre race sont ouvertement armés contre les habitants du pays natal de mon père, en un mot, contre moi.

— Comment cela peut-il être, Robert? qui oserait se battre contre le roi?

— Quand les hommes sont excités et que leurs passions sont une fois enflammées, ils se permettent des actes auxquels ils n'auraient jamais songé auparavant.

— Ce doit être une méprise. Quelque personne mal disposée vous a dit cela, Robert, connaissant votre attachement à la couronne.

— Je voudrais qu'il en soit ainsi, chère madame, mais mes propres yeux ont vu, et je puis dire que ma propre chair a senti le contraire.

Le major raconta alors ce qui était arrivé, faisant entrer ses auditeurs dans le secret de la véritable situation du pays. On comprend facilement avec quelle consternation il fut écouté, et quelle fut la douleur qui suivit cette triste révélation.

— Vous parliez de vous, cher Bob, dit Maud avec une vive crainte; avez-vous été blessé dans cette cruelle bataille?

— Je ne dois pas en parler, quoique j'aie certainement reçu une violente contusion; rien de plus, je vous assure, là, sur l'épaule; cela me gêne à peine maintenant.

Tout le monde écoutait. L'intérêt et la curiosité avaient fait taire même les discoureurs, car c'était la première fois que le major parlait de son accident. L'un et l'autre sentit s'abattre le zèle avec lequel il avait chaudement soutenu la contestation, et ne fut plus disposé qu'à échapper aux poursuites de son adversaire.

— J'espère que ta blessure ne t'a pas envoyé à l'arrière-garde, Bob, demanda le père avec inquiétude.

— J'y étais, Monsieur, quand je reçus le coup, répondit le major en riant. L'arrière-garde est le poste d'honneur dans une retraite, vous le savez, mon cher père, et je crois que notre marche mérite à peine un autre nom.

— C'est triste pour les troupes du roi! Quelle espèce de soldats aviez-vous à combattre, mon fils?

— Des gens passablement opiniâtres, Monsieur. Ils voulaient nous persuader de retourner à Boston le plus tôt possible, et ce ne fut pas une petite difficulté que de ne pas se rendre à leurs arguments. Si milord Percy n'était pas arrivé avec un fort parti et deux pièces d'artillerie, nous n'aurions pu résister plus longtemps. Nos hommes étaient fatigués comme des daims poursuivis par les chasseurs, et la journée fut très-chaude.

— De l'artillerie aussi! s'écria le capitaine, la fierté militaire se ravivant un peu pour déranger ses dernières convictions. Avez-vous ouvert vos colonnes et chargé vos ennemis en ligne?

— C'eût été charger l'air. Aussitôt que nous faisions halte, nos ennemis se dispersaient; mais quand la marche recommençait, tous les murs de la route se garnissaient de mousquets. Je suis sûr que vous nous rendrez justice, Monsieur; vous connaissez les régiments et vous savez s'ils manquent à leur devoir.

— Les troupes anglaises y manquent rarement, quoique cela soit déjà arrivé. Il n'y a pas de soldats qui se montrent habituellement plus hardis, et d'ailleurs les provinciaux sont de formidables escarmoucheurs. Je les connais sous ce point de vue. Quel a été l'effet de tout ceci sur le pays, Bob? Tu nous en as dit quelque chose la nuit dernière; achève cette histoire.

— Les provinces sont soulevées. Dans la Nouvelle-Angleterre, le feu ne serait pas plus dévastateur, et pourtant cette colonie est une des moins excitées. Là encore les hommes sont armés par milliers.

— Grand Dieu! dit le paisible chapelain en s'inclinant, les hommes peuvent-ils être ainsi portés à se détruire les uns les autres?

— Tryon est-il actif? Que font les autorités royales pendant ce temps?

— Elles ne négligent rien de ce qui est faisable, mais elles doivent surtout compter sur la loyauté et l'influence de la noblesse, jusqu'à ce qu'un secours puisse arriver d'Europe. Si ces espérances les abandonnent, les difficultés augmenteront beaucoup.

Le capitaine Willoughby comprit son fils; il jeta un coup d'œil vers sa femme qui resta impassible, tant elle était éloignée de comprendre.

— Nos propres familles sont divisées comme elles l'ont été dans les précédentes discussions, ajouta-t-il. Les de Lanceys, Vancortlands, Philips, Bayards, la plus grande partie de ce pays, et une portion considérable des familles de Long-Island, sont, je pense, avec la couronne; les Livingstons, Morrises, Schuylers, Reusselaers, et leurs amis, sont pour les colonies. N'est-ce pas de cette manière qu'ils sont divisés?

— Pas tout à fait, Monsieur. Tous les de Lanceys, avec leurs alliés, sont avec nous, avec le roi, je veux dire; tous les Livingstons et les Morrises sont contre nous. Les autres familles sont partagées, c'est-à-dire les Cortlands, les Schuylers et les Reusselaers. Il est heureux pour le chef de la famille qu'il ne soit qu'un enfant.

— Pourquoi, Bob? demanda le capitaine en regardant attentivement son fils.

— Simplement, Monsieur, parce que sa grande propriété ne peut pas être confisquée. Il y a un si grand nombre de ses alliés contre nous qu'il aurait pu difficilement échapper à la contagion, et les conséquences en eussent été inévitables.

— Tu considères cela comme certain? La question a deux côtés, et la guerre ne peut-elle pas avoir deux résultats.

— Je ne le pense pas, Monsieur. L'Angleterre ne peut pas être vaincue par des colonies aussi insignifiantes que celles-ci.

— Ceci est bien dit pour un officier du roi, major Willoughby; mais les grandes masses d'hommes sont formidables quand elles ont raison, et les nations, car les colonies sont des nations par leur nombre et leur étendue, ne se suppriment pas aisément quand l'esprit de liberté est au milieu d'elles.

Le major écoutait son père avec douleur et étonnement. Le capitaine parlait sérieusement, et il y avait dans sa contenance une animation qui lui donnait de la sévérité et de l'autorité. Peu habitué à discuter avec son père, surtout quand celui-ci était dans une telle disposition, le fils garda le silence; sa mère, qui dans son cœur était attachée au souverain, et qui se confiait dans la tendresse et la considération de son mari pour elle, ne fut pas si scrupuleuse.

— Quoi! Willoughby, s'écria-t-elle, vous inclinez réellement vers la rébellion? Moi, qui suis née dans les colonies, je crois qu'on a tort de résister au roi.

— Ah! Wilhelmina, répondit le capitaine plus doucement, vous avez pour la métropole l'enthousiasme d'une femme des colonies. Mais quand j'ai quitté l'Angleterre j'étais assez vieux pour apprécier ce que j'ai vu et appris, et je ne puis pas partager cette admiration provinciale.

— Mais, sûrement, mon cher capitaine, l'Angleterre est un très-grand pays, interrompit le chapelain, un pays prodigieux qui peut prétendre à notre respect et à notre amour. Voyez l'église maintenant, la continuation purifiée de l'ancienne autorité visible du Christ sur la terre! C'est ma considération pour cette église qui a triomphé de mon amour pour le lieu de ma naissance et altéré mes sentiments.

— Tout cela est vrai et très-bien dans votre bouche, chapelain; cependant l'église visible peut se tromper. Cette doctrine du droit divin aurait maintenu les Stuarts sur le trône; mais ce n'est pas une doctrine anglaise, encore moins une doctrine américaine. Je ne suis pas cromwellien, et je ne désire pas, comme les républicains, attaquer le trône pour le détruire. Un bon roi est une bonne chose et une grande bénédiction pour un pays, mais encore est-il nécessaire que le peuple veille sur ses priviléges et qu'il désire les protéger. Nous discuterons ce point une autre fois; nous en trouverons plus d'une occasion, ajouta-t-il en se levant et en souriant avec bonne humeur. Il faut maintenant que je réunisse mes gens et que je leur apprenne ces nouvelles. Il n'est pas juste de cacher une guerre civile.

— Mon cher monsieur, s'écria le major avec inquiétude, n'avez-vous pas tort? C'est bien prompt, il me semble; ne serait-il pas mieux de garder le secret, de vous donner le temps de réfléchir, d'attendre les événements? Je ne vois pas qu'il soit nécessaire de se hâter. Peut-être verrez-vous ensuite les choses différemment, et une parole imprudente prononcée en ce moment pourrait vous donner des motifs de regrets.

— J'ai pensé à tout ceci pendant la nuit, Bob; car c'est à peine si j'ai fermé les yeux, et tu ne pourras changer mon projet. Il est convenable de faire connaître à mes gens ce qui se passe; et loin de considérer cela comme hasardeux, je pense que c'est sage.

Dieu sait ce que le temps amènera; mais, à tout événement, la franchise ne peut nuire à celui qui la pratique. J'ai déjà envoyé mes ordres pour que les colons se rassemblent sur la pelouse au son de la cloche, et j'attends que nous entendions le signal.

Il n'y avait pas d'appel contre cette décision. Le capitaine étant habituellement doux et indulgent, son autorité n'était jamais discutée, quand il voulait l'exercer. Quelques doutes s'élevèrent, et le père les partagea un moment, sur ce qui pourrait arriver à l'égard du major; car l'esprit patriotique se réveillant parmi les colons, dont les deux tiers étaient Américains, et le reste des colonies de l'est, il pouvait être arrêté, ou au moins trahi à son retour et livré aux chefs des révoltés. C'était une sérieuse considération qui retint le capitaine chez lui, quelque temps après que ses gens furent assemblés, pour débattre cette question dans le sein de sa propre famille.

— Nous exagérons le danger, dit enfin le capitaine. Le plus grand nombre de ces hommes est avec moi depuis plusieurs années, et je n'en vois pas un qui voulût me nuire, non plus qu'à toi, mon fils. En attendant, il serait plus dangereux de les tromper que de les mettre dans la confiance. Je vais aller les trouver et leur dire la vérité. Alors, nous aurons au moins la sécurité de notre propre approbation. Si tu échappes au danger d'être vendu par Nick, mon fils, je ne crois pas qu'il y en ait d'autres à craindre.

— Par Nick? répétèrent une demi-douzaine de voix avec étonnement, — sûrement, mon père, — sûrement, Willoughby, — sûrement, cher capitaine, vous ne pouvez vous défier d'un serviteur aussi vieux et aussi éprouvé que le Tuscarora.

— Oui da! c'est un vieux serviteur, certainement, et il a été puni, s'il n'a pas été éprouvé. Je n'ai jamais laissé endormir mes soupçons sur ce garçon; il y a toujours du danger avec un Indien, à moins que la reconnaissance ne donne de l'influence sur lui.

— Mais, Willoughby, c'est lui qui nous a trouvé ce manoir, répondit la femme. Sans lui, nous n'aurions jamais été les possesseurs de cette belle résidence, de la digue des castors et de tout ce qui nous rend si heureux.

— C'est vrai, ma chère; et sans de bonnes guinées d'or, nous n'aurions pas eu Nick.

— Mais Monsieur, je le paierai aussi libéralement qu'il pourra le désirer, observa le major. Si l'on peut l'acheter, mon argent vaut celui d'un autre.

— Nous verrons. Dans les circonstances actuelles, je crois que nous serons plus en sûreté avec de la franchise, qu'en cachant quelque chose à nos gens.

Le capitaine mit son chapeau et, suivi de toute la famille, il franchit les portes. Comme les sommations avaient été générales, quand les Willoughby et le chapelain parurent sur la pelouse, tous les habitants de cette colonie, même les petits enfants, étaient réunis. Le capitaine inspirait le plus profond respect à tous ceux qui étaient sous sa dépendance, quoique quelques-uns, en petit nombre, ne l'aimassent pas. La faute n'en était pas à lui, mais plutôt à leur caractère difficile et peu affectueux. Ses habitudes d'autorité ne s'accordaient peut-être pas avec leurs idées d'égalité; et il est presque impossible à celui qui est relativement puissant et riche, d'échapper à l'envie et aux murmures d'hommes qui, incapables de sentir les véritables distinctions qui séparent l'homme bien élevé des esprits bas et rampants, imputent ses avantages au hasard et à l'argent. Mais ceux mêmes qui se laissaient aller à cette maligne influence ne pouvaient nier que leur maître ne fût juste et bienfaisant, quoiqu'il ne pût pas toujours exercer cette justice et cette bienfaisance précisément dans la voie la mieux calculée pour flatter leur amour-propre et leurs notions exagérées sur les prétentions qu'ils s'arrogeaient. En un mot, le capitaine Willoughby, aux yeux de quelques-uns de ses gens, passait pour un homme orgueilleux; et cela parce qu'il voyait et sentait les conséquences de l'éducation, des habitudes, des manières, des opinions et des sentiments qui étaient inconnus à des hommes qui n'avaient même pas l'idée de leur existence.

Ce n'était pas une chose inusitée pour les gens de l'habitation d'être réunis de la façon que nous avons décrite. Nous écrivons l'histoire d'une époque que la génération présente, quoique éclairée, peut confondre avec les âges les plus reculés de la civilisation américaine, au moins pour ce qui regarde les usages sociaux. Dans ces jours on n'était pas assez sot pour entreprendre de paraître toujours sage, et les fêtes de nos ancêtres anglo-saxons étaient encore tolérées parmi nous, les réjouissances publiques de la fête de l'indépendance n'ayant pas encore absorbé toutes les autres. Le capitaine Willoughby avait apporté avec lui dans les colonies l'amour des fêtes, qui était beaucoup plus ordinaire dans l'ancien monde que dans le nouveau ; et il arrivait assez souvent qu'il convoquait tous ses gens pour célébrer un jour de naissance ou l'anniversaire de quelque bataille où il avait été parmi les vainqueurs. Quand il parut sur la pelouse, dans l'occasion présente, on s'attendait à l'entendre annoncer quelque chose de semblable.

Les habitants du manoir, ou de la hutte sur la colline, pouvaient être divisés moralement et physiquement en trois grandes catégories ou races : les Anglo-Saxons, les Hollandais hauts et bas, et les Africains. Les premiers étaient les plus nombreux, car ils comprenaient les familles des meuniers, des mécaniciens et celle de Joël Strides, l'inspecteur ; les seconds étaient les laboureurs, et les derniers se composaient exclusivement des domestiques de la maison, à l'exception d'un des Plines qui était laboureur, quoiqu'on lui permit de vivre avec ses parents dans la hutte. Maud, dans un de ses moments de bonne humeur, avait surnommé ces divisions les trois tribus, et son père, pour rendre l'énumération complète, avait classé le sergent, Mike et Jamie Allen comme surnuméraires.

Les trois tribus et les trois surnuméraires étaient rassemblés sur la pelouse, lorsque le capitaine et sa famille approchèrent. Par une sorte de secret instinct, ils s'étaient d'eux-mêmes divisés en groupes : les Hollandais, un peu éloignés des Yankees, et les noirs restant en arrière comme ils sentaient que cela convenait à des gens de leur couleur et à des esclaves. Mike et Jamie avaient pris une sorte de position neutre entre les deux grandes divisions des blancs, comme s'ils eussent été également indifférents à leurs dissensions et à leurs antipathies. Tout le monde ainsi posé attendait impatiemment l'annonce qui avait été si longtemps différée. Le capitaine s'avança, et ôtant son chapeau, cérémonie qu'il observait toujours dans de semblables occasions et qui était imitée par ses auditeurs, il s'adressa à la foule.

— Quand des hommes vivent ensemble dans une solitude comme celle-ci, dit-il en commençant, il ne doit pas y avoir de secrets entre eux, mes amis, surtout dans ce qui touche les intérêts communs. Nous vivons dans une région éloignée, une sorte de colonie à nous, et nous devons agir honnêtement et franchement les uns à l'égard des autres. En conséquence, je vais vous dire maintenant tout ce que j'ai appris concernant une affaire de la dernière importance pour les colonies et pour le royaume. (Là, Joël dressa ses oreilles et lança un coup d'œil d'intelligence à un paysan, son voisin, qui était chargé de moudre le grain de la colonie, et qu'on appelait par excellence le Meunier.) Vous savez tous, continua le capitaine, qu'il y a entre les colonies et le parlement des difficultés depuis plus de dix ans; difficultés qui ont été une ou deux fois aplanies en partie, mais qui ont toujours reparu sous une nouvelle forme.

Le capitaine s'arrêta un moment, et Joël, qui était l'orateur habituel des colons, profita de cette occasion pour faire une question.

— Le capitaine veut parler, je suppose, dit-il d'un ton rusé, demi-honnête et demi-jésuitique, du droit que prend le parlement de nous taxer, nous autres Américains, sans notre consentement, ou sans que nous soyons représentés dans la législature.

— C'est précisément cela que je veux dire. La taxe sur le thé, la fermeture du port de Boston, et d'autres mesures, ont amené au milieu de nous beaucoup plus de régiments du roi qu'il n'y en a habituellement. Boston, comme vous le savez probablement, a une forte garnison depuis quelques mois. Il y a environ six semaines, le commandant en chef a envoyé un détachement jusqu'à Concord, dans New-Hampshire, pour détruire quelques entrepôts. Ce détachement s'est rencontré avec les hommes du pays, et le sang a coulé. Plusieurs centaines de combattants ont été tués ou blessés, et je crois connaître suffisamment les deux partis pour prédire que c'est le commencement d'une longue et sanglante guerre civile. Ce sont des faits que vous devez connaître, et c'est pourquoi je vous en instruis.

Ce récit simple, mais explicite, ne fut pas accueilli de même par tous les auditeurs. Joël Strides, penché en avant avec un air d'intérêt, ne perdait pas une syllabe; les Yankees prêtaient une grande attention, et lorsque le capitaine eut terminé, ils échangèrent des coups d'œil significatifs. Pour Mike, il saisit un shillelah, qu'il portait habituellement quand il ne travaillait pas, et regarda autour de lui, comme s'il attendait les ordres du capitaine pour commencer le combat. Jamie était pensif et grave, et une ou deux fois il se gratta la tête en signe d'incertitude. La curiosité des Hollandais était éveillée, mais ils semblaient dépaysés comme des hommes qui n'ont pas eu le temps de comprendre. Les noirs ouvrirent de grands yeux quand ils entendirent parler de la querelle ; lorsqu'on en vint aux détails du combat, leurs bouches grimacèrent comme s'ils eussent savouré une chose délicieuse. Cependant à la mention du nombre des morts, ils parurent consternés. Nick seul était indifférent. En voyant sa froide apathie, le capitaine comprit que la bataille de Lexington n'était déjà plus un secret pour le Tuscarora.

Comme M. Willoughby encourageait toujours une certaine familiarité dans les colons, il leur dit qu'il était prêt à répondre aux questions qu'on jugerait nécessaire de lui adresser pour satisfaire une curiosité bien naturelle.

— Je suppose que ces nouvelles arrivent par le major? demanda Joël.

— Vous pouvez bien le supposer, Strides. Mon fils est ici, et nous n'avons pas d'autres moyens d'apprendre ce qui se passe.

— Votre Honneur désire-t-elle qu'on mette le fusil sur l'épaule, et qu'on aille se battre d'un côté ou d'un autre? demanda Mike.

— Je ne veux rien de la sorte, O'Hearn. Il sera temps de prendre un parti quand nous aurons des idées plus positives sur ce qui arrive.

— Alors, le capitaine ne pense donc pas que les choses soient allées assez loin pour permettre aux Américains de prendre un parti décisif, comme ils le pourraient? dit Joël de son air le plus malin.

— Je crois qu'il sera plus sage de rester où nous sommes et comme nous sommes. La guerre civile est une chose sérieuse, Strides, et personne ne se précipite aveuglément dans ses dangers et dans ses difficultés.

Joël regarda le meunier, et le meunier regarda Joël. Cependant en ce moment ni l'un ni l'autre ne parla. Jamie Allen avait servi en 45, quand il était de trente ans plus jeune; et quoiqu'il eût ses prédilections et ses antipathies, les circonstances lui avaient enseigné la prudence.

— Le parlement ne peut commander à ses soldats de marcher contre des gens désarmés, dispersés çà et là dans le pays, et qui n'ont aucun moyen de défense.

— Och, Jamie! interrompit Mike qui ne paraissait pas croire qu'il fût nécessaire de traiter cette matière avec autant de respect, où est votre courage pour faire une telle question? Un homme est toujours capable de se battre quand il a ses bras pour agir. Que pourrait faire un régiment contre une place comme celle-ci? Je suis sûr que depuis dix ans que j'y suis, je ne pourrais plus trouver mon chemin pour en sortir. Mettez un soldat à ramer sur le lac à l'est, avec l'ordre d'aller à l'autre bout, et il aura une jolie corvée. Je sais ce que c'est, et ce n'est pas un commençant qui pourrait faire aller de telles rames.

Ceci n'était intelligible que pour Joël, et il avait cessé de rire du voyage de Mike depuis au moins six ou sept ans; d'autres désastres, ayant la même origine, avaient effacé le souvenir de celui-là. C'était pourtant une preuve que Mike pouvait être considéré comme un brave, disposé à suivre son chef sur le champ de bataille sans le troubler de questions sur les mérites de la querelle. Néanmoins, l'homme du comté de Leitrim reconnaissait des principes particuliers qui avaient une certaine influence sur sa conduite toutes les fois qu'il pouvait se les rendre avantageux. D'abord il détestait cordialement les Américains; il haïssait un Anglais autant comme un oppresseur que comme un hérétique; il aimait son maître et tout ce qui lui appartenait. Ces sentiments étaient contradictoires, certainement, mais Mike n'était conséquent ni en théorie ni en pratique. La tribu anglo-saxonne se retira en promettant de réfléchir; procédé contre lequel Mike protesta hautement, déclarant qu'il n'y avait aucun besoin de réfléchir quand il s'agissait d'en venir aux coups. Jamie s'en alla, toujours en se grattant la tête, et on le vit plusieurs fois ce jour-là faire des pauses entre les pelletées de terre qu'il jetait autour de ses plantes, comme s'il méditait sur ce qu'il avait entendu. Pour les Hollandais, leur heure n'était pas arrivée; ils n'avaient pas encore compris. Les nègres s'en allèrent ensemble et commencèrent à s'occuper des merveilles de la bataille, dans laquelle tant de chrétiens avaient été mis à mort. La petite briseuse évalua les morts à quelques milliers, mais la grande briseuse affirma que le capitaine avait parlé de centaines de mille, et elle prétendit qu'une grande bataille ne pouvait être livrée sans qu'on fît au moins cette perte. Quand le capitaine fut chez lui, le sergent Joyce lui demanda une audience dont l'objet était simplement de prendre ses ordres, sans examiner les principes.

CHAPITRE VII.

> Nous sommes tous ici ! le père, la mère, la sœur, le frère ; nous nous chérissons tous. Chaque siége est rempli. Que les indifférents ne viennent pas se mêler à nous. Ce n'est pas souvent que notre famille se trouve ainsi réunie tout entière autour du foyer de nos pères. Bénis soient ces lieux et cette assemblée. Qu'en ce jour tout souc soit oublié ; soumettons-nous au pouvoir de l'aimable paix ; que la bonne affection règle les heures : nous sommes tous ici.
> SPRAGUE.

Les serviteurs se retirèrent pour la plupart, les uns dans leurs demeures, les autres à leurs travaux ; quelques-uns seulement restèrent pour recevoir des ordres ultérieurs. Parmi ces derniers étaient Joël, le charpentier et le forgeron ; ils venaient se joindre au chef de l'établissement et à son fils, pour s'entretenir des changements que le présent état de choses pouvait rendre nécessaires au dedans et au dehors de la hutte.

— Joël, dit le capitaine quand les trois hommes furent à portée de l'entendre, tous ces événements nous obligent à changer nos moyens de défense.

— Le capitaine suppose-t-il que le peuple de la colonie veuille nous attaquer? demanda le rusé surveillant avec emphase.

— Peut-être pas le peuple de la colonie, monsieur Strides, car nous ne nous sommes pas encore déclarés comme ses ennemis, mais il y a des adversaires plus redoutables.

— Il ne me paraît pas probable que les troupes du roi, en désordre elles-mêmes, viennent s'aventurer ici ; c'est qu'il serait plus aisé de venir que de s'en retourner. D'ailleurs, le butin les dédommagerait à peine des frais de la marche.

— Peut-être pas ; mais il ne s'est jamais livré de combats, dans ces colonies, sans que quelques tribus sauvages s'y soient trouvées engagées avant même que les blancs soient entrés en ligne.

— Pensez-vous réellement, Monsieur, qu'il y ait de ce côté un danger sérieux? s'écria le major avec étonnement.

— Sans doute, mon fils. Le couteau à scalper sera à l'œuvre dans six mois, et il y est peut-être déjà, si la moitié de tes récits et des bruits du dehors est vraie. — Telle est l'histoire américaine.

— Je pense plutôt, Monsieur, que vos appréhensions pour ma mère et mes sœurs peuvent vous égarer. Je ne crois pas que les autorités américaines elles-mêmes approuvent jamais ces mesures horribles que rien ne saurait justifier; et si les ministres anglais étaient assez cruels pour adopter une pareille politique, l'honnête indignation d'un peuple humain les forcerait certainement d'abandonner le pouvoir.

Quand le major eut cessé de parler, il se retourna et surprit la contenance de Joël; il fut frappé de l'intérêt avec lequel ce dernier épiait ses paroles empreintes d'une chaleureuse franchise.

— L'humanité se laisse facilement séduire par toutes ces harangues politiques, Bob, répondit tranquillement le père, mais elles produisent peu d'effet sur un vieux soldat. Que Dieu te fasse revenir de cette guerre avec la même ingénuité et le même naturel sensible que tu avais avant de partir d'ici.

— Le major redoute à peine les sauvages : serait-il pour eux? dit Joël; et, si ce qu'il dit de l'humanité des conseillers du roi est vrai, il sera encore en sûreté de ce côté.

— Le major sera du côté où son devoir l'appelle, monsieur Strides; que vous importe? répondit le jeune homme avec un peu plus de hauteur que la circonstance ne l'exigeait.

Le père regretta que son fils eût été aussi indiscret, il ne vit pas d'autre remède que de reporter l'attention des trois hommes sur ce qui avait été dit au commencement de l'entretien.

— Ni les souhaits des Américains ni ceux des Anglais n'auront d'influence sur le caractère de cette guerre, dit-il. Sa direction tombera dans les mains de ceux qui tiennent plus à la fin qu'aux moyens, et les succès excuseront suffisamment les torts. Telle a été l'histoire de toutes les guerres de mon temps, et il est probable que ce sera l'histoire de celle-ci. Je crois qu'il y aura très-peu de différence, de quelque côté que nous nous placions; il y aura des sauvages à combattre dans l'un et l'autre cas. Ces portes doivent être mises en place; c'est une des premières choses à faire, Joël; et je crois nécessaire d'élever des palissades autour du rocher.

La hutte, bien barricadée, ne sera pas prise aisément sans l'artillerie.

Joël parut frappé de cette idée, quoiqu'il ne semblât pas la trouver favorable. Ce ne fut qu'après avoir étudié la maison et les portes massives pendant une minute ou deux, qu'il fit part de ses sentiments sur ce sujet, et encore hésitait-il.

— Tout cela est très-vrai, capitaine, dit-il, l'habitation serait, il me semble, plus sûre si les portes étaient suspendues : mais on ne sait pas, peut-être serait-ce une sécurité, peut-être n'en serait-ce pas une. Tout dépend du côté où viendra le danger. Cependant, comme les portes sont faites, il est dommage de ne pas les placer si on peut en trouver le temps.

— Il faut trouver le temps, il faut placer les portes, interrompit le capitaine, trop accoutumé aux doutes de Joël pour l'écouter patiemment; non-seulement on placera les portes, mais les palissades devront être plantées, les fossés creusés, et la circonvallation complétée.

— Cela doit être, comme le dit le capitaine, lui qui est le maître ici. Mais le temps est précieux au mois de mai : nos plantations ne sont qu'à moitié faites et il nous reste encore des terres à labourer. Les moissons ne viennent pas sans semence, pas plus pour les grands que pour les petits; et il me semble que c'est rendre inutiles les bienfaits du Seigneur que de suspendre des portes et de creuser des fossés, quand aucun danger réel n'oblige à prendre des mesures de prudence.

— C'est là votre opinion, monsieur Strides, mais ce n'est pas la mienne. J'entends me défendre d'un danger réel, mais qui est encore hors de la vue, et je veux qu'on place ces portes aujourd'hui même.

— Aujourd'hui même! Tous les gens de l'établissement ne pourraient achever cet ouvrage en moins d'une semaine. Ces portes devront être placées suivant les principes de la mécanique; il faudra au moins deux ou trois jours au charpentier et au forgeron pour préparer l'ouvrage, nous emploierons bien un jour pour suspendre chacun des côtés. Pour ce qui regarde la circonvallation, il faudra couper, arracher, creuser, enfoncer, tout cela occupera toutes les mains et empêchera les plantations.

— Cela ne me paraît pas, Bob, aussi rude que le dit Joël. Ce travail des portes est pénible certainement et peut nous prendre un jour ou deux ; et, quant au reste, j'ai vu des barraques construites en une semaine, si je me souviens bien. Tu dois avoir quelques connaissances là-dessus. Quelle est ton opinion ?

— Je pense que cette maison peut être palissadée dans ce peu de temps ; je réponds de la sécurité de la famille, et avec votre permission je reste et je surveillerai les travaux.

Cette offre fut acceptée avec joie ; et le capitaine, accoutumé à être obéi dans les choses importantes, ordonna de laisser là aussitôt les ouvrages commencés. Seulement il fut permis à Joël de continuer les plantations. Comme il était nécessaire de creuser un fossé, cet ouvrage si simple pouvait se commencer à l'instant, aussi le major le fit-il entreprendre sans même être rentré dans la maison.

Il fallut d'abord creuser une ligne à six ou sept pieds de profondeur, pour entourer toute la construction à une distance d'environ trente pas de la maison. Cette ligne passait de chaque côté de la hutte, et rendait les flancs plus sûrs que le front, devant lequel se trouvait la plaine sur une surface légèrement inclinée. En une heure le major eut tracé la ligne avec exactitude, et six ou huit hommes se mirent à creuser le fossé. D'autres furent envoyés dans les bois avec ordre de couper une quantité suffisante de jeunes châtaigniers, et à midi il y en avait déjà une charge d'abattue. Cependant rien n'était encore fait aux portes.

A vrai dire, le capitaine était ravi. Ce spectacle lui rappelait sa vie militaire ; il allait de tous côtés, donnant des ordres, avec tout le feu de sa jeunesse qu'il sentait renaître. Mike, enterré comme une taupe, avait déjà creusé à une profondeur de plusieurs pieds, que les Yankees avaient à peine commencé leur travail. Quant à Jaime Allen, il allait à l'ouvrage avec réflexion, mais on vit bientôt ses cheveux blancs au niveau de la terre. Le travail n'était pas dur, quoique le terrain fût un peu pierreux, et tout cela se faisait avec autant de rapidité que de succès. Toute cette journée et les trois suivantes, le rocher parut animé ; les attelages étaient mis en mouvement, les charpentiers sciaient, les laboureurs creusaient avec ardeur. Plusieurs trouvaient l'ouvrage inutile, illégal même ; mais aucun n'osait hésiter sous les yeux du major, que son père avait investi du commandement. Le quatrième jour, Joël termina ses plantations, quoiqu'il eût fait de longues pauses pour regarder avec étonnement la scène d'activité et de bruit que présentait le rocher. Il fut alors obligé de se joindre aux autres, avec les quelques hommes qui étaient restés sous sa direction.

Pendant que se creusait le fossé, on avait préparé les palissades. Les jeunes arbres avaient été coupés à une longueur de vingt pieds et taillés d'un côté en pointe. Des mortaises, destinées à recevoir les traverses, furent disposées à des distances convenables, et l'on fit des trous pour les chevilles; cette préparation faite, les charpentes furent enclavées dans le fossé, aux endroits les plus élevés, ensuite on posa les traverses. La pente fut alors élevée en ligne droite, et les barricades solidement enfoncées. Ces derniers travaux exigeaient du soin et du jugement; aussi furent-ils confiés spécialement à la direction du prudent Jamie, le major ayant découvert que les Yankees étaient trop impatients pour bien faire. Le sergent Joyce s'entendait particulièrement à l'arrangement des barricades, et donnait au travail général un air tout à fait militaire.

— Mieux vaut l'ouvrage bien guidé que l'ouvrage précipité, dit l'Écossais, tout en dirigeant les travailleurs. Les choses sont bien faites avec moins de bruit et de confusion. Placez les charpentes plus perpendiculairement, braves gens.

— Oui-dà, arrangez-les aussi, mes gars, ajouta le vénérable ex-sergent.

— Voilà de singulières plantations, dit Joël, et il en viendra de singuliers grains. Pensiez-vous que ces jeunes châtaigniers ne grandiraient jamais?

— Maintenant, Joël, ce n'est pas pour accroître que nous travaillons, mais pour préserver l'accroissement humain que nous avons, pour empêcher les barbares du désert de tondre nos têtes avant que la faux du temps ne nous ait recueillis pour la moisson de l'éternité. Ces sauvages sont à redouter partout où ils ne trouvent pas des forts ou des barricades pour les arrêter.

— Je ne critique pas tout, Jamie, quoique, à mon avis, il eût mieux valu faire des plantations qui eussent servi au bétail pendant les mois de l'hiver. Je puis voir juste dans certaines choses et mal dans d'autres.

— Vous voyez mal en cela, heureusement pour nous, monsieur Sthroddle, s'écria Mike du fond de la tranchée, où il se servait d'un bélier avec tout le zèle d'un paveur. Vous voyez mal, heureusement pour nous et les nôtres, dis-je, monsieur Strides. Si vous n'approuvez pas une fortification dans un temps de guerre, vous n'avez qu'à vous dépêcher de charger vos épaules du havresac. Ce que nous désirons, c'est de fortifier la maison, et d'empêcher que pas un cheveu de la tête du maître, ni de celles qui lui sont chères, ne soit arraché tant que Jamie, Mike et le sergent seront là. Je souhaite voir tomber les sauvages dans cette tranchée et qu'un enterrement général nous délivre de ces vagabonds. J'entends dire de tous côtés que ce sont les enfants du diable.

— N'êtes-vous pas cependant l'ami de Nick, qui me paraît être le spécimen de son peuple?

— Nick est à moitié civilisé; il vous en voudrait s'il vous entendait l'appeler un spécimen.

Joël s'en alla en murmurant sans que les laboureurs pussent savoir s'il approuvait les travaux auxquels il était obligé de prêter son aide, ou s'il partageait le zèle de Mike pour ses maîtres.

En une semaine les constructions furent terminées, à l'exception des portes.

Ce fut un samedi qu'on plaça la dernière palissade, et tous les signes des travaux récents disparurent afin de rendre autant que possible au rocher sa beauté primitive. La semaine avait été tellement remplie par ces occupations que le major n'avait pu se livrer à ces entretiens intimes qu'il aimait avoir avec sa mère et ses sœurs. Les fatigues du jour faisaient que chacun se rendait de bonne heure à son lit, et les conversations étaient plutôt affectueuses et gaies que communicatives.

Le principal était fait. Quand les décombres eurent été enlevés, le capitaine engagea sa famille à venir avec lui sur la pelouse jouir d'une délicieuse soirée de la fin du mois de mai. La saison était précoce et le temps plus doux que de coutume, même dans cette vallée abritée. Pour la première fois de l'année, mistress Willoughby consentit à apporter le thé sur une table permanente qui avait été placée à l'ombre d'un bel orme, probablement pour quelque fête champêtre d'un caractère aussi simple.

— Allons, Wilhelmina, donnez-nous une tasse de ce thé odoriférant, que nous possédons heureusement en abondance, avec ou sans taxe. Je perdrais ma caste si l'on savait quelle dose de trahison américaine nous avons ainsi engloutie ; mais une tasse de thé dans la forêt semble légère sur la conscience d'un homme après une longue fatigue. Je suppose, major Willoughby, que les troupes de Sa Majesté ne dédaignent pas le thé au milieu de ces agitations.

— Loin de là, Monsieur, nous l'estimons beaucoup ; on dit que le porto et le xérès des différentes tables de Boston sont maintenant très-négligés. Je suis un amateur du thé pour lui-même, quoique je ne me connaisse guère à ses différentes qualités. — Farrel, dit-il à l'homme qui aidait Pline l'ancien à arranger la table, quand vous aurez fini, vous irez me chercher la corbeille que vous trouverez sur la toilette dans ma chambre.

— Vraiment, Bob, dit la mère en souriant, vous avez jusqu'ici fait peu d'honneur à cette corbeille. Vous ne nous avez pas dit encore un mot de toutes les jolies choses qu'elle contient.

— Je me suis occupé du soin de notre sûreté, voilà mon excuse. Maintenant qu'une apparence de sécurité me donne le temps de respirer, ma reconnaissance reçoit une impulsion soudaine. Quant à vous, Maud, je regrette d'être obligé de vous accuser de paresse ; quoi, pas une seule marque de votre souvenir !

— Est-ce possible ! s'écria le capitaine, qui versait l'eau dans la théière. Maud est la dernière que j'aurais soupçonnée d'une pareille négligence ; je t'assure, Bob, que personne n'écoute avec plus d'intérêt qu'elle les détails de ton avancement et de tes mouvements.

Maud ne fit aucune réponse. Elle pencha la tête de côté, dans une conviction secrète que sa sœur pouvait seule deviner. Mais Beuláh s'était si bien accoutumée à regarder Robert et Maud comme frère et sœur, que même ce qui s'était passé n'avait produit aucun effet sur ses opinions, ni donné à ses pensées une direction nouvelle. A ce moment arriva Farrel ; il plaça la corbeille sur le banc à côté de son maître.

— Maintenant, ma très-chère mère, et vous, jeunes filles, je puis rendre à chacun ce qui lui est dû. D'abord, je confesse ma propre indignité, et reconnais que je ne mérite pas la moitié des attentions que vous m'avez témoignées par ces différents cadeaux ; ensuite, nous allons descendre dans les détails.

Le major alors montra les articles contenus dans la corbeille, trouvant les mots de mère et de Beulah attachés sur les uns et sur les autres, mais rien n'indiquait que sa jeune sœur eût même pensé à lui. Le capitaine en parut surpris. — C'est vraiment bizarre, dit-il sérieusement ; j'espère, Bob, que tu n'as rien fait pour mériter cela ; je serais fâché que ma petite fille reçût une injure.

— Je vous assure, Monsieur, que je n'ai aucune conscience d'un pareil acte, et je puis solennellement protester contre toute intention offensante. Si je me suis rendu coupable, je prie Maud de me pardonner.

— Vous n'avez rien fait, Bob, rien qui m'ait offensée, s'écria Maud vivement.

— Pourquoi, alors, l'as-tu oublié, mignonne, quand ta mère et ta sœur ont fait tant de choses pour lui ?

— Des cadeaux obligés, mon cher père, ne sont pas des cadeaux. Je n'aime pas à être contrainte à faire des présents.

En entendant ces paroles, le major comprit qu'il ferait mieux de remettre les derniers articles dans la corbeille, pensant terminer ainsi les discussions. Grâce à cette précipitation, l'écharpe ne fut pas vue. Heureusement pour Maud, qui était prête à fondre en larmes, le service du thé prévint de nouvelles allusions sur ce sujet.

— Tu m'as dit, fit observer le capitaine à son fils, que ton ancien régiment a un nouveau colonel, mais tu as oublié de le nommer. J'aime à croire que c'est mon vieux camarade, Tom Wallingford, qui m'a écrit l'année passée qu'il en avait l'espérance.

— Le général Wallingford a obtenu un régiment de chevau-légers ; c'est le général Meredith qui est à la tête de mon ancien corps ; il est maintenant dans ce pays, où il commande une des brigades de Gage.

Maud était tellement identifiée avec la famille de la hutte, qu'à deux exceptions près, personne ne pensa à elle quand le nom du général Meredith fut prononcé ; il était cependant l'oncle de son père. Ces deux exceptions étaient le major et elle-même. Le premier n'avait jamais entendu ce nom sans penser à la charmante compagne de son enfance, sa sœur nominale, et Maud commençait à s'inquiéter de ses parents naturels. Mais elle crut qu'il était de son devoir de ne pas faire paraître ses sentiments en présence de ceux que, depuis son enfance, elle avait considérés comme ses plus proches parents, et qui continuaient à la regarder comme leur fille. Elle aurait donné tout au monde pour adresser à Bob quelques questions sur le parent dont il avait parlé, mais elle ne pouvait le faire devant sa mère; elle se décida à attendre que le jeune homme pût satisfaire à ses demandes sans inconvénient.

Nick s'avançait en regardant les fortifications avec étonnement; il arriva près de la table avec cet air indifférent qui le caractérisait, puis il s'arrêta en jetant encore les yeux sur les ouvrages récents.

— Vous le voyez Nick, je redeviens soldat dans mes vieux jours, dit le capitaine. Il y a quelques années que vous et moi ne nous sommes rencontrés dans une ligne de palissades. Que pensez-vous de nos travaux?

— Quoi faire de cela, capitaine?

— C'est pour nous défendre des Peaux-Rouges qui peuvent arriver avec l'envie de nous scalper.

— Et pourquoi scalper? la hache pas déterrée; enfoncée si profondément que pouvoir pas être retrouvée avant dix, deux, six ans.

— Oui-dà, ce serait long, vraiment; mais vous autres, gentilshommes rouges, vous avez l'adresse de l'arracher avec promptitude quand l'occasion s'en présente. Je suppose que vous savez, Nick, qu'il y a des troubles dans les colonies....

— On a parlé autour de Nick, répondit l'Indien d'une manière évasive, Nick pas lire, pas entendre, pas causer beaucoup, causer le plus avec l'Irlandais, pas comprendre lui.

— Mike n'est pas très-lucide, je le sais, répondit le capitaine en riant, mais c'est un brave homme, toujours disposé à rendre service.

— Pauvre tireur, tirer un but et toucher l'autre.

— Il n'est pas bon carabinier, je l'admets, mais il s'entend à manier le shillelah. Vous a-t-il donné quelques nouvelles?

— Tout ce qu'il dit, nouvelles, beaucoup de nouvelles; dix plutôt qu'une. Capitaine, prêté à Nick un quart de dollar hier.

— Certainement, Nick; je suppose que vous l'aviez dépensé d'avance chez le meunier pour du rhum Dois-je comprendre que vous voulez me le rendre?

— Certainement ; rendre une pièce aussi bonne que l'autre. Nick, homme d'honneur ; Nick tenir sa parole.

— Voilà qui est rare, Nick ; je ne vous aurais pas cru capable d'une telle exactitude.

— Le chef tuscarora, toujours honnête homme ; ce qu'il dit, il faire. Bon argent, capitaine.

— C'est juste, il est de bon aloi, mon vieil ami ; je ne dédaigne pas de le recevoir ; il pourra me servir prochainement à faire un autre prêt.

— Pouvoir prendre li et prêter un dollar à Nick, Nick le rendre demain.

Le capitaine protesta contre la sécurité que l'Indien avait évidemment voulu lui donner, et refusa, avec bonté cependant, de prêter une somme plus forte. Nick parut désappointé, et s'en alla aussitôt du côté des fortifications avec l'air d'un homme offensé.

— Voilà un singulier camarade, Monsieur, dit le major. Je m'étonne réellement que vous le laissiez aux environs de la hutte. Ce serait peut-être une bonne idée de l'éloigner, maintenant que la guerre a éclaté.

— C'est plus facile à dire qu'à faire. Une goutte d'eau ne serait pas plus aisément détournée de cette source qu'un Indien de la partie de la forêt qu'il a résolu de visiter. C'est toi-même qui l'as amené ici, Bob ; devrais-tu nous blâmer de tolérer sa présence ?

— Je l'ai amené, Monsieur, parce qu'il m'a reconnu, même sous ce costume, et qu'il était sage de s'en faire un ami. Et puis j'avais besoin d'un guide, et j'étais assuré que personne mieux que lui ne connaissait le chemin. C'est un coquin dont il faut se défier, cependant ; et je trouve que son caractère a changé depuis mon enfance.

— Aucunement, Bob. Nick a toujours été le même depuis trente ans que je le connais. C'est un misérable, sans doute, car sans cela sa tribu ne l'aurait pas chassé. La justice indienne est sévère, mais elle est naturelle. Jamais un homme n'est mis au ban des Peaux-Rouges sans qu'on se soit bien assuré qu'il n'est pas digne de jouir des droits des sauvages. En garnison, nous avons toujours considéré Nick comme un habile fripon, et nous le traitions en conséquence. Quand on se tient sur ses gardes avec un tel homme, il est peu dangereux ; et la crainte salutaire que j'inspire à ce Tuscarora le tient en respect pendant ses visites à la hutte.

Le principal méfait dont il se rend coupable ici, c'est d'engager Mike et Jamie à boire avec lui le santa-cruz; mais le meunier a reçu l'ordre de ne plus leur vendre de rhum.

— Je trouve que vous ne rendez pas justice à Nick, fit observer l'excellente mistress Willoughby à son mari : il a de bonnes qualités ; mais vous autres, soldats, vous appliquez toujours vos lois martiales à la faiblesse de vos semblables.

— Et vous autres, femmes au cœur tendre, ma chère Wilhelmina, vous croyez tout le monde aussi bon que vous-mêmes.

— Souvenez-vous, Hugh, de cette maladie de votre fils pour laquelle le Tuscarora s'empressa d'aller dans la forêt chercher les herbes que les médecins avaient indiquées comme devant le guérir. C'était difficile à trouver, Robert, mais Nick se rappela en avoir vu à cinquante milles de là ; et, sans même que nous l'eussions demandé, il alla à cette distance pour se les procurer.

— Oui, c'est vrai, répondit le capitaine d'un air pensif, quoique je doute de l'efficacité de ces herbes. Chacun a quelques bonnes qualités et, je dois l'avouer aussi, de mauvaises. Mais voilà notre homme, et je ne veux pas lui laisser voir qu'il est l'objet de nos remarques.

— C'est très-juste, Monsieur; il ne faut pas que de pareilles gens puissent s'imaginer qu'ils ont quelque importance.

Nick revenait en effet, après avoir examiné avec satisfaction les changements qu'on avait faits. Il s'arrêta un moment près de la table, et prenant un air digne qui ne lui était pas habituel, il s'adressa au capitaine.

— Nick, vieux chef, dit-il; il a assisté souvent au conseil du Feu, comme capitaine; pouvoir pas dire tout ce qu'il sait ; avoir besoin de connaître la nouvelle guerre.

— Cette fois, Nick, c'est une querelle de famille ; les Français n'ont rien à y faire.

— Comment, Yankees contre Yankees?

— Est-ce que les Tuscaroras ne déterrent pas quelquefois la hache contre les Tuscaroras?

— Le Tuscarora tue le Tuscarora ; oui, provoquer et tuer son ennemi particulier, mais le guerrier tuscarora jamais scalper les femmes et les enfants de sa tribu.

— Il faut avouer, Nick, que vous êtes bon logicien ; nous disons en Angleterre : les chiens ne se mangent pas entre eux, et cependant le grand père d'Angleterre a levé la hache contre ses enfants d'Amérique.

— Lesquels suivent la droite route, lesquels suivent la route tortueuse? quoi vous penser de cela?

— Je ne suis pas partisan de tout cela, Nick, et je désirerais de tout mon cœur que les querelles ne se fussent pas engagées.

— Est-ce que vous avoir le dessein de revêtir l'uniforme et marcher encore comme capitaine, suivant tambour et fifre comme autrefois?

— Je ne le crois pas, mon vieux camarade. Passé soixante ans, on aime mieux la paix que la guerre ; et je me propose de rester chez moi.

— Pourquoi bâtir un fort? pourquoi entourer une maison comme un parc de moutons?

— Parce que j'ai l'intention de rester ici. La palissade suffira pour arrêter ceux qui voudraient marcher contre nous. Vous m'avez vu me défendre dans une position plus difficile.

— Vous, pas avoir de portes, murmura Nick. Anglais, Américains, Peaux-Rouges, Français, tous pouvoir entrer à leur gré. Pas être bon laisser des femmes avec les portes ouvertes.

— Merci, Nick, s'écria mistress Willoughby ; je vous sais mon ami, et je n'ai pas oublié les herbes pour mon fils.

— Cela être bon, répondit l'Indien avec importance. Papoose presque mort aujourd'hui, demain jouer et courir ; Nick guérir l'enfant avec ces herbes.

— Oh! vous êtes ou vous deviendrez tout à fait médecin ; je me souviens du temps où vous aviez la petite vérole.

L'Indien se tourna vers mistress Willoughby avec la rapidité de l'éclair, ce qui la fit tressaillir.

— Vous souvenir de cela, mistress capitaine. Qui l'a donné à Nick? qui a guéri Nick?

— Sur ma parole, Nick, vous m'avez presque épouvantée. Je ne vous ai donné la maladie que pour votre bien. Je vous ai sauvé la vie en vous inoculant, tandis que les soldats mouraient autour de vous pour avoir négligé ce soin.

L'animation qui s'était peinte sur la physionomie du sauvage fit place à une expression de bienveillance et de profonde reconnaissance pour le bienfait qu'il avait reçu. Il prit dans ses mains noires et nerveuses la main blanche et douce de mistress Willoughby, puis faisant tomber la couverture qu'il avait jetée négligemment sur ses épaules, il lui fit toucher les marques de l'inoculation.

— Vieilles marques, dit-il en souriant, nous bons amis, cela s'effacer jamais.

Cette scène toucha le capitaine; il jeta un dollar à l'Indien qui le laissa à ses pieds sans paraître le remarquer, et qui se tournant vers les fortifications, montra du doigt les portes ouvertes.

— Grands dangers passent par petits trous, dit-il d'un ton sentencieux; pourquoi laisser les grands trous ouverts?

— Il faudra placer ces portes la semaine prochaine, dit le capitaine, et cependant il est presque absurde d'appréhender des dangers sérieux dans cet établissement si reculé, et lorsque la guerre ne fait que de commencer.

Rien ne se passa plus sur la pelouse qui soit digne d'être rapporté. Après le coucher du soleil, la famille rentra dans la maison, et se confia pour la nuit, comme de coutume, aux soins de la providence divine. Comme d'un commun accord, on ne fit aucune allusion à la guerre civile et aux résultats qu'on en attendait : quand le moment de se séparer fut venu, le major resta seul avec ses sœurs dans la pièce qui lui servait à la fois de parloir, de cabinet de toilette et de salle d'étude; elle précédait celle qu'il appelait plus spécialement sa chambre.

— Vous ne nous quitterez pas de sitôt, Robert, dit Beulah en prenant la main de son frère avec une confiante affection; il me semble que mon père n'est ni assez jeune, ni assez actif, ou plutôt ne s'alarme pas assez pour se soutenir dans des temps comme ceux-ci.

— C'est un bon soldat, Beulah, si bon que son fils ne peut rien lui apprendre. Je voudrais pouvoir dire que c'est un aussi bon *sujet*; je crains qu'il ne penche du côté des colonies.

— Le ciel en soit loué! s'écria Beulah. Oh! que son fils suive la même direction.

— Non, Beulah, répliqua Maud avec un accent de reproche, tu parles sans réflexion; maman regrette amèrement que papa ait de telles opinions. Elle pense que le parlement a raison et que les colonies ont tort.

— Quelle chose qu'une guerre civile! s'écria le major. Voilà le mari contre sa femme, le fils contre son père, le frère contre la sœur. Ah ! j'aimerais mieux être mort que de vivre pour voir cela.

— Non, Robert, ce n'est pas ça, ajouta Maud. Ma mère ne s'oppose jamais aux idées de mon père. Les bonnes épouses, vous le savez, ne se conduisent jamais ainsi. Elle priera seulement pour qu'il ne s'engage pas dans une route sur laquelle ses enfants le verraient avec regret. Quant à moi, je ne compte pour rien là-dedans.

— Et Beulah, Maud, n'y est-elle pour rien aussi ? Beulah priera-t-elle pour la défaite de son frère, pendant toute cette guerre ? C'est sans doute le pressentiment de cette différence d'opinions qui vous a portée à m'oublier, tandis que Beulah et ma mère passaient tant d'heures à remplir la corbeille.

— Peut-être êtes-vous injuste envers Maud, Robert, dit Beulah en souriant. Personne ne vous aime plus que notre sœur, personne n'a pensé plus à vous pendant votre absence.

— Pourquoi alors la corbeille ne contient-elle aucune preuve de ce souvenir ? pas même une chaîne de cheveux, une bourse, une bague ? quelque chose enfin qui me montre que je n'ai pas été oublié.

— Et quand cela serait, dit Maud avec vivacité, en quoi suis-je plus blâmable que vous-même ? Où sont les preuves que vous avez pensé à nous.

— Les voilà, reprit le major, posant devant ses sœurs deux petits paquets sur lesquels leurs noms étaient marqués. Ma mère a le sien aussi, et mon père n'a pas été oublié.

Les exclamations de Beulah prouvèrent combien elle était reconnaissante de ces présents, composés principalement d'objets de toilette et de bijoux. Elle embrassa d'abord le major, et déclarant qu'il fallait que sa mère vît ce qu'elle avait reçu, elle se précipita hors de la chambre. Maud ne fut pas moins charmée, ce que montraient assez ses joues en feu et ses yeux pleins de larmes, mais elle contint davantage l'expression de ses sentiments. Après avoir examiné chaque chose avec plaisir, pendant une minute ou deux, elle vint d'un mouvement impétueux vers la corbeille, en renversa le contenu sur la table, jusqu'à ce qu'elle eût trouvé l'écharpe, qu'elle agita vers le major, en lui disant avec un léger sourire :

— Et cela, incrédule, n'est-ce rien ? N'a-t-il fallu qu'une minute pour le faire ? Qu'en pensez-vous ?

— Cela? s'écria le major avec surprise, en développant le brillant travail; n'est-ce pas une des vieilles écharpes de mon père qui me revient par droit d'héritage?

Maud laissa les bijoux qu'elle regardait, et saisissant deux coins de l'écharpe, elle en fit remarquer la fraîcheur et la beauté.

— Est-elle vieille? a-t-elle été portée? demanda-t-elle d'un ton de reproche : votre père ne l'a même jamais vue, Robert; personne ne l'a jamais portée.

— Est-ce possible! ce serait l'ouvrage de plusieurs mois? car vous ne pouvez pas l'avoir achetée?

Maud parut désolée de ces doutes. Dépliant tout à fait l'écharpe, elle en éleva le milieu à la hauteur de la lumière, et montra du doigt certaines lettres qui y avaient été brodées, d'une manière assez ingénieuse pour échapper à l'observation ordinaire, mais assez distinctement pour qu'on pût les lire en regardant le travail avec plus d'attention. Le major prit l'écharpe à son tour, et y lut ces mots : Maud Meredith. Laissant tomber l'écharpe, il leva les yeux pour regarder la donatrice, mais elle s'était enfuie. Il la suivit, et entra dans la bibliothèque au moment où elle allait s'échapper par une autre porte.

— Je suis offensée de votre incrédulité, dit Maud en essayant de rire de ce qui venait de se passer, et je ne veux pas rester pour entendre vos mauvaises excuses. Des frères devraient-ils traiter ainsi leurs sœurs?

— Maud *Meredith* n'est pas ma sœur, répondit-il sérieusement, Maud *Willoughby* pourrait l'être. Pourquoi ce nom de Meredith?

— C'était comme un renvoi de vos propres paroles. Ne m'avez-vous pas appelée miss Meredith, la dernière fois que je vous ai vu à Albany.

— C'était une plaisanterie, ma chère Maud, et non pas une chose faite avec délibération, comme le nom brodé sur cette écharpe.

—Oh! les plaisanteries se préméditent aussi bien que les crimes.

— Dites-moi, ma mère et Beulah savent-elles qui a fait cette écharpe.

—Et comment se serait-elle faite, Bob? Pensez-vous que je sois allée y travailler dans les bois, comme une jeune fille romanesque qui a un secret à cacher aux regards curieux de ses persécuteurs?

— Je ne sais qu'en penser. Mais ma mère a-t-elle vu ce nom?

Maud rougit jusqu'au blanc des yeux, mais elle avait tellement l'habitude et l'amour de la vérité, qu'elle fit un signe de tête négatif.

— Beulah non plus ? elle ne l'eût pas permis, j'en suis certain.

— Beulah non plus, major Willoughby, dit Maud en prononçant ce nom avec un respect affecté. L'honneur des Willoughbys est préservé de toute tache, et tout le blâme doit tomber sur la pauvre Maud Meredith.

— Vous dédaignez donc le nom de Willoughby, et vous vous proposez sans doute de le quitter plus tard. J'ai remarqué que vous aviez signé votre dernière lettre du seul nom de Maud; cependant vous ne l'aviez jamais fait auparavant : en aurais-je deviné la raison ?

— Puis-je garder toujours un nom qui ne m'appartient pas ? Mon vrai nom va bientôt m'être donné dans les actes légaux. Rappelez-vous, monsieur Robert Willoughby, que j'ai vingt ans. Quand on me rendra compte de ma fortune, il ne faudra pas faire un faux. Un peu d'habitude est nécessaire pour m'apprendre à me servir de ma propre signature.

— Mais notre nom ne peut vous être odieux; y renonceriez-vous sérieusement pour toujours ?

— Le vôtre ! Quoi ! le nom vénéré de mon très-cher père, de ma mère, de Beulah, de vous-même, Bob !

Maud n'acheva pas. Elle fondit en larmes et disparut.

CHAPITRE VIII.

> La tour du village, quelle joie pour moi ! je m'écrie : le Seigneur est ici ! Les cloches du village ! elles me remplissent l'âme d'un sincère enthousiasme et me font célébrer la lumière qui est venue briller au milieu des ténèbres. Leur voix semble parler pour tous.
>
> Coxe.

Une autre nuit se passa paisiblement dans la colonie. Le jour suivant, qui était un dimanche, fut embaumé, joyeux, doux, et digne enfin de la grande fête du monde chrétien. En matière de religion, le capitaine Willoughby était un peu rigide; il comprenait par liberté de conscience, le droit de profiter des instructions des ministres de l'église d'Angleterre. Plusieurs de ses ouvriers l'avaient quitté parce qu'il refusait d'admettre aucun autre enseignement sur ses propriétés ; sa doctrine était que chacun avait le droit d'agir là-dessus comme il lui plaisait, mais, ne voulant pas souffrir de schismatiques chez lui, il leur laissait la liberté d'aller ailleurs se livrer à leurs goûts. Joël Stridés et Jamie Allen étaient désolés de cette orthodoxie, et ils avaient avec lui de fréquentes discussions. Le premier se servait de ses ruses habituelles et de son hypocrisie railleuse et insinuante ; le dernier s'exprimait respectueusement, mais avec zèle, en tout ce qui concernait la conscience. Il y avait aussi d'autres dissidents, mais ils murmuraient moins, quoique souvent ils évitassent le service du chapelain. Mike seul se posa d'une manière franche et ferme, et surpassa le capitaine lui-même par la sévérité de ses interprétations. Ce même matin il était présent à une discussion entre l'inspecteur américain et le maçon écossais, discussion dans laquelle les deux dissidents, le premier qui appartenait à la congrégation, et le second qui en était séparé, se plaignaient de la dureté d'une abstinence de dix ans, pendant lesquels aucune nourriture spirituelle ne leur avait été donnée. L'Irlandais interrompit les deux causeurs d'une façon qui mettra le lecteur dans le secret de ses principes, s'il désire les connaître.

— Malheur à toutes les religions, excepté à la vraie ! s'écria Mike. Qui est-ce qui désirerait entendre les messes et les prédications de vos ministres hérétiques ? Vous êtes vous-mêmes tombés dans la boue, comme M. Woods, et personne ne se chargera de vous en tirer.

— Allez à votre confessionnal, Mike, dit Joël avec moquerie. Il y a un mois et plus que vous ne l'avez visité, le prêtre croira que vous l'avez oublié, et il se fâchera.

— Oh ! un tel prêtre ne sème pas le trouble comme les vôtres. Votre conscience est à l'aise, monsieur Struddle, quand votre ventre est plein et que vos gages sont payés. — Maudite soit une telle religion !

L'allusion de Joël avait rapport à une pratique de Mike, qui est digne de remarque. Il paraît que le pauvre garçon, empêché par sa position isolée, de communiquer avec un prêtre de sa propre église, était dans l'habitude d'avoir recours à un rocher de la forêt, devant lequel il s'agenouillait et avouait ses péchés, de même qu'il l'aurait fait si le rocher eût été un confessionnal et qu'il y eût là quelqu'un pour lui donner l'absolution. Un hasard révéla ce secret, et depuis ce temps la dévotion de Mike fut un sujet de railleries parmi les dissidents de la vallée. L'homme du comté de Leitrim étant un peu trop adonné au santa-cruz, on l'accusa de visiter sa romantique chapelle après ses débauches. Dans l'occasion présente, il fut certainement peu charmé de la remarque de Joël, et étant, comme nos journaux modernes, plus aggressif que logicien, il éclata comme nous venons de le raconter.

— Jamie, continua Joël trop accoutumé aux violences de Mike pour y faire attention, il me semble dur d'être obligé de fréquenter une église qu'un homme de conscience ne peut approuver. M. Woods, quoique natif des colonies, est prêtre de la vieille église d'Angleterre, et il a tant d'habitudes papistes, que j'en ai l'esprit très-inquiet pour mes enfants. Ils n'entendent pas d'autre prédicateur, et quoique Liddy et moi nous fassions notre possible pour contredire les sermons, ils peuvent impressionner ces jeunes esprits. Maintenant que tout devient sérieux dans les colonies, nous devons être plus attentifs.

Jamie ne comprenait pas bien l'allusion à l'état présent des colonies; il n'avait même pas d'idées arrêtées touchant les différends entre le parlement et les Américains. Dans la querelle des Stuarts et de la maison de Hanovre, il prenait parti pour les premiers, surtout parce qu'ils étaient Écossais, et il trouvait certainement agréable pour un Écossais de gouverner l'Angleterre. Quant aux droits de l'ancien et du nouveau pays, il inclinait à penser que les premiers devaient avoir la préférence ; il aurait été opposé à l'ordre naturel que la doctrine contraire prévalût dans son esprit. Il trouvait le presbytérianisme, même sous la forme mitigée adoptée par l'église de la Nouvelle-Angleterre, tellement supérieur à l'épiscopat, que tout vieux qu'il était, il aurait pris les armes pour le soutenir jusqu'au bout. Nous n'avons pas l'intention d'égarer le lecteur; ni l'un ni l'autre de ceux dont nous venons de parler, même Mike, ne connaissait rien aux points de dispute des différentes sectes ; seulement ils s'imaginaient connaître les doctrines, les traditions et les autorités qui se liaient au sujet qui les intéressait. Ces idées, cependant, servirent à alimenter une discussion qui eut bientôt beaucoup d'auditeurs ; et jamais, depuis qu'il était chapelain dans la vallée, M. Woods n'avait eu une congrégation aussi mécontente que ce jour-là.

L'église de l'habitation, ou comme la nommait plus modestement le ministre, la chapelle, était située au milieu des prairies, sur une petite élévation qu'on avait arrangée exprès. Le principal objet avait été de la mettre au centre, cependant on avait donné quelque attention au pittoresque. La chapelle était ombragée par de jeunes ormes qui venaient d'ouvrir leurs feuilles ; autour il y avait une douzaine de tombes consacrées principalement à de très-jeunes enfants. Le bâtiment construit par Jamie Allen était en pierre, petit, carré ; avec un toit pointu, et totalement dépourvu de tour et de beffroi. L'intérieur avait un aspect froid, en harmonie avec la structure. Cependant le petit autel, le pupitre, la chaire et le grand banc entouré de rideaux, consacré au capitaine, étaient ornés de tapisseries et de draperies qui donnaient à la chapelle un air de prétention cléricale. Le reste de la congrégation s'asseyait sur des bancs devant lesquels étaient des prie-Dieu. Les murs étaient en plâtre, et une preuve que la parcimonie n'avait aucun rapport avec le caractère simple du bâtiment, c'est que, chose aussi inusitée à cette époque, en Amérique, qu'elle l'est aujourd'hui dans quelques parties de l'Italie, la chapelle était entièrement finie.

Nous avons dit que ce dimanche-là l'air était doux et parfumé ; le soleil sous le 43º degré de latitude, versait ses joyeux rayons sur la vallée et dorait les tendres feuilles des arbres de la forêt de touches de lumières qui ne sont connues que des meilleurs peintres de l'Italie. La beauté du temps amena presque tous les travailleurs de la colonie à la chapelle, à peu près une heure avant que la cloche eût sonné ; les hommes s'occupèrent de nouveau de leurs opinions sur les troubles politiques, et les femmes causèrent autour de leurs enfants.

Dans une telle occasion, Joël fut un des principaux orateurs, la nature l'ayant créé pour être un démagogue de bas étage, office que son éducation ne l'avait pas rendu capable de très-bien remplir. Il fit tomber la conversation sur l'importance d'avoir des informations positives sur ce qui se passait dans les parties habitées du pays, et sur l'urgence d'envoyer une personne digne de confiance pour faire cette commission. Il donna fréquemment à entendre qu'il était disposé à partir si ses voisins le désiraient.

— Nous sommes ici dans l'obscurité, fit-il observer, et nous ne pouvons rester ainsi jusqu'à la fin des temps, sans que quelqu'un à qui nous puissions nous fier nous dise les nouvelles. Le major Willoughby est un bel homme (Joël voulait dire moralement et non physiquement), mais il est officier du roi, et naturellement il se sent porté à protéger les troupes régulières. Le capitaine lui-même a été soldat, et ses sentiments le poussent inévitablement vers le côté qu'il a déjà servi. Nous sommes comme dans une île déserte, et si des vaisseaux n'arrivent pas pour nous dire ce qui se passe, nous pourrons envoyer quelqu'un qui l'apprendra pour nous. Je serais le dernier homme de la Digue (c'est ainsi qu'on nommait la vallée) à dire quelque chose de mal du capitaine et de son fils, mais l'un est Anglais de naissance, l'autre d'éducation, et chacun comprend ce qui peut en résulter.

Le meunier, en particulier, approuva cette proposition, et pour la vingtième fois il assura que personne, plus que Joël, n'était en état de partir pour s'informer de la situation du pays.

— Vous pourrez revenir par les terres labourées, ajouta-t-il, et avoir tout le temps d'aller jusqu'à Boston, si vous le désirez.

Ainsi pendant que se déroulaient les grands événements qui amenèrent la chute du pouvoir anglais en Amérique, des sentiments analogues parcouraient la vallée et menaçaient d'entraîner les fondations de l'autorité du capitaine. Joël et le meunier, s'ils n'étaient pas tout à fait des conspirateurs, avaient des espérances et des projets à eux, ce qui n'aurait pas existé pour des hommes de leur classe, si l'état de choses eût été différent; on pourrait presque en dire autant dans toutes les parties du monde. La sagacité de l'inspecteur l'avait bientôt mis en état de prévoir que l'issue des troubles serait une insurrection; et une sorte d'instinct, que quelques hommes possèdent, de se ranger du côté le plus fort, lui avait montré la nécessité d'être patriote. Il ne doutait pas que le capitaine ne prît parti pour la couronne, et personne ne savait quelles en seraient les conséquences. Il n'est pas probable que Joël se rendît compte des confiscations qui seraient la conséquence des événements, confiscations dont quelques-unes eurent toute l'illégalité d'un stupide abus de pouvoir; mais il pouvait facilement prévoir que si le maître de l'habitation était expulsé, la propriété et ses revenus, probablement pour plusieurs années, tomberaient sous sa propre direction. Des espérances moins brillantes que celles-ci ont fait plus d'un patriote, et comme Joël et le meunier traitaient souvent cette matière, ils avaient calculé tout le gain qu'ils pourraient faire en engraissant des bœufs et des porcs pour l'armée rebelle ou pour les postes isolés des frontières. Lorsque la guerre qui commençait serait déclarée, le capitaine pourrait chercher un refuge dans le camp anglais, et alors les choses iraient tout doucement jusqu'au jour qui suivrait la paix. A ce moment, *non est inventus* pourrait devenir une réponse facile à une demande de comptes.

— On prétend, dit Joël au meunier dans un aparté, que les nouvelles lois sont déjà faites, et vous savez si les lois se font vite ici; ce sera bientôt fini. York n'a jamais eu beaucoup de réputation pour établir des lois.

— C'est vrai, Joël. Le capitaine est le seul magistrat des environs, et quand il s'en ira nous serons gouvernés par un comité de sûreté ou quelque chose d'approchant.

— Un comité de sûreté sera ce qu'il nous faut.

— Qu'est-ce qu'un comité de sûreté, Joël? demanda le meunier qui avait fait beaucoup moins de progrès que son ami dans la science des démagogues, et pour laquelle, dans le fait, il avait peu de vocation. J'en ai entendu parler, mais je n'ai pas bien compris.

— Vous savez ce que c'est qu'un comité? dit Joël en lançant un coup d'œil interrogateur à son complice.

— Je le suppose. Ce doit être une réunion d'hommes prenant soin des intérêts publics.

— C'est cela; un comité de sûreté serait composé de quelques-uns de nous, par exemple, chargés des affaires de la colonie, pour qu'on n'agisse pas contre elle, surtout en ce qui regarde le peuple.

— Ce serait une bonne chose d'en avoir un ici. Le charpentier, vous et moi, pourrions en être membres, Joël.

— Nous en parlerons une autre fois. Le blé est planté, vous le savez, et il gagne à être labouré deux fois avant d'être moissonné. Allons-nous-en, et voyons comment les choses iront à Boston.

Pendant que ce complot montait ainsi lentement les têtes, et que la congrégation était entrée peu à peu dans la chapelle, une scène bien différente se passait dans la hutte. Le déjeuner ne fut pas plus tôt terminé, que mistress Willoughby se retira dans son salon, où son fils fut aussitôt prié de la rejoindre. S'attendant à quelques-unes de ces inquiétudes que l'affection maternelle rend promptes, le major arriva gaiement; mais en entrant dans la chambre, à sa grande surprise, il trouva Maud avec sa mère. Cette dernière paraissait grave et triste, et la première n'était pas entièrement exempte d'alarmes. Le jeune homme interrogea la jeune fille du regard, et il crut voir des larmes rouler dans ses yeux.

— Venez ici, Robert, dit mistress Willoughby en lui montrant une chaise auprès d'elle, et avec une gravité qui frappa son fils, tant elle lui était peu habituelle. Je vous ai fait venir pour écouter un de ces vieux sermons comme vous en avez entendu si souvent quand vous étiez un enfant.

— Vos avis, ma chère mère, et même vos reproches, seront écoutés maintenant avec encore plus de respect qu'il ne l'étaient alors, répondit le major en s'asseyant à côté de mistress Willoughby, et en pressant affectueusement une de ses mains dans les siennes. C'est seulement en avançant dans la vie que nous apprenons à apprécier la tendresse et les soins de parents comme vous. Je n'imagine pas en quoi j'ai mérité vos réprimandes. Sûrement vous ne sauriez me blâmer de rester attaché à la couronne dans un moment comme celui-ci.

— Je ne m'interposerai pas avec votre conscience sur ce sujet, Robert; et mes propres sentiments à moi, Américaine de naissance et de famille, inclinent plutôt à penser comme vous. J'ai désiré vous voir, mon fils, mais pour une autre affaire.

— Ne me laissez pas en suspens, ma mère, je suis comme un prisonnier qui attend qu'on lui lise son acte d'accusation. Qu'ai-je fait?

— C'est plutôt à vous à me le dire. Vous ne pouvez avoir oublié, Robert, combien j'ai toujours été soigneuse à éveiller et à entretenir une vive affection entre mes enfants, quelle importance votre père et moi nous y avons toujours attachée, et combien nous nous sommes efforcés d'imprimer fortement cette importance dans vos esprits. Le lien qui unit la famille et l'amour qu'il doit produire sont les plus doux de tous les devoirs terrestres. Peut-être nous autres vieilles gens apprécions-nous cela mieux que vous; mais l'affaiblissement de ces sentiments nous semble un désastre moins déplorable à peine que la mort.

— Ma chère mère, que pouvez-vous vouloir dire? Et qu'avons-nous à faire, Maud et moi, en ceci?

— Vos consciences ne vous le disent-elles pas? N'y a-t-il pas quelque mésintelligence, peut-être une querelle, certainement un refroidissement entre vous? L'œil d'une mère est prompt et jaloux, et j'ai vu depuis quelque temps que vous n'avez plus votre ancienne confiance et les manières franches qui vous étaient habituelles, et qui nous donnaient, à votre père et à moi, un si véritable bonheur. Parlez, et laissez-moi rétablir la paix entre vous.

Robert Willoughby n'aurait pas regardé la jeune fille en ce moment, quand on lui aurait donné un régiment. Pour Maud, elle était absolument incapable de détourner les yeux du plancher. Bob rougit jusqu'aux tempes, ce qui fit croire à sa mère que c'était une preuve du trouble de sa conscience. Pendant ce temps, le visage de Maud était devenu pâle comme ivoire.

— Si vous croyez, Robert, continua mistress Willoughby, que Maud vous a oublié pendant votre absence, ou qu'elle se montre fâchée pour une petite mésintelligence passée, vous êtes injuste envers elle. Personne ne vous a si bien gardé dans son souvenir. Cette belle écharpe est son ouvrage, et elle en a acheté les soies de son propre argent. Maud vous aime réellement; car malgré les airs qu'elle se donne quand vous êtes ensemble, lorsque vous n'êtes pas ici, aucun de nous ne désire plus sincèrement votre bonheur que cette opiniâtre et capricieuse fille.

— Ma mère, ma mère, murmura Maud en cachant son visage dans ses deux mains.

Mistress Willoughby était femme dans tous ses sentiments et dans toutes ses habitudes. Personne, dans les circonstances ordinaires, ne possédait mieux la sensibilité de son sexe, mais elle agissait et pensait actuellement comme une mère, et il y avait si longtemps qu'elle regardait les deux enfants qui étaient devant elle sous ce point de vue commun et sacré, qu'il lui eût semblé qu'elle commençait une nouvelle existence s'il eût fallu cesser de les considérer comme n'étant pas issus du même sang.

— Je ne veux ni ne puis vous traiter l'un ou l'autre comme des enfants, continua-t-elle, et il faut en appeler à votre propre bon sens pour faire la paix. Je sais qu'il ne peut y avoir rien de sérieux dans votre querelle, mais il est pénible pour moi de voir une froideur, même affectée, au milieu de mes enfants. Pensez, Maud, que nous sommes sur le point d'avoir une guerre, et combien vous auriez d'amers regrets si un accident arrivait à votre frère, et que votre mémoire ne pût pas vous rappeler avec une entière satisfaction le temps qu'il aurait passé au milieu de nous dans sa dernière visite.

La voix de la mère trembla, mais les larmes ne mouillaient plus les paupières de Maud, son visage était pâle comme la mort, et il semblait que la source ordinaire du chagrin fût tarie en elle.

— Cher Bob, c'en est trop, dit-elle avec chaleur quoique d'un ton étouffé. Voici ma main, non, les voici toutes deux. Ma mère ne doit pas croire que cette cruelle accusation puisse être vraie.

Le major se leva, s'approcha de sa sœur et imprima un baiser sur sa joue froide. Mistress Willoughby sourit de ces marques d'amitié, et la conversation continua d'une manière moins sérieuse.

— C'est très-bien, mes enfants, dit la bonne mistress Willoughby, dont l'amour maternel ne voyait que les conséquences redoutées d'un affaiblissement dans les affections domestiques. Les jeunes soldats, Maud, qui sont envoyés de bonne heure loin de leur maison, n'ont que trop de motifs pour oublier ceux qu'ils y laissent. Mais pour nous autres femmes, qui dépendons de leur amour, il est sage d'entretenir ces premiers liens aussi longtemps et autant que possible.

— Je suis sûre, ma chère mère, murmura Maud d'une voix à peine intelligible, que je serai la dernière à désirer d'affaiblir ces liens de famille. Personne plus que moi ne peut avoir une affection vive et fraternelle pour Robert. Il fut toujours si bon pour moi, quand j'étais une enfant, si disposé à me rendre service, si brave, enfin si parfaitement tout ce qu'il doit être, qu'il est surprenant que vous ayez pu penser qu'il y avait un refroidissement entre nous.

Le major Willoughby se pencha pour écouter, tant était vif son désir d'entendre ce que disait Maud; circonstance qui, si elle l'eût connue, lui aurait probablement fermé les lèvres. Mais ses yeux étaient arrêtés sur le parquet, ses joues n'avaient plus de couleur, et sa voix était si faible que ce ne fut qu'en retenant son haleine que le jeune homme put entendre.

— Vous oubliez, ma mère, dit le major satisfait des dernières paroles qui avaient frappé ses oreilles, que Maud sera probablement transportée dans une autre famille un de ces jours, et nous qui la connaissons si bien et qui l'aimons tant, nous pouvons seulement prévoir qu'elle formera des nœuds nouveaux plus forts que ceux qu'un hasard a attachés pour elle ici.

— Jamais, jamais! s'écria Maud avec feu, je ne pourrai aimer personne autant que ceux qui sont dans cette maison.

L'émotion étouffa sa voix, et fondant en larmes elle se jeta dans les bras de mistress Willoughby et sanglota comme un enfant. La mère engagea son fils à quitter la chambre, et resta pour apaiser sa fille éplorée comme elle l'avait fait si souvent lorsque Maud se laissait entraîner par ses chagrins enfantins.

Dans cette entrevue, l'habitude et la franchise exercèrent si bien leur influence, que l'excellente femme ne se rappela pas que son fils et Maud n'étaient pas parents. Accoutumée à voir cette dernière chaque jour, et la regardant encore comme à l'instant où elle l'avait reçue dans ses bras, à peine âgée de quelques semaines, l'effet que l'idée d'une séparation aurait produit sur une autre ne se présentait même pas à son esprit. Le major Willoughby, enfant de huit ans à l'époque où Maud fut reçue dans la famille, avait connu d'abord sa vraie position, et il était peut-être moralement impossible qu'il eût pu oublier ces circonstances dans les relations qui suivirent. L'école, le collége et l'armée, lui avaient donné le loisir de réfléchir à ces choses, en dehors des habitudes de la famille. Pendant qu'il attendait les conséquences qui pourraient suivre ses réflexions, un sentiment sympathique se produisait chez Maud. Jusqu'aux dernières années, elle avait été si enfant, que le jeune soldat l'avait traitée comme une enfant; ce ne fut que lorsqu'elle observa en lui un changement, dont elle seule s'aperçut, et qui arriva quand il put remarquer qu'elle était devenue femme, qu'elle éprouva des sentiments qui n'étaient plus strictement ceux d'une sœur. Tout ceci, néanmoins, était un profond mystère pour chacun des membres de la famille, à l'exception des deux intéressés. Les pensées toutes simples et toutes ordinaires des autres, ne leur avaient jamais laissé parvenir ces idées à l'esprit.

En une demi-heure, mistress Willoughby eut calmé les chagrins de Maud, et la famille tout entière quitta la maison pour se rendre à la chapelle. Mike, quoiqu'il ne fît pas grand cas des sermons de M. Woods, s'était lui-même constitué fossoyeur, office qui lui échut à cause de son habileté à manier la bêche. Une fois initié dans cette branche des devoirs du sacristain, il insista pour se charger de tous les autres; et c'était quelquefois un curieux spectacle de voir l'honnête garçon, occupé dans l'intérieur de la chapelle, pendant le service, se bouchant les oreilles avec ses pouces dans le but de s'acquitter de ses obligations temporelles en excluant l'hérésie autant que possible. Une de ses habitudes était de refuser de sonner la cloche jusqu'à ce qu'il vit mistress Willoughby et ses filles à une distance raisonnable de l'endroit où se célébrait le service divin; il agissait ainsi depuis une vive discussion qui avait eu lieu entre lui et Joël Strides, qui s'occupait beaucoup de l'égalité, sinon des choses du ciel. Dans l'occasion présente, ce procédé ne put passer sans contestation.

— Mike, il est dix heures passées; les colons attendent le commencement de la conférence depuis quelque temps; vous pouvez ouvrir les portes et sonner la cloche. On ne doit pas faire attendre le peuple pour personne, pas même pour votre église.

— Alors laissez-les venir quand ils seront appelés. S'il plaît à la vieille dame, aux jeunes demoiselles et à leurs semblables de scandaliser leurs colons; moi, chrétien, je ne puis consentir à les y aider. Laissons-les au moulin ou à l'école, et ne les faisons pas venir dans cette église. Je ne voudrais pas sonner la cloche avant que les maîtres soient en vue; non, pas pour une génération entière, Joël.

— La religion n'a de partialité pour personne, dit philosophiquement Joël. Ceux qui aiment les maîtres et les maîtresses peuvent en prendre, mais, pour moi, je n'aime pas les bassesses.

— Si cela est vrai, s'écria Mike en regardant son compagnon avec surprise, vous devez toujours être dans un état de trouble.

— Je vous dis, Michel O'Hearn, que la religion n'a de partialité pour personne. Dieu doit avoir soin de moi comme du capitaine Willoughby, de sa femme, de son fils, de ses filles, et de tout ce qui est à lui.

— Le diable me brûle, Joël, si j'en crois un mot, s'écria Mike d'un air dogmatique. Ceux qui ont de l'intelligence comprennent les différences qu'il y a dans le genre humain, et je suis sûr que cela ne peut pas être un secret pour le Seigneur, quand c'est si bien connu d'un pauvre garçon comme moi. Il y a une quantité de créatures qui ont une très-bonne idée de leur propre valeur, mais quand on en vient à la raison et à la vérité, nous ne faisons pas grande figure en montrant ce que nous savons. Cette chapelle est au maître, si l'on peut appeler chapelle cette maison hérétique ; la cloche que voici fut achetée de son argent, la corde est à lui, et les mains qui la tirent sont aussi à lui. Mais il est aussi peu utile de parler à des rochers qu'à des esprits encore plus durs.

Là s'arrêta l'entretien. La cloche ne sonna que quand mistress Willoughby et ses filles eurent franchi les grandes portes de la fortification ; la récente discussion sur les questions politiques avait si bien substitué l'esprit de révolte à la subordination dans la colonie, que plus de la moitié de ceux qui étaient nés dans la Nouvelle-Angleterre exprimèrent leur mécontentement de ce délai. Mike, cependant, ne remua pas plus que la petite chapelle elle-même, refusant d'ouvrir la porte jusqu'au moment qu'il croyait convenable. Quand ce moment fut arrivé, il s'avança vers l'orme où était suspendue la cloche, et commença à la faire mouvoir avec autant de sérieux que si les sons en eussent été régulièrement consacrés.

Quand les habitants de la hutte entrèrent dans la chapelle, tout le reste de la congrégation était placé comme de coutume. Ceux qui arrivaient ajoutaient aux assistants la grande briseuse et la petite briseuse, les deux Plines et cinq ou six enfants de couleur, âgés de six à douze ans qui suivaient leurs maîtres. Une petite galerie avait été bâtie pour les noirs, ils y étaient à part comme une race proscrite et persécutée. On ne pouvait dire ce que pensaient de cette séparation les Plines et les briseuses. L'habitude leur avait fait une situation plus que tolérable, en leur créant des usages qui leur auraient rendu désagréable un plus étroit contact avec les blancs. A cette époque, les hommes des deux couleurs ne mangeaient jamais ensemble, dans aucun cas. Les castes orientales ne sont guère plus rigides à observer ces règles que ne l'étaient les Américains. Des hommes qui travaillaient ensemble, qui plaisantaient ensemble, qui passaient leurs jours dans un commerce familier, ne pouvaient s'asseoir à la même table.

Il semblait que ce fût une sorte de souillure pour l'une des castes de rompre le pain avec l'autre. Ce préjugé donna souvent lieu à de singulières scènes, surtout dans les intérieurs de ceux qui travaillaient habituellement en compagnie de leurs esclaves. Dans certaines familles, il n'était pas rare qu'un noir dirigeât la ferme; il s'asseyait au foyer, faisant connaître dogmatiquement ses opinions, raisonnant avec chaleur contre son propre maître, répandant sa sagesse *ex cathedrá;* mais il attendait avec une patiente humilité, pour s'approcher et satisfaire sa faim, que l'autre couleur eût quitté la table.

Dans cette occasion, M. Woods ne fut pas heureux dans le choix de son sujet. Il y avait eu tant d'activité à déployer, tant de discussions politiques à soutenir pendant la semaine précédente, qu'il n'avait pu écrire un nouveau sermon. Les arguments récents le portèrent à maintenir ses propres opinions, et il choisit un discours qu'il avait déjà prononcé dans la garnison dont il avait été chapelain. Pour faire ce choix, il fut séduit par le texte, qui était : « Rendez à César ce qui appartient à César »; précepte qui aurait été plus agréable à une audience composée de troupes royales qu'à des hommes mécontentés par l'adresse et les arguments de Joël Strides et du meunier. Cependant, comme le sermon contenait beaucoup de vérités théologiques, et qu'il était suffisamment orthodoxe pour couvrir une partie de sa portée politique, il mécontenta moins les gens instruits que la multitude. Pour avouer la vérité, le digne prêtre était tellement disposé à continuer son cours militaire d'instruction religieuse, que ses auditeurs ordinaires auraient à peine remarqué sa tendance au loyalisme, s'il n'eût été aussi observé par ceux qui cherchaient partout des causes de soupçon et de dénonciation.

—Vraiment, dit Joël, comme lui et le meunier, suivis de leurs familles respectives, s'avançaient vers le moulin où les Strides devaient passer le reste du jour; vraiment, c'est pour un ministre un hardi sermon à prêcher dans des temps comme ceux-ci ! Je suis sûr que si M. Woods était dans la Baie, rendre à César ce qui appartient à César serait une doctrine qui pourrait n'être pas si tranquillement reçue par la congrégation. Quel est votre avis, mistress Strides ?

Mistress Strides pensa exactement comme son mari, et le meunier et sa femme furent bientôt d'accord avec elle. Le sermon fournit matière à la conversation chez le meunier pour le reste du jour, et l'on en tira diverses conclusions de mauvais augure pour la sécurité future du prédicateur.

Le ministre ne put échapper entièrement aux commentaires du maître.

— J'aurais désiré, Woods, que vous choisissiez quelque autre sujet, fit observer le capitaine à son ami en traversant la pelouse pour aller dîner. Dans des temps comme ceux-ci, on ne saurait faire trop attention aux notions politiques qu'on laisse derrière soi; et, pour vous avouer la vérité, je suis plus qu'à demi porté à croire que César exerce autant d'autorité dans ces colonies qu'il lui en est échu pour sa part.

— Pourtant, mon cher capitaine, vous avez entendu ce même sermon trois ou quatre fois déjà, et vous l'avez cité avec éloge.

— Oui, mais c'était en garnison, où l'on est obligé d'enseigner la subordination. Je me souviens de ce sermon comme étant tout à fait bien et très-bon il y a vingt ans, quand vous le prêchiez, mais...

— Je crois, capitaine Willoughby, que *tempora mutantur et nos mutamur in illis;* que les préceptes et les maximes du Sauveur sont au-dessus des changements et des passions errantes des mortels. Ses paroles s'appliquent à tous les temps.

— Certainement, en ce qui regarde les principes généraux et les vérités établies, mais un texte ne doit pas être interprété sans quelque soumission aux circonstances. Je veux dire qu'un sermon très-convenable pour le 40ᵉ bataillon des troupes de Sa Majesté, peut ne pas l'être pour les travailleurs de la Hutte, surtout après ce que l'on appelle la bataille de Lexington.

Le dîner termina la conversation et prévint probablement une longue, vive, mais toujours amicale discussion.

L'après-midi, le capitaine Willoughby et son fils eurent un entretien secret et confidentiel. Le premier conseilla au major de rejoindre son régiment sans délai, à moins qu'il ne fût disposé à abandonner sa commission et à se réunir aux colonies. Le jeune soldat ne voulut rien entendre, il retourna à la charge, dans l'espoir de rallumer la flamme assoupie du loyalisme de son père.

Le lecteur ne suppose pas que le capitaine Willoughby fût absolument décidé à se mettre en rébellion ouverte : loin de là. Il avait des doutes et des craintes relativement aux principes, mais il inclinait fortement à trouver équitables les demandes des Américains.

L'indépendance ou la séparation, en 1775, entrait dans les projets d'un très-petit nombre. Les plus vifs désirs des plus ardents whigs des colonies se dirigeaient vers un accommodement et une reconnaissance positive de leurs franchises politiques. Les événements, qui se succédèrent si rapidement, ne furent que les conséquences de causes qui, une fois mises en mouvement, atteignirent bientôt une impétuosité qui put défier tous les pouvoirs humains. Il entrait sans doute dans les grands et mystérieux plans de la divine Providence, pour le gouvernement des futures destinées de l'homme, que la séparation politique commençât dans cette occasion pour être terminée avant la fin du siècle.

La présente entrevue avait lieu, moins pour débattre les mérites de la contestation que pour se consulter sur la conduite future et déterminer ce qu'il y aurait de mieux à faire Après avoir discuté le pour et le contre, il fut décidé que le major quitterait l'habitation le jour suivant, et retournerait à Boston, évitant Albany et ceux des endroits du pays où il serait exposé à être arrêté. Tant de gens se joignaient aux troupes américaines qui s'assemblaient autour de la ville assiégée, que ce voyage ne pouvait exciter aucun soupçon, et une fois dans le camp américain, rien ne devait être plus facile que de gagner la péninsule. Le jeune Willoughby ne trouva aucune difficulté dans l'accomplissement de ces projets, pourvu qu'il pût traverser les colonies sans être reconnu. On n'en était pas encore arrivé à employer un grand nombre d'espions et à exercer sévèrement la loi martiale. Le plus grand danger à craindre était l'emprisonnement, positivement certain en cas de découverte, et le major Willoughby craignait d'être trahi. Il regrettait d'avoir amené son domestique, qui était Européen et pouvait aisément, par sa bêtise et son accent, leur amener des difficultés. Ce danger parut si sérieux au père, qu'il insista pour que Robert partît sans ce garçon, qui le rejoindrait à la première occasion convenable.

Aussitôt que ce plan fut arrêté, ils agitèrent la question de choisir un guide. Quoiqu'il se défiât du Tuscarora, le capitaine Willoughby, après quelques réflexions, pensa qu'il pourrait être plus sûr de s'en faire un allié que de lui laisser la facilité de s'employer pour l'autre côté. Nick fut appelé et questionné. Il promit de conduire le major à l'Hudson, à un endroit situé entre Lunenburg et Kinderhook, où il pourrait probablement traverser la rivière sans exciter de soupçon. On fit dépendre sa récompense de son retour à la hutte avec une lettre du major autorisant son père à payer les services du guide. Ce plan, on le conçoit, devait engager Nick à être fidèle au moins pour le temps du voyage.

Plusieurs autres questions furent discutées entre le père et le fils ; le premier promit, si rien d'important ne l'en empêchait, de trouver les moyens de communiquer avec ses amis de la Colline : Farrel devait aller retrouver son maître au bout de six semaines ou deux mois avec des lettres de la famille. Plusieurs des anciens compagnons d'armes du capitaine ayant des grades supérieurs dans l'armée, il leur envoya des lettres dans lesquelles il leur conseillait la prudence et les engageait à être modérés ; les événements prouvèrent qu'il n'avait pas été écouté. Il écrivit même au général Gage en prenant la précaution de ne pas signer sa lettre ; mais les sentiments en étaient tellement favorables aux colonies qu'il est plus que probable que si elle eût été interceptée les Américains auraient fait parvenir la missive à son adresse.

Tout ceci réglé, le père et le fils se quittèrent, car l'horloge de la maison venait de sonner minuit.

CHAPITRE IX.

> Quoique aussi vieux en expérience qu'en âge, il est en apparence aussi puéril qu'un enfant ; de même qu'un enfant il joue, se livre à mille folies, et va sans cesse d'un endroit dans un autre. Il ne peut tenir en place, et ne paraît pas longtemps satisfait. Enchanté d'avoir à s'occuper de quelque nouveau jouet, il dit ne vouloir plus penser à autre chose ; mais tenir une résolution est impossible à cet esprit léger. Vous n'échappez pas au pouvoir qu'exerce son enfance, et peut-être regretterez-vous l'heure qui vous aura vu vous joindre à ses jeux !
>
> GRIFFIN.

L'INTENTION du major était de quitter la Colline ; ce qu'il annonça à sa famille pendant le déjeuner, dans la matinée du lendemain. Sa mère et Beulah reçurent cette communication avec un intérêt bien naturel, qu'elles n'avaient aucune raison de dissimuler ; mais Maud avait si bien imposé silence à ses sentiments, qu'elle ne fit rien paraître du chagrin qu'elle ressentait réellement.

Il lui semblait qu'elle se trouvait constamment sur le point de trahir son secret, et elle croyait que cette découverte causerait aussitôt sa mort. Survivre à sa honte était impossible à ses yeux ; elle appela à son aide toute son énergie pour refouler ses pensées au plus profond de son âme. Elle avait été si près de tout révéler à Beulah, qu'elle tremblait à la seule idée du précipice sur la pente duquel elle s'était trouvée, et raffermissait ses résolutions par le souvenir du danger qu'elle avait couru.

Par une mesure de prudence, les projets de départ du jeune homme avaient été tenus secrets dans tout l'établissement. Nick avait disparu dans le cours de la nuit en emportant la malle du major ; il s'était rendu au point désigné, près du ruisseau, où il devait être rejoint par son compagnon de voyage à une heure convenue. Il y avait plusieurs sentiers qui conduisaient à l'établissement ; le plus fréquenté était dans la direction du vieux fort de Stanwix ; il allait du nord au sud, le long des rives de la Mohawk ; c'était la route par laquelle le major était venu. Un autre longeait l'Otségo, et joignait la Mohawk à l'endroit que nous avons plus d'une fois mentionné dans nos premiers chapitres. Comme c'étaient les deux sentiers les plus ordinaires, si l'on peut appeler sentiers ces chemins où la trace des pas était à peine visible, il était plus que probable qu'on y attendrait le voyageur s'il y avait quelque plan convenu pour l'arrêter. En conséquence, le major avait résolu de les éviter tous deux et de marcher hardiment dans les montagnes jusqu'à ce qu'il atteignît la Susquehannah, de traverser ensuite ce ruisseau sur des radeaux, de suivre des bancs de sable le long d'un de ses affluents de l'est jusqu'à la haute terre qui sépare les eaux de la Mohawk de cette dernière rivière ; il traverserait ensuite obliquement les eaux qui, dans cette partie du pays, se dirigent généralement vers le nord ou vers le sud. Évitant Schenectady et Albany, il se dirigerait vers les anciens établissements des émigrés venus du Palatinat, et gagnerait le détroit d'Hudson à un endroit qu'il croyait sûr, quoiqu'il y eût près de là des passages fréquentés dans les montagnes. Il devait voyager comme un propriétaire venant de visiter ses possessions, et son père lui fournit un plan et un vieux titre pour donner plus d'appui à son caractère supposé, dans le cas où il serait soupçonné ou arrêté. Cependant les dangers étaient peu à craindre ; la guerre étant encore trop récente pour qu'on pût s'occuper des défiances qui donnèrent lieu, dans la suite, à tant de vigilance et d'activité.

— Tu tâcheras de nous faire savoir ton heureuse arrivée à Boston, Bob, dit le père; j'espère de la bonté de Dieu que les choses n'iront pas plus loin, et que nos appréhensions ont donné une trop sombre apparence à ce qui s'est déjà passé.

— Ah! mon cher père, que vous connaissez peu l'état du pays à travers lequel je viens de voyager, répondit le major en secouant la tête. Des cris au feu n'auraient pas produit plus de mouvement, ni plus d'excitation. Les colonies sont agitées, particulièrement celles de la Nouvelle-Angleterre, et une guerre civile est inévitable; du reste, je suis assuré que, grâce à la puissance de l'Angleterre, elle sera de courte durée.

— Alors, Robert, ne vous engagez pas parmi les habitants de la Nouvelle-Angleterre, s'écria la mère alarmée. Allez plutôt à New-York, où nous avons beaucoup d'amis et beaucoup d'influence. Il sera plus aisé de gagner New-York que Boston.

— C'est vrai, ma mère, mais ce serait peu honorable. Mon régiment est à Boston, les ennemis sont devant Boston; un vieux soldat comme le capitaine Willoughby vous dira qu'un major est nécessaire à son corps. Non, non; ce que j'ai de mieux à faire, c'est de me mêler aux aventuriers qui se dirigent vers Boston, jusqu'à ce que je puisse saisir l'occasion de me séparer d'eux et de joindre mon régiment.

— Prends garde, Bob, à ne pas commettre un crime militaire. Peut-être que les officiers provinciaux pourraient, d'après cela, te traiter comme un espion; ne va pas tomber entre leurs mains.

— Je n'ai pas cette crainte, Monsieur; actuellement, c'est le sort des colons de combattre pour ce qu'ils s'imaginent être la liberté. Ce dont ils sont capables dans leur zèle, je le sais pour l'avoir vu déjà; mais les choses n'iront pas aussi loin que vous paraissez l'appréhender. Je crois qu'ils n'arrêteraient pas Gage lui-même si, après avoir traversé leur camp, il manifestait le désir de s'en retourner.

— Tu m'as cependant dit que des armes et des munitions ont été saisies; que plusieurs officiers retraités du roi ont été arrêtés et faits prisonniers sur parole.

— Cela se dit certainement, mais j'en doute. Heureusement pour vous et pour vos présentes opinions, vous n'avez pas même la demi-solde que l'on donne aux retraités.

— C'est heureux, Bob, quoique tu dises cela en souriant ; avec mes sentiments actuels, je serais réellement fâché d'avoir la demi-solde ou le quart de solde. Au moins je suis libre de suivre les mouvements de ma conscience et les suggestions de mon jugement.

— Eh bien, Monsieur, vous êtes heureux, il faut le reconnaître. Pour moi, je ne comprends pas qu'un homme puisse être libre de manquer à la fidélité qu'il doit à son souverain naturel. — Qu'en pensez-vous, Maud?

Cela fut dit sur un ton moitié sérieux, moitié plaisant. Maud hésita avant de répondre.

— Mes sentiments s'opposent à la rébellion, dit-elle enfin, quoique ma raison me dise qu'il n'y a pas réellement de souverain naturel ; c'est le parlement qui a fait nos princes, le parlement est donc notre maître légal, notre maître constitutionnel,

— C'est là justement le point en discussion. Les membres du parlement peuvent être les gouverneurs légitimes de l'Angleterre, mais ils ne sont pas les gouverneurs légitimes de l'Amérique.

— C'est assez, dit le capitaine en se levant de table. Ne débattons pas une telle question au moment de nous séparer. Va, mon fils, on ne saurait remplir un devoir trop tôt. Ton fusil de chasse est prêt ainsi que les munitions. Je ferai courir le bruit que tu as été passer une heure dans les bois à la recherche des pigeons. Dieu te bénisse, Bob ; quoique nous différions d'opinion sur la situation actuelle, tu es mon fils, mon seul fils, mon enfant bien-aimé ; Dieu te bénisse pour toujours!

Un profond silence succéda à ce cri de la nature ; puis le jeune homme prit congé de sa mère et des jeunes filles. Mistress Willoughby embrassa son enfant. Elle contint sa douleur jusqu'au moment où, seule dans sa chambre, elle pourrait à loisir adresser au ciel ses prières et ses larmes. Beulah, affectionnée et sincère, sauta franchement au cou de son frère ; mais Maud, quoique pâle et tremblante, reçut le baiser d'adieu sans le rendre, quoiqu'elle ne pût s'empêcher de lui dire, avec une intention dont le jeune homme conserva tout le jour l'impression dans son esprit : — Prenez soin de vous-même, ne courez pas inutilement au-devant du danger ; Dieu vous bénisse, mon cher, mon très-cher Bob.

Maud seule suivit des yeux le départ du major. La construction particulière de la Hutte empêchait que des fenêtres du midi on pût voir ce qui se passait au dehors, mais il y avait au grenier une lucarne dans un petit atelier de peinture spécialement à l'usage de Maud; c'est là qu'elle se réfugia pour soulager son pauvre cœur par d'abondantes larmes, et pour épier jusqu'aux derniers pas de Robert. Elle le vit, accompagné de son père et du chapelain, traverser la pelouse en causant avec une indifférence affectée pour cacher les pensées qui l'occupaient au moment du départ. La lucarne avait été ouverte pour donner de l'air, et Maud écouta de toutes ses oreilles, dans le désir de saisir, s'il était possible, encore un son de sa voix; mais en cela ses efforts furent inutiles, quoiqu'il se fût arrêté pour jeter un dernier regard à la Hutte : son père et M. Woods ne se retournèrent pas, et Maud agita son mouchoir. Il pensera que c'est Beulah ou moi, se dit-elle, et ce sera pour lui une consolation de savoir combien nous l'aimons. Le major vit le signal et y répondit. Son père se retourna tout à coup et surprit la main qui se retirait de la lucarne. — C'est notre précieuse Maud, dit-il sans penser à autre chose qu'à une affection de sœur. C'est son atelier de peinture, celui de Beulah est de l'autre côté de la porte, mais la fenêtre ne m'en paraît pas ouverte. — Le major tressaillit, envoya d'ardents baisers vers la petite lucarne, puis il continua sa route. Et pour changer de conversation il se hâta de dire, tout en faisant suite autant que possible aux dernières paroles de son père :

— Oui, Monsieur, cette porte rendra l'habitation assez sûre, faites-la placer, je vous en supplie; je ne serai tranquille que lorsque j'apprendrai que de ces deux portes l'une ferme les palissades, et l'autre la maison elle-même.

— J'avais l'intention de faire commencer ce travail aujourd'hui même, répondit le père, mais ton départ y a mis empêchement; j'attendrai un jour ou deux pour laisser ta mère et tes sœurs se tranquilliser un peu, avant de les fatiguer du bruit et des clameurs des travailleurs.

— Mieux vaudrait leur causer cet ennui que de les laisser exposées aux attaques de l'Indien, ou même à une révolte.

De là le major en vint à donner quelques-unes des notions militaires les plus modernes touchant l'art de la défense. Il croyait son père un prodige d'habileté selon la vieille école; mais quel est le jeune homme qui, après avoir joui pendant dix ou quinze ans des enseignements récents de quelque branche d'instruction, a jamais cru que l'éducation de ceux qui l'ont précédé fût à l'abri des attaques de la critique. Le capitaine l'écouta patiemment, avec cette indulgence que montrent les vieillards pour l'inexpérience du jeune âge, content de faire ainsi diversion à ses tristes pensées.

Pendant ce temps, Maud, tout en larmes, suivait leurs mouvements de la petite fenêtre : elle vit Robert s'arrêter et se retourner plusieurs fois; elle agita de nouveau le mouchoir, quoiqu'elle pensât ne pas être aperçue, car il poursuivit sa route sans avoir répondu à ce nouveau signal.

— Il ne peut savoir si c'est Beulah ou moi, se dit Maud, peut-être s'imagine-t-il que nous sommes ici toutes les deux.

Le voyageur et ceux qui l'accompagnaient s'arrêtèrent sur les rochers qui dominaient les moulins, et causèrent à peu près un quart d'heure avant de se séparer. Ils étaient trop éloignés de Maud pour qu'elle distinguât leurs traits; mais elle put apercevoir l'attitude pensive et mélancolique du major, qui, appuyé sur son fusil de chasse, avait le visage tourné vers l'habitation et les yeux certainement fixés sur la lucarne. Enfin, à l'heure arrêtée, le jeune soldat secoua à la hâte la main de chacun de ses compagnons, et marcha d'un pas rapide vers le sentier en suivant le cours de la rivière. Maud ne le voyait plus, mais son père et M. Woods restèrent encore une demi-heure sur les rochers, épiant les moments où, sortant des endroits épais de la forêt, on l'apercevait sur les bords découverts de la petite rivière; ils attendirent que le major fût à une petite distance de l'endroit où il devait rencontrer l'Indien, alors deux coups de fusil qui se succédèrent leur apprirent que le jeune homme avait rejoint son guide. Après avoir reçu cet avertissement, tous les deux revinrent lentement vers la maison.

Tel fut le commencement d'une journée pour laquelle se préparaient encore d'importants événements. Le major Willoughby avait quitté son père à dix heures, et avant midi le bruit d'une nouvelle arrivée mettait tout l'établissement en mouvement. Joël ne sut s'il devait s'alarmer ou se réjouir quand il vit huit ou dix hommes armés gravissant les rochers, et prenant ensuite leur course à travers la plaine du côté de la maison. Il se persuada aussitôt que ce devait être des gens envoyés par les autorités provinciales pour arrêter le capitaine, et croyait avoir lieu de penser qu'on remettrait à un autre la charge lucrative de receveur de l'état, pendant les débats qu'il prévoyait. Il revêtit son habit des dimanches, et se dirigeait vers l'habitation, afin d'être présent à la scène qu'il pensait avoir devinée, lorsque, à sa grande surprise, et aussi à son grand désappointement, il vit le capitaine et le chapelain s'avancer sur la pelouse au-devant des nouveaux venus d'une manière qui montrait assez qu'il n'y avait parmi eux aucun hôte désagréable. Joël alors s'arrêta, et dès qu'il eut aperçu deux des étrangers donner de cordiales poignées de main à M. Willoughby et à son compagnon, il revint sur ses pas demi-mécontent et demi-satisfait.

La visite que le capitaine avait été recevoir, au lieu d'être un sujet d'inquiétude pour la famille, était au contraire fort agréable et arrivait tout à fait à propos. C'était Evert Beekman qui, accompagné d'un vieil ami et d'une troupe d'arpenteurs, de chasseurs, etc., se rendait à la concession qu'il possédait dans le voisinage, c'est-à-dire à une distance de cinquante milles, et venait s'arrêter quelque temps à la hutte, sous le gracieux prétexte de présenter ses respects à la famille, mais en réalité pour mener à bonne fin la demande en mariage qu'il avait faite à Beulah depuis un an.

L'attachement qui existait entre Evert Beekman et Beulah Willoughby avait un caractère si simple, si sincère et si naturel, qu'à peine fournit-il matière à un court épisode. Le jeune homme ne s'était adressé à elle qu'avec la permission de ses parents, il fut tout d'abord agréé par la jeune fille; elle demanda seulement quelque temps pour réfléchir avant de donner une réponse, quand il lui fit cette proposition un jour ou deux avant que la famille quittât New-York.

A la vérité Beulah était un peu surprise que son amant eût retardé sa venue jusqu'à la fin de mai, quand elle s'attendait à le voir au commencement du mois. Comme l'on ne pouvait alors faire parvenir de lettre à moins d'envoyer un messager exprès, Evert était venu en personne faire ses excuses.

Beulah reçut Evert Beekman naturellement et sans la moindre exagération dans les manières, quoique le bonheur calme qui rayonnait sur son joli visage en dît autant que le jeune homme pût raisonnablement désirer. Il était reçu amicalement des parents de Beulah, et pouvait penser que ses espérances seraient comblées;

il n'eut pas à attendre longtemps. La consciencieuse Beulah avait sérieusement consulté son cœur, et s'était avoué en rougissant son attachement pour Beekman. Le jour même de l'arrivée d'Evert, ils furent fiancés. Comme ce petit épisode n'a qu'un lien secondaire avec notre histoire, nous n'insisterons pas sur ce point plus qu'il n'est nécessaire au sujet principal. Ce fut une matinée bien employée, et s'il y eut beaucoup de larmes, il y eut aussi beaucoup de sourires. Dès que la famille se fut réunie sur la pelouse selon sa coutume, dans cette douce saison, toutes choses furent arrêtées entre Beulah et son fiancé, même le jour du mariage, et on eut encore le temps de s'occuper d'autre chose. Pendant que Pline le jeune et l'une des briseuses préparaient le thé, M. Woods engagea la conversation suivante, sur un sujet auquel il n'était cependant pas le plus intéressé :

— Nous apportez-vous quelque nouvelle de Boston? demanda le chapelain; je me tue à vous adresser cette question depuis deux heures, monsieur Beekman, sans pouvoir me faire entendre.

Ces paroles dites avec bonhomie, mais tout à fait innocemment, produisirent des sourires et des regards qui semblaient leur prêter l'intention qui n'y était pas. Evert Beekman prit cependant un air grave avant de répondre.

— Pour avouer la vérité, monsieur Woods, dit-il, les choses deviendront, je crois, très-sérieuses. Boston est entouré par des milliers de nos soldats, et nous espérons non-seulement retenir les forces du roi dans la péninsule, mais encore les chasser de la colonie.

— C'est une mesure téméraire, très-téméraire, monsieur Beekman, de prendre parti contre César.

— Woods nous a fait un sermon sur le droit de César pas plus tard qu'hier, Beekman, dit en riant le capitaine, et nous allons le voir ordonner avant peu des prières publiques pour le succès des armes britanniques.

— J'ai prié pour la famille royale, dit le chapelain avec feu, et j'espère pouvoir toujours continuer mes prières.

— Mon cher ami, je ne m'y oppose aucunement. Priez pour tous les hommes, quelle que soit leur condition, pour nos ennemis comme pour nos amis, et en particulier pour nos princes; mais priez aussi pour que les cœurs de leurs conseillers soient changés.

Beekman paraissait embarrassé. Il appartenait à une famille de whigs déterminés, et on parlait à ce moment même de le nommer colonel de l'un des régiments qui allaient être levés dans la colonie de New-York. Il prenait ce rang dans la milice, et personne ne doutait de ses dispositions à résister aux forces britanniques quand le moment en serait venu. Il s'était même dérobé à ce qu'il regardait comme d'impérieux devoirs pour s'assurer de la femme de son choix avant de s'en aller sur le champ de bataille. Sa réponse se ressentit des pensées qui se croisaient dans son esprit.

— Je ne sais pas, Monsieur, s'il est tout à fait sage de prier si instamment pour la famille royale, dit-il. Nous pouvons lui souhaiter le bonheur en ce monde et les consolations spirituelles, puisqu'elle fait partie de la grande famille humaine, mais des prières politiques spéciales doivent se faire avec prudence dans des temps comme ceux-ci. Il est probable qu'elles seraient interprétées comme une pétition directe contre les Provinces-Unies.

— Eh bien! répondit le capitaine, je ne puis pas être de cet avis. S'il y avait une prière qui eût pour but de confondre le parlement et ses conseillers, je m'y joindrais volontiers; mais je ne suis pas encore prêt à mettre de côté le roi, la reine, les princes et les princesses, à la considération de quelques taxes et d'un peu de thé.

— Je suis fâché de vous entendre parler ainsi, Monsieur, répondit Evert. Quand vos opinions ont été examinées dernièrement à Albany, j'ai assuré en quelque sorte que vous seriez certainement plutôt avec nous que contre nous.

— Hé bien, je pense, Beekman, que vous vous êtes fait l'interprète de mes propres sentiments. Je crois en effet que les colonies ont raison, quoique je sois encore disposé à prier pour le roi.

— Je suis un de ceux, capitaine Willoughby, qui paraissent hardis dans les occasions les plus graves. Les dispositions des colonies sont redoutables, et les officiers royaux paraissent désireux aussi d'en venir aux mains.

— Vous avez un frère qui est capitaine d'infanterie dans un régiment de la couronne, colonel Beekman; quelles sont ses vues dans le sérieux état des affaires?

— Il a déjà renoncé à sa commission, refusant même de la vendre, malgré le privilége qui y était attaché. Le congrès pense en ce moment à le nommer dans l'un des régiments qu'on va lever.

Le capitaine devint sérieux, mistress Willoughby inquiète, Beulah attentive et Maud pensive.

— Voilà qui me paraît grave, vraiment, dit le premier. Quand les hommes abandonnent leurs premières espérances pour s'imposer des obligations nouvelles, c'est qu'ils ont des vues cachées et ambitieuses. Je ne croyais pas qu'on pût en venir là.

— Nous espérions que le major Willoughby ferait de même. Je connais un régiment à sa disposition s'il voulait se joindre à nous. Personne n'y serait plus volontiers reçu. Nous allons avoir de notre côté Gates, Montgomery et plusieurs anciens officiers des corps réguliers.

— Le colonel Lee se mettra-t-il à la tête des forces américaines?

— Je ne le pense pas, Monsieur. Il a une haute réputation et beaucoup d'expérience, mais il est si fantasque; et, ce qui est quelque chose à nos yeux, il n'est pas né Américain.

— Il est tout à fait raisonnable d'avoir égard à de telles considérations, Beekman. Si j'étais du congrès elles m'influenceraient moi qui suis Anglais, et qui dans beaucoup de circonstances resterai toujours Anglais.

— Je suis content d'entendre ces paroles, Willoughby, s'écria le chapelain, elles me causent une juste joie. Un homme doit rester attaché aux devoirs que lui impose sa naissance, quels que soient les dangers à courir.

— Comment faites-vous alors pour concilier vos opinions avec les devoirs de votre naissance? demanda le capitaine en riant.

Le chapelain fut un peu confus. Il était entré dans la controverse avec tant de zèle, qu'il avait maintenant les sentiments d'un zélé partisan du roi; et comme il arrive assez souvent à de tels philosophes, il commençait à apercevoir tout ce qui s'opposait à ses opinions, et à exagérer tout ce qui pouvait les soutenir.

— Comment, s'écria-t-il avec plus de zèle que de fermeté, ne suis-je pas un Anglais selon les idées généralement reçues? quoique né à Massachussets, ne suis-je pas de famille anglaise et sujet de l'Angleterre?

—Hum! dans ce cas Beekman, qui descend des Hollandais, n'est pas lié par les mêmes principes que les nôtres?

— Non pas par les mêmes sentiments, c'est possible, mais sûrement par les mêmes principes. Le colonel Beekman est un Anglais de construction et vous un Anglais de naissance.

Mistress Willoughby et Beulah rirent beaucoup en entendant cette réponse, mais aucun sourire n'avait passé sur les lèvres de Maud depuis l'instant où ses yeux avaient perdu Robert de vue. Les idées du capitaine semblèrent se tourner vers une autre direction, et il garda quelque temps le silence avant de prendre la parole.

— Dans les circonstances où nous sommes placés les uns par rapport aux autres, monsieur Beekman, dit-il, il serait à propos de ne pas faire de réticences sur les points sérieux. Que n'êtes-vous arrivé une heure ou deux plus tôt, vous auriez rencontré un visage bien connu de vous, celui de mon fils, le major Willoughby.

— Le major Willoughby, mon cher monsieur ! s'écria Beekman avec un mouvement de surprise peu agréable, je le supposais avec l'armée royale à Boston. Vous dites qu'il a quitté la Hutte, j'espère que ce n'est pas pour Albany.

— Non : j'avais quelques raisons d'abord pour désirer le voir prendre cette direction, et aussi pour qu'il pût vous voir ; mais des représentations sur l'état du pays m'ont fait changer d'idée. Il voyage secrètement, ayant soin d'éviter les principales villes.

— En cela, il a bien fait, Monsieur. Quoique je doive me rapprocher du père de Beulah, j'aurais été fâché de voir Bob précisément en ce moment. S'il n'y a aucun espoir de le gagner à notre cause, le mieux dans ces jours-ci est d'être éloignés l'un de l'autre autant que possible.

Ceci fut dit gravement et fit complétement apprécier à ceux qui l'entendirent le sérieux caractère d'une querelle qui menaçait d'armer le frère contre le frère ; et, comme d'un consentement unanime, le discours changea, chacun désirant effacer de ses pensées de pénibles impressions.

Le capitaine, sa femme, Beulah et le colonel eurent de longs et intimes entretiens dans le cours de la soirée. Maud n'était pas fâchée d'être laissée à elle-même ; et le chapelain consacra son temps à l'ami de Beekman qui, à la vérité, était un inspecteur et avait suivi le jeune homme, partie pour sauver les apparences, partie pour son service. Les gens qui les accompagnaient avaient été distribués dans les différentes cabines de l'établissement dès le moment de leur arrivée.

Quand les sœurs se furent retirées dans leur chambre, Maud

s'aperçut que Beulah avait quelque chose à lui communiquer. Cependant elle ne lui adressa aucune question. Enfin Beulah prit la parole.

— C'est une terrible chose, Maud, pour une femme de contracter les nouveaux devoirs, les nouvelles obligations d'une épouse.

— Elle ne les contracterait pas, Beulah, si elle ne ressentait pour l'homme de son choix un amour qui la soutiendra dans leur accomplissement. Toi qui as tes parents, tu dois sentir cela, et je ne doute pas que tu ne le fasses.

— Tu m'étonnes, Maud! Mes parents ne sont-ils pas les tiens? Notre amour pour eux n'est-il pas mutuel?

— Je suis honteuse de moi-même, Beulah. Aucune fille n'eut jamais de parents qui lui soient plus chers. Je regrette mes paroles, et te prie de me pardonner.

— C'est ce que je serai très-heureuse de faire. C'était une grande consolation pour moi de penser que lorsque je me verrais forcée de quitter la maison, je laisserais auprès de mon père et de ma mère une fille soumise, et qui les aime autant que toi, Maud.

— Tu as eu raison, Beulah; je les aime de tout mon cœur. Tu as eu raison dans un autre sens, car je ne me marierai jamais; j'y suis décidée.

— Eh bien, ma chère, il en est beaucoup qui sont heureuses sans jamais se marier, plus heureuses même que si elles se mariaient. Evert a un cœur bon, ferme, aimant, et je sais qu'il fera ce qu'il pourra pour m'empêcher de regretter ma famille; mais aurons-nous jamais plus qu'une mère, Maud?

Maud ne répondit pas, quoiqu'elle parût surprise des paroles de Beulah.

— Evert a fait tant de raisonnements à mon père et ma mère, continua la fiancée en rougissant, qu'ils ont cru devoir nous marier tout de suite. Croirais-tu, Maud, qu'il a arrêté ce soir que la cérémonie se fera demain?

— C'est bien précipité, Beulah. Pourquoi se sont-ils aussi vite décidés?

— C'est à cause de l'état du pays. Je ne sais comment Evert a fait, mais il a persuadé à mon père qu'aussitôt que je serais sa femme, nous serions tous plus en sûreté à la Hutte.

— J'espère que tu aimes Evert Beekman, chère, très-chère Beulah.

— Quelle question, Maud! Supposes-tu que debout devant un ministre de Dieu, j'ose donner ma foi à un homme que je n'aimerais pas? D'où te viennent ces doutes?

— Je n'ai pas de doutes. Je suis folle, car je te sais aussi consciencieuse que les saints du ciel; cependant, Beulah, je crois que je ne serais pas aussi tranquille que toi près de quelqu'un que j'aimerais.

La charmante Beulah sourit, mais ne ressentit aucune inquiétude. Elle connaissait trop bien les sentiments de son âme pure et calme pour se défier d'elle-même, et elle s'imaginait aisément que Maud ne serait pas aussi tranquille dans des circonstances semblables.

— Peut-être as-tu bien fait, répondit-elle en riant, de prendre la résolution de ne pas te marier, car où trouverait-on un amant assez dévoué et assez romanesque pour toi? Aucun ne t'a plu l'été dernier, quoique le moindre encouragement eût pu en amener une douzaine à tes pieds, et ici tu n'en a pas un seul, si ce n'est le bon et vieux M. Woods.

Maud serra les lèvres et devint sérieuse, mais elle sut se commander à elle-même et répondit à la plaisanterie de sa sœur.

— C'est très-vrai, dit-elle, il n'y a pas de héros pour moi, à moins que ce ne soit le cher M. Woods; et lui, le pauvre homme! on dit qu'il a eu une femme qui l'a guéri du désir d'en avoir une autre.

— M. Woods! je n'ai jamais su qu'il ait été marié. Qui donc te l'a dit, Maud?

— Je l'ai appris de Robert, répondit Maud en hésitant. Il parlait un jour de ces choses-là.

— De quelles choses, ma chère?

— Je crois que c'était de mariages entre parents; car M. Woods a épousé une cousine germaine. Bob était trop jeune quand cette dame mourut pour pouvoir se la rappeler. Le pauvre homme! elle lui a rendu la vie dure. — Il doit être loin de la Hutte en ce moment, Beulah.

— M. Woods! Je l'ai laissé avec papa il y a quelques minutes, causant de la cérémonie de demain.

— C'est de Bob que je parlais.

Les yeux des deux sœurs se rencontrèrent et toutes deux rougirent, tandis que chacune se représentait l'image de celui qui occupait toutes ses pensées : mais elles gardèrent le silence, et peu de temps après firent leur prière.

Le lendemain, Evert Beekman et Beulah Willoughby furent mariés. La cérémonie se fit aussitôt après le déjeuner dans la petite chapelle. Il n'y eut de présents que les parents et Michel O'Hearn, que ses fonctions de sacristain empêchaient de prier avec les assistants, ce qui tranquillisait sa conscience. L'honnête Irlandais avait été mis dans le secret à la pointe du jour; et après avoir balayé le temple, il avait revêtu son habit des dimanches, en l'honneur de la circonstance.

Une mère aussi tendre que mistress Willoughby ne pouvait pas renoncer à ses droits sur son enfant, sans répandre des larmes. Maud aussi pleura, mais ce n'était pas autant par sympathie pour Beulah que pour une tout autre cause. Le mariage, du reste, fut simple et sans aucune manifestation de grands sentiments. C'était une de ces unions raisonnables qui promettent d'être heureuses. Il y avait entre les deux jeunes gens parfaite conformité de rang, de fortune, d'âge et d'habitudes. Rien ne choquait les principes reçus dans ce prudent assemblage. Evert était aussi digne de Beulah, qu'elle était digne de lui. Il y avait sécurité dans l'avenir de chaque côté, et pas un doute ni une crainte ne se mêlèrent aux regrets, si l'on peut appeler regrets les pensées en quelque sorte inséparables d'une cérémonie si solennelle.

Le mariage était fait; le bon père et la tendre mère avaient pressé sur leurs cœurs la jeune mariée qui souriait à travers ses larmes; Maud l'avait étreinte dans un affectueux embrassement, et le chapelain avait réclamé son baiser, quand se présenta l'honnête sacristain.

— Moi aussi, je viens avec vos amis souhaiter tout le bien possible à vous, à votre mari, à vos enfants, à tous ceux enfin qui vivaient avant vous, et à tous ceux qui vivront après. Je vous ai connue quand vous étiez toute petite, il y a bien des années de cela, et je n'ai jamais vu une expression fâcheuse sur votre joli visage. Je me proposais depuis longtemps de vous dire ces paroles. J'en désire autant pour miss Maud. Oh! n'est-elle pas charmante aussi. C'est dommage qu'il n'y ait pas là quelque joli garçon pour la prendre par dessus le marché, il est malheureux pour lui qu'il se fasse attendre. Que Dieu vous bénisse tous, même le prêtre, quoi qu'il ne soit pas notre prêtre à tous: voilà mes bons souhaits dits et faits.

CHAPITRE X.

> O princes de Jacob, la force et l'appui de la fille de Sion, regardez-la maintenant ; les chasseurs l'ont frappée et l'ont laissée isolée et sanglante. Elle gémit comme le léopard dans le désert. Prenez vos coursiers de bataille, levez vos étendards, et venez la défendre avec la lance et l'épée.
>
> LONT.

Les quinze jours ou trois semaines qui suivirent, n'apportèrent d'autres changements que ceux qui sont une suite des progrès de la saison. La végétation déployait toutes ses richesses. Le blé et les pommes de terre, récemment labourés, embellissaient les plaines; le froment et les autres grains dressaient leurs épis, et les prairies commençaient à échanger leurs fleurs pour des fruits. Les forêts voilaient leurs mystères sous des ombrages d'un vert si brillant et si vif, qu'on ne peut les trouver que sous un soleil généreux, tempéré par des pluies bienfaisantes et par l'air des montagnes. Les compagnons de Beekman quittèrent la vallée le lendemain du mariage, ne laissant derrière eux que leur chef.

L'absence du major ne fut pas remarquée de Joël et de la bande, à cause des soins qu'exigeait la réception de tant d'hôtes, et du mouvement du mariage. Mais aussitôt que le fait fut avéré, l'inspecteur et le meunier prirent le prétexte d'une suspension de travaux, et obtinrent la permission d'aller à la Mohawk pour leurs affaires particulières. De tels voyages étaient assez ordinaires pour qu'ils n'éveillassent pas les soupçons. La permission accordée, les deux conspirateurs partirent de compagnie le matin du second jour, ou quarante-huit heures après le major et Nick. Comme on savait que ce dernier était venu par la route du fort de Stanwix, il était assez naturel de supposer qu'il reviendrait par le même chemin, et Joël se détermina à se diriger vers la Mohawk, près de Schenectady où il pourrait se faire un mérite de son patriotisme, en trahissant le fils de son maître. Le lecteur ne suppose pas que Joël eût l'intention d'agir ouvertement; loin de là, son plan était de rester en arrière, tout en attirant l'attention sur le prétendu loyalisme du capitaine et sur son attachement à lui Joël pour les colonies.

Il est à peine nécessaire de dire que ce plan échoua à cause du nouveau chemin que prit Nick. Pendant que Joël et le meunier logeaient dans une auberge hollandaise, à quinze ou vingt milles de Schenectady, en attendant que les deux autres voyageurs descendissent la vallée de la Mohawk, Robert Willoughby et son guide traversaient l'Hudson avec une sécurité momentanée. Après être resté à son poste jusqu'à ce qu'il lui fût bien prouvé que la proie lui avait échappé, Joël, accompagné de son ami, retourna à la colonie. L'inspecteur avait profité de l'occasion pour prendre une connaissance plus positive de l'état du pays, pour ouvrir des communications avec certains patriotes d'une valeur morale égale à la sienne, mais d'une plus grande influence; pour lancer des insinuations secrètes sur le capitaine et pour spéculer sur les propriétés. Mais la poire n'était pas encore mûre, et tout ce qu'on pouvait faire en ce moment, c'était de débarrasser le chemin pour l'avenir.

Cependant Evert Beekman, ayant rassuré sa charmante femme, commença, quoique avec tristesse, à songer à ses devoirs politiques. Il devait avoir un régiment dans les nouvelles levées, et Beulah se promettait de se séparer de lui avec une apparente résignation. C'était en vérité un curieux spectacle de voir comment les deux sœurs laissaient entraîner leurs pensées et leurs désirs, en matière politique, par le sentiment qui domine si facilement les femmes. Maud était fortement disposée à soutenir la cause royale, et la jeune épouse inclinait pour celle dans laquelle son mari était enrôlé, cœur et bras.

Le capitaine Willoughby s'occupait peu de la politique, mais le mariage de Beulah eut sur lui une puissante influence, en continuant à pousser son esprit dans la direction qu'il avait prise après la mémorable discussion avec le chapelain. Le colonel Beekman était un homme d'un grand sens, quoique n'ayant pas de brillants dehors, et ses arguments étaient si clairs qu'ils avaient plus de poids que ceux des violents partisans de cette époque. Beulah s'imaginait qu'il était un Solon pour la sagacité, et un Bacon pour la sagesse; le capitaine, sans aller tout à fait aussi loin, était charmé de rencontrer en lui un jugement calme et solide, souvent d'ailleurs d'accord avec ses propres opinions. Quant au chapelain, on le laissait en dehors des discussions comme incorrigible.

La moitié du mois de juin était passée, quand le colonel Beekman songea à se séparer de sa femme, pour retourner au milieu des scènes actives qu'il avait abandonnées depuis peut-être trop longtemps. Habituellement, la famille se rassemblait à la fin du jour sur la pelouse; les fenêtres de la Hutte donnant sur la cour rendaient cette sortie en plein air presque indispensable. On s'y trouvait comme de coutume dans la soirée du 25 juin; mistress Willoughby faisait le thé; ses filles, assises auprès d'elle, causaient; et les hommes discutaient sur les propriétés des différentes espèces de grains.

— Voici un étranger, s'écria tout à coup le chapelain en regardant le rocher situé près du moulin, à un endroit où l'on ne pouvait passer sans être vu de la Hutte. Il arrive comme un homme pressé, que vient-il faire ici?

— Dieu soit loué, dit le capitaine en se levant, c'est Nick, et c'est à peu près le temps où il devait être de retour pour nous apporter de bonnes nouvelles. Une semaine plus tôt eût été d'un meilleur augure; mais n'importe, il arrive comme s'il avait quelque chose à nous communiquer.

Misstress Willoughby et ses filles suspendirent leurs occupations, et les hommes restèrent dans une attente silencieuse, pendant que le Tuscarora traversait rapidement la plaine. En quelques minutes, l'Indien fut sur la pelouse et s'avança avec gravité. Le capitaine Willoughby, qui le connaissait bien, attendit encore une minute pendant laquelle l'Homme Rouge s'appuya contre un pommier, puis il l'interrogea.

— Soyez le bienvenu, Nick! Où avez-vous laissé mon fils?

— Il le dit ici, répondit l'Indien en présentant une lettre que lut le capitaine.

— C'est bien, Nick, et cela montre que vous avez été fidèle. Vous serez payé ce soir. Mais cette lettre a été écrite sur la rive orientale de l'Hudson, il y a trois semaines. Pourquoi ne vous a-t-on pas vu plus tôt?

— Pas voir quand Nick pas venir.

— C'est assez évident; mais pourquoi n'êtes-vous pas revenu plus tôt? voilà ma question.

— Voir le pays; avoir été sur les bords du grand lac salé.

— Oh! c'est la curiosité alors, qui a été la cause de votre absence.

— Nick, guerrier, pas femme; pas curieux.

— Non, non, je vous demande pardon, Nick;—je ne vous accuse pas d'avoir des sentiments féminins; loin de là, je sais que vous êtes un homme. Dites-nous d'où vous venez?

— De Boston, répondit Nick sentencieusement.

— De Boston! C'est vraiment un voyage. Nous n'avez probablement pas traversé Massachussetts avec mon fils.

— Nick allait seul. Deux routes; une pour le major, une pour le Tuscarora. Nick arriver le premier.

— Je le crois. Vous étiez pressé. Vous questionna-t-on dans la route?

— Oui. Dis que j'étais de Stokbridge. — Faces Pâles savoir pas mieux, Nick adroit.

— Mon fils est-il arrivé à Boston avant que vous en soyez parti?

— Il le dit à vous, répondit l'Indien en tirant une autre missive des plis de sa chemise de calicot.

Le capitaine reçut la lettre, qu'il lut avec autant de gravité que de surprise.

— C'est l'écriture de Bob, dit-il, c'est daté de Boston, 18 juin 1775, mais sans aucune signature.

— Lisez, cher Willoughby, s'écria la mère inquiète, Ces nouvelles nous intéressent tous.

— Des nouvelles, Wilhelmina! oui, on peut dire que ce sont des nouvelles, mais elles n'en sont pas meilleures pour cela. Cependant, telles qu'elles sont, il n'y a aucune raison pour en faire un secret que le temps d'ailleurs ferait connaître. « Mon cher monsieur, Dieu merci, je suis sain et sauf. Mais nous avons eu beaucoup à faire. Vous connaissez les exigences du devoir. Mes affectueux compliments à ma mère et à Beulah, et aussi à ma chère et capricieuse Maud. Nick était présent, il vous dira tout sans rien augmenter ni rien diminuer. » Et aucune adresse? pas de signature? rien que la date. Qu'est-ce que cela veut dire, Nick?

— Le major était là, Nick était là. L'affaire a été chaude. Un mille de tués. Habits rouges comme du sang.

— Il y a eu une autre bataille? s'écria le capitaine. Parlez, Nick : qui a gagné? les Anglais, ou les Américains?

— Difficile à dire. Les uns les autres se battent. Habits Rouges prennent le terrain; Yankees se battent.—Si le Yankee voulait, scalperait beaucoup; mais pauvres guerriers pour scalper. Pas savoir.

— Sur ma parole, Woods, je n'y comprends rien. Est-il possible que les Américains aient osé attaquer Boston, défendu par une forte armée des troupes britanniques?

— Cela ne se peut pas, dit le chapelain avec emphase, ce n'est qu'une escarmouche.

— Quoi vous appeler escarmouche? demanda vivement Nick; escarmouche, quand mille hommes tués! Ah!

— Dites-nous ce que vous savez, Tuscarora, reprit le capitaine en engageant son ami à rester silencieux.

— Bientôt dit, bientôt fait. Yankees sur la montagne, soldats en canots. Cent, mille, cinquante canots pleins d'Habits Rouges. Grand chef était là. Dix, six, deux, tous allèrent ensemble. Faces Pâles venir à terre, se mettre en défense, puis marcher... Boum, boum, coups de canon, coups de fusil. Ah! comme ils courent!

— Ils fuient! Qui, Nick? Je suppose que ce sont les pauvres Américains.

— Habits Rouges courent, répondit tranquillement l'Indien.

Cette réponse produisit une sensation générale. Les dames tressaillirent et se regardèrent mutuellement.

— Les Habits Rouges se sont sauvés! répéta le capitaine lentement. Finissez votre histoire, Nick. Où fut livrée cette bataille?

— De l'autre côté de Boston, sur la rivière. Venus en canots pour se battre, comme Indiens du Canada.

— C'est sans doute à Charlestown, Woods. Vous vous rappelez que Boston est sur une péninsule et Charlestown sur une autre. Cependant je ne pensais pas que les Américains fussent dans cette dernière ville.—Beekman, vous ne m'en aviez rien dit.

— Ils n'étaient pas si près des forces royales quand j'ai quitté Albany, Monsieur, répondit le colonel. Quelques questions directes adressées à l'Indien, nous feront connaître la vérité tout entière.

— Nous allons procéder plus méthodiquement. Combien y avait-il de Yankees dans ce combat, Nick? Calculez comme nous le faisions dans la guerre contre la France.

— Atteindre d'ici au moulin, trois, deux rangs, capitaine. Tous fermiers, pas de soldats. Des fusils, pas de baïonnettes, pas de havresacs, pas habits rouges. Avoir l'air de bourgeois — combattre comme diables.

— Une ligne longue comme d'ici au moulin, trois rangs. Il devait y avoir deux mille hommes, Beekman. — Est-ce bien ce que vous voulez dire, Nick?

— A peu près.

— Bien. Alors il y avait environ deux mille Yankees sur cette montagne. Et combien y avait-il de soldats du roi dans les canots?

— Deux fois et une fois autant d'abord, et ensuite moitié. Nick tout près; lui, compter.

— Ce serait trois mille en tout! Par saint George, on a eu de l'ouvrage! — Ont-ils tous marché, Nick?

— Non. Premiers qui ont marché, battus et mis en fuite; alors d'autres allèrent, battus aussi ils se sauvent. Les troisièmes, plus hardis, mirent le feu au wigwam, gravirent la montagne, et Yankees se sauvèrent.

— Ceci me paraît clair et exact. Le wigwam en feu! Charlestown est-il brûlé, Nick?

— Oui. Semblable à un grand feu du conseil. Gros canons firent feu. Boum, boum. Nick, jamais avoir vu pareille guerre. Hommes morts en aussi grand nombre que les feuilles des arbres. Sang coulait comme torrent.

— Étiez-vous à cette bataille, Nick? Comment avez-vous appris tout ceci?

— Pas besoin d'aller là. Mieux dehors; pas à scalper, Homme Rouge que faire? Voir, c'était tout. Derrière les pierres du mur. Bonne vue.

— Avez-vous traversé l'eau, ou êtes-vous resté à Boston, et avez-vous vu de loin?

— Traversé en canot. Habits Rouges croyaient général avoir envoyé lettre par Nick. Le major dit: C'est mon ami. On laissa aller Nick.

— Mon fils était dans cette sanglante bataille! dit mistress Willoughby; il nous écrit qu'il n'est pas blessé, Hugh?

—Oui, ma chère Wilhelmina, et Bob nous connaît trop bien, Nick, pour nous tromper à ce sujet. Avez-vous vu le major sur le champ de bataille, quand vous avez eu traversé la rivière, je veux dire?

—Voir tous, six, deux, sept mille. Moi, tant près, comment pas voir? lui droit comme un pin, tuer tout autour de lui, pas blessé. On dit à lui être folie de rester là, pas vouloir s'en aller.

—Et combien supposez-vous qu'on ait laissé de morts sur le champ de bataille? êtes-vous resté pour voir?

—Resté pour prendre fusils, havresacs et autres bonnes choses; en avoir beaucoup. — Ici Nick ouvrit froidement un petit paquet et exhiba une épaulette, plusieurs bagues, une montre, cinq ou six paires de boucles d'argent et divers autres articles de pillage dont il avait dépouillé les morts. — Tout cela bonnes choses; les avoir eues sans les demander.

— Je le vois, maître Nick; mais ce butin a-t-il été pris sur les Anglais, ou sur les Américains?

— Habits Rouges étaient plus près, avoir plus de choses. Aller plus loin, trouver plus mal, comme disent Faces-Pâles.

—C'est tout à fait satisfaisant. Y avait-il plus d'Habits-Rouges dans les morts que d'Américains?

— Habits-Rouges, comme ceci, dit Nick en levant quatre doigts, Yankees ainsi, en levant un doigt. Prendre grand tombeau pour contenir Habits-Rouges, et petit pour les Yankees. Beaucoup Habits Rouges! plus que mille guerriers. Les Anglais gémissaient comme une squaw qui a perdu son chasseur.

Telle fut la description que fit Saucy Nick du célèbre combat de Bunker-Hill, dont il avait été témoin, en prenant, toutefois, la précaution de se mettre à couvert. Il ne crut pas nécessaire de raconter qu'il avait donné le coup de grâce au propriétaire de l'épaulette. Il ne lui sembla pas non plus essentiel d'expliquer la manière dont il s'était servi pour obtenir tant de boucles. A tous autres égards, son récit fut assez exact, *rien de diminué, rien d'augmenté*. Les auditeurs avaient écouté avec attention, et Maud, quand on fit allusion à Robert Willoughby, cacha son visage pâle dans ses mains et pleura. Pour Beulah, elle regarda plusieurs fois son mari avec anxiété, et pensa aux dangers auxquels il serait bientôt exposé.

La réception de cette importante nouvelle confirma Beekman dans son intention de partir. Le jour suivant, il se sépara de

Beulah et se dirigea vers Albany. Washington nommant un grand nombre d'officiers, Beekman fut fait colonel, et l'on peut dire qu'alors la guerre commença systématiquement. Des bruits éloignés parvinrent de temps en temps à la Hutte, mais l'été se passa sans amener d'événement qui pût troubler la tranquillité de la colonie. Les projets de Joël furent contrariés pour un temps ; il se trouva forcé de continuer à porter le masque et à recueillir pour un autre la moisson qu'il espérait recueillir pour lui-même.

Beulah avait pour son mari toutes les craintes d'une jeune épouse, mais comme les mois se succédaient et qu'une affaire en suivait une autre sans qu'il lui arrivât rien de fâcheux, elle commençait à subir les inquiétudes inséparables de la situation avec moins de tourment et plus de raison. Sa mère et Maud étaient pour elles des amies inappréciables dans ces moments fâcheux, quoique chacune d'elles eût aussi ses propres inquiétudes sur le compte de Robert Willoughby. Comme il n'y eut pas d'autre grande bataille dans le cours de l'année 1775, Beekman resta en sûreté avec les troupes qui investirent Boston et le major avec l'armée dans la ville. Ni l'un ni l'autre ne fut exposé, et ceux qui les aimaient étaient heureux d'apprendre que la mer séparait les combattants.

En novembre, la famille abandonna la Hutte, comme elle l'avait fait les années précédentes, et alla dans un district plus habité pour y passer l'hiver. Ce fut à Albany que le colonel Beekman les rejoignit et passa quelques heureuses semaines avec sa bien-aimée Beulah. La vieille ville dont nous parlons n'était pas gaie dans un moment comme celui-là, mais il y avait beaucoup de jeunes officiers du parti américain qui cherchaient à se rendre agréables à Maud. Le capitaine n'était pas fâché de voir plusieurs de ces jeunes gens assidus auprès de celle qu'il avait été si longtemps habitué à considérer comme sa fille ; car, à cette époque, ses opinions penchaient si fortement en faveur des droits des colonies, que Beekman lui-même était à peine plus joyeux quand il entendait parler du moindre succès des armes américaines.

— Cela ira bien à la fin, disait souvent le digne capitaine pour convaincre son ami le chapelain. Ils ouvriront les yeux avant peu, et l'injustice de la taxe des colonies sera reconnue. Alors tout deviendra facile. Le roi sera aimé comme toujours, et l'Angleterre et l'Amérique, se respectant mutuellement, n'en seront que meilleures amies. Je connais bien mes compatriotes; ils tiennent à leurs droits et ils respecteront ceux des autres aussitôt que leur ressentiment aura diminué et qu'ils examineront froidement la vérité. Je réponds que la bataille de Bunker-Hill *nous* a donné (le capitaine s'exprimait ainsi depuis quelques mois), nous a donné un millier d'avocats là où nous n'en avions qu'un. C'est la nature de John Bull. Donnez-lui des raisons pour vous respecter, et il vous rendra bientôt justice; mais s'il a des motifs pour penser autrement, il devient un maître indifférent sinon absolu.

Telles étaient les opinions du capitaine Willoughby sur sa terre natale qu'il n'avait pas vue depuis trente ans, et où il avait si récemment hérité d'honneurs inattendus sans avoir senti s'éveiller en lui le désir d'y retourner pour en jouir. Ses opinions étaient certainement droites en partie, mais elles suivaient la loi de la nature, et il est probable qu'elles étaient injustes en ce qui regardait les qualités d'une portion particulière de la chrétienté. Il n'y a pas de maxime plus vraie que celle-ci : les mêmes causes produisent les mêmes effets, et comme les mortels sont gouvernés par des lois semblables sur toute la surface du globe, rien n'est plus certain que la ressemblance de leurs idées.

Maud n'eut pas de sourire au delà de ceux qui venaient de ses dispositions naturellement douces et de son désir d'obliger, pour aucun des jeunes soldats et des jeunes bourgeois qui l'entouraient pendant l'hiver qu'elle passa à Albany. Deux ou trois amis du capitaine Beekman eussent été très-heureux de contracter une alliance avec un officier si respecté, mais aucun encouragement ne les enhardit, ni les uns, ni les autres, à aller au delà de l'attention et des assiduités d'une politesse marquée.

— Je ne sais pas comment cela se fait, dit mistress Willoughby à son mari un jour qu'ils étaient en tête à tête, Maud semble prendre moins de plaisir aux attentions de votre sexe, que ne le font ordinairement les jeunes filles de son âge. Pourtant son cœur est aimant et tendre, j'en suis certaine, mais je n'ai pu découvrir dans cette enfant aucun signe de préférence ni de partialité pour ces beaux jeunes gens. Ils lui sont tous indifférents.

— Son temps viendra comme est venu celui de sa mère, répondit le capitaine. La coqueluche et la rougeole ne sont pas plus inévitables pour des enfants que l'amour pour une jeune femme. Toutes sont faites pour cela, ma chère Willy, et la jeune fille attrapera la maladie un de ces jours, et cela sans aucune espèce d'inoculation.

— Je ne désire pas me séparer de mon enfant, dit mistress Willoughby, qui parlait toujours de Maud comme de sa fille, mais comme nous ne pouvons pas toujours vivre ensemble, il vaudrait peut-être mieux la marier comme l'autre. Le jeune Verplanck lui est très-attaché ; ce serait un mariage sortable. Il fait partie du régiment d'Evert.

— Oui, cela pourrait se faire. Cependant je crois que Luke Herring vaudrait mieux.

— C'est parce qu'il est plus riche et plus influent, Hugh. Vous autres hommes, vous ne pouvez penser à l'établissement d'une jeune fille sans considérer les maisons et les terres comme une partie du mariage.

— Par saint George ! ma femme, les maisons et les terres rendent le mariage encore plus doux.

— Mais, Hugh, j'ai toujours été une heureuse femme, et vous n'avez pas été un trop misérable mari, et cela sans avoir des richesses pour adoucir notre état, répondit mistress Willoughby avec reproche. Vous auriez été général que je n'aurais pu vous aimer plus qu'étant simple capitaine.

— Tout cela est vrai, ma chère Wilhelmina, répondit Willoughby en embrassant sa femme avec affection, très-vrai, mais vous trouverez un mariage comme le nôtre dans un million, et je désire que notre chère et capricieuse Maud n'ait pas un plus mauvais mari que Luck Herring.

— Elle ne sera jamais sa femme, je la connais trop bien, elle et mon sexe, pour le croire. Mais vous êtes injuste, Willoughby, en appliquant de telles épithètes à notre enfant. Maud n'est pas capricieuse, surtout dans ses affections. Voyez quel fidèle et sincère attachement fraternel elle porte à Bob. Je dois déclarer que je suis souvent honteuse de voir que sa propre mère a pour lui moins de sollicitude que cette chère fille.

— Ne vous affligez pas de cette idée, Willy ; Bob sera nommé lieutenant-colonel. Je vivrai assez pour le voir officier général, si je deviens aussi vieux que mon grand-père, sir Thomas. Pour Maud, elle voit les inquiétudes de Beulah, et n'ayant pas elle-même de mari ni d'amant pour lequel elle donnerait une obole, elle considère Bob comme un pis-aller. Je vous garantis qu'elle n'a pas plus d'affection pour lui que n'en a le reste de la famille, que moi, par exemple. Cependant, en ma qualité de vieux soldat, je ne pousse pas des cris chaque fois que je songe aux coups de fusil qui se tirent là-bas à Boston.

— Je voudrais que tout cela fût fini. Il est si peu naturel de voir Evert et Robert dans des camps opposés.

— Oui, c'est vrai. Malgré cela tout ira bien. Ce M. Washington est un habile homme et me paraît jouer sa partie avec esprit et jugement. Il était avec nous à cette désagréable affaire de Braddock's, et, entre vous et moi, Wilhelmina, il couvrit les troupes régulières, sans quoi nous aurions laissé nos os sur ce maudit champ de bataille. Je vous écrivis à cette époque ce que je pensais de lui, et vous voyez que je ne m'étais pas trompé.

C'était un des faibles du capitaine de se croire un prophète politique. Et comme il avait réellement parlé avec éloge de Washington, à l'époque qu'il mentionnait, ses opinions s'étaient trouvées influencées par le plaisir d'être du même parti que son favori. Les prophéties produisent souvent elles-mêmes leur propre accomplissement dans des cas beaucoup plus graves, et il n'est pas étonnant que notre capitaine se trouvât fortifié dans ses sentiments par les circonstances.

L'hiver se passa sans qu'aucun des adorateurs de Maud fît une impression visible sur son cœur. Dans le mois de mars, les Anglais évacuèrent Boston; Robert Willoughby partit avec son régiment pour Halifax, et de là pour l'expédition contre Charlestown, sous les ordres de sir Henry Clinton. Le mois suivant, la famille retourna au Rocher, où il était plus sage et plus sûr de rester pendant un moment si critique, que dans un endroit plus fréquenté. La guerre continuait, et au grand regret du capitaine, sans aucune apparence de la réconciliation qu'il avait prédite avec tant de confiance. Ceci refroidit son ardeur pour la cause coloniale : Anglais de naissance, il était au fond opposé à la rupture du lien qui unissait l'Amérique à la mère patrie, événement politique dont on commençait à parler sérieusement parmi les initiés.

Désireux d'éloigner autant que possible de désagréables pensées, le digne propriétaire de la vallée s'occupa de ses récoltes, de ses moulins et de ses améliorations. Il avait l'intention de louer ses terres en friche, et d'étendre la colonie dans un but d'avenir ; mais l'état du pays empêcha l'exécution de ce projet, et il fut obligé de conserver les anciennes limites. La position géographique de la vallée la mettait hors des obligations ordinaires du service militaire, et comme on avait quelques doutes sur les opinions de son propriétaire à cause de la présence de son fils dans l'armée royale, de ses propres relations avec les Anglais, et des secrètes machinations de Joël, les autorités furent très-contentes de laisser la colonie tranquille, pourvu qu'elle voulût bien prendre soin d'elle-même. Malgré le patriotisme proéminent de Joël Strides et du meunier, ils furent très-satisfaits de l'état des choses, préférant la paix et la tranquillité aux tumultueuses scènes de la guerre. Leurs plans, d'ailleurs, avaient rencontré quelques obstacles dans les sentiments des habitants de la vallée qui, dans une occasion faite pour mettre à l'épreuve leur attachement pour leur patron, avaient plutôt montré qu'ils se souvenaient de sa justice, de sa libéralité, de sa conduite droite, que des insinuations de Joël. Cette manifestation de respect eut lieu, quand il fut question d'élire un représentant, et tous les individus de l'habitation, à l'exception des deux conspirateurs, donnèrent leurs voix au capitaine. Cette expression de sentiments fut si générale qu'elle força pour ainsi dire Joël et le meunier à se mettre d'accord avec les autres, et à voter contrairement à leurs propres désirs.

Quelqu'un qui eût habité la Hutte pendant l'été de 1776 n'aurait jamais pu s'imaginer qu'il était dans un pays troublé par une révolution et bouleversé par une guerre. Là tout était paisible et calme : les bois gémissant avec les vents dans leur sublime solitude, le soleil donnant sa chaleur à un sol reconnaissant et fertile, la végétation mûrissant et produisant avec toute l'abondance d'une généreuse nature, comme dans les jours les plus tranquilles de paix et d'espérance.

— Il y a quelque chose d'effrayant dans le calme de cette vallée, Beulah, dit Maud un dimanche qu'elle et sa sœur regardaient par la fenêtre de la bibliothèque, admirant le calme de la forêt et écoutant les sons mélancoliques de la cloche. Il y a ici un calme effrayant, et à une heure où peut-être les combats et le carnage marchent activement dans le pays. Oh! pourquoi cet odieux congrès a-t-il pensé à faire la guerre!

— Evert m'écrit que tout va bien, Maud, que les temps arriveront où le peuple sera satisfait, et que l'Amérique sera une nation, et, il le pense du moins, une grande, très-grande nation.

— Ah! c'est l'ambition qui pousse les rebelles. Pourquoi ne sont-ils pas satisfaits d'être les respectables sujets d'un pays comme l'Angleterre, au lieu de se détruire les uns les autres pour ce fantôme de liberté? en seront-ils plus heureux ou plus sages?

Ainsi raisonnait Maud sous l'influence de ses sentiments intimes. Beulah répondit doucement, mais avec des pensées plus patriotiques.

— Je sais qu'Evert a un sens juste et droit, Maud, et tu avoueras qu'il n'est ni fier ni ambitieux. Si son jugement calme approuve ce qui a été fait, nous pouvons bien supposer qu'on n'a pas agi en hâte et sans nécessité.

— Pense, Beulah, dit Maud en pâlissant et d'une voix tremblante, qu'Evert et Robert sont en ce même moment engagés dans la querelle l'un contre l'autre. Le dernier messager nous a apporté la malheureuse nouvelle du débarquement de sir William Howe avec une grande armée, près de New-York, et les Américains se préparent à marcher à sa rencontre. Il est certain que Bob est à son régiment, et ce régiment, nous le savons, fait partie de l'armée. Comment peux-tu avoir des idées de liberté dans un moment si critique?

Beulah ne répondit pas, car, malgré sa nature tranquille et la confiance sans bornes qu'elle avait en son mari, elle ne pouvait s'empêcher d'être inquiète. Le colonel avait promis de profiter, pour écrire, de toutes les bonnes occasions, et il tenait sa promesse. Elle pensa que, sous peu de jours, elle recevrait quelque missive importante; elle arriva en effet, mais sous une forme qu'elle n'avait pas prévue et par un messager qu'elle ne désirait pas voir.

A cette époque, la saison des travaux avançait. Le mois d'août était terminé, et septembre avec ses fruits lui avait succédé. L'année promettait de finir sans qu'aucun incident extraordinaire vînt changer la position des habitants de la Hutte. Beulah n'était mariée que depuis un an et déjà elle était mère. Tout ce temps s'était écoulé depuis que le fils avait quitté la maison de son père. Nick avait disparu peu de temps après son retour de Boston, et, pendant cet été rempli d'événements, on ne l'avait pas vu dans la vallée.

CHAPITRE XI.

> Nul bruit n'éveille en ce moment l'ombre imposante de la forêt ; le vent n'agite pas le feuillage à l'abri duquel se cache peut-être le danger. Soudain je vois briller l'œil de l'Homme Rouge. Tout est silencieux encore dans l'obscurité profonde, les oiseaux voltigent sans crainte et la nature moqueuse sourit autour d'eux.
>
> LONT.

L'ÉTÉ de 1776, si rempli d'incidents, avait donné d'abondantes récoltes dans la vallée. Afin de chasser de son esprit les pensées fâcheuses, le capitaine s'était beaucoup occupé des travaux des champs, et il pensait manifester grandement son zèle pour la bonne cause, en engraissant des porcs qui étaient cette année en plus grand nombre qu'à l'ordinaire, et qu'il comptait envoyer au Fort Stanwix avant la fin de la saison. Quoique la famille fût peu éloignée du siége de la guerre, elle n'avait reçu qu'une lettre du major, écrite avec beaucoup de réserve. Il mentionnait simplement l'arrivée des troupes de sir William Howe et l'état de sa parfaite santé. La lettre était adressée à son père, et ce petit *post-scriptum* la terminait : Dites à ma très-chère Maud que les femmes charmantes ont cessé de me charmer, la gloire occupe mes rêves de chaque jour, comme un *ignis fatuus*, et que tout mon amour se concentre sur les chers objets réunis à la Hutte. Si j'avais rencontré une femme que j'eusse trouvée la moitié aussi jolie qu'elle, je me serais marié depuis longtemps.—Ceci répondait à quelques paroles étourdies que le capitaine avait tenu à mettre dans sa dernière lettre comme venant de Maud, qui avait refusé d'écrire, et le père, la mère et Beulah ne virent dans cette réponse du jeune homme que le badinage d'un frère envers sa sœur, et rien de plus. Il n'en fut pas de même pour Maud. Quand la lettre eut passé dans toutes les mains, elle l'emporta dans sa chambre où elle la lut et relut une douzaine de fois ; elle avait pris d'abord la résolution de la rendre, mais voyant qu'on l'avait oubliée, elle la garda, sans penser à ce qu'elle faisait. Cette lettre ne la quitta plus, et cent fois les yeux de la jeune fille en suivaient les caractères dans

WYANDOTTÉ

le secret de sa chambre ou dans les promenades qu'elle faisait seule alors dans les bois.

Il n'y avait encore eu sur les frontières aucune de ces scènes de violence qui avaient distingué les guerres précédentes. L'ennemi était sur les côtes, et c'est là que les efforts des combattants avaient été principalement dirigés. Il est vrai qu'une tentative sur le Canada avait été faite, mais elle manqua faute de moyens.

— A quoi bon, Woods, nous embarrasser de tout cela? dit le capitaine Willoughby, un jour qu'ils s'entretenaient ensemble sur le retard apporté à la pose des portes. C'est une dure besogne, et si nous y employions nos ouvriers cette semaine les récoltes en souffriraient. Nous sommes aussi en sûreté, plus en sûreté même qu'à Hyde Park, où les voleurs sont en si grand nombre, tandis que vos prédications n'ont laissé au Rocher que des pêcheurs vulgaires.

Le chapelain n'avait pas grand'chose à objecter à cette manière de voir qu'il partageait. L'impunité avait produit de tels sentiments de sécurité, que ces portes étaient plutôt devenues un sujet d'amusement que de préoccupation sérieuse. L'année précédente, quand Joël vit construire la fortification, il se promit de mettre obstacle à la pose des portes. Et, en effet, cet ouvrage ne put être exécuté de tout l'été; on en parla bien une fois ou deux, seulement pour le remettre à un moment plus convenable.

Personne dans la vallée ne connaissait encore le grand événement arrivé au mois de juillet. On y avait entendu parler au mois de mai du projet qu'avaient les provinces de se déclarer indépendantes; mais la lettre du major se taisait sur cet important événement, et des informations positives n'étaient arrivées par aucun autre canal, autrement le capitaine aurait regardé la révolte comme beaucoup plus grave qu'il ne l'avait pensé, et se serait occupé plus sérieusement de ces portes tout à fait nécessaires à sa sécurité. Elles étaient appuyées, l'une contre le mur, l'autre contre la palissade; cependant les battants de cette dernière, plus légers que ceux de l'autre, n'eussent demandé que huit ou dix hommes pendant une couple d'heures, pour être fixés sur leurs gonds.

Le capitaine Willoughby avait encore borné ses travaux agricoles à l'ancien emplacement de l'étang des Castors; c'était un site admirable. Tout ce qui pouvait choquer la vue en avait été retiré; les haies et les labourages étaient d'une régularité parfaite. Les jardins des cabanes d'alentour, arrangés avec un soin extrême, se trouvaient dignes d'un tel voisinage; les troncs en avaient été arrachés, les surfaces nivelées; rien ne nuisait aux charmes que la nature avait si abondamment prodigués en cet endroit.

Pendant que les travailleurs étaient de ce côté, les bestiaux paissaient dans la forêt à une distance de plusieurs milles. Non-seulement la vallée, mais les versants des montagnes adjacentes étaient entrecoupés de sentiers battus par les troupeaux pendant tout le cours de l'année. Ces sentiers charmaient la vue, et Beulah et Maud venaient s'y promener pendant les chaleurs étouffantes de l'été. Les plaines, d'un aspect aussi beau, étaient moins agréables pour les promenades; les amateurs du pittoresque cherchaient les éminences d'où ils apercevaient le vaste paysage qui s'étendait sous leurs yeux, ou bien ils s'enfonçaient dans les ravins et dans les vallons que les rayons du soleil pouvaient à peine pénétrer.

Beulah était alors mère depuis plusieurs mois. Son petit Evert était né au Rocher, et il occupait toutes les pensées qui n'étaient pas données à son père absent. Ce mariage avait déjà produit quelques changements dans les rapports des deux jeunes filles, mais la naissance de l'enfant en avait apporté plus encore. Les soins à donner à ce petit être faisaient les délices de Beulah, et mistress Willoughby avait pour lui l'intérêt tout particulier qui marque l'amour des grand'mères. Toutes deux passaient la moitié de leur temps dans la nursery, pièce disposée entre leurs chambres respectives, laissant Maud livrée à elle-même et pouvant s'abandonner davantage à ses pensées et à ses sentiments. Ces moments de solitude, notre héroïne s'était accoutumée à les passer dans la forêt. L'habitude l'avait si bien aguerrie, qu'aucune appréhension n'avait jamais abrégé ses promenades, ou diminué le plaisir qu'elle y trouvait. Il n'y avait, du reste, aucun danger à craindre d'ordinaire; jamais on n'avait vu un étranger s'approcher de la vallée par un autre chemin que par le sentier régulier, et l'on avait fait une chasse si active aux bêtes féroces, qu'on n'en voyait pas dans cette partie du pays. Il n'y avait à redouter, en été, que la panthère, et depuis dix ans aucun de ces animaux n'avait été rencontré par Nick ou par quelques-uns des nombreux gardes forestiers qui fréquentaient les montagnes voisines.

Trois heures environ avant le coucher du soleil, le soir du 23 septembre 1776, Maud Willoughby poursuivait sa route, toute seule, le long des sentiers battus par le bétail, à une petite distance d'un rocher sur lequel Mike, par ordre de son père, avait fait un siége grossier. C'était un des endroits les plus éloignés des cabanes; mais dès qu'on était arrivé sur l'élévation, la vue pouvait dominer tout le petit panorama qui environnait le site de l'ancien étang. A cette époque les dames portaient les chapeaux de gipsy, si connus, et dont la forme convenait particulièrement au visage de notre héroïne. L'exercice avait donné de vives couleurs à ses joues, et quoique une expression mélancolique reposât d'habitude sur sa douce physionomie, cette animation donnait à ses yeux un lustre inusité, et à sa beauté un éclat qu'une coquette eût été charmée de posséder. Quoiqu'elle vécût retirée, elle s'habillait toujours selon son rang, simplement, mais avec l'élégance et le bon goût d'une femme bien élevée. Maud, qui avait peu pensé jusque-là à ce qu'elle se devait à elle-même, soignait beaucoup plus sa toilette depuis que Robert lui avait fait comprendre le prix qu'il attachait à ses charmes.

Dans une rêveuse disposition d'esprit, Maud gagna le rocher, et prit sa place accoutumée sur le banc, jetant de côté son chapeau, afin qu'un peu d'air vînt rafraîchir ses joues brûlantes. Elle tourna ses regards vers la charmante vue qui se déroulait sous ses pieds et contempla ce spectacle avec un plaisir toujours nouveau. Les rayons du soleil tombaient obliquement sur les prairies verdoyantes, prolongeant les ombres et donnant à tous les objets une teinte adoucie qui ravissait les yeux. La plupart des gens de l'établissement étaient alors en mouvement; les hommes travaillaient dans les champs; les femmes et les enfants, assis à l'ombre, s'occupaient à tourner le rouet ou à des ouvrages d'aiguille. Il y avait là une de ces scènes paisibles de la vie rurale, qu'un poëte serait ravi de décrire, qu'un artiste aimerait à esquisser.

— Que c'est beau! pensa Maud. Pourquoi les hommes ne se contentent-ils pas de cette simple vie, de l'amour qu'ils devraient avoir les uns pour les autres? Pourquoi ne peuvent-ils rester en paix soumis aux lois de Dieu? Nous pourrions vivre tous si heureux ici, sans trembler à chaque fâcheuse nouvelle qui nous arrive d'heure en heure. Beulah et Evert ne se sépareraient pas, tous deux resteraient avec leur enfant, et mon père et ma mère aimeraient tant à nous avoir près d'eux en parfaite sécurité! Et alors Bob, aussi, peut-être amènerait avec lui une femme de la ville, que j'aimerais comme Beulah.—C'était pour Maud une pensée de chaque jour d'aimer la femme de Bob et de le rendre heureux en contribuant au bonheur de ceux qu'il aimait le plus.—Non, je ne pourrais jamais l'aimer autant que Beulah ; mais elle me sera très-chère, elle devra m'être chère puisqu'elle sera la femme de Bob.

L'expression du visage de Maud vers la fin de ce monologue était d'une singulière tristesse, tristesse qui peignait bien ce qui se passait dans son âme à l'instant même où la résignation et la soumission à ses devoirs la faisaient lutter contre ses propres sentiments.

A cet instant un cri s'éleva dans la vallée. C'était un de ces cris d'alarme spontanés, involontaires, que l'art ne peut imiter, ni la plume décrire, mais qui remplit de terreur celui qui l'entend. Aussitôt après on vit les hommes du moulin arriver au sommet de la colline qui dominait leurs habitations, leurs femmes les suivaient en entraînant leurs enfants après elles, et faisant des gestes frénétiques. Le premier mouvement de Maud fut de s'enfuir, mais elle réfléchit qu'il était trop tard et qu'il serait plus sûr et plus sage de rester. Ses vêtements étaient sombres, et elle ne pensait pas pouvoir être aperçue à la distance à laquelle elle était placée et ayant derrière elle un amas de rochers. Alors la scène devint telle qu'il n'y eut plus moyen d'hésiter, et une sorte de curiosité involontaire se mêla à ses alarmes.

Le premier cri de la vallée fut suivi de l'apparition de ceux qui fuyaient le moulin ; ils se dirigèrent vers la Hutte, appelant les laboureurs les plus proches pour les engager à fuir avec eux. Il ne parvenait vers le roc que des sons indistincts, mais on ne pouvait se méprendre sur les gestes. En une demi-heure, la plaine fut animée par les fugitifs; quelques-uns rentraient dans leurs cabanes pour emmener leurs enfants, et tous ensuite prenaient la direction de la palissade. En cinq minutes les routes et les chemins bordés de haies, près du Rocher, furent couverts d'hommes, de femmes et d'enfants pressés de trouver un refuge. Quelques-uns des premiers franchirent les portes et se mirent en quête de leurs armes.

Le capitaine Willoughby était à cheval au milieu de ses laboureurs quand les cris d'alarme frappèrent ses oreilles. Accoutumé aux périls, il courut au-devant des fugitifs du moulin, causa un moment avec le meunier qui ne pensait à rien qu'à sa sûreté, puis il marcha hardiment vers la colline. Maud trembla quand elle vit son père s'exposer à ce point; à sa froide contenance, elle devina que l'ennemi était encore loin. Enfin il agita son chapeau, quand il fut arrivé près de ceux qui étaient réunis dans la vallée; elle crut même entendre son cri. Il revint ensuite vers la Hutte. La pelouse était couverte des fugitifs que le capitaine atteignit, tandis que quelques hommes armés sortaient déjà de la cour. Gesticulant comme s'il donnait des ordres, le capitaine passa au milieu de la foule, toujours à cheval, et disparut dans la cour. Une minute après, il reparut, suivi de sa femme et de Beulah qui pressait le petit Evert sur son sein.

Un peu d'ordre commençait à s'établir. En comptant les gens de tout âge et des deux couleurs, il y avait à ce moment dans la vallée trente-trois hommes capables de porter les armes. A ceux-là on pouvait ajouter dix ou quinze femmes, qui à l'occasion avaient bien su abattre un daim et pouvaient être considérées comme plus ou moins dangereuses; elles stationnaient avec une carabine ou un mousquet à la main. Le capitaine avait eu quelque peine à ranger les premiers, qui ne connaissaient pas les plus simples évolutions de l'infanterie. Il avait nommé divers caporaux et donné à Joël le titre de sergent. Joyce, le vieux vétéran, remplit les fonctions d'adjudant. Vingt hommes furent aussitôt rangés en bataille, dans la plaine, devant la grande porte ouverte, sous les ordres immédiats de Joyce, et toutes les femmes et les enfants que Maud avait vu courir vers le lieu du refuge, entrèrent en dedans de la fortification. A cet instant le capitaine appela ceux qui n'étaient pas alignés avec les autres, et leur fit placer les portes de l'enceinte extérieure.

Maud aurait alors quitté l'éminence où elle était placée, mais à ce moment un corps d'Indiens apparut sur les rochers, les couronnant d'une nuée menaçante de cinquante guerriers armés. La jeune fille avait un ruisseau entre elle et la Hutte. Il lui fallait au moins une demi-heure pour gagner par les sentiers détournés le pont qui le traversait, et il n'était guère possible d'y arriver avant les étrangers. Il valait mieux qu'elle attendît et dirigeât sa conduite d'après les événements qu'elle voyait, que de courir en aveugle vers des dangers inconnus.

Les Indiens ne paraissaient pas pressés d'avancer. Évidemment ils cherchaient à se reconnaître, et attendaient que leur nombre s'accrût. Il y eut bientôt soixante-dix ou quatre-vingts guerriers réunis. Après quelques minutes d'inaction, un coup de fusil fut tiré vers la Hutte, comme pour essayer l'effet produit par la sommation, ainsi que la portée de la balle.

A ce signal, les hommes rangés dans la plaine se retirèrent en dedans des palissades, mirent leurs armes en faisceaux et se joignirent à ceux qui tâchaient de mettre les portes à leurs places. En voyant son père faire retirer les femmes et les enfants dans la cour, Maud supposa que la balle était tombée près d'eux. C'était vrai, cependant personne n'avait été atteint.

Les portes qu'on destinait à la palissade étaient plus légères que celles qu'on avait construites pour la maison même. La difficulté était de les placer exactement sur leurs gonds; cette difficulté venait de leur grandeur. Il y avait assez de forces physiques pour réussir à la placer sur la fortification elle-même, s'il l'avait fallu, mais quant à ce qui regardait l'objet principal, l'adresse était plus nécessaire que la force, et la proximité de farouches ennemis tout couverts de leurs peintures de guerre, devait nécessairement nuire au sang-froid des ouvriers. La pauvre Maud perdit le sentiment de son propre danger, dans le désir de voir suspendre les portes si longtemps oubliées, et elle se leva deux ou trois fois dans une excitation fébrile quand elle vit le battant qu'on élevait tomber en dehors; les gonds ne s'étaient pas rencontrés. On se remit à l'œuvre avec persévérance, tandis que deux sentinelles étaient placées pour surveiller les Indiens et signaler à temps leur approche. Maud s'agenouilla en ce moment et pria avec ferveur; puis elle s'éleva un peu plus sur les rochers, pour ne perdre rien de ce qui se passait. Enfin un battant fut placé; elle en fut assurée quand elle vit son père le faire jouer sur ses gonds. Ce fut pour elle un immense soulagement, quoiqu'elle eût trop souvent entendu parler des guerres des Indiens, pour penser qu'un tel obstacle les empêcherait d'attaquer ce côté de la garnison. La manière froide avec laquelle agissait son père, lui prouva qu'il avait pour le moment la même sécurité, son objet principal étant de prendre ses précautions pour la nuit.

Quoique Maud eût été soigneusement élevée et qu'elle possédât la délicatesse des femmes de sa classe, elle avait pris quelque chose du feu et de la résolution d'une habitante des frontières. La forêt, par exemple, n'avait pas pour elle de dangers imaginaires. Mais quand il y avait des sujets d'alarme, elle cherchait à s'en tirer avec calme et intelligence. Telle était sa situation actuelle. Elle se rappelait tout ce qu'elle avait appris ou entendu, et elle l'appliquait aux circonstances présentes.

Les hommes de la Hutte eurent bientôt mis le second battant de la porte en état d'être élevé. En ce moment, un Indien traversa la plaine, portant une branche d'arbre dans sa main et la faisant mouvoir rapidement. C'était un parlementaire qui désirait communiquer avec les Faces Pâles. Le capitaine Willoughby alla seul à la rencontre du messager jusqu'au bas de la pelouse, et eut avec lui une conférence de quelques minutes. Maud ne put que conjecturer ; elle voyait l'attitude impérieuse de son père. L'Homme Rouge avait l'air tranquille et calme. C'est tout ce que vit ou crut voir notre héroïne, car au delà elle ne pouvait faire que de vagues suppositions. Comme les deux hommes allaient se séparer et avaient déjà, à cette intention, échangé quelques signes courtois, il s'éleva du milieu des travailleurs un cri qui monta jusqu'au rocher. Le capitaine Willoughby se retourna, et Maud le vit étendre son bras vers la palissade. Le second battant de la porte était placé et se balançait de côté et d'autre comme en triomphe. Le sauvage se retira plus lentement qu'il n'était venu, s'arrêtant de temps en temps pour examiner la Hutte et son système de défense.

Le capitaine Willoughby retourna alors vers ses colons et fut quelque temps à examiner les portes, tout en dirigeant ceux qui les posaient. Oubliant entièrement sa propre situation, Maud versa des larmes de joie, quant elle vit que cet important projet avait été heureusement effectué. La palissade offrait une immense sécurité aux habitants de la Hutte. Quoiqu'on pût certainement l'escalader, une telle entreprise demandait de la prudence, du courage, de l'adresse, et ne pouvait que difficilement se faire en plein jour. La nuit même, on aurait le temps de donner l'alarme, et avec une sentinelle vigilante on repousserait facilement l'ennemi. Il y avait encore une autre considération : un ennemi ne se hasarderait pas de l'autre côté de la palissade, à moins qu'il n'eût le certitude d'emporter la citadelle ; d'autant plus que celle-ci pouvait lui servir de prison dans le cas où il tomberait dans les mains de la garnison. Passer de nouveau sous le feu des meurtrières, serait un exploit si hasardeux que peu d'Indiens voudraient l'entreprendre. Maud avait appris tout ceci en causant avec son père, et elle vit bien que c'était beaucoup que d'avoir élevé les portes. Les charpentes étaient de force à arrêter des balles et pouvaient parfaitement résister à un assaut Les femmes et les enfants auraient le temps de se retirer dans la cour, en admettant que les assaillants réussissent à escalader les palissades.

Maud jugeait rapidement et bien ; elle comprenait presque tous les mouvements des deux partis, et elle vit qu'il était important pour elle de rester à un endroit d'où elle pouvait observer tout ce qui se passait jusqu'à ce qu'elle se décidât à faire un effort pour regagner la Hutte, à la nuit. Cette nécessité la détermina à rester sur le rocher tant qu'il ferait jour. Elle était surprise qu'on ne la cherchât pas, mais elle attribuait avec raison cette circonstance à l'imprévu de l'alarme et à la foule de pensées qui devaient se presser dans l'esprit de ses amis en ce moment si redoutable. — Je resterai où je suis, pensa Maud un peu fièrement, et je prouverai que si je ne suis pas réellement la fille de Hugh Willoughby, je ne suis pas tout à fait indigne de son affection et de ses soins ; je pourrais même passer la nuit dans la forêt, sans en souffrir.

Au moment où ces pensées se croisaient dans son esprit, une pierre roula d'un sentier au-dessus d'elle, et tomba sur le rocher sur lequel elle était assise ! La jeune fille entendit des pas, et son cœur battit violemment. Cependant elle comprit que le plus sûr était de rester parfaitement tranquille. Elle respirait à peine dans la crainte de trahir sa présence. Il se présenta aussi à son esprit l'idée que c'était peut-être un habitant de la Hutte. Mike avait été dans les bois toute cette après-midi, elle le savait, et le courageux garçon aurait été pour elle un trésor dans ce terrible moment. Cette pensée qui domina toutes les autres, dès qu'elle lui fut venue, l'encouragea à s'élancer vers le sentier ; mais tout à coup parut un homme qu'elle ne reconnut pas, vêtu d'une blouse de chasse et portant une petite carabine. A cette vue, elle s'arrêta avec terreur ; d'abord sa présence ne fut pas remarquée ; mais dès que l'étranger l'eut aperçue, il fit un geste de surprise, déposa sa carabine contre un arbre et s'avança vers elle. La jeune fille ferma les yeux, se laissa glisser sur le banc, et, la tête baissée, attendit le coup du mortel tomahawk.

— Maud, ma très-chère Maud, ne me reconnaissez-vous pas? s'écria l'étranger en se penchant vers la pâle jeune fille et lui passant un bras autour de la taille, avec une affection pleine de délicatesse et de réserve; regardez-moi, ma chère, et montrez que vous ne me craignez pas.

— Bob! dit Maud à moitié évanouie. D'où venez-vous? Pourquoi êtes-vous ici dans cet affreux instant? Pourquoi Dieu a-t-il voulu que votre visite n'arrivât pas dans un temps meilleur?

— La terreur vous fait parler ainsi, ma pauvre Maud. Je m'attendais à être bien mieux reçu de vous. Ma présence ici ne peut vous avoir terrifiée à ce point. Que signifient donc vos paroles?

Maud, tout à fait revenue à elle, regarda le visage du major avec une expression dans laquelle la crainte se mêlait à une tendresse indicible. Cependant elle ne le serra pas dans ses bras, comme fait une sœur à un frère bien aimé, et quand il la pressa contre son cœur, elle le repoussa légèrement. Après s'être dégagée, elle se tourna vers la vallée qu'elle lui montra de la main.

— Que signifient mes paroles? Voyez vous-même. Les sauvages sont enfin venus, et toute cette terrible scène est devant vous.

L'œil militaire du jeune Willoughby eut bientôt vu ce dont il s'agissait. Les Indiens étaient encore sur la colline, et les gens de l'établissement se fatiguaient à élever les portes les plus lourdes de la Hutte, et pour lesquelles il fallait une grande force. Il vit son père activement occupé à donner des ordres, et les renseignements que lui donna Maud le mirent au courant des autres circonstances; il sut que l'ennemi était dans la vallée depuis plus d'une heure, et les mouvements des deux côtés lui furent racontés.

— Êtes-vous seule, chère Maud? avez-vous été retenue ici par cette invasion soudaine? demanda le major avec intérêt et surprise.

— Je n'ai vu personne; pourtant je pensais que Mike était ici près dans les bois; je pris d'abord vos pas pour les siens.

— C'était une erreur, répondit Willoughby en regardant la Hutte à travers une petite lunette d'approche. Mike soutient un des battants de la porte. Je vois encore des visages connus; et mon cher père est aussi actif et aussi froid que s'il était à la tête d'un régiment.

— Alors je suis seule ; il vaut mieux du reste que tout le monde soit dans la maison pour la défense.

— Vous n'êtes pas seule, ma douce Maud, puisque je suis avec vous. Pensez-vous que ma visite arrive mal à propos?

— Peut-être pas, après tout. Dieu sait ce que je serais devenue pendant la nuit.

— Mais cette place est-elle sûre? Ne pouvons-nous pas être aperçus des Indiens que nous voyons si bien?

— Je ne le pense pas. J'ai souvent fait cette remarque quand Evert et Beulah étaient ici, on ne pouvait les voir de la pelouse ; cela est dû, j'imagine, à ce sombre amas de rochers. Ma robe n'est pas de couleur éclatante, et vous avez un habillement vert comme les feuilles, on ne peut pas vous distinguer aisément. Dans un autre endroit, nous ne verrions pas aussi bien ce qui se passe dans la vallée.

— Vous êtes la fille d'un soldat, Maud ; c'est aussi vrai pour le major Meredith que pour le capitaine Willoughby, et je puis le dire. Vous êtes la fille d'un soldat, et la nature veut certainement que vous soyez la femme d'un soldat : vous avez *un coup d'œil* qui n'est pas à dédaigner.

— Je ne serai la femme de personne, murmura Maud, sachant à peine ce qu'elle disait. Mais pourquoi êtes-vous ici? Certainement, bien certainement, vous ne pouvez avoir aucune liaison avec les sauvages ; vous ne voudriez pas les accompagner, quand il s'agirait de protéger la Hutte.

— Je suis venu seul, Maud, tout cela m'est entièrement étranger.

— Et pourquoi venez-vous, Bob? demanda de nouveau la jeune fille inquiète, en le regardant avec une vive affection. La situation du pays est telle que vos visites sont très-dangereuses.

— Qui pourrait reconnaître le major sous cette blouse de chasse et avec cette apparence rustique? rien sur ma personne ne peut me faire découvrir. N'ayez pas ces craintes, Maud, il n'y a à redouter en ce moment que ces démons de forme humaine, les sauvages ; ils n'ont pas du reste une contenance très-effrayante, et paraissent en ce moment plus disposés à manger qu'à attaquer la Hutte. Regardez vous-même, ils préparent certainement leur nourriture ; en voici quelques-uns sur le penchant de la colline qui traînent un daim après eux.

Maud prit la lunette d'une main mal assurée et regarda un moment les sauvages. L'instrument les lui fit voir de si près qu'elle en tressaillit.

— Ce daim a été tué ce matin par le meunier; ils l'ont sans doute trouvé près de sa cabane. Nous devons être heureux, cependant, qu'on donne aux nôtres le temps de respirer. Mon père ne pourra jamais placer l'autre porte. Regardez, Robert, et dites-moi les progrès qu'il fait.

— Un côté vient justement d'être suspendu, et tout le monde en paraît joyeux. Persévérez, mon noble père, et vous serez bientôt en sûreté contre les attaques de l'ennemi. Quel calme et quelle fermeté! Ah! Maud, Hugh Willoughby devrait en ce moment être à la tête d'une brigade l'aidant à faire cesser ces maudites rébellions. S'il voulait seulement écouter la raison et son devoir.

— Est-ce pour cela que vous êtes venu ici, Bob? demanda la jeune fille en regardant fixement le major.

— Oui, Maud; et je pense que vous, dont je connais les sentiments justes, vous m'encouragez à espérer.

— Maintenant, il est trop tard. Le mariage de Beulah avec Evert l'a raffermi dans ses opinions, et alors....

— Quoi, chère Maud, pourquoi cette hésitation?

Maud rougit; puis, après un sourire, elle continua :

— Nous devons parler avec respect d'un père et surtout d'un tel père; mais vous semble-t-il probable, Bob, que les discussions qu'il a avec M. Woods puissent les confirmer tous deux dans leurs idées?

Robert Willoughby allait faire une réponse affirmative, quand un mouvement l'en empêcha.

CHAPITRE XII.

> Du haut de la montagne de Hodden les Écossais contemplent l'armée anglaise. Ils laissent dans les bois de Barmore leur poste du soir, et surveillent attentivement leurs ennemis, pendant qu'ils traversent le Till.
> SCOTT.

EN ce moment, presque toutes les femmes de la colonie sortirent rapidement de la cour et se répandirent de tous côtés en dedans de la palissade. Mistress Willoughby et Beulah étaient en avant; le capitaine avait aussi quitté la porte; les hommes qui allaient soulever le dernier battant suspendirent leur ouvrage. Il était tout à fait évident que quelque cause d'inquiétude s'était élevée soudainement parmi eux. Cependant les colons ne touchèrent pas aux faisceaux d'armes, et les Indiens ne firent aucune nouvelle démonstration. Le major regardait attentivement à travers la lunette.

— Qu'est-ce donc, cher Bob? demanda Maud inquiète. Je vois ma mère; elle semble alarmée.

— Savait-elle que vous quittiez la maison, quand vous êtes sortie pour vous promener?

— Je ne crois pas; elle était avec Beulah auprès du petit Evert, et mon père était aux champs. Je suis partie sans parler à personne, et je n'ai rencontré personne en entrant dans la forêt.

— Alors, c'est qu'on s'aperçoit que vous n'êtes pas là; oui, c'est cela. Il n'est pas étonnant qu'on s'en alarme. Bon Dieu! que doivent-ils éprouver dans un moment comme celui-ci?

— Tirez un coup de carabine, Bob, afin d'attirer leurs regards dans cette direction. Je vais faire signe avec mon mouchoir, peut-être que nous serons aperçus. J'ai déjà fait à Beulah de semblables signaux.

— Non; il faut que nous restions cachés et que nous surveillions leurs mouvements, afin de pouvoir les aider quand il en sera temps. Il est pénible d'être ainsi en suspens, mais ce désagrément doit être soumis à la nécessité de mettre en sûreté quelqu'un qui nous est si précieux à tous.

Malgré la terrible position dans laquelle s'était placée Maud, elle se sentit flattée de ces paroles. Le langage de l'affection, venant de Robert Willoughby, lui était cher dans tous les temps, et encore plus en ce moment, quand leur vie était suspendue, pour ainsi dire, à un cheveu.

— Vous avez raison, répondit-elle en lui donnant la main avec son ancien abandon, nous nous trahirions et nous serions perdus. Mais que signifie ce mouvement dans la Hutte?

En effet, il y avait un mouvement en dehors de la palissade. L'absence de Maud était maintenant certaine, et il est inutile de dire quelle sensation produisait cette découverte. Personne ne pensait plus au second battant de la porte, on avait examiné toutes les parties de la maison pour retrouver la jeune fille. Cependant la dernière remarque de notre héroïne était produite par certains indices qui montraient qu'on avait l'intention de descendre par une des fenêtres du parloir. Cette pièce, si l'on s'en souvient, donnait sur le petit rocher au-dessus d'un ruisseau qui en baignait la base. Ce rocher avait à peu près quarante pieds de hauteur, et quoiqu'il fût presque impossible de l'escalader, il était facile à un homme hardi de le descendre en s'aidant d'une corde. Cet endroit se trouvait complétement caché à une partie de ceux qui étaient restés sur le rocher près du moulin, à une distance d'un demi-mille des portes de la palissade. Ce fait facilitait grandement la sortie, et une fois dans le lit du ruisseau, qui était bordé de buissons, on pouvait suivre ses détours et gagner le pont sans être vu. Le major mit sa lunette au niveau des fenêtres et reconnut immédiatement la vérité de ce que nous venons de dire.

— Ils se préparent probablement à vous envoyer chercher, Maud, dit-il. C'est faisable, pourvu que les sauvages restent encore un peu comme ils sont placés. Je suis surpris qu'ils n'aient pas envoyé quelques-uns des leurs derrière la Hutte, dont les fenêtres sont moins bien disposées pour tirer ; la forêt aurait offert un abri aux assaillants. Sur le devant, les palissades sont trop basses. C'est, je suppose, ce qui les fait rester à distance.

— Il n'est pas probable qu'ils connaissent la vallée. A l'exception de Nick, nous n'avons été visités que par un petit nombre d'Indiens et très-rarement. Ceux que nous avons vus étaient paisibles et faisaient partie de tribus amies ; il n'y avait pas un guerrier parmi eux ; Nick est le seul qui puisse être ainsi désigné.

— Est-il possible qu'il dirige ce parti ? Je ne me suis jamais confié à lui qu'à demi ; cependant c'est un trop vieil ami de la famille pour qu'il puisse se rendre coupable d'un tel acte de bassesse.

— Mon père dit que c'est un coquin, mais je ne pense pas qu'il ait de lui une aussi mauvaise opinion. D'ailleurs il connaît la vallée, et il aurait conduit les Indiens derrière la maison, si la place est favorable pour l'attaque, comme vous le dites. Ces misérables sont venus par les routes ordinaires qui vont rejoindre la rivière en bas des moulins.

— C'est vrai. J'ai perdu mon chemin à quelques milles d'ici ; il est facile de s'égarer sur la route de l'est, que je n'ai parcourue qu'avec Nick et que je croyais être la plus sûre. Heureusement, je reconnus la crête de cette montagne à sa forme, sans quoi je n'aurais pu me retrouver. Aussitôt que je suis arrivé au sentier des Vaches, j'ai vu qu'elle me conduirait aux granges et aux hangars. Regardez, voici un homme qui descend par la fenêtre.

— Oh! Bob, j'espère que ce n'est pas mon père; il est trop vieux, il courrait trop de risques en quittant la maison.

— Je pourrai vous le dire quand il aura touché la terre. Je ne me trompe pas, c'est l'Irlandais O'Hearn.

— Honnête Mike! il est toujours en avant, quoiqu'il ne sache guère que piocher. N'y en a-t-il pas un autre qui le suit?

— Oui, il a aussi touché le sol. On pourrait se dispenser d'en agir ainsi, Maud, si l'on savait que vous êtes gardée par un homme qui mourrait avec joie pour empêcher le malheur de vous atteindre.

— Ils n'y songent pas, Bob, répondit Maud tout bas. Personne de la vallée ne peut avoir l'idée que vous êtes en ce moment plus près de nous que de l'armée royale, mais ils n'en font pas descendre un troisième; je suis contente qu'ils n'affaiblissent pas davantage leurs forces.

— Ils ont certainement raison. Les hommes ont chargé leurs carabines, et se préparent maintenant à agir : c'est Joël Strides qui est avec Mike.

— J'en suis fâchée. C'est un homme que j'aime peu, Bob, et je ne voudrais pas qu'il sût que vous êtes ici.

Ceci fut dit rapidement et avec une émotion qui surprit le major; il demanda vivement à Maud quelles étaient ses raisons pour penser ainsi. Elle lui avoua qu'elle les savait à peine elle-même, qu'elle haïssait Joël parce qu'elle pensait qu'il avait de mauvais principes, et que Mike lui avait confié certaines choses qui pouvaient éveiller la méfiance.

— Mike parle en hiéroglyphes, dit le major, riant malgré la triste situation où il se trouvait ainsi que sa compagne, et l'on ne peut jamais être sûr de ce qu'il veut dire. Joël est depuis plusieurs années avec mon père, et il me paraît jouir de sa confiance.

— Il se rend utile, et il est très-circonspect dans tout ce qu'il dit à la Hutte; pourtant je désire qu'il ignore votre présence.

— Ce serait difficile, Maud. J'irais sans crainte dans la vallée si je ne vous avais rencontré accidentellement ici, persuadée que mon père n'a auprès de lui personne qui soit capable de trahir son fils.

— Ne vous fiez pas à Joël Strides. Je répondrais de Mike sur ma vie, mais je serais vraiment désolée que Joël Strides sût que vous êtes au milieu de nous; il vaudrait mieux peut-être que la plupart des ouvriers ignorassent aussi ce secret. Regardez, les deux hommes ont quitté le pied du rocher.

C'était vrai, et Robert Willoughby suivait leurs mouvements avec sa lunette. Comme on s'y attendait, ils descendirent dans le lit du ruisseau, marchant à gué le long des rives, protégés par les broussailles; bientôt on ne les vit plus, même de la hauteur qu'occupaient Robert et Maud. Il était évident qu'ils avaient l'intention d'atteindre ainsi la forêt pour commencer la recherche de la jeune fille égarée. Peu d'instants s'écoulèrent, et Robert et Maud aperçurent les deux aventuriers quittant le courant et s'enfonçant dans la forêt. Le major et sa compagne délibérèrent. Dans les circonstances ordinaires, le plus court parti eût été peut-être de descendre et d'aller à la rencontre des messagers, quoique d'ailleurs ils dussent découvrir bientôt une des retraites habituelles de la jeune fille. Mais Maud se déclara si vivement contre cette résolution, et d'une manière si flatteuse pour le jeune homme, qu'il ne sut pas comment s'opposer à ce qu'elle désirait. Elle le supplia de ne pas se confier légèrement à Joël Strides, d'attendre qu'il n'y eût pas d'autre alternative; car jusqu'à ce que les véritables intentions des Indiens qui occupaient la vallée fussent connues, la confidence serait prématurée. Rien n'était plus facile que se cacher jusqu'à la nuit; alors il pourrait s'approcher de la Hutte et y être admis sans que sa présence fût connue de personne que de ceux auxquels la famille pouvait se fier. Le major insista sur l'impossibilité de quitter Maud jusqu'à ce qu'elle fût rejointe par les deux hommes envoyés à sa recherche, et alors il serait trop tard, puisqu'il aurait été vu. Quoiqu'il pût ne pas être reconnu immédiatement sous le costume qu'il portait, la présence d'un étranger exciterait les soupçons et nécessiterait une explication. A ceci Maud répondit que les endroits qu'elle fréquentait habituellement dans les bois étaient bien connus, surtout de Michel, qui travaillait souvent dans leur voisinage. C'était d'abord une petite chûte d'eau située à cent verges de la rivière, et pour laquelle on avait fait un chemin; là un cabinet de verdure, un siége et une table avaient été arrangés pour travailler, pour lire ou pour prendre des rafraîchissements. Cet endroit devait ses embellissements aux hommes; mais il y avait à quelque distance un profond ravin que Maud visitait à cause de sa sauvage beauté, et où elle allait plus souvent peut-être qu'à une autre place, Michel y mènerait certainement son compagnon. On pouvait s'attendre ensuite à les voir arriver près de Maud et Robert comme au dernier endroit dans lequel on pût retrouver la jeune fille. Il faudrait à peu près une heure pour visiter les deux premières retraites de Maud et les bois environnants, et pendant ces recherches, non-seulement le soleil serait couché, mais le crépuscule même disparaîtrait. Jusqu'à ce moment le major devait rester près d'elle, et lorsqu'il entendrait les pas des messagers, il se retirerait derrière une projection du rocher, et ensuite se dirigerait vers l'habitation.

Ce plan était trop sage pour être rejeté, et Robert y trouvant une heure de conversation non interrompue avec Maud, l'adopta comme offrant plus de sûreté que les autres. Ceux qui étaient près des moulins restant parfaitement tranquilles, il était inutile de changer de position, ce qu'il aurait fallu faire dans tout autre cas. Loin de montrer des intentions hostiles, les Indiens n'avaient pas touché une seule cabane, et la fumée de l'incendie qu'on s'attendait à voir s'élever des moulins et des habitations de la vallée, ne se montrait pas le moins du monde. S'ils devaient se livrer à des actes de cruauté et assiéger les colons, ils attendaient au moins que la nuit vînt les couvrir de son obscurité.

C'est toujours un grand soulagement pour l'esprit, dans les moments d'épreuve, d'avoir pris une décision. Telle était là position de Maud et du major. Il s'assit auprès d'elle et commença à causer avec plus de calme qu'il ne l'avait fait jusque-là. Plusieurs questions furent faites sur l'état de la famille, sur son père, sur sa mère, sur Beulah et sur son enfant qui était encore un étranger pour le jeune soldat.

— Ressemble-t-il à son rebelle de père? demanda l'officier royal en souriant péniblement, ou a-t-il un peu de la physionomie des Willoughby? Beekman est un bel Hollandais, mais cependant je préférerais que l'enfant ressemblât à la vieille race anglaise.

— Ce charmant enfant ressemble à son père et à sa mère, mais plutôt au premier, à la grande joie de Beulah. Papa dit que c'est un vrai Hollandais, quoique ni maman, ni moi, nous ne voulions l'admettre. Le colonel Beekman est un très-digne homme, Bob, un mari affectionné et attentif. Beulah, sans la guerre, ne pourrait être plus heureuse.

— Alors je lui pardonne à moitié sa trahison ; pour le reste je l'abandonne au hasard. Maintenant je suis oncle, mon cœur commence à s'attendrir un peu pour ce petit rebelle. Et vous, Maud, comment se comportent vos sentiments de tante ? Mais les femmes ont le cœur tendre, elles adoreraient un rat.

Maud sourit, mais elle ne répondit pas. Quoique l'enfant de Beulah lui fût presque aussi cher que s'il eût été le sien, elle se rappelait qu'elle n'était pas sa vraie tante, et quoiqu'elle ne sût pas pourquoi, en cette compagnie et dans ce grave moment, cette embarrassante pensée lui fit monter le sang aux joues. Le major ne s'aperçut probablement pas de ce changement de contenance, puisque, après une courte pause, il continua naturellement sa conversation.

—L'enfant se nomme Evert, n'est-ce pas, *tante* Maud? demanda-t-il en appuyant sur ce mot *tante*.

Maud aurait désiré que cette parole ne fût pas prononcée, et pourtant Robert Willoughby n'avait pu vouloir lui faire de la peine. Tante Maud était le nom que la famille lui donnait depuis la naissance de l'enfant. En s'en souvenant, Maud sourit.

— C'est ainsi que Beulah m'appelle depuis six mois, dit-elle, c'est-à-dire depuis qu'Evert est né. Je suis devenue une tante le jour qu'il est devenu un neveu, et notre chère et bonne Beulah ne m'a pas, je crois, appelée une seule fois sa sœur depuis ce temps.

— Ces petites créatures introduisent de nouveaux liens dans les familles, répondit le major pensivement. Ils prennent la place des générations précédentes, ils nous enlèvent le rang que nous devons avoir dans les affections, et finissent par nous supplanter. Beulah m'aimera seulement comme l'oncle de son fils. Je ne voudrais pourtant pas être vaincu par l'enfant d'un Hollandais, un enfant qui à peine est né.

— Vous, Bob ! s'écria Maud, vous êtes son véritable oncle, et Beulah ne peut jamais se souvenir de vous et vous aimer que comme son propre frère.

La voix de Maud baissa tout à coup, comme si elle eût craint d'en avoir trop dit. Le major la regarda attentivement ; mais il ne parla pas ; elle ne s'aperçut de rien, ses yeux étaient modestement baissés vers la terre. Un long silence s'ensuivit, et la conversation revint à ce qui se passait dans la vallée.

Le soleil était couché et les ombres du soir commençaient à empêcher de distinguer les objets. Pourtant on pouvait encore voir que l'inquiétude régnait au dedans et au dehors de la Hutte, sans doute à cause de l'absence de notre héroïne. En effet, cette inquiétude était si grande, qu'on ne s'occupait plus du battant de la porte qu'on laissait devant l'ouverture qu'il devait fermer, étayé par des pièces de charpente, mais non placé sur ses gonds. Le major pensa qu'on avait pris des mesures pour que les habitants pussent passer et repasser par le côté suspendu et se défendre quand tout serait clos.

— Chut, murmura Maud, dont les facultés étaient excitées par le danger de son compagnon, j'entends la voix de Michel ; ils approchent. Le sentiment du danger ne peut réprimer l'éloquence du pauvre O'Hearn. Les idées semblent monter à sa langue en même temps qu'à sa pensée, le hasard décide de celles qui paraissent les premières.

— C'est vrai, ma chère. Comme vous semblez le désirer vivement, je vais me retirer ; mais comptez sur ma présence près de vous, si vous pouvez en avoir besoin.

— Vous n'oublierez pas de venir au bas des fenêtres, Bob, dit Maud avec inquiétude mais rapidement, car les pas des deux hommes se rapprochaient, à celle par laquelle ils sont descendus.

Le major se pencha et embrassa une joue que la peur avait glacée, mais que cette action fit devenir brûlante comme le feu. Il disparut derrière l'éminence du rocher qu'il avait lui-même indiquée. Maud se composa un maintien en attendant ceux qui approchaient.

— Le diable me brûle et tous les Indiens d'Amérique avec moi, dit Mike en gravissant le rocher par un chemin qui coupait court. Je pense que nous trouverons la jeune dame ici, ou alors nous ne la trouverons pas de la nuit. C'est un maudit pays, monsieur Strides, que celui où une jeune femme, aussi belle que miss Maud, peut être perdue dans les bois comme une bête égarée qui irait manger dans les pâturages du voisin.

— Vous parlez trop haut, Mike, et vous dites des bêtises par dessus le marché, répondit le prudent Joël.

— Och ! je ne crois pas que vous réussiriez aujourd'hui à me donner encore une rame et un bateau contre mes inclinations, comme vous l'avez fait dans le vieux temps. Je vous connais trop bien pour être pris deux fois dans la même trappe. C'est de miss Maud que j'ai besoin, c'est miss Maud que je veux trouver, ou.... que Dieu bénisse sa charmante figure et son caractère et tout ce qui lui appartient. N'est-ce pas un joli bouleversement : les sauvages au moulin, les maîtresses dans les larmes, le maître inquiet et chacun de nous dans l'embarras. Regardez! elle est sur ce siége que j'ai mis là pour elle de mes propres mains; elle se montre bien ce qu'elle est, la reine des bois et les délices de nos yeux.

Maud était trop accoutumée aux rapsodies de l'homme du comté de Leitrim pour faire attention à cette préface; mais résolue d'agir avec discrétion, elle se leva pour aller à sa rencontre.

— Est-il possible que vous me cherchiez? dit-elle; qu'est-il arrivé? Je rentre habituellement à cette heure.

— A cette heure! ne parlez pas de l'heure, quand dans un quart d'heure il peut être trop tard, répondit sentencieusement Mike. Votre mère est mécontente que vous soyez dans le bois la nuit, et votre vieux père est plus inquiet qu'il ne veut le confesser. Longue vie à l'église dans laquelle la confession est reconnue pour être nécessaire et convenable, selon l'Évangile de saint Luc. Ne vous effrayez pas, miss Maud; prenez ce que j'ai dit comme si vous n'en croyiez pas un mot. Mais le diable me brûle s'il n'y a pas assez d'Indiens sur le rocher du moulin, pour scalper une province entière et un comté avec, si on leur en donnait le temps.

— Je vous comprends, Michel, mais je ne suis pas le moins du monde alarmée, répondit Maud avec un air de résolution qui aurait charmé le capitaine. J'ai vu quelque chose de ce qui s'est passé là-bas, et je crois qu'avec du calme et de la raison, nous échapperons au danger. Dites-moi seulement si tout va bien dans la Hutte? Comment se trouvent ma chère mère et ma sœur?

— La maîtresse! och! elle est courageuse comme un paon, seulement elle est abattue à cause de vous. Pour miss Beuly, où trouver sa pareille à moins que ce ne soit sur ce morceau de rocher? Il faut voir le capitaine s'occupant de tout comme le commandant en chef de six ou huit régiments, ordonnant aux uns d'aller par ici, aux autres d'aller par là. Par saint Patrick, jeune dame, j'espère que ces vagabonds arriveront aussitôt que vous serez de l'autre côté des broussailles, afin de donner au vieux gentleman l'occasion de jouer au soldat contre eux. S'ils gravissaient les palissades, j'ai le meilleur shillelah que des yeux mortels ait jamais vu. Il briserait une tête et même un casque. Mais ils ne portent pas de casque, cependant nous verrons.

— Je vous remercie, Mike, pour le courage que vous montrez et pour l'intérêt que vous prenez à notre bonheur. N'est-il pas trop tôt pour nous aventurer dans la plaine, Joël? Je me fie à vous comme à un guide.

— Allons. Mike doit être averti de ne pas tant parler, ou tout au moins de parler moins haut. Quelquefois on pourrait l'entendre à douze verges de distance.

— Averti! s'écria Mike avec chaleur; et ne m'avez-vous pas averti vingt fois déjà par vos paroles insinuantes. A quoi sert de redire une chose quand un homme a des oreilles? Ce sont les gens comme vous qui aiment à parler.

— C'est bien, Mike; à ma considération vous garderez le silence, j'espère, dit Maud. Souvenez-vous que je ne suis pas en état de me battre, et que la première chose est d'arriver en sûreté à la maison. Plus tôt nous atteindrons la montagne, et mieux cela vaudra. Prenez ce chemin, Joël, et je vous suivrai. Michel ira derrière vous et je formerai l'arrière-garde. Il vaudra mieux pour tous garder un silence de mort jusqu'à ce qu'il soit nécessaire de parler.

Cet arrangement fait, ils partirent, Maud restant un peu en arrière afin que le major pût se guider en la suivant dans les ténèbres de la forêt et ne pas se tromper de route. En quelques minutes ils arrivèrent au niveau de la plaine. Là, Joël, au lieu d'entrer dans les champs, se dirigea vers les bois en suivant toujours un des sentiers. Son intention était de traverser le ruisseau à couvert; un endroit favorable se trouvait à une courte distance du point où les eaux sortaient de la forêt; arrivé là, Joël suivit tranquillement son chemin, s'arrêtant de temps en temps pour écouter si aucun mouvement d'importance ne se manifestait dans la plaine. Les yeux de Maud se dirigeaient fréquemment en arrière, car elle craignait que Robert Willoughby ne s'égarât à cause de son peu de connaissance des mille sinuosités du sentier qu'il parcourait. Mais il la suivait, et voyant qu'il était dans la bonne route, elle n'eut bientôt plus d'autre crainte que celle qu'il fût aperçu de ses compagnons. Pourtant, comme ils étaient un peu en avant et que les broussailles étaient épaisses, elle espérait que ce malheur serait évité. Le sentier étant circulaire, il fallut quelque temps pour trouver l'endroit que cherchait Joël. Enfin, y étant arrivés, ils traversèrent le ruisseau sur un arbre jeté là comme un pont rustique, expédient très-commun dans les forêts de l'Amérique. Comme notre héroïne l'avait souvent traversé seule, elle n'eut besoin d'aucune assistance, et il lui sembla que la moitié du danger avait disparu quand elle se trouva sur la même rive que la Hutte. Joël ne soupçonnant rien et mettant toutes ses facultés à écouter ce qui pouvait se passer en avant, abandonna le chemin et atteignit bientôt la lisière du bois. Puis il s'arrêta pour donner à ses compagnons le temps de le rejoindre.

Le crépuscule avait presque disparu. Il faisait pourtant encore assez clair pour que Maud pût s'apercevoir que beaucoup de personnes guettaient son retour, soit aux fenêtres, au-dessus du rocher, soit aux alentours des palissades. La distance était si rapprochée qu'on aurait pu, en élevant la voix, se faire entendre, mais c'eût été un peu hasardeux dans le cas où quelque vedette ennemie se serait trouvée près de là.

— Je ne vois rien, miss Maud, fit observer Joël après avoir regardé soigneusement autour de lui. En prenant le sentier qui suit le bord de la rivière, quoiqu'il soit tortueux, nous marcherons en sûreté et nous serons à demi cachés par les broussailles. Allons vite et en silence.

Maud l'engagea à marcher devant, et elle resta derrière un arbre pour laisser les deux hommes la précéder d'une petite distance. Le major fut bientôt près d'elle. Quelques mots d'explication suffirent, puis elle courut après les guides, laissant Robert Willoughby assis sur une souche. La distance était si courte qu'elle les rejoignit bientôt, et ils se trouvèrent tous trois au bas du rocher. En suivant un chemin qui y conduisait, ils en tournèrent les flancs et montèrent jusqu'au pied des palissades. Ce qui nécessitait ce circuit, c'est qu'il fallait atteindre les portes. Maud les franchit rapidement, et elle vit dans un faible rayon de lumière plusieurs figures qui la regardaient et se montraient entre les charpentes. Elle ne s'arrêta pas, ne parla pas, respirait à peine. Un profond silence régnait sur le rocher, mais quand Joël se présenta à la porte, elle fut ouverte à l'instant et il s'introduisit. Il n'en fut

11

pas de même de Mike, qui attendit, pour entrer, que Maud fût en sûreté, c'est-à-dire qu'il la fit passer avant lui.

Maud se trouva dans les bras de sa mère dès qu'elle eut passé la porte. Mistress Willoughby avait été à l'angle du rocher; elle avait suivi sa chère enfant dans sa rapide ascension, et elle était prête à la recevoir. Beulah arriva bientôt, et le capitaine, tout en pleurant, embrassa et gronda sa petite favorite.

— Ne lui faites pas de reproches maintenant, dit mistress Willoughby, Maud n'est pas restée dehors plus longtemps que de coutume, et elle ne pouvait pas prévoir ce qui est arrivé.

— Ma mère, mon père, dit Maud en reprenant haleine, laissez-moi bénir Dieu de m'avoir sauvée, moi et ceux qui me sont chers. — Je vous remercie, cher monsieur Woods; embrassez-moi. — Maintenant entrons dans la maison. J'ai beaucoup de choses à vous dire. — Venez, mon cher père, venez ma chère mère, ne perdons pas un moment. Allons dans la bibliothèque.

Comme c'était dans cette chambre que les dévotions se faisaient, les auditeurs s'imaginèrent que la jeune fille désirait adresser ses remerciements à Dieu, ce qui arrivait fréquemment dans cette pieuse famille; et ils la suivirent avec une tendre sympathie pour ses sentiments. Aussitôt qu'ils furent entrés, Maud ferma soigneusement la porte et alla de l'un à l'autre afin de voir ceux qui étaient présents. Comme il n'y avait que son père, sa mère, sa sœur et le chapelain, elle raconta tout de suite ce qui s'était passé, et elle indiqua l'endroit où le major attendait le signal pour s'approcher. Il n'est pas nécessaire d'insister sur l'étonnement et la joie mêlée d'inquiétude que produisit cette nouvelle.

Maud exposa rapidement son plan et pria son père de le faire exécuter. Le capitaine n'avait pas comme elle des appréhensions au sujet de la fidélité du peuple, mais il céda à ses vives supplications. Mistress Willoughby, agitée par tous les événements imprévus de la journée, se joignit à sa fille, et Maud obtint la permission d'agir comme elle l'entendrait.

Une lampe fut apportée, et placée par Maud dans un garde-manger qui était éclairé par une seule fenêtre longue et étroite placée à l'angle du bâtiment, près des offices; la porte en était fermée. Cette lampe était pour le major le signal convenu; et, le cœur palpitant, les femmes s'avancèrent vers les fenêtres, certaines qu'on ne pourrait les voir dans l'obscurité, qui couvrait maintenant toute la vallée. On n'attendit pas longtemps; bientôt on put l'entendre et même le voir, quoiqu'il fût hors des regards des habitants de la Hutte, à l'exception de ceux qui étaient au-dessus de sa tête. Le capitaine Willoubgby avait préparé une corde dont on laissa flotter un bout que le major attacha autour de son corps. Une secousse fit savoir qu'il était prêt.

— Que ferons-nous? demanda le capitaine avec une sorte de désespoir. Woods et moi ne pourrons jamais élever ce grand garçon à une telle distance; il a six pieds et il pèse cent quatre-vingts livres.

— Paix, dit Maud à demi-voix, tout ira bien. Alors, se recueillant, la jeune fille, pâle, mais active, pria son père d'avoir patience.

— J'ai pensé à tout, reprit-elle. Nous pouvons nous confier à Mike et aux nègres; je vais les appeler.

Mike et les deux Plines furent bientôt arrivés.

— O'Hearn, dit Maud d'un ton interrogatif, je crois que vous êtes mon ami?

— Quelle question! Si vous désirez une de mes dents, vous pouvez prendre toute ma tête. Och! autrement je serais un sot! Je mangerais le restant de mes jours avec une cuiller, rien que pour le plaisir de vous obliger.

— Et vous, Pline et votre fils, vous nous avez connus enfants; vous ne répéterez pas un mot de ce que vous verrez. Maintenant tirez cette corde, mais avec grand soin, de peur qu'elle ne casse.

Les hommes firent ce qui leur était ordonné et élevèrent leur charge d'un pied ou deux à la fois, jusqu'à ce qu'elle fût presque au niveau de la fenêtre.

— C'est le capitaine qui fait monter un morceau de porc pour approvisionner la maison, en cas de siége, disait tout bas Mike aux nègres qui grimaçaient en tirant la corde.

En ce moment, la tête et les épaules d'un homme parurent à la fenêtre. Mike laissa aller la corde, saisit une chaise, et allait frapper l'intrus sur la tête, mais le capitaine arrêta le coup.

— C'est un de ces vagabonds d'Indiens qui a enlevé le porc et qui a pris sa place, vociféra Mike.

— C'est mon fils, répondit doucement le capitaine; prouvez-nous que vous êtes discret.

CHAPITRE XIII.

> La gloire a longtemps fait sourire le sage; ce n'est rien qu'un mot, une illusion, reposant plutôt sur le style de l'historien que sur le nom de celui dont on écrit l'histoire. Troie doit beaucoup à Homère. Le siècle présent ne croit plus aux coups habiles de Malborough, ni même à sa vie écrite en dernier lieu par Archdeacon Coxe.
>
> BYRON.

Le major avait à peine mis le pied dans la chambre, qu'il était déjà dans les bras de sa mère. Beulah voulut aussi le presser dans les siens, et son père ne l'embrassa pas à son tour moins affectueusement. Quant à Maud, elle se tenait à l'écart et pleurait en silence à la vue de cette touchante scène.

— Et vous aussi, vieux Pline, dit Robert les yeux remplis de larmes, se tournant vers le plus âgé des noirs et lui prenant la main : ce n'est pas la première fois que vous me tenez entre ciel et terre. Votre fils a été mon compagnon de jeux; il faut que je lui serre la main. Quant à O'Hearn, ce n'est pas non plus, je le sais, le moins sincère de mes amis.

Les nègres étaient ravis de voir le jeune homme; car, à cette époque, les esclaves se réjouissaient de l'honneur, de l'importance, de la dignité de leurs maîtres, plus que ne le font maintenant leurs descendants affranchis. Le major avait été leur ami quand il était enfant, et il était actuellement leur orgueil et leur gloire. A leur point de vue, il n'y avait pas son égal dans l'armée anglaise, en bonne mine, en courage ou en expérience, et c'était pour eux une trahison de combattre une cause qu'il soutenait. A ce sujet, le capitaine avait, en riant, rapporté à sa femme une conversation que, peu de temps avant, il avait entendue entre les deux Plines.

— Hé bien, miss Beuly n'a pas mal fait, disait le plus vieux, mais elle faire tout à fait mieux d'être pas engagée dans la cause américaine. L'appelle-t-on un vrai colonel, hein? Avoir un papier du roi comme maître Bob, et porter un uniforme rouge comme la crête d'un dindon?

—Peut-être miss Beuly en faire un colonel vrai, et changer un habit bleu en habit rouge, répondit le plus jeune.

— Jamais, jamais voir cela, Pline, dans une révolution. Quand elle est commencée avec ardeur, jamais y avoir idée d'amendement. Les révolutions regarder une route et pas voir deux côtés à la fois, pas plus qu'un homme de couleur voir deux côtés dans une Peau-Rouge.

Cette expression a peut-être donné naissance au célèbre axiome de Napoléon : — les révolutions ne vont jamais en arrière. — Telle était la pensée de Pline l'ancien ; pensée que Pline le jeune admirait grandement, pour ne point parler des opinions de la grande briseuse et de la petite briseuse qui assistaient au discours.

— Hé bien, moi souhaiter, par égard pour miss Beuly, que le colonel Beekman être seulement caporal dans les troupes du roi ; mieux vaut être sergent ici que brigadier général dans une compagnie américaine.

— Quoi donc être qu'un brigadier, Pline ? demanda la petite briseuse avec intérêt.

— Le brigadier, grand gentilhomme, lui porter un habit rouge ? Autrefois brigadiers venir par centaines pour visiter le maître et la maîtresse, et jouer avec maître Bob. Eh ! pas de révolution dans ces jours-là ; chacun connaître son devoir, chacun le remplir.

Voilà qui peut montrer les sentiments politiques des Plines, et indiquer aussi de quelles idées les briseuses devaient être imbues dans une telle compagnie.

Le major fut reçu avec un grand plaisir par ses admirateurs dévoués ; et quand Maud leur eut dit tout bas combien la discrétion était nécessaire, toutes les bouches se fermèrent.

Enfin le major resta seul avec sa famille. Mistress Willoughby embrassa encore son fils à plusieurs reprises ; Beulah et le capitaine en firent autant, tandis que M. Woods lui serrait de nouveau la main et le bénissait. Maud seule ne semblait prendre aucune part à ces démonstrations de joie.

— Maintenant, Bob, parlons sérieusement, dit le capitaine dès qu'il fut plus calme. Tu n'as pas fait ce difficile et périlleux voyage sans un motif ?

— Mais dans ce moment n'est-ce pas les mouvements de la vallée qui doivent nous occuper le plus, et ne suis-je pas venu à propos pour prendre part à la défense de la maison?

— C'est ce que nous verrons dans quelques heures peut-être. Tout est tranquille maintenant, et restera probablement ainsi jusqu'au matin; à moins que les Indiens n'aient changé leur tactique. Ils ont allumé leurs feux sur les rochers, et semblent disposés à rester là longtemps. Mais après tout, j'ignore leurs intentions. Ils ne paraissent pas vouloir déterrer la hache; ils m'ont fait des propositions de paix par l'entremise d'un messager.

— Ne sont-ils pas peints pour la guerre, Monsieur? Je me souviens d'avoir vu de ces guerriers dans mon enfance; je les ai examinés aujourd'hui à l'aide de ma lunette, et je crois qu'ils sont dans ce qu'ils appellent le sentier de la guerre.

— Quelques-uns sont certainement dans cette disposition, quoique celui qui est venu au Rocher n'y soit pas, m'a-t-il dit. Il a prétendu qu'il voyageait avec les autres vers l'Hudson pour apprendre les véritables causes des difficultés élevées entre leur grand-père Anglais et leur grand-père Américain. Il me demanda de la farine et de la viande pour sa troupe. C'est là tout le contenu de son message.

— Et votre réponse, Monsieur; est-ce la paix, ou la guerre?

— La paix en promesse, mais je crains la guerre en réalité. On ne peut pas savoir encore. Un vieux soldat de la frontière comme moi n'est pas disposé à se mettre en repos sur la foi d'un Indien. Dieu soit loué! nous sommes tous maintenant en dedans de la palissade; et avec les armes et les munitions que nous avons en grand nombre, nous ne serons pas pris aisément. Je ne parle pas d'un siége, nous sommes trop bien approvisionnés pour le redouter.

— Mais vous laissez les moulins, les grains, les granges et même les cabanes de nos travailleurs tout à fait à la merci de ces misérables.

— Je ne puis l'empêcher, à moins que nous ne courions au-devant d'eux et ne les attirions à une bataille ouverte. Ils sont trop nombreux, et je ne veux pas exposer des pères de famille aux dangers d'une lutte inégale avec de pareils vagabonds. Je leur ait dit de prendre eux-mêmes la farine ou le grain dont le moulin est abondamment pourvu. Ils trouveront du porc dans chaque habitation, et ils ont déjà emporté un daim que j'espérais dépouiller moi-même. Le bétail erre dans les bois en sûreté, je crois; mais ils peuvent brûler les granges et autres constructions. Nous serions alors à leur merci. S'ils demandent du rhum ou du cidre, et que nous le leur refusions, cela pourra les exaspérer, et au contraire ils seront charmés si nous leur en donnons.

— Ne serait-ce pas une bonne politique, Willoughby? s'écria le chapelain. Les hommes ivres dorment profondément, nos gens pourraient aller vers eux et dérober leurs armes.

— Ce ne serait pas agir exactement en militaires, Woods, répondit le capitaine en souriant. Je crois qu'il est plus sûr pour nous qu'ils continuent à être sobres, car ils n'ont pas encore manifesté de grandes intentions d'hostilité. Mais nous reparlerons de cela tout à l'heure. Pourquoi es-tu venu ici, mon fils?

— Le motif qui m'amène peut aussi bien se dire maintenant que dans un autre moment, répondit le major en donnant des chaises à sa mère et à ses sœurs, pendant que les autres s'asseyaient aussi. Sir William Howe m'a permis de venir vous voir, je puis même dire qu'il m'en a donné l'ordre, car, dans les circonstances où l'on se trouve, nous pensons tous que tout homme loyal en Amérique doit prendre parti pour la couronne.

Un mouvement général parmi ses auditeurs prouva au major avec quel intérêt on l'écoutait. Il s'arrêta un instant pour jeter un coup d'œil dans l'obscurité sur ceux qui l'entouraient, et il baissa prudemment la voix; ensuite il continua.

— Je conclus, d'après le court entretien que j'ai eu avec Maud, dit-il, que vous ignorez les deux événements les plus importants de cette malheureuse querelle.

— Nous apprenons peu de chose ici, répondit le père. J'ai entendu dire que milord Howe et son frère, sir William, ont été chargés par Sa Majesté de calmer les différends. Je les ai connus quand ils étaient jeunes ainsi que leur frère aîné Black Dick, c'est ainsi que nous appelions l'amiral; c'est un homme discret et bien pensant; mais je suppose que la charge qu'on leur a donnée est plutôt due à leur parenté avec le souverain qu'à leurs qualités personnelles.

— Cette parenté est peu connue dans le monde[1], et encore

---

1. Les trois lords Howe sont bien connus dans l'histoire américaine; George fut tué devant Ticonderoga; Richard, le célèbre amiral, fut le héros du 1er juin: et sir William

moins dans l'armée, répondit le major; je ne crois pas d'ailleurs qu'ils réussissent. Le congrès américain a déclaré les colonies tout à fait indépendantes de l'Angleterre, et la guerre va continuer de nation à nation. Toute alliance, même de nom, est ouvertement mise de côté.

— Tu m'étonnes, Bob, je n'aurais jamais cru que les choses pussent en venir là.

— J'ai pensé que votre attachement pour la patrie souffrirait difficilement des mesures aussi outrées, répondit le major satisfait de la force des sentiments de son père. Ceux qui nous résistent maintenant résistent pour rompre toute alliance avec l'Angleterre.

— J'avoue que tout cela me surprend; la France doit y avoir pris part, Bob?

— Cela a ramené à notre cause beaucoup de nos plus honorables ennemis, Monsieur. Quoique vous soyez malheureusement un peu trop contre nous, nous ne vous avons jamais considéré comme un ennemi direct. Mais cette nouvelle déterminera sir Hugh, m'a dit le commandant en chef dans notre dernière entrevue. Je suppose que vous savez, mon cher père, que tous vos anciens amis, sachant ce qui est arrivé, tiennent à vous appeler sir Hugh. Je vous assure que je n'ai jamais ouvert la bouche à ce sujet; et lord Howe a encore bu à la santé de sir Hugh Willoughby à sa propre table, la dernière fois que j'ai eu l'honneur de dîner avec lui.

— Alors, la prochaine fois qu'il te favorisera d'une invitation, tu seras assez bon pour le remercier. Je n'ai pas besoin de ce titre de baronnet, car jamais je n'irai demeurer en Angleterre. Tout ce que je possède serait réuni qu'il y en aurait à peine assez pour un simple gentilhomme dans cette société dépensière et extravagante. Que puis-faire ici d'un titre? Je souhaiterais pouvoir le transmettre, mon cher garçon, selon l'ancienne coutume écossaise, et tu serais sir Bob avant d'être endormi.

— Mais, Willoughby, ne serait-ce pas utile à Robert? et pour-

---

fut pendant plusieurs années commandant en chef en Amérique, et le sixième et dernier vicomte. Leur mère était une demoiselle Kilmausegge, qu'on supposait fille naturelle de George Ier. Ces trois officiers auraient donc été cousins germains de George II, et George III se serait trouvé leur neveu *à la mode de Bretagne*. Walpole et d'autres écrivains anglais parlent non-seulement de la parenté, mais de la ressemblance de famille. Du reste, des écrivains de cette époque semblent reconnaître que lord Howe était un petit-fils du premier souverain anglais de la maison de Brunswick.

quoi n'aurait-il pas le droit de prendre un titre dont jamais ni vous ni moi ne nous sommes occupés? demanda la prudente mère.

— Aussi le peut-il, ma chère, mais il faut qu'il attende un événement que vous n'êtes pas impatiente de voir, j'imagine, — ma mort. Quand je ne serai plus, qu'il soit sir Robert si bon lui semble. Mais jusque là, Bob, il faut que tu restes simplement l'honnête Bob, à moins que tu ne gagnes tes éperons dans cette malheureuse guerre. As-tu quelques nouvelles militaires à nous apprendre? Nous n'avons rien entendu dire depuis l'arrivée de la flotte sur la côte.

— Nos soldats sont à New-York, après avoir défait Washington sur Long-Island. Les rebelles, ajouta le major d'un ton plus assuré qu'il ne l'avait fait encore, les rebelles ont battu en retraite dans le haut pays près des confins de Connecticut.

— Washington a cependant montré des talents militaires dans les anciennes affaires de la France.

— Ses talents ne sont pas douteux, Monsieur, mais il a de pauvres soldats. Réellement je suis honteux d'être né dans le pays. Ces Yankees se battent comme des femmes.

— Comment cela! tu parlais honorablement de la bataille de Lexington, et tu nous faisais dans ta lettre un beau récit sur l'affaire de Bunker-Hill. Leur nature aurait-elle changé avec le changement de saison?

— Pour dire la vérité, Monsieur, ils firent des merveilles à Bunker-Hill, et aussi dans l'autre affaire; mais leur courage semble s'en être allé. Peut-être que cette déclaration d'indépendance a refroidi leur ardeur.

— Non, mon fils, ce changement, si changement il y a, dépend d'une loi générale et naturelle : c'est qu'il n'y a que la discipline qui puisse porter les hommes à se maintenir pendant une longue campagne. Je connais très-bien ces Yankees, et je sais de quoi ils sont capables. Peut-être sont-ils mal commandés; mais laisse-les se mettre franchement à l'œuvre, et les troupes royales auront fort à faire avec eux. Remarque les paroles d'un soldat beaucoup plus vieux que toi, Bob. Vous pouvez avoir plus de bravoure en apparence et une tournure plus militaire, vous pouvez même avoir quelque avantage sur eux à l'aide d'une discipline mieux entendue, de meilleures armes et de combinaisons plus exactes; mais quand vous les rencontrerez, vous vous trouverez en face de dangereux ennemis et d'hommes capables plus que beaucoup d'autres de faire de bons soldats. Leur grand tort, c'est de choisir des officiers qui n'ont pas reçu une bonne éducation militaire.

A tout ceci le major n'avait rien à objecter, et se souvenant que la silencieuse mais pensive Beulah avait un mari dans ce qu'il appelait les rangs des rebelles, il changea de conversation. Des arrangements furent pris pour loger secrètement l'hôte inattendu. Près de la bibliothèque était une chambre qui ne communiquait avec la cour par aucune porte, ni par aucune fenêtre, c'était une petite pièce contenant un lit de camp : c'est là que le major dut se retirer ; il pouvait manger dans la bibliothèque s'il était nécessaire, quoique toutes les fenêtres s'ouvrissent sur la cour, car il ne pouvait être vu que par les domestiques de la maison, qui tous étaient dans le secret de sa présence et tous dignes de la confiance qu'on leur témoignait.

Comme la soirée promettait d'être sombre, on décida que le major pouvait se déguiser mieux encore qu'il ne l'avait fait déjà, et s'aventurer sur la fortification en compagnie de son père et du chapelain, aussitôt que les gens qui se pressaient dans les chambres vacantes de la maison auraient pris possession de leurs quartiers respectifs pour la nuit. Un souper fut préparé pour le voyageur : du côté de la fortification tous les volets furent fermés afin qu'on pût se servir de lumière sans attirer vers cette direction un coup de feu de la forêt voisine.

— Nous sommes tout à fait en sûreté ici, fit observer le capitaine à son fils, tandis que celui-ci apaisait sa faim avec l'appétit d'un voyageur ; Woods lui-même pourrait soutenir un siége dans une maison bâtie et fortifiée comme celle-ci. Chaque fenêtre a de solides volets à l'épreuve des balles, et les poutres des bâtiments peuvent aussi défier la mousqueterie ; les portes sont suspendues, excepté un battant, et ce battant a été bien soutenu à sa place : dans la matinée il sera placé comme les autres. Ainsi la fortification est complète. Nous organiserons une garde de douze hommes pour toute la nuit, avec trois sentinelles en dehors de nos constructions, et chacun de nous dormira tout habillé avec ses armes à portée. Mon plan, en cas d'assaut, serait de rappeler les sentinelles aussitôt qu'elles auraient déchargé leurs pièces, et de fermer les portes ; les lucarnes sont ouvertes et des armes de réserve ont été distribuées près de chacune d'elles. Je me suis assuré que par les toits nos hommes pourraient faire le tour de la Hutte, si l'on tentait de mettre le feu aux palissades. C'est un grand point, Bob, et nous sommes si bien entourés que nous nous trouverons engagés pour longtemps dans une chaude affaire avant que l'ennemi ait franchi les fortifications.

— Il faut tâcher qu'ils n'en arrivent pas là, Monsieur, répondit le major; mais aussitôt que vos gens se seront retirés, je pourrai faire une reconnaissance : une bataille en pleine campagne me semblerait plus régulière.

— Ce n'est pas ainsi qu'on agit avec les Indiens. Tu seras content de notre forteresse. Avant que cette question d'indépendance soit résolue, Washington ne s'était-il pas retranché dans la ville?

— Oui, Monsieur, il était à la tête de plusieurs milliers d'hommes.

— Et comment a-t-il gagné Long-Island? demanda le capitaine en regardant fixement son fils. Le bras de mer a un demi-mille de largeur à cet endroit, comment a-t-il pu le traverser en face d'une armée victorieuse? ou bien s'est-il sauvé seul pendant que ses troupes tombaient en notre pouvoir?

Le major rougit légèrement, puis il regarda Beulah et sourit.

— Je suis tellement entouré de rebelles ici, dit-il, qu'il n'est pas facile de répondre à vos questions, Monsieur. Nous l'avons battu et avec une rude perte pour son armée, et nous l'avons forcé de sortir de New-York; mais.... je ne voudrais pas augmenter les idées de Beulah en ajoutant quelque chose de plus.

— Si vous pouvez m'apprendre quelque chose de bon d'Evert, vous agirez comme un père en le faisant, dit la charmante épouse.

— Oui, Beekman s'est bien conduit aussi, dit-on. J'ai entendu plusieurs de nos officiers vanter une charge qu'il a faite, et, pour avouer la vérité, je n'étais pas fâché de dire que c'était le mari de ma sœur. Tout ce que nous savons de lui lui fait honneur. — Maintenant, je recevrai un baiser pour ma peine.

Le major ne se trompait pas, sa sœur se jeta dans ses bras et l'embrassa en pleurant.

— C'était de Washington que je parlais, Monsieur, reprit le major quand Beulah se fut assise; sa retraite lui fait beaucoup d'honneur. Il la conduisait en personne et n'a pas perdu un homme. J'ai entendu dire par sir William que c'était un coup de maître.

— Alors, par le ciel! l'Amérique l'emportera dans cette querelle, s'écria le capitaine en frappant de son poing sur la table si soudainement et avec une telle force, que tout trembla dans la chambre. Si elle a un général qui peut effectuer un mouvement aussi adroit, le règne de l'Angleterre est fini ici. Réellement, Woods, Xénophon n'eût jamais mieux fait. La retraite des dix mille n'est qu'un jeu auprès de cette marche. — Votre victoire pourrait bien n'avoir pas signifié grand'chose, Bob.

— Notre victoire fut honorable, Monsieur; je reconnais aussi que la retraite fut brillante. Aucun parmi nous ne dit le contraire, et Washington est toujours nommé avec respect dans l'armée.

Une minute après, la grande briseuse entra sous prétexte de desservir, mais en réalité pour voir maître Bob. C'était une femme de soixante ans, la mère de la petite briseuse, et cette dernière était elle-même une respectable matrone de quarante ans. Toutes deux elles étaient nées dans la maison du père de madame Willoughby, et avaient plus d'attachement pour les enfants de leur maîtresse que pour les leurs. Les sobriquets leur étaient restés, et leurs vrais noms de Bessy et de Mary étaient presque hors d'usage; cependant le major pensa devoir être poli dans la circonstance présente.

— Sur ma parole, mistress Bessy, dit-il en prenant cordialement la main de la vieille femme, mais se détournant instinctivement à la vue de deux lèvres qui paraissaient vouloir le saluer, comme elle l'avait souvent fait vingt ans auparavant; sur ma parole, mistress Bessy, vous avez gagné en beauté chaque fois que je vous vois; vous et la vieillesse vous semblez être étrangères l'une à l'autre. Comment faites-vous pour rester si belle et si jeune?

— Dieu envoie la beauté, maître Bob, le ciel en soit loué! et une bonne conscience empêche de vieillir. Je voudrais que vous faire entendre cela au vieux Pline; lui trouver une vieille négresse avoir pas bonne mine.

— Pline est à moitié aveugle, mais la plupart des maris sont ainsi faits; ils ne voient plus les charmes de leurs femmes après quelques années de mariage.

— Si c'est ainsi, maître Bob, vous jamais vous marier.

A cette repartie la grande briseuse se mit à rire d'une telle manière, et donna une telle secousse à tout son corps, qu'on pouvait croire qu'elle allait tomber. Le major quitta la table. Il était d'usage, dans les grandes et joyeuses occasions, quand les émotions gagnaient la cuisine, que cette soirée fût remarquable pour une casseuse, et que la moitié de la poterie qu'on emportait de dessus la table tombât à terre comme un sacrifice forcé. Cela produisit une chaude discussion entre la grande et la petite briseuse sur les recherches à faire dans les accidents de la vie domestique, discussion qui se termina par cette conclusion : personne n'est à blâmer.

— Comment penser lui pouvoir revenir sans que tous les plats craquent! s'écria la petite briseuse. Seigneur, en voilà assez pour casser tous les plats de la maison et du moulin aussi. Je voudrais que chaque assiette fût un Indien. Pouvoir jamais aimer Indiens, eux si rouges et si sauvages!

— Jamais parler d'Indien maintenant, répondit la mère indignée, mieux vaut parler assiette. Vous avoir cassé quarante mille plats, Mary, depuis que vous êtes une jeune femme! Le vieux Pline dire toujours : Tous les hommes être d'argile, et les plats être d'argile aussi ; hé bien, tous deux d'argile, tous deux se briser. Tout sur nous se briser aussi quelque jour, et alors jeter nous dehors aussi.

Un rire général accueillit ce trait de morale; la grande briseuse aimait assez les remarques de cette nature, après lesquelles la guerre recommençait de plus belle au sujet de la vaisselle cassée. On en avait pour longtemps; les disputes, les chants, les rires, le travail, une gaieté qui ne connaît pas les soucis, une bonne affection, faisaient la somme de l'existence journalière de ces êtres à demi civilisés. La présence des Indiens dans la vallée, cependant, fournissait le sujet d'un épisode; car les nègres regardent ces sauvages avec autant de mépris que les blancs regardent les nègres. La frayeur se mêla à ce mépris; ni les Plines, ni leurs aimables compagnes, n'étaient dans le ravissement à l'idée de se voir tondus avec des ciseaux aussi pénétrants que le couteau à scalper. Après avoir longtemps discuté là-dessus, tous les hôtes de la cuisine arrivèrent à conclure que la visite du major avait été ordonnée par la Providence, puisqu'il était hors de toute probabilité que quelques-uns de ces sauvages à demi vêtus pussent espérer de vaincre maître Bob, qui était né soldat et avait si récemment combattu pour le roi.

A ce sujet, nous devons faire remarquer que la cuisine du capitaine était ultraroyale. Ces êtres rudes, mais simples, avaient un tel respect pour le rang et le pouvoir, que même une révolution ne pouvait pas les faire changer d'idée, et qu'ils associaient dans leur esprit l'autorité royale avec le pouvoir divin. Ils considéraient George III comme le plus grand homme de cette époque après leur maître, et il n'y avait rien en eux qui pût les disposer à lui ravir ses droits.

— Vous semblez pensif, Woods, dit le capitaine pendant que son fils, retiré dans sa chambre, revêtait un costume qui attirât moins l'attention de la garnison qu'une blouse de chasse. Est-ce cette visite inattendue de Bob qui fournit matière à vos réflexions?

— Non pas tant sa visite, mon cher Willoughby, que les nouvelles qu'il nous apporte. Dieu sait ce que deviendra l'église si la rébellion vient à l'emporter. Quelle sorte de gouvernement aurons-nous?

— Un gouvernement républicain, répondit le capitaine, il ne peut pas en être autrement. Les colonies ont toujours incliné vers cette direction; elles manquent des éléments nécessaires à une monarchie. New-York renferme quelques nobles, de même que Maryland, la Virginie et les Carolines, mais ils ne sont pas assez nombreux pour faire dominer l'aristocratie ou maintenir le trône, et cette querelle les affaiblira probablement. On sait que la moitié des principales familles sont pour la couronne, et les nouveaux venus les forceront à quitter la place. Si la révolution prospère, c'en est fait de la monarchie en Amérique pendant un siècle au moins.

— Et les prières pour le roi et la famille royale que deviendront-elles?

— Je pense qu'il faudra aussi les faire cesser. Il me semble que le peuple ne peut pas prier longtemps pour ceux à qui il refuse d'obéir.

— Tant que j'aurai une langue, vous m'entendrez faire des difficultés là-dessus. Dois-je penser alors que vous arrêterez ces prières dans notre établissement?

— Je ne voudrais pas me montrer hostile. Vous devez reconnaître que ce serait trop demander que de faire prier une congrégation pour que le roi puisse vaincre ses ennemis, quand cette congrégation se trouve au milieu de ses ennemis. La question présente un dilemme.

— Cependant je n'ai jamais cessé de lire cette prière avec les autres. Vous ne vous y êtes pas opposé jusqu'ici.

— Non, parce que je considérais la guerre comme engagée seulement entre le parlement et les ministres, et que je vois clairement qu'elle était dirigée contre le roi. Ce papier est certainement un puissant document.

— Et quel est ce papier? Ce n'est pas la profession de foi de Westminster, j'espère, qui nous supprimera sans doute les trente-neuf articles dans nos églises, si la rébellion réussit.

— C'est le manifeste du Congrès qui justifie leur déclaration d'indépendance; Bob l'a porté pour montrer combien les choses avaient été loin; mais, du reste, il me semble que les termes en sont honorables, et qu'elle est raisonnée avec éloquence.

— Je vois ce que c'est, Willoughby, je vois ce que c'est. Vous deviendrez bientôt général des rebelles.

— Je suis trop vieux, Woods. Mais voilà le major tout prêt pour sa sortie. Sur ma parole, son déguisement est si complet, que je le reconnais à peine moi-même.

CHAPITRE XIV.

> Il ne pouvait ni dormir ni rester dans sa tente pour y attendre le jour, mais il se promenait sur le sable où reposaient mille soldats.
> *Le Siége de Corinthe.*

Il était si tard, que presque tous les hommes de la Hutte, les femmes et les enfants, avaient fait leurs arrangements pour la nuit. Le major courait donc peu de risques en s'aventurant au dehors, déguisé comme il l'était, et en ayant soin de ne pas s'approcher des lumières, dont un grand nombre, filtrant à travers les fenêtres de l'aile occidentale du bâtiment, montrait qu'il y avait beaucoup de monde dans ses murs et donnait à la place une apparence de vie et d'animation qui ne lui était pas ordinaire. La cour était aussi éclairée. Les hommes arrangeaient leurs lits de camp avec promptitude pour leur garde de nuit, pendant que les femmes s'occupaient du grand intérêt de leur vie, du soin des enfants.

Le capitaine, le major et le chapelain, chacun portant une carabine, les deux premiers des pistolets, traversèrent rapidement la cour et franchirent la porte. Le battant qui s'ouvrait n'avait pas été barré, le capitaine ayant ordonné aux sentinelles, en cas d'alarme, de se retirer dans la cour, puis d'en fermer les portes.

La nuit était étoilée et froide, ce qui est assez ordinaire dans cette région. Il n'y avait ni lampe, ni chandelle à l'extérieur de la maison; les meurtrières mêmes étaient dans l'obscurité; on ne courait pas grand danger en circulant autour des fortifications. Les sentinelles étaient postées si près des palissades qu'elles pouvaient prévenir l'approche de l'ennemi sans être découvertes; le capitaine voulut les éviter pour que son fils ne fût pas reconnu, et tous trois restèrent éloignés dans l'ombre projetée par les côtés de la Hutte.

Le premier objet qui frappa les regards de nos deux soldats fut le rocher qui s'élevait au-dessus du moulin. Les Indiens avaient allumé leurs feux, non loin desquels ils étaient probablement couchés, car ils avaient apporté des planches du moulin et s'en étaient servis pour se faire un camp. Pourquoi restaient-ils dans cette position, et pourquoi négligeaient-ils les quinze ou vingt cabanes qui bordaient le côté occidental de la vallée? Voilà ce qui donnait lieu aux conjectures.

— C'est tout à fait surprenant pour des Indiens, dit le capitaine à voix basse. Jamais je n'avais vu des sauvages se couvrir de cette manière, ni allumer des feux pour indiquer la place qu'ils occupent, comme le font ces gens-là.

— N'est-ce pas pour nous tromper, Monsieur? répondit le major. Pour moi ce camp, si on peut l'appeler ainsi, me fait l'effet d'être désert.

— Il y a là quelque chose de prémédité dont il faut nous défier.

— C'est irrégulier, Monsieur, pour deux soldats comme nous, de rester dans le doute sur un tel point. Mon orgueil militaire se révolte devant cet état de choses, et, avec votre permission, j'irai au dehors faire une reconnaissance.

— L'orgueil militaire est une bonne chose, Bob, quand il est bien entendu. Mais un bon soldat doit se faire un point d'honneur de ne faire que ce qui est précisément nécessaire. Certaines gens s'imaginent que l'armée gagnerait à maintenir les notions exagérées de l'honneur militaire. J'ai connu des hommes assez aveuglés pour assurer qu'un soldat est obligé de maintenir son honneur aux dépens même de la loi, et cela dans un pays libre où le soldat n'est rien qu'un des appuis de la loi. Quant à nous, nous sommes ici pour défendre cette maison et ceux qu'elle contient, et notre honneur militaire doit plutôt nous engager à le faire efficacement et par de bons moyens qu'à courir le risque de ne pas le faire du tout, pour nous soumettre aux exigences des notions abstraites d'un faux code. Faisons ce qui est raisonnable, mon fils, et ne crois pas que notre honneur doive en souffrir.

Le capitaine Willoughby fit cette observation parce qu'il s'imaginait qu'un défaut du caractère de son fils était de confondre quelquefois la fin avec les moyens. C'est souvent le fait de ceux qui portent les armes. Il était plus facile de réprimander le major que de le convaincre, car, en général, la jeunesse n'aperçoit pas à quel point sont justes les avis de l'âge mûr.

— Mais, dit le fils, les cabanes, les moulins et toute la propriété sont exposés au feu et à d'autres accidents; ne serait-il pas sage de me laisser faire une petite excursion afin de connaître l'état des choses?

— Peut-être cela serait bon, Bob, répondit le père après quelques instants de réflexion. Ce serait un grand point de gagné de voir les bâtiments et aussi les chevaux. Les pauvres bêtes doivent souffrir du manque d'eau; mais la première chose serait de nous assurer si nos sauvages visiteurs sont réellement là et quelles sont leurs dispositions actuelles. Woods, venez avec nous jusqu'à la porte, et faites-nous sortir. Je compte sur vous pour ne rien dire de notre absence, excepté aux deux sentinelles les plus voisines de nous, afin que notre retour ne les inquiète pas.

— N'est-ce pas hasardeux de s'aventurer ainsi hors de la fortification pendant la nuit? Quelques-uns de nos hommes pourraient tirer sur vous.

— Vous leur direz d'être circonspects et nous le serons aussi de notre côté. Et puis je vais vous indiquer un signal pour nous faire reconnaître.

Cela fait, les deux officiers quittèrent l'endroit où ils se trouvaient dans l'ombre et vinrent jusqu'à la porte. Là, ils firent halte pendant quelques minutes, délibérant sur les moyens de voir sans être vus. Ensuite le chapelain ouvrit la porte, et ils marchèrent de la pelouse vers les rochers avec de grandes précautions. Le capitaine connaissait parfaitement tous les sentiers, les fossés, les ponts et les champs de ses belles possessions. Le sol d'alluvion qui s'étendait autour de lui s'était formé d'âge en âge aux endroits que l'eau avait couverts. Mais comme le débordement de l'eau avait été causé par une digue, après que cette dernière eut été enlevée les prairies étaient exemptes de toute humidité. Cependant il y avait deux ou trois grands fossés pour recueillir l'eau qui descendait des montagnes voisines et celle des sources près de la lisière du bois. Ces fossés étaient traversés par des ponts. La connaissance de tous les détours était actuellement d'une grande utilité, d'abord pour s'avancer vers le camp des Indiens, et en second lieu, s'il fallait battre en retraite, elle devait servir aussi à préserver la vie ou la liberté des deux aventuriers.

Le capitaine ne suivit pas la grande route de la vallée qui conduisait de la Hutte aux moulins; de là on aurait pu les observer, et il voulait prévenir une sortie hostile contre le camp; mais il inclina à l'ouest, afin de visiter les cabanes et les granges qui se trouvaient de ce côté. Il fut frappé de l'idée que les envahisseurs avaient peut-être pris tranquillement possession des maisons, ou même volé les chevaux et décampé. Lui et son fils s'avancèrent donc avec la plus grande précaution, s'arrêtant de temps à autre pour examiner les feux qui s'éteignaient peu à peu sur le rocher, et pour jeter derrière eux un regard sur les fortifications. Tout était plongé dans le calme profond qui rend l'aspect d'un établissement dans une forêt si solennel et si imposant, après que les mouvements journaliers ont cessé. L'attention la plus grande n'eût pu saisir un son inaccoutumé. On n'entendait pas même l'aboiement d'un chien; tous ces animaux ayant suivi leurs maîtres à la Hutte, comme si leur instinct leur eût appris que leur principale affaire était d'empêcher qu'on approchât de cet endroit. Chacune des sentinelles en avait un près d'elle, couché au-dessous des palissades, pour pouvoir leur donner l'alarme. Tous deux avaient traversé la distance comprise entre l'établissement et la forêt, quand le major posa tout à coup la main sur le bras de son père.

—Il y a quelque chose qui remue à notre gauche, lui dit-il tout bas, là, au-dessous de l'enclos.

— Notre vie rurale ne t'est plus familière, Bob, répondit le père, car tu aurais reconnu que c'est une vache. C'est notre vieille vache blanche. Mais la voilà avec nous dans le petit défilé, à la portée de la main. Il n'y a pas de plus doux animal dans l'établissement. Par Jupiter! cette vache a été traite. Il est certain qu'aucun de nos gens n'a quitté la maison depuis la première alarme. Ce fait nous annonce de mauvais voisins.

Le major ne répondit pas, mais il tâta ses armes pour vérifier si elles étaient en état de lui servir immédiatement. Après quelques instants d'attente, ils continuèrent leur marche avec plus de précaution encore. Pas un mot ne fut proféré; ils entrèrent dans le verger, puis dans la forêt. Ils arrivèrent bientôt à une cabane, elle était vide. Il n'y avait dans le foyer que des cendres chaudes. C'était l'habitation de celui qui était chargé de soigner les chevaux; derrière étaient les écuries. Le capitaine Willoughby était un homme prévoyant et bon, et il pensa qu'on pouvait faire entrer ces animaux dans un champ tout près, où il y avait non-seulement un riche pâturage, mais une eau courante et limpide. Le seul danger à craindre était les mouvements brusques des chevaux, qui n'étaient pas accoutumés à rester si longtemps enfermés, et qui devaient être impatients de sortir.

Le major ouvrit la porte du champ, et s'arrêta pour faire prendre aux animaux la direction convenue, tandis que son père entrait dans l'écurie pour les détacher. Le premier sortit avec calme; c'était un vieux cheval, dont les fatigues du labourage avaient ralenti l'ardeur, et le major le dirigea aisément dans le champ. Celui qui vint ensuite ne fut pas aussi facile à mener; c'était un poulain qu'on dressait pour le capitaine. Dès qu'il se sentit en liberté il se précipita dans la cour, puis bientôt dans le champ, autour duquel il galopa jusqu'à ce qu'il eût trouvé de l'eau. Les autres imitèrent ce mauvais exemple. Le bruit des sabots qui foulaient un épais gazon retentit cependant assez dans le silence de la nuit pour être entendu de l'autre côté de la vallée. Le capitaine rejoignit son fils.

—Cette bonne action a été faite un peu maladroitement, Bob, dit-il en reprenant sa carabine. Une oreille indienne ne manquera pas d'entendre les piétinements des chevaux.

— Cette circonstance peut nous être utile, Monsieur. Regardons encore les feux, et voyons si ce bruit a mis quelqu'un en mouvement près de là.

Ils regardèrent, mais ne virent rien. Pendant qu'ils étaient là sans mouvement, cachés sous un pommier, ils entendirent un bruit tout près d'eux qui leur parut devoir être causé par des pas. Tous deux s'apprêtèrent, comme des chasseurs qui s'attendent à voir les oiseaux se lever; le bruit approchait. Enfin ils virent une forme humaine suivre lentement le sentier et s'approcher de l'arbre près duquel ils étaient, comme pour s'y mettre à couvert. Ils la laissèrent s'approcher de plus en plus. Enfin le capitaine, s'écartant tout à coup du tronc derrière lequel il s'était caché, posa la main sur l'épaule de l'étranger, et lui demanda sévèrement, mais à voix basse : Qui va là?

Le tressaillement, l'exclamation et le tremblement de cet homme, tout dénota l'excès de sa surprise. Il lui fallut même quelque temps pour revenir de son effroi; alors seulement il put se faire reconnaître par sa réponse.

— Miséricorde! s'écria Joël Strides, c'est vous, capitaine? J'ai cru voir un esprit. Qu'est-ce donc qui a pu vous porter à sortir des palissades, Monsieur?

— Il me semble que c'est une question que je devrais plutôt vous adresser, monsieur Strides. J'avais donné l'ordre de tenir la porte fermée, et même que personne ne quittât la cour, à moins qu'on n'ait des hommes à poster ou qu'on ne soit appelé par une alarme.

— C'est vrai, Monsieur, tout à fait vrai, vrai comme l'Évangile. Mais modérons-nous un peu, capitaine, et parlons plus bas; car le Seigneur seul connaît ceux qui sont dans notre voisinage.—Qui est avec vous, Monsieur? N'est-ce pas le révérend M. Woods?

— Qu'importe? Celui qui est avec moi y est par mes ordres, tandis que vous, vous êtes ici contre ma volonté. Vous me connaissez assez, Joël, pour comprendre qu'il n'y a que la vérité qui puisse me satisfaire.

— Mon Dieu! Monsieur, je suis un de ceux qui désirent ne jamais rien dire contre la vérité. Le capitaine m'a connu assez longtemps pour apprécier mon caractère; il n'est pas besoin d'en dire davantage là-dessus.

— Hé bien, Monsieur, donnez-moi vos raisons, et cela sans aucune réserve.

— Oui, Monsieur; le capitaine les connaîtra. Il sait que cette après-midi l'alarme produite par l'arrivée des Indiens nous a fait emporter nos affaires de nos maisons assez précipitamment. Ce fut un terrible moment de désordre. Hé bien, le capitaine sait aussi que nous ne travaillons pas pour lui sans en recevoir de salaire; j'ai économisé chaque année assez pour avoir maintenant quelques centaines de dollars, et j'ai pensé que l'argent serait en danger si les sauvages commençaient par le pillage, et je suis sorti pour chercher mon argent.

— Si cela est vrai, comme je l'espère, vous devez avoir cet argent sur vous.

Joël étendit son bras et fit toucher au capitaine un mouchoir dans lequel était certainement une bonne quantité de monnaie. Cela fit croire à ses paroles, et leva les soupçons du capitaine. L'inspecteur fut interrogé sur le moyen dont il s'était servi pour franchir la palissade; il avoua qu'il l'avait simplement escaladée, ce qui n'offrait pas une grande difficulté à l'intérieur. Comme le capitaine connaissait trop bien Joël pour ignorer son amour pour l'argent, il lui pardonna facilement d'avoir désobéi à ses ordres. C'était le seul homme qui ne confiât pas son petit trésor au coffre de fer de la Hutte; le meunier lui-même avait pleine confiance dans le propriétaire de l'établissement; mais Joël appréciait trop bien ses propres intentions pour ajouter foi aux intentions des autres.

Pendant tout ce temps le major se tint assez loin pour ne pas être reconnu, quoique deux ou trois fois Joël eût paru vouloir s'assurer qui il était. Maud avait éveillé des soupçons qui s'emparèrent plus aisément des pensées du père et du fils, au moment où les circonstances venaient si mal à propos jeter cet homme à travers leur chemin. Aussi le capitaine désirait-il se débarrasser de son inspecteur le plus tôt possible. Il jugea prudent cependant de l'interroger encore.

— N'avez-vous rien remarqué du côté des Indiens depuis que vous vous êtes éloigné de la fortification, Strides? Nous n'apercevons pas d'autres traces de leur présence que les feux que voilà, quoique nous pensions que quelques sauvages aient dû passer par ce chemin, car la vache blanche a été traite.

— Je vous avouerai que je crois qu'ils ont quitté la vallée ; Dieu seul sait quand ils reviendront. Quant à la vache, c'est moi qui l'ai traite, car c'est celle que le capitaine a donnée à Phœbé pour sa petite laiterie. J'ai pensé que cela pourrait faire souffrir la pauvre bête d'attendre si longtemps. Le seau est près de là à côté des palissades, et les femmes et les enfants seront contents de le voir demain matin.

Ce trait caractérisait Joël Strides. Il n'avait pas hésité à désobéir aux ordres du capitaine et à risquer sa vie pour mettre son argent en sûreté ; mais, puisqu'il sortait, il avait eu la prévoyance d'emporter un seau, afin de pourvoir aux besoins de ceux qui étaient en dedans des palissades, et qui étaient trop accoutumés à ce genre d'aliment pour n'en pas sentir la privation. Si nous ajoutons que, dans cette attention prudente aux besoins de ses compagnons, Joël avait eu en vue le désir de se populariser, et que justement pour cette raison il avait choisi sa propre vache, le lecteur devinera certainement le caractère de l'homme qui est devant lui.

— En ce cas, répondit le capitaine, me voilà déjà rassuré en découvrant que les sauvages n'ont pas trait cette vache. Reprenez le seau et rentrez, Joël. Aussitôt que le jour paraîtra je vous recommande de ramener les vaches en dedans de la fortification et de les faire toutes traire ; elles paissent justement près des palissades, et viendront promptement à votre appel. — Allez, mais ne dites pas que vous m'avez rencontré en compagnie de...

— De qui parle le capitaine ? demanda Joël avec curiosité, remarquant que l'autre s'était arrêté.

— Ne dites pas que vous nous avez rencontrés, voilà tout. Il est très-important que mes mouvements soient tenus secrets.

Le capitaine et son fils continuèrent alors leur route, avec l'intention de passer devant les cabanes, qui bordaient cette partie de la vallée, et suivirent un sentier qui devait les conduire à la grande route allant de la Hutte au moulin. Le capitaine marchait devant, tandis que son fils se tenait en arrière à une distance de deux ou trois pas. Tous deux s'avançaient lentement et avec précaution, portant au bras leurs carabines, toutes prêtes à leur servir s'il était nécessaire. Ils avaient parcouru de la sorte une petite distance, quand Robert sentit qu'on lui touchait le coude et vit le visage de Joël à quelques pouces du sien ; car l'inspecteur essayait de le reconnaître sous son chapeau à larges bords. Cette action fut si soudaiue et si inattendue qu'il fallut au major tout son sang-froid pour ne pas se laisser découvrir.

— Est-ce vous, Daniel? c'est ainsi que s'appelait le meunier. Qu'est-ce qui a donc pu porter le capitaine à faire cette sortie, quand la vallée est pleine d'Indiens? dit tout bas Joël en prolongeant ses paroles, afin d'avoir le temps de se convaincre de la justesse de ses conjectures. Racontez-moi donc cela.

— Vous allez me mettre dans l'embarras vis-à-vis du capitaine, répondit le major en s'écartant un peu de son déplaisant voisin, et parlant aussi à voix basse. Le capitaine aime aller à la découverte, et vous savez qu'on ne peut pas le contredire. Laissez-nous donc, et n'oubliez pas le lait.

Comme le major s'éloignait et semblait déterminé à ne pas se faire connaître de l'inspecteur, il fallut que ce dernier en demeurât là ; tenant à paraître respectueux et soumis, il ne voulait pas enfreindre les ordres du capitaine. Jamais cependant Joël Strides n'avait laissé un homme glisser de ses doigts avec autant de répugnance. Il avait bien vu que le compagnon du capitaine n'était pas le meunier, mais le déguisement était trop complet pour qu'il eût pu se guider sur la taille de l'inconnu. A cette époque on distinguait les différentes classes de la société par le costume que chacune portait habituellement, et, accoutumé à voir le major Willoughby dans l'uniforme qui appartenait à sa profession, il ne l'aurait jamais découvert ainsi déguisé, surtout ne connaissant ni ne soupçonnant sa visite. Cette fois, son habileté se trouvait complétement en défaut; certain que ce n'était pas son ami Daniel, il était incapable de dire qui c'était.

Dans cette incertitude, Joël, pour le moment, oublia les sauvages et les dangers qu'il courait dans leur voisinage. Il se rendit, comme poussé par une mécanique, à l'endroit où il avait laissé le seau, et se dirigea ensuite lentement vers la Hutte, réfléchissant à chaque pas sur ce qu'il venait de voir. Lui et le meunier avaient des communications secrètes avec certains agents des révolutionnaires, en sorte que malgré leur position isolée, ils connaissaient des faits que leur maître ignorait complétement. Il est vrai que c'étaient des agents d'une classe inférieure qui s'attachent à toutes les grandes entreprises politiques dans le but unique d'y trouver leur propre bénéfice; cependant, comme ils étaient actifs, adroits et hardis, et qu'ils avaient l'adresse de se rendre utiles, ils passaient dans la foule pour des patriotes et pouvaient donner à leurs pareils d'utiles informations.

C'était à l'aide de semblables moyens que Joël connaissait l'importante mesure de la déclaration d'indépendance, qui était restée un secret pour le capitaine Willoughby. Dans l'attente d'une confiscation, plusieurs de ces hommes avaient déjà choisi la portion de terre qui devait être la récompense de leur patriotisme. On a dit que les ministres anglais précipitèrent la révolution américaine dans l'intention de partager entre leurs favoris les états qui allaient dépendre de la couronne. On peut concevoir des doutes raisonnables sur des motifs aussi odieux. D'un autre côté, cependant, il est certain que la postérité conservera avec les noms justement illustres que les événements de 1776 ont donnés à l'histoire, ceux de quelques individus qui n'ont agi que par les motifs les plus intéressés, et qui se sont enrichis avec les biens confisqués à leurs parents ou à leurs amis. Joël Strides était d'une trop basse classe pour arriver à faire enrôler son nom sur la liste des héros; ce n'était pas un ambitieux d'une telle distinction; il n'aspirait cependant à rien moins qu'à devenir propriétaire de la Hutte. Dans un état ordinaire de la société une vue aussi haute dans un homme de cette condition semblerait déraisonnable, mais Joël était né de gens qui mesurent rarement leurs prétentions sur leur mérite, et qui s'imaginent que marcher hardiment surtout dans le chemin de l'argent est le premier et le plus important degré de réussite. Cette doctrine est fausse dans des milliers de cas. Joël ne voyait pas d'autre obstacle que la loi qui s'opposât à ce qu'il devînt le seigneur de l'établissement aussi bien que le capitaine Willoughby, et la loi pouvant subir des changements favorables à ses desseins, il avait prudemment résolu de ne s'inquiéter d'aucune autre considération. La pensée de ce que deviendraient mistress Willoughby et ses filles le touchait peu; elles avaient déjà possédé les avantages de leur situation assez longtemps pour donner à Phœbé et à la femme du meunier la prétention morale de leur succéder.

L'apparition d'un étranger en compagnie du capitaine Willoughby ne pouvait donc pas manquer de faire naître des conjectures dans l'esprit d'un homme qui chaque jour et à toute heure s'occupait de tous ces changements importants. Qui cela peut-il être? pensait Joël tout en suivant lentement le sentier, et posant une jambe après l'autre, comme si un plomb était attaché à ses pieds. Ce n'est pas Daniel, ni personne de la Hutte. L'autorité du capitaine est grandement raffermie depuis le mariage de sa fille avec le colonel Beekman, c'est certain. Le colonel ne laisserait pas sortir cette nouvelle propriété de la famille sans faire des efforts pour l'empêcher. Mais s'il était tué, c'est un danger qu'on court à la guerre, et cela peut arriver à lui comme à d'autres. Daniel trouve que le colonel paraît devoir vivre peu. Hé bien, demain je saurai probablement le nom du compagnon du capitaine, et alors je pourrai faire mes calculs avec plus de certitude.

Ce n'est là qu'un léger aperçu de ce qui se passait dans l'esprit de Joël, tandis qu'il s'avançait, mais qui servira cependant à faire pénétrer le lecteur dans le secret des sentiments de l'inspecteur, ce qui est nécessaire pour la suite de notre histoire. Au moment où Joël s'approcha de la palissade, son esprit était tellement absorbé par ses pensées qu'il oublia le danger dans lequel il se trouvait; les chiens aboyèrent, et il fut salué par un coup de fusil. Aussitôt Joël revint à lui, appela pour qu'on vînt lui ouvrir, et probablement sauva ainsi sa vie. Le bruit du coup de fusil produisit une alerte. Pendant que l'inspecteur chancelait à la porte, les gens du capitaine arrivèrent de la cour tout armés, et s'attendant à un assaut. Au milieu de cette scène de confusion, le chapelain, non moins étonné de cet événement inattendu, fit entrer l'inspecteur. Il est inutile de dire que les questions l'assaillirent de tous côtés. Joël répondit simplement qu'il avait été traire une vache par l'ordre du capitaine, et qu'il avait oublié de convenir d'un signal pour faire connaître son retour. Il s'aventura à nommer son maître parce qu'il savait qu'il n'était pas là pour le contredire, et M. Woods, craignant que ses deux amis n'eussent été vus, renvoya aussitôt tout le monde, retenant seulement l'inspecteur à la porte pour avoir avec lui seul une minute d'entretien. Avant de se retirer avec les autres, le meunier demanda le seau pour donner du lait à ses enfants; mais quand il l'eut reçu, il s'aperçut qu'il était vide. La balle avait passé à travers, et le contenu s'était échappé.

— N'avez-vous rien vu, Strides? demanda le chapelain dès qu'il n'y eut plus personne.

— Mon Dieu! monsieur Woods, j'ai rencontré le capitaine. Je fus aussi étonné de le voir que je viens de l'être tout à l'heure en entendant le coup de fusil, car je ne m'attendais pas plus à cela qu'à vous voir monter au ciel dans cet habillement, comme Élie de vieille mémoire. Il y avait le capitaine, et.... et....

Ici Joël espérait que le chapelain ajouterait le nom qu'il désirait entendre.

— Mais n'avez-vous pas vu de sauvages? Je savais que le capitaine était sorti, et vous ferez bien de n'en rien dire, de peur que cela n'arrive aux oreilles de mistress Willoughby et ne lui cause de l'inquiétude. Vous ne savez rien des sauvages?

— Rien du tout. Ils sont en repos, s'ils ne sont pas partis actuellement. Qui m'avez-vous dit qui était avec le capitaine?

— Je n'en ai pas parlé. Je m'informe des Indiens qui, comme vous le savez, se tiennent parfaitement enfermés. Hé bien, Joël, allez vers votre femme qui doit être inquiète de vous, et soyez prudent.

Ainsi congédié, l'inspecteur n'osa pas hésiter, il entra dans la cour, où tout était encore en mouvement.

Quant aux deux aventuriers, ils poursuivirent leur route en silence. Ils entendirent le coup de fusil et saisirent quelques sons de l'alarme qui le suivit; mais en devinant aussitôt la cause, ils ne s'en troublèrent pas : la tranquillité qui succéda leur montra bien qu'ils ne s'étaient pas trompés. En ce moment, ils étaient à cent pas des feux. Le major avait remarqué qu'aucun être vivant n'avait bougé auprès d'eux au bruit du coup de fusil. Aussi se persuada-t-il que la place était déserte, et il le dit tout bas à son père.

— Avec d'autres ennemis que les Indiens, répondit ce dernier, tu pourrais penser assez juste, mais avec ces coquins on n'est jamais sûr de rien. Il faut que nous avancions avec la précaution la plus grande.

Ils s'approchèrent des feux, qui étaient presque éteints; aussi n'était-il pas difficile de regarder dans le camp sans être aperçu. Tout était désert. Le major gravit alors le roc avec la plus grande assurance; car naturellement brave et accoutumé à se commander à lui-même quand l'occasion le demandait, il établissait de justes distinctions entre le danger réel et l'alarme inutile, et c'est là la plus vraie de toutes les preuves du courage.

Le capitaine, sentant sa responsabilité de mari et de père, parut un peu plus prudent, mais le succès lui donna aussitôt plus de confiance, et le rocher fut complétement exploré. Ils descendirent jusqu'au moulin, et ils y entrèrent, ainsi que dans les cavernes voisines; ils ne trouvèrent personne, et reconnurent qu'aucun dégât n'avait été fait. Ils visitèrent ensuite plusieurs autres points suspects; enfin le capitaine en vint à conclure que les Indiens s'étaient retirés pour la nuit au moins, sinon complétement. Faisant un circuit, cependant, ils se rendirent dans la chapelle et dans une ou deux habitations de ce côté de la vallée, puis ils dirigèrent leurs pas vers la Hutte.

Quand ils furent près de la fortification, le capitaine appela avec force et frappa dans ses mains. A ce signal, les portes furent ouvertes, et ils se trouvèrent en face de leur ami le chapelain. Après avoir échangé quelques mots, ils entrèrent dans la cour et se séparèrent, chacun prenant la direction de sa chambre. Le major, fatigué d'une longue marche, fut aussitôt plongé dans un sommeil de soldat; mais il s'écoula quelques heures avant que son père, plus réfléchi et encore inquiet, trouvât le repos dont il avait tant besoin.

CHAPITRE XV.

> Je vous enseignerais le moyen de faire un juste choix, mais alors je serais parjure. Voudrais-je jamais l'être? pourriez-vous m'y engager? Mais si vous vous trompez, je crains d'en arriver à regretter de n'avoir pas été parjure.
>
> PORTIA.

Le capitaine Willoughby savait qu'en temps de guerre l'heure qu'un soldat appréhendait le plus, était celle qui précédait l'aurore. C'est le moment des surprises, et c'est surtout l'heure de sang des Indiens. En conséquence, il avait donné des ordres pour qu'on l'éveillât à quatre heures, et pour que tous les hommes de la Hutte fussent aussi sur pied et armés. Quoique la vallée eût paru tout à fait déserte, ce guerrier expérimenté des frontières se défiait des ruses, et il prévoyait la possibilité d'un assaut un peu avant le retour du jour, mais il aurait été fâché de faire part de ses craintes à sa femme et à ses filles.

D'après les dispositions qu'on avait prises, le major pouvait se rendre utile en cas d'attaque, sans s'exposer vainement au danger d'être découvert. Il était chargé de la défense du côté de la Hutte dont les fenêtres s'ouvraient sur la cour, et Michel et les deux Plines devaient l'assister. Ce n'était pas là une précaution tout à fait inutile. Quoique la colline semblât une sauvegarde vers cette portion de la défense, on aurait pu l'escalader, et on doit se souvenir qu'il n'y avait pas de palissades du côté septentrional de la maison.

Quand tous les hommes furent assemblés dans la cour, une heure environ avant que le jour eût paru, Robert Willoughby réunit sa petite troupe dans la salle à manger, et là il examina, à la lumière d'une lampe, les armes de ses gens, leurs accoutrements, et leur commanda d'attendre qu'ils reçussent de lui de nouveaux ordres. Son père, aidé du sergent Joyce, en fit de même dans la cour, et aussitôt après avoir rempli ce devoir, il franchit la première porte avec toute sa troupe. Comme l'appel avait été général, les femmes et les enfants s'étaient aussi levés ; plusieurs, parmi les premières, allèrent voir si toutes les meurtrières étaient pourvues d'armes, tandis que les moins déterminées s'occupaient des soins de leurs enfants et de leur ménage. En un mot, la Hutte, à cette heure, ressemblait à une ruche en activité.

Il n'est pas à supposer que mistress Willoughby et ses filles aient pu garder le lit dans une circonstance comme celle-ci. Elles se levèrent avec les autres ; la grand'mère et Beulah s'occupèrent tout d'abord du petit Evert, dont la vie et la sûreté les inquiétaient plus que toute autre chose. C'était tout naturel. Aussi Maud s'étonnait-elle de ne pas ressentir en elle-même pour cet enfant un intérêt très-vif, dans un moment où les dangers devaient réveiller tous les tendres sentiments.

—Nous nous occuperons de l'enfant, Maud, dit la mère quelques minutes après que toutes trois furent habillées. Vous irez vers votre frère qui sera très-isolé dans la citadelle. Il pourrait désirer aussi envoyer un message à son père. Allez, chère fille, soutenez le courage du pauvre Bob.

Quelle tâche pour Maud ! Cependant elle obéit sans hésiter, car les habitudes de son enfance n'avaient pas été totalement surmontées par les sentiments de ses dernières années. Elle ne pouvait pas avoir avec celui qu'elle avait si longtemps regardé comme un frère la même réserve qu'avec un étranger pour lequel elle aurait éprouvé les mêmes sentiments d'amour. Et puis, pour Maud, un ordre de sa mère était une loi, et il n'y avait rien en elle qui pût l'empêcher de contribuer au bonheur de Bob.

Sa présence fut un grand soulagement pour le jeune homme, qu'elle trouva dans la bibliothèque. Mike et les deux Plines étaient postés en sentinelle pour prévenir l'arrivée des importuns. Robert ne pouvait avoir des rapports avec son père que par le moyen des messages, et le côté qu'il occupait ne communiquait qu'avec la cour, excepté par une seule porte près de l'office devant laquelle O'Hearn était en faction.

— Que vous êtes bonne, ma très-chère Maud! s'écria le jeune homme en prenant la main de la visiteuse et la pressant dans les deux siennes, mais sans embrasser la jeune fille comme il l'aurait certainement fait si c'eût été Beulah; que vous êtes bonne! Je vais pouvoir apprendre quelque chose de l'état de la famille. Ma mère est-elle tranquille?

Ce fut peut-être une retenue naturelle, ou même une coquetterie dont elle-même ne se rendit pas compte, qui dicta la réponse de Maud. Elle ne savait pourquoi, et cependant elle tenait à ce que Robert comprît qu'elle n'était pas venue de son propre mouvement.

— Ma mère est bien, et ne s'alarme nullement, dit-elle. Elle et Beulah sont occupées du petit Evert, qui chante et s'agite joyeusement comme s'il méprisait le danger, ainsi qu'il convient au fils d'un soldat. Moi-même, je m'en suis beaucoup amusée, quoique l'on m'accuse d'être insensible à ses perfections. Pensant que vous étiez solitaire et que vous pouviez souhaiter de communiquer avec quelqu'un de nous, ma mère a désiré que je vinsse vers vous.

— Les ordres de ma mère étaient donc nécessaires pour vous porter à venir me consoler, Maud?

— C'est là une réflexion que je n'ai pas faite, Bob, répondit Maud en rougissant légèrement, mais avec un sourire qui ôtait tout ce que ses paroles mêmes avaient de piquant; des jeunes filles peuvent se livrer à de plus convenables occupations, je crois. Vous admettrez que je vous ai conduit avec adresse dans la Hutte, hier soir, et actuellement c'est assez de ce service. Mais ma mère m'a dit que nous avions des causes de mécontentement contre vous, pour avoir si étourdiment quitté l'endroit sûr où vous aviez été amené et vous être hasardé dans la vallée avec l'imprudence d'un enfant.

— Je suis sorti avec mon père ; sûrement je ne pouvais être en meilleure compagnie.

— Est-ce à sa suggestion ou à la vôtre, Bob? demanda Maud en secouant la tête.

— J'avoue que c'était un peu à la mienne. Il me semblait si irrégulier pour deux soldats de rester dans l'ignorance sur la position des ennemis, que je n'ai pu résister au désir de faire une petite sortie. Il faut que vous reconnaissiez, ma chère Maud, que nous agissions pour *votre sûreté*, pour celle de ma mère et de Beulah, de toutes trois enfin ; et vous devez être la dernière à nous blâmer.

Maud rougit à ces paroles *votre sûreté*, sur lesquelles Robert appuya ; mais un acte qu'elle trouvait rien moins que prudent ne put la faire sourire.

— Ce sont là de puissants motifs, je le sais, dit-elle après une pause, mais il me semble que vous ne deviez pas courir vers de tels dangers. Vous avez donc oublié combien la vie de notre père nous est précieuse, à ma mère, à Beulah, et même à moi, Bob?

— Même à vous, Maud! Et pourquoi pas autant à vous qu'à nous.

Maud pouvait bien parler à Beulah du défaut de parenté entre elle et la famille, mais elle n'aurait pu se commander assez à elle-même pour faire une allusion directe à ce sujet en présence de Robert Willoughby. Cependant cette pensée était rarement absente de son esprit ; l'amour qu'elle avait pour le capitaine et sa femme, pour Beulah et le petit Evert, arrivait à son cœur à travers un plus tendre sentiment qu'une simple affection de fille et de sœur. Au lieu de répondre à Robert, elle lui fit une autre question après qu'un instant de silence eut dissipé son embarras :

— Avez-vous vu quelque chose, après tout, pour compenser tant de risques?

— Nous avons acquis la certitude que les sauvages avaient déserté leurs feux, et n'étaient entrés dans aucune cabane. Ou ils veulent nous tromper, ou ils ont en effet fait une retraite aussi soudaine et aussi inattendue que leur invasion ; nous ne savons à quoi nous en tenir. Mon père appréhende une trahison, cependant ; et quant à moi il me semble que l'arrivée et le départ peuvent être tout à fait accidentels. Les Indiens sont en mouvement, certainement, car il est connu que nos agents s'entendent avec eux ; mais ce n'est pas ainsi que *nos* Indiens inquiéteraient le capitaine Willoughby, sir Hugh Willoughby, comme l'appellent les Anglais.

— Mais ceux des Indiens gagnés par les Américains ne pourraient-ils pas venir nous attaquer ?

— Je ne le pense pas : c'est l'intérêt des rebelles d'empêcher, au contraire, les sauvages de se mêler à la querelle; leur manière de faire la guerre plairait peu aux Américains.

— Et cela aurait-il dû plaire aux généraux du roi ou aux ministres, Bob?

— Peut-être pas, Maud. Je connais assez la politique et la guerre pour savoir que l'on considère les résultats plus que les principes. L'honneur, la chevalerie, l'humanité, la vertu et la droiture, sont hardiment employés en paroles, mais ces grands mots produisent rarement autant d'influence sur les faits. La victoire est la fin qu'on se propose, et les moyens varient selon les circonstances.

— Et où est donc tout ce que nous avons lu ensemble? oui, ensemble, Bob; car je vous dois d'avoir dirigé mes études. Où est donc tout ce que nous avons lu sur la gloire et la droiture du nom anglais et de la cause anglaise?

— Je ne sais qu'en penser, Maud, quand je vois que la gloire et la droiture de la cause et du nom américain seront vantées dès que cette nouvelle nation aura hardiment brisé les liens qui l'attachent au roi et détruit sa moralité publique.

— Vous êtes engagé dans une mauvaise cause, major Willoughby, et le plus tôt que vous l'abandonnerez sera le meilleur.

— Je le ferais à la minute, si je savais où trouver mieux. Remarquez cela, ma chère Maud, toutes les causes sont semblables à celle-ci; d'un côté on emploie des instruments comme les Anglais emploient les sauvages, et l'autre côté trouve son intérêt à désapprouver un tel acte. Chacun croit à la bonté de sa cause; vous et moi nous pensons qu'il est bien, ma chère Maud, de défendre les droits de notre souverain; Beulah ne juge pas en cela comme nous.

— Beulah écoute son cœur, peut-être, comme font toutes les femmes, dit-on. Quant à moi, je suis libre de suivre ma propre opinion.

— On dit que vous épousez la cause du roi, Maud?

— Ah! je suis bien capable de me laisser influencer par les notions d'un certain capitaine Willoughby et de Wilhelmina, sa femme; ils m'ont si bien guidée dans tant d'occasions, que je ne me défierais pas aisément de leurs opinions sur ce sujet.

Le major désapprouvait cette raison ; et quand elle lui revint dans l'esprit, ce qui arriva souvent dans le cours de la journée, il fut mécontent de lui-même d'avoir été assez peu raisonnable pour s'attendre à ce qu'une jeune fille de vingt et un ans ne pensât pas, en beaucoup de circonstances, comme ses parents réels ou présumés. A ce moment, cependant, il n'insista pas sur ce point.

— Je suis contente d'apprendre, Bob, reprit Maud plus gaiement, que vous n'avez rencontré personne dans votre imprudente sortie, car je ne puis m'empêcher de l'appeler imprudente, quoique sanctionnée par mon père.

— J'ai eu tort de dire cela. Nous avons rencontré un homme qui n'est rien moins que votre épouvantail, Joël Strides, aussi innocent, cependant, qu'on peut le souhaiter.

— Que dites-vous là, Robert? Cet homme connaît-il donc votre présence à la Hutte?

— Je ne le pense pas. Joël, poussé par la curiosité, approcha son visage à quelques pouces du mien; mais je ne crois pas qu'il m'ait reconnu. J'ai tout lieu de présumer que, grâce à l'obscurité et à ce déguisement, il a dû se trouver très-embarrassé.

— Le ciel en soit loué! s'écria Maud en respirant plus librement. Je me défie depuis longtemps de cet homme, quoiqu'il paraisse posséder davantage la confiance de chacun. Ni mon père ni ma mère ne veulent le voir comme moi; cependant son dessein de vous faire tort est si clair, que je m'étonne souvent que les autres ne le reconnaissent pas. Beulah elle-même est aveugle.

— Et qu'est-ce donc qui peut vous faire voir si clairement, Maud? J'ai consenti à garder l'incognito, à votre prière, et cependant, pour avouer la vérité, je ne vois pas de raison particulière pour me défier plutôt de Joël Strides que de quelque autre dans la vallée, que de Mike, par exemple.

— De Mike! Je répondrais de sa fidélité sur ma vie. Celui-là ne vous trahira jamais, Bob.

— Mais pourquoi Joël cause-t-il à ce point votre défiance? Et pourquoi est-ce moi qui suis l'objet particulier de vos appréhensions?

Maud se sentit encore rougir ; donner une simple raison de sa défiance, lui était impossible, car ce n'était que le tendre intérêt qu'elle prenait au salut de Robert Willoughby qui lui avait fait deviner la vérité.

— Pourquoi je crois aux vues sinistres de Strides, voilà ce que je ne serais guère capable de vous expliquer, Bob, répliqua-t-elle après un moment de silence; cependant j'y crois comme à mon existence. Ses regards, ses questions, ses voyages, et une remarque récente, tout cela a eu de l'influence sur ma manière de voir; néanmoins je ne pourrais donner une preuve claire et satisfaisante. Pourquoi devez-vous être particulièrement l'objet de ses complots? c'est assez simple, puisque vous êtes le seul parmi nous à qui l'on puisse faire un tort sérieux. Il peut trouver son avantage à vous trahir.

— Auprès de qui me trahirait-il, ma chère? Mon père est la seule personne ici revêtue de quelque autorité, et ce n'est pas lui que je doive redouter.

— Cependant vous avez été assez alarmé dernièrement pour faire votre route vers Boston. Les causes de vos appréhensions peuvent encore exister aujourd'hui.

— Il y avait alors des étrangers dans la vallée, et nous ne savions pas exactement où ils se trouvaient. Je me suis rendu à vos instances cependant, Maud, et je ne m'exposerai pas, à moins d'une sérieuse alarme; car alors il est bien entendu qu'il me sera permis de me montrer. Dans un moment pareil, mon apparition inattendue au milieu de nos gens pourra faire un effet dramatique et nous donner la victoire. Mais apprenez-moi l'effet de mon message. Mon père se rattachera-t-il à la cause royale?

— Je ne le pense pas. Tous les moyens de le persuader sont perdus. Son titre de baron, par exemple, il ne le prendra jamais. Cela déjà ne peut pas le flatter. Et puis, ses sentiments sont ceux de sa nouvelle patrie; il les croit justes, et il est disposé à les maintenir, surtout depuis le mariage de Beulah. La famille de ma mère, aussi, a beaucoup d'influence sur lui. Ils sont tous whigs, vous le savez.

— Ne profanez pas ce nom, Maud. Le whig n'agit pas en rebelle, tandis que ces hommes mal guidés ne sont ni plus ni moins que des rebelles. Je pensais que cette déclaration d'indépendance porterait mon père à se tourner de l'autre côté.

— Cette nouvelle l'a sans doute troublé comme l'a fait la bataille de Bunker-Hill, mais il réfléchira pendant quelques jours,

13

et se décidera comme il le fit alors en faveur des Américains. Il a certaines partialités naturelles à ceux qui sont nés en Angleterre, mais sur ce point son esprit est fortement américain.

— C'est ce maudit établissement sur ce rocher qui est cause de cela. Que n'est-il resté dans la société parmi ses égaux, nous le verrions aujourd'hui à notre tête? — Maud, je sais que je puis me confier à vous.

Maud était charmée de cette confiance, et elle leva sur le major ses grands yeux bleus dont l'expression montrait bien quelque chose de la douce satisfaction qu'elle éprouvait; mais elle ne répondit rien.

— Vous devez bien penser que je n'ai pas fait ce voyage tout à fait sans motif, je veux dire sans un motif plus important même que de vous voir tous. Le commandant en chef est chargé de lever plusieurs régiments dans ce pays, et l'on pense à mettre à leur tête des hommes influents dans les colonies. Le vieux Noll de Lancey, par exemple, si bien connu de nous tous, va diriger une brigade, et j'ai sur moi une lettre de lui dans laquelle il offre un de ses régiments à sir Hugh Willoughby. Un des Allens de Pensylvanie, qui était contre nous, a renoncé à la commission du congrès depuis cette criminelle déclaration, et a consenti à commander un bataillon du roi. Pensez-vous que tout cela n'aura pas de poids auprès de mon père?

— Il est probable que cela lui fera faire des réflexions, mais il ne changera pas d'idée. M. Olivier de Lancey peut se décider à être général, mais mon père s'est retiré, et il ne songe plus à prendre du service. Il nous a dit qu'il ne s'était jamais plu à la guerre, et qu'il s'est trouvé plus heureux de venir ici que lorsqu'il a gagné sa première commission. M. Allen a peut-être bien fait de changer d'opinion, dit-il, mais moi je ne vois pas la nécessité d'en changer. Je suis ici avec ma femme et mes filles, et le soin de leur sûreté m'occupe assez dans ces temps de troubles. Que pensez-vous qu'il ait dit, Bob, dans une de ses conversations avec nous sur ce sujet?

— Je ne sais, quoique j'appréhende qu'il n'ait parlé de la pitoyable politique du jour.

— Bien loin de là, ce sont de bons sentiments qui appartiennent ou qui doivent appartenir à tous les jours et à tous les âges, répondit Maud d'une voix émue. Mon fils est là, nous a-t-il dit, c'est assez d'un soldat dans une famille comme la nôtre. Nous sommes tous pour lui dans des craintes continuelles, et il peut nous faire porter le deuil à tous.

Le major Willoughby devint pensif en entendant ces paroles, et garda un instant le silence.

— Je cause déjà des inquiétudes à mes parents, répondit-il enfin, pourquoi augmenterais-je celles de mon excellente mère en persuadant à son mari de reprendre du service? Vraiment, je ne sais que faire.

— Ne l'engagez pas à cela, mon cher Robert; votre profession rend ma mère assez malheureuse, n'ajoutez pas à ses chagrins. Rappelez-vous que trembler pour une personne c'est suffisant pour une femme.

— Ma profession rend ma mère malheureuse! s'écria le jeune homme qui ne pensait qu'à son père à cet instant. Beulah n'a-t-elle donc jamais exprimé d'inquiétude pour moi, ou ses nouveaux devoirs ont-ils complétement chassé son frère de son souvenir? Je sais que c'est à peine si elle peut me souhaiter des succès; mais, elle peut cependant montrer quelque intérêt pour un frère unique. Nous ne sommes que deux.

Maud tressaillit, comme si quelque objet effrayant lui eût passé devant les yeux; mais elle garda le silence, déterminée à entendre ce qui allait suivre. Robert Willoughby s'était tellement accoutumé à penser que Beulah était sa seule sœur, que ces paroles lui échappèrent malgré lui. Cependant, dès qu'il les eut prononcées, la pensée de l'effet qu'elles pouvaient avoir produit sur Maud traversa son esprit. Ignorant tout à fait la nature des sentiments de Maud pour lui, il n'avait jamais osé faire un aveu direct des siens, car il lui semblait qu'une sœur serait naturellement choquée d'entendre de la bouche de son frère la déclaration d'un pareil attachement, et il s'imaginait que la délicatesse et l'honneur l'obligeraient à emporter son secret avec lui dans le tombeau. Deux minutes de franche explication pouvaient dissiper à jamais tous ces scrupules; mais comment entamer ce sujet? c'était un obstacle que le jeune homme avait toujours trouvé insurmontable. Quant à Maud, elle ne connaissait qu'imparfaitement son propre cœur; à la vérité elle avait bien quelques lueurs de ses sentiments, mais c'était à travers des impulsions soudaines et involontaires qui se mêlaient étrangement à ses affections. Depuis qu'elle avait cessé de penser à Robert Willoughby comme à un frère, elle avait commencé à le considérer avec d'autres yeux ; cependant elle avait lutté contre ses sentiments. Le capitaine et sa femme étaient bien ses parents, Beulah sa sœur bien-aimée, le petit Evert son neveu, tandis que Bob, quoiqu'elle l'appelât toujours Bob comme avant, quoiqu'elle eût toujours pour lui la confiance qu'elle lui témoignait autrefois, quoiqu'elle l'aimât avec une tendresse qu'il aurait voulu connaître au prix même de son grade, elle ne le regardait plus comme un frère. — Beulah peut faire cela, se disait-elle quelquefois, mais Beulah est sa sœur. Je puis lui écrire, causer librement avec lui, lui montrer de l'affection, tout cela est juste, et je serais la femme la plus ingrate de la terre si j'agissais autrement ; mais je ne puis m'asseoir sur ses genoux comme fait Beulah, je ne puis me jeter à son cou et l'embrasser comme fait Beulah, ni chercher à connaître ses secrets comme fait Beulah, ou affecter de le faire pour le tourmenter. Je dois être plus réservée avec un jeune homme qui n'a pas dans ses veines une goutte du même sang que moi. Et Maud en arrivait ainsi à désavouer toute parenté avec la famille Willoughby, dont elle honorait le chef comme son père. Ce fut le major qui interrompit le long silence qui avait succédé à ses paroles irréfléchies.

— C'est contrariant d'être enfermé ici, dit-il, sans savoir ce qui arrive, quand à chaque minute peut venir une attaque. Ce côté de la maison pourrait être défendu par vous et par Beulah, aidées des bras et éclairées des conseils de ce jeune fils de la liberté, le petit Evert. Il n'y a réellement que le devant de la Hutte qui exige la présence de ceux qui ont quelque connaissance du métier. Je voudrais qu'il y eût là une ouverture sur le devant à travers laquelle on pût voir au moins s'approcher le danger.

— Si votre présence n'est pas indispensable ici, je puis vous conduire à mon atelier de peinture ; il a une lucarne directement au-dessus de la porte.

Le major accepta la proposition avec joie, et il donna quelques ordres nécessaires à ses subordonnés avant de suivre Maud. Quand tout fut prêt, il prit une petite lampe d'argent qu'elle avait apportée en entrant dans la bibliothèque, et se dirigea vers le petit atelier. Le lecteur sait déjà que la Hutte était bâtie dans une cour, et que des fenêtres on ne voyait que cette cour ; il n'y avait que des lucarnes qu'on pût surveiller ce qui se passait au dehors.

Les greniers étaient très-étendus ; ils étaient partagés en petites chambres percées de fenêtres : les unes s'ouvraient sur la cour, les autres sur la colline. C'était sur les toits, devant ces fenêtres, que le capitaine Willoughby avait fait faire une plate-forme ou terrasse, dans l'intention d'éteindre le feu s'il était nécessaire, ou de défendre la place. Il y avait plusieurs chambres éclairées par des lucarnes, sur les autres côtés du bâtiment. Outre ces arrangements, les portions du grenier étaient partagées en deux grandes parts, comme l'étage placé au-dessous, sans aucune porte de communication. La partie de l'est, sur le devant, à l'étage inférieur, contenait toutes les chambres occupées par la famille. La partie correspondante du côté de l'ouest était donnée aux visiteurs, et était alors occupée par les habitants de la vallée, de même que toutes les chambres et les greniers au-dessus. Sur le derrière, le capitaine avait réservé les appartements à sa famille, même les chambres du grenier. Quelques-unes de ces chambres, particulièrement celles qui étaient au-dessus de la bibliothèque, de la salle de dessin et du parloir, étaient de commodes appartements dont les fenêtres s'ouvraient sur les prairies et sur la forêt : c'est là que M. Woods logeait et qu'il étudiait. On y arrivait à l'aide d'un escalier donnant dans le vestibule qui communiquait avec la cour. Il y avait aussi un escalier plus étroit qui donnait dans l'office.

Comme Mike était placé à la porte de l'escalier principal, Maud passa avec Robert par le petit escalier. Elle laissa à sa droite une suite de petites chambres qui appartenaient aux familles des Plines et des briseuses, et gagna enfin le devant des bâtiments. C'était la moitié de la construction réservée à la famille ; les chambres étaient éclairées par des lucarnes, tandis que de l'autre côté étaient des fenêtres qui s'ouvraient sur la cour.

Maud ouvrit la porte de la petite chambre dont elle avait parlé. C'était un appartement qu'elle avait choisi pour peindre, parce que la lumière de la lucarne était particulièrement favorable. Elle gardait la clef de cette petite pièce, et depuis le mariage de Beulah surtout, c'était là son sanctuaire ; personne n'y entrait, à moins d'être conduit par elle. Quelquefois la petite briseuse y était admise avec un balai, quoique Maud, pour des raisons qu'elle-même connaissait, préférât souvent balayer le plancher de ses belles mains que de souffrir qu'une autre fît cette besogne.

Le major contempla cette chambre qui était à l'usage de Maud depuis sept ans. C'est de là qu'il l'avait vue agiter son mouchoir à son dernier départ, et cent fois depuis il avait pensé à cet acte d'affection qui avait fait naître en lui des doutes, et il ne savait s'il devait en concevoir du chagrin ou de la joie. Était-ce purement une preuve d'affection fraternelle ou bien la manifestation d'un plus tendre sentiment? Ces lucarnes étaient de quatre pieds, percées, selon l'usage, dans les charpentes massives; elles étaient vitrées et avaient d'épais volets à l'épreuve de la balle. Ces volets se fermaient le soir d'après les ordres du capitaine, afin de cacher la lumière, et cette précaution avait été poussée si loin que Maud se mettait rarement à la nuit près de la lucarne avec les volets ouverts.

A ce moment elle laissa la lumière en dehors de la chambre, et ouvrant l'un de ses volets, elle s'aperçut que le jour allait paraître.

— Dans quelques minutes il fera jour, dit-elle, et nous pourrons voir qui est ou qui n'est pas dans la vallée. Regardez, vous apercevrez mon père près de la porte.

— Je le vois à ma honte, Maud. Il ne devrait pas être là tandis que je suis retiré ici derrière des charpentes presque à l'épreuve de la balle.

— Il sera bien temps pour nous d'aller le retrouver quand l'ennemi arrivera. Vous ne pouvez pas penser qu'une attaque soit à craindre ce matin.

— Certainement non; il est trop tard maintenant.

— Alors fermez le volet; j'apporterai la lampe et vous montrerai quelques-unes de mes esquisses. Nous autres artistes nous avons soif de louanges, et je sais que vous êtes un connaisseur qu'on peut redouter.

— C'est fort aimable à vous, ma chère Maud, répondit le major en fermant le volet, car il paraît que vous êtes avare de ces faveurs-là. J'ai entendu dire que vous aviez bien saisi les ressemblances, celle du petit Evert en particulier.

CHAPITRE XVI.

> Craintive, elle se penche sur la toile, lit en tremblant l'histoire que tu y as tracée ; puis elle explique le texte en souriant et pleurant tour à tour.
>
> FAWCETT.

Maud ne savait pas dissimuler, c'est à peine si elle avait pu cacher les impulsions de son cœur. Nous n'allons donc pas raconter une scène dans laquelle une miniature longtemps chérie mais cachée, va révéler à deux amants l'état de leurs cœurs respectifs ; cette scène est d'un caractère tout différent. Il est vrai que Maud avait tâché de faire de mémoire quelques esquisses du visage de Bob, mais c'était à la connaissance de toute la famille ; et son caractère de sœur le lui permettait sans exciter les suppositions. Son père, sa mère et Beulah avaient tous prononcé que ses succès dépassaient leurs espérances ; mais Maud avait jeté de côté les portraits à moitié finis, mécontente de son propre travail. De même que les artistes dont la fertile imagination rêve des sujets impossibles à rendre, de même Maud trouvait que son crayon n'avait jamais, selon elle, assez bien retracé les traits que sa mémoire lui représentait si fidèlement. En un mot, la jeune fille en commença mille dont la ressemblance ne lui parut pas parfaite. Cependant ses efforts n'avaient pas été tenus secrets, et une demi-douzaine d'esquisses étaient encore dans le carton qu'elle ouvrit aux yeux de l'original.

Jamais le major n'avait trouvé Maud plus belle qu'à ce moment. Le plaisir donnait plus d'éclat à son teint, et il y avait sur sa physionomie un tel mélange de franchise, d'affection fraternelle et de réserve féminine, que le jeune homme la trouva charmante. La lumière de la lampe, quoique faible, suffisait pour trahir les sourires de Maud, ses rougeurs, et chaque émotion qui se peignait sur son gracieux visage.

— Maintenant, Bob, dit-elle en ouvrant le carton avec simplicité et confiance, vous savez assez que je ne suis pas un de ces vieux maîtres dont vous m'avez si souvent parlé, mais votre propre élève, et si vous trouvez plus de défauts que vous ne vous y attendiez, vous aurez la bonté de vous souvenir que le maître a déserté ses paisibles occupations pour courir à la guerre. — Voilà d'abord votre caricature qui vous regarde.

— Cela me paraît ressemblant. Vous l'avez donc faite de mémoire, ma chère Maud?

— Et comment l'aurais-je faite autrement? Jamais nous n'avons pu vous décider à nous envoyer même une miniature. Vous avez eu tort, Bob, car ma mère désire actuellement posséder votre portrait : c'est ce qui m'a portée à faire cette entreprise.

— Et pourquoi aucun de ces portraits n'est-il fini? En voilà six ou huit commencés, tous plus ou moins ressemblants, et aucun n'est plus qu'à moitié fait. Pourquoi ai-je été traité si cavalièrement, miss Maud?

Les belles couleurs de l'artiste devinrent plus vives, mais ce fut avec un sourire à la fois doux et railleur qu'elle répondit :

— Caprice de jeune fille, je suppose. Ils ne me plaisent ni les uns ni les autres. Pour être sincère, cependant, je crois que c'est à peine s'il y en a un qui vous ressemble tout à fait.

— Quel défaut trouvez-vous à celui-ci?

— Il manque d'expression.

— Et cet autre, qui est encore mieux? Vous pourrez l'achever pendant que je suis ici, je vous donnerai quelques séances.

— Ma mère elle-même ne l'aime pas; on y voit trop le major d'infanterie. M. Woods dit que c'est une peinture martiale.

— Est-ce qu'un soldat ne doit pas ressembler à un soldat? Il me semble que c'est là un point capital.

— Ce n'est pas ce que ma mère ou Beulah, ou mon père, ou même chacun de nous demande; il est trop plein de Bunker-Hill. Vos amis désirent vous voir comme vous leur paraissez à eux, et non pas comme vous paraissez à vos ennemis.

— Sur ma parole, Maud, vous avez fait de grands progrès. Voilà une vue du Rocher, en voilà une du moulin, de la chute d'eau, et tout cela parfaitement fait. Qu'est ceci? Avez-vous entrepris de faire votre propre portrait? Le miroir doit avoir été secrètement consulté, ma belle coquette, pour vous rendre capable de faire cela.

Le rouge monta d'abord au visage de Maud, quand son compagnon fit allusion à la miniature inachevée qu'il tenait à la main; ensuite ses traits devinrent blancs comme de l'ivoire. Confuse, respirant à peine, elle resta immobile et les yeux baissés, tandis que Robert regardait tour à tour le visage de la jeune fille et la miniature, et faisait ses observations et ses comparaisons. Enfin elle s'aventura à lever timidement vers lui des regards suppliants, comme pour lui demander de passer à quelque autre chose. Mais cette jolie esquisse occupait tellement l'attention du jeune homme, qu'il ne comprit pas l'expression muette de Maud, ou ne voulut pas se rendre à ses souhaits.

— C'est vous-même, Maud! s'écria-t-il, quoique dans un étrange habillement. Pourquoi avoir gâté une chose aussi belle par cette mascarade?

— Ce n'est pas moi; c'est une copie d'une miniature que je possède.

— Une miniature que vous possédez! De qui tenez-vous une aussi charmante miniature, et pourquoi ne l'ai-je pas vue?

Un faible sourire illumina la physionomie de Maud, et les couleurs revinrent à ses joues. Elle étendit sa main vers l'esquisse, et la regarda fixement jusqu'à ce que les larmes vinrent à s'échapper de ses yeux.

— Maud, très-chère Maud, ai-je dit quelque chose qui vous ait affligée? Je ne comprends pas tout cela; mais j'avoue qu'il y a des secrets auquel je puis ne pas avoir la prétention d'être admis.

— Non, Bob, ce serait y attacher une trop grande importance; après tout, un peu plus tôt, un peu plus tard, il faudra bien en parler ouvertement parmi nous. C'est une copie d'un portrait en miniature de ma mère.

— De ma mère, Maud? vous n'y pensez pas. Il n'y a là ni ses traits, ni son expression, ni la couleur de ses yeux. C'est le portrait d'une plus belle femme, quoique ma mère soit belle aussi; mais ceci c'est une beauté parfaite.

— Je veux parler de ma mère, de Maud Yeardley, la femme de mon père, le major Meredith.

Cette parole fut dite avec une fermeté qui surprit notre héroïne elle-même, quand elle vint à penser à tout ce qui s'était passé; quant à son compagnon, il sentit le sang lui monter au cœur.

— C'est étrange! s'écria Willoughby après une courte pause.
— Et *ma* mère... *notre* mère, vous a donné ce portrait et vous a dit qui il représente. Je n'aurais pas cru qu'elle pût avoir ce courage.

—Ce n'est pas elle qui me l'a donné. Vous savez, Bob, que je suis majeure maintenant, et mon père m'a remis depuis un mois quelques papiers ; ils contenaient un acte de mariage et d'autres choses de cette espèce qui montrent que je suis maîtresse d'une fortune dont je ne saurais que faire si je ne la destinais pas au cher petit Evert. Avec les papiers étaient d'autres objets que votre père n'a jamais regardés, je suppose ; c'est parmi ces choses qu'était cette belle miniature.

En disant ces mots, Maud tira la miniature de son sein et la plaça dans les mains de Robert. Quand cet acte si simple fut accompli, son esprit sembla soulagé, et elle attendit avec un intérêt naturel les réflexions de Robert.

— C'est donc là votre propre mère ! dit le jeune homme après avoir étudié la miniature avec une physionomie pensive. C'est bien elle, c'est bien vous.

— C'est bien elle, Bob ? Comment pouvez-vous le savoir ? Je suppose que c'est ma mère, parce que ce portrait me ressemble, et parce qu'il ne serait pas facile de dire quelle autre ce pourrait être ; mais vous ne pouvez le savoir.

— Vous vous trompez, Maud ; je me souviens bien de votre père et de votre mère ; il ne peut en être autrement, car ils m'aimaient beaucoup. Rappelez-vous que j'ai vingt-huit ans maintenant, et j'avais sept ans quand vous êtes née. Pourquoi me fut-il dès lors recommandé de ne jamais parler de tout cela en votre présence ?

— Jamais ! peut-être n'était-ce pas un sujet que je dusse entendre, si cela se rattachait à mes parents.

— Oui, ce dut être la raison qui empêchait que les commencements de votre vie vous fussent racontés.

— Sûrement, sûrement, mais je suis assez âgée maintenant pour entendre cela. Ne me cachez rien, Bob.

— Si je le voulais, je ne le pourrais pas maintenant ; il est trop tard, Maud. Vous savez comment le major Meredith mourut ?

— Il tomba sur le champ de bataille, du moins je l'ai toujours supposé, répondit la jeune fille d'une voix étouffée et avec un accent de doute, car personne ne m'a jamais parlé directement, même de ce fait-là.

— J'étais près de lui lorsqu'il mourut. Les Français et les sauvages nous attaquaient, et nos deux pères s'étaient élancés pour les repousser; j'étais un enfant impatient, même à cet âge si tendre, de voir un combat, et j'étais à leur côté. Votre père tomba un des premiers, mais Joyce et *notre* père écartèrent les Indiens de son corps et le sauvèrent de la mutilation. Votre mère fut enterrée dans le même tombeau, et alors vous fûtes reçue ici où vous êtes toujours restée depuis.

Les larmes de Maud coulaient abondamment, et cependant ce n'était pas tant de chagrin que par un sentiment de tendresse dont elle pouvait à peine se rendre compte. Robert comprit ses émotions, et s'aperçut qu'il pouvait poursuivre.

— J'étais assez âgé pour me souvenir très-bien de vos parents; j'étais leur favori, je crois. Je me souviens de votre naissance, Maud, et on me laissait vous porter dans mes bras, que vous aviez à peine une semaine.

— Alors vous avez su dès le commencement qu'on me donnait un nom qui n'était pas le mien?

— J'ai su que vous étiez la fille de Lewellen Meredith, certainement, et non réellement pas celle de Hugh Willoughby.

— Bob! s'écria Maud, tandis que son cœur battait avec violence et qu'un flot de sentiments surgissaient en elle. La crainte de découvrir son secret, qui venait se mêler à ses émotions involontaires, la priva pour le moment de l'usage de ses sens.

Il n'est pas facile de dire ce qui aurait suivi cette explication, si un cri parti de la pelouse n'était venu avertir le major que sa présence était nécessaire en bas. Après avoir rassuré Maud par quelques mots, il éteignit la lampe, dont la lumière aurait pu exposer la jeune fille à être atteinte d'un coup de fusil, puis il se dirigea vers les escaliers, et fut à son poste en une minute. Ce n'était pas trop tôt, l'alarme était générale, et l'on s'attendait à un assaut instantané.

La situation de Robert Willoughby offrait peu d'intérêt à un soldat. Ignorant ce qui se passait sur le devant, il ne voyait derrière aucun ennemi, et il était condamné à l'inaction quand par son expérience, son âge et son titre de fils de maître de la place, il aurait dû être en face de l'ennemi. Il est probable qu'il aurait oublié la promesse de se tenir enfermé, si Maud n'avait pas paru dans la bibliothèque et ne l'avait supplié de rester caché jusqu'à ce qu'il eût acquis la certitude que sa présence était nécessaire de l'autre côté.

A cet instant, tout autre sentiment que celui du danger fut oublié. Willoughby avait assez de considération pour Maud pour insister auprès d'elle afin qu'elle rejoignît sa mère et Beulah dans la partie de la maison où l'absence des fenêtres extérieures rendait la sécurité complète tant que l'ennemi serait tenu en dehors des palissades. En cela il fut écouté, mais après avoir promis à plusieurs reprises d'être prudent en ne s'exposant à aucune fenêtre, et particulièrement de ne se laisser reconnaître que lorsque cela deviendrait indispensable.

Le major se sentit soulagé quand Maud l'eut quitté ; il ne craignit plus pour elle, et il écouta de toutes ses oreilles pour entendre le bruit de l'assaut qu'il supposait être sur le devant. A sa surprise, cependant, les décharges d'armes à feu ne se succédaient pas ; et même les cris, les ordres et les appels de point en point qui suivent d'ordinaire une alarme dans une garnison irrégulière, avaient entièrement cessé, et il en vint à supposer que la commotion avait été produite par une fausse alarme. Les briseuses en particulier, dont les vociférations s'étaient fort bien fait entendre pendant les premières minutes, étaient muettes maintenant, et les exclamations des femmes et des enfants avaient cessé.

Le major Willoughby était trop bon soldat pour abandonner son poste sans ordres, quoiqu'il regrettât amèrement la facilité avec laquelle il avait accepté un commandement si peu important. Cependant, il négligea assez ses instructions pour se placer devant une fenêtre, afin de voir ce qui se passait, car il faisait maintenant grand jour, quoique le soleil n'eût pas encore paru. Cette imprudence ne lui apprit cependant rien, et alors il lui vint à l'esprit qu'en qualité de commandant d'un détachement séparé, il avait parfaitement le droit d'employer quelques-uns de ses subordonnés immédiats pour les envoyer à la découverte. Le choix d'un agent était assez limité, il est vrai, ne reposant qu'entre Mike et les Plines ; après un moment de réflexion, il se décida à choisir le premier.

Mike, relevé de sa faction, fut remplacé par le plus jeune Pline, et il se rendit dans la bibliothèque. Là il reçut les ordres rapides mais clairs du major, et sut ce qu'il avait à faire ; il fut poussé plutôt que conduit hors de la chambre, tant son supérieur était pressé d'apprendre les nouvelles. Trois ou quatre minutes pouvaient s'être écoulées quand une salve irrégulière de mousqueterie se fit entendre sur le devant; une autre décharge y répondit, dont le son paraissait étouffé et éloigné. Un seul coup de fusil partit de la garnison une minute plus tard, et alors Mike s'élança dans la bibliothèque, les yeux dilatés par une sorte de joie farouche, et traînant plutôt que portant son fusil.

— Les nouvelles ! s'écria le major aussitôt qu'il eut aperçu le messager. Que signifient ces décharges?

— Hé bien, il n'y a qu'une bonne manière, c'est de se servir de poudre et de balles, et c'est plus sérieux que l'ouvrage du Shillelah. Si les misérables n'ont pas dirigé sur la Hutte un feu de peloton, comme le sergent Joyce appelle ça, je ne m'appelle pas Michel O'Hearn.

— Mais la salve de mousqueterie est d'abord partie de la Hutte. Pourquoi mon père a-t-il ordonné à ses gens de faire la première décharge?

— Mais il n'a pas donné cet ordre. Och! il fronça le sourcil quand il entendit les fusillades, et M. Woods ne prêcha jamais mieux à ce moment que le sergent. Et quand on pense que ces misérables répondent à un feu qui n'avait pas été ordonné, et qu'ils tirent sur la maison comme sur une forêt inhabitée, tandis qu'elle est remplie d'un peuple raisonnable. Och! n'est-ce pas agir en vagabonds?

— Si vous ne voulez pas me faire devenir fou, Mike, dites-moi clairement ce qui s'est passé, que je puisse vous comprendre.

— Est-ce que c'est compréhensible? Ah! Votre Honneur, si vous pouviez comprendre maître Strides, vous seriez un sage homme. Il dit être un fils des puritains, ils ont produit là un pauvre homme. Les ordres avaient été donnés aussi nettement que possible. Vous ne ferez pas feu, avait dit le sergent Joyce, avant que l'ennemi ait commencé l'attaque. Les sauvages, après s'en être allés, étaient revenus sur les rochers, dont ils avaient pris possession hier dans l'après-midi, et sûrement c'est assez l'usage de déjeuner où l'on a soupé.

— Vous voulez dire que les sauvages ont reparu sur les rochers, et que les hommes de Strides ont fait feu sans recevoir d'ordre. Est-ce cela?

— C'est justement cela, major, et j'aurais voulu que vous pussiez entendre le sergent réprimander Joël et ses puritains à cause de ce désordre. Il n'est pas de la famille des puritains, le sergent, mais c'est un grand homme quand il parle.

— Et les sauvages répondirent à ce premier feu, ce qui m'explique la décharge éloignée que j'ai entendue.

— On voit bien, major, que vous êtes le fils de votre père, nourri comme lui dans l'armée. — Oui, les sauvages en renvoyèrent autant qu'ils en avaient reçu.

— Et le seul coup qui suivit, qui l'a fait partir?

Mike répondit par une grimace significative qui dénotait une satisfaction toute personnelle; cependant le major lui dit de mieux s'expliquer.

— C'est moi, major, et c'était un coup de fusil, aussi bien tiré que tous ceux que vous avez jamais entendus au service du roi. Je n'ai pas voulu que Joël eût quelque avantage sur moi. Non, non, je tirai mon coup par-dessus les fortifications, et c'était bien visé.

— Ainsi, pour avoir enfreint les ordres vous n'avez pas de meilleure raison à donner si ce n'est que Joël les avait enfreints le premier?

— Joël a enfreint les ordres, vous avez vu. La chose une fois faite, il était difficile de se contenir et de ne pas faire feu aussi.

De question en question, Robert Willoughby reconnut qu'il ne pourrait jamais savoir clairement de Mike comment les choses s'étaient passées. Les simples faits étaient qu'à l'approche du jour les Indiens avaient repris possession de leur bivouac de la veille, et s'étaient mis à faire des préparatifs pour leur déjeuner, quand Joël, le meunier et quelques autres, dans un paroxysme de valeur, avaient dirigé sur eux une salve de mousqueterie; la distance rendait l'attaque inutile. On y avait répondu de l'autre côté, et le tout s'était terminé par le coup de fusil de l'Irlandais. Comme il faisait alors trop jour pour appréhender une surprise, Robert crut peu dangereux d'envoyer un des Plines vers son père pour en obtenir une entrevue. Quelques minutes après, le capitaine parut accompagné de M. Woods.

— Les mêmes Indiens ont reparu et semblent disposés à occuper leur ancienne position près du moulin, dit M. Willoughby en réponse aux questions de son fils. Il est difficile de dire quelles sont les vues de ces gens-là; il y a des moments où il me semble voir plus ou moins de blancs parmi eux. — J'ai fait part de cette idée à Strides, chapelain, et il a paru croire à la justesse de la remarque.

— Joël est à peu près une énigme pour moi, capitaine Willoughby, répondit le chapelain ; il saisit quelquefois une idée aussi vite qu'un chat jette sa griffe sur une souris, puis il s'en amuse comme le chat qui n'a pas assez d'appétit pour manger sa proie.

— Och! c'est un précieux puritain! grommela Mike du coin où il était.

— Si les blancs sont parmi les sauvages, pourquoi ne se feraient-ils pas connaître? demanda Robert Willoughby. On connaît généralement votre caractère, et il faut que nous sachions ce qu'ils viennent faire ici.

— Je vais faire venir Strides pour savoir décidément quelle est son opinion, répondit le capitaine après un moment de réflexion. Vous vous retirerez, Bob. Cependant vous pourriez laisser votre porte un peu entr'ouverte, de sorte que vous entendrez la conversation et me dispenserez ainsi de vous la répéter.

Comme Robert tenait à entendre ce que l'inspecteur pouvait avoir à dire sur le présent état des choses, il se retira dans sa chambre et laissa la porte entr'ouverte. Mais comme toutes les mauvaises natures, Joël Strides ne soupçonnait jamais qu'on pût être plus adroit que lui, et son esprit était sans défiance. Connaissant ses mauvaises intentions personnelles, il ne songeait pas à se mettre en garde contre les machinations des autres. Si le capitaine Willoughby n'avait pas été l'un de ceux qui sont lents à voir le mal, il aurait pu découvrir quelque chose de faux dans la physionomie de Joël, au premier regard que celui-ci jeta autour de lui en entrant dans la bibliothèque.

Joël s'était continuellement occupé de la rencontre qu'il avait faite la nuit précédente ; il s'était livré à toutes les recherches possibles, et il était parfaitement assuré que quelque mystère reposait sur l'inconnu qu'il avait rencontré en compagnie de son maître. Pour avouer la vérité, Joël ne soupçonnait pas que le major Willoughby se fût aventuré à ce point dans l'antre du lion, mais il s'imaginait que les circonstances offraient une belle occasion pour faire perdre au capitaine la faveur publique, et pour la gagner un peu lui-même à son tour. Il n'était pas fâché toutefois d'être appelé à cette conférence, espérant que cela ouvrirait la voie à ses découvertes.

— Asseyez-vous, Strides, dit le capitaine Willoughby en lui indiquant une chaise éloignée de la porte ouverte de la chambre de Robert, asseyez-vous; j'ai voulu vous consulter sur l'état des choses du côté du moulin. Pour moi, il me semble qu'il y a plus de Faces Pâles que de Peaux-Rouges, parmi nos visiteurs.

— Ce n'est pas impossible, capitaine : le peuple s'est mis à se peindre et à imiter les Indiens depuis que la hache a été déterrée contre les îles Britanniques.

— Mais pourquoi les blancs prendraient-ils ce déguisement pour venir vers notre Rocher? Je ne me connais pas un ennemi sur la terre qui puisse vouloir faire du tort à moi ou aux miens.

Hélas! le pauvre capitaine! Pour qu'un homme de soixante ans eût encore à apprendre qu'avec de la droiture, de la générosité, de la fortune, car ceux qui entouraient le capitaine lui croyaient de la fortune; pour qu'un tel homme pût croire qu'avec tout cela on était sans ennemis, il fallait donc conclure que l'esprit de ténèbres n'avait plus d'empire sur les hommes. Joël savait mieux à quoi s'en tenir là-dessus, quoiqu'il ne vît aucune nécessité de faire part de ses appréciations à celui qui y était principalement intéressé.

— On aurait pu supposer que le capitaine était populaire, si quelque homme est populaire dans ces temps-ci, répondit l'inspecteur. Puis-je demander pourquoi le capitaine suppose que ces Indiens ne sont pas des Indiens? Ils me font l'effet, à moi, d'être des sauvages, quoique je ne connaisse pas très-bien les usages des Peaux-Rouges.

— Ils agissent trop ouvertement, et cependant d'une manière trop incertaine, pour des guerriers des tribus. Je pense qu'un sauvage se serait déjà montré en ami ou en ennemi.

Joël sembla frappé de cette idée, et l'expression de sa physionomie qui, lorsqu'il entra, était rusée et soupçonneuse, devint tout à coup réfléchie.

— Le capitaine a-t-il remarqué quelque autre particularité qui le confirme dans cette idée? demanda-t-il.

— Leur manière de camper, leur exposition imprudente, sont tout à fait opposées aux habitudes des Indiens.

— Le messager qu'ils ont envoyé à travers la prairie, hier, me semble être un Mohawk?

— En effet, c'était une vraie Peau-Rouge, on ne peut le mettre en doute; mais il ne pouvait parler ni comprendre l'anglais : nous parlâmes en bas-hollandais. Notre dialogue fut court; car, dans la crainte d'une trahison, je le terminai le plus tôt possible.

— Oui, la trahison est une cruelle chose, dit le consciencieux Joël; on ne peut trop se mettre en garde contre la trahison. Le capitaine a-t-il réellement l'intention de défendre la maison ? doit-on s'attendre incessamment à une sérieuse attaque ?

— Si je la défendrai ! voilà une question extraordinaire, monsieur Strides. Pourquoi aurais-je fait bâtir la maison de cette manière, si je n'avais pas eu cette intention ? pourquoi l'aurais-je fait palissader ? pourquoi y aurais-je amené mes gens, établi une garnison enfin ?

— Je supposais que tout cela pouvait avoir été fait pour prévenir une surprise, mais non pas dans l'espoir de soutenir un siége. Je serais fâché de voir nos femmes et nos enfants sous ce toit si l'ennemi dirigeait contre nous le fer et le feu.

— Et moi, je serais fâché de les voir en tout autre endroit. Mais nous perdons notre temps. Mon intention, en vous envoyant chercher, Joël, était de vous demander votre opinion sur le vrai caractère de nos visiteurs. Avez-vous quelque opinion ou quelque information à me donner sur ce point ?

Joël appuya son coude sur son genou et son menton dans sa main, et sembla réfléchir. — Si l'on pouvait trouver quelqu'un qui veuille s'aventurer à sortir avec un drapeau, dit-il enfin, vous pourriez tout savoir en quelques minutes.

— Et qui pourrais-je envoyer ? j'irais de grand cœur moi-même, mais ce ne serait guère excusable dans ma situation.

— Si des gens comme moi pouvaient être utiles à Votre Honneur, dit Mike avec promptitude, il n'est pas nécessaire de dire que vous pouvez vous servir de moi comme de votre propriété.

— Je ne pensais guère que Mike allait se présenter, dit Joël avec un sourire forcé; il sait à peine distinguer un Indien d'un blanc; quand il verrait leurs peintures, il se trouverait dans une terrible confusion.

— Si vous pensez que je puisse prendre des blancs pour des sauvages, vous vous trompez sur mon compte, monsieur Strides. Que le capitaine dise un mot, et j'irai tout de suite au moulin.

— Je n'en attendais pas moins de vous, Mike, dit le capitaine avec douceur ; mais je ne voudrais pas vous faire courir de pareils risques, je puis en trouver un autre.

— On dirait que le capitaine a quelqu'un en vue, dit Joël en regardant son maître d'un œil perçant. Peut-être est-ce le même

14

homme qui est sorti avec lui la nuit dernière ; on peut se fier à lui, je suppose.

— Vous avez pensé juste ; c'est l'homme qui était dehors la nuit dernière, en même temps que j'y étais aussi, et son nom est Joël Strides.

— Le capitaine veut plaisanter ; il faudrait être au moins deux pour aller trouver ces sauvages. J'ai assez vu cet homme pour reconnaître qu'on peut se fier à lui, et s'il veut y aller, j'irai.

— Accordé, dit Robert Willoughby en entrant tout à coup dans la bibliothèque. Je vous prends au mot, monsieur Strides ; vous et moi nous courrons ces dangers, afin de dissiper l'inquiétude de la famille.

Le capitaine fut étonné de cette apparition, quoiqu'il ne sût s'il devait en être mécontent ou s'en réjouir. Quant à Mike, sa physionomie exprimait un grand désappointement, car il s'était imaginé que Joël ne pourrait jamais savoir ce qu'il désirait. Strides lui-même jeta un regard curieux sur l'étranger, le reconnut aussitôt, et sut assez bien se commander à lui-même pour cacher sa découverte. La présence du major, cependant, l'empêcha de faire d'autres objections à l'expédition proposée ; si c'étaient des Américains, lui il n'avait rien à craindre ; dans le cas contraire, un officier du roi ne pouvait pas manquer d'être une protection suffisante.

— Ce gentilhomme m'est tout à fait étranger, reprit Joël hypocritement ; mais comme le capitaine a confiance en lui, je dois être tranquille sur son compte. Je suis prêt à partir aussitôt que cela vous sera agréable.

— C'est bien, capitaine Willoughby, s'empressa de dire le major afin de prévenir les objections de son père ; partons, le plus tôt sera le meilleur. Je suis prêt, et je pense que ce digne homme, que vous appelez Strides, a autant de bonne volonté que moi.

Joël fit un signe d'assentiment, et le capitaine, voyant qu'il n'y avait plus moyen de reculer, fut obligé de céder. Il prit le major à part dans la chambre à coucher, l'entretint pendant un instant, puis il revint vers Joël.

— Votre compagnon a ses instructions, dit-il au moment où ils sortaient ensemble de la bibliothèque, et vous suivrez ses avis. Montrez le drapeau blanc aussitôt que vous aurez franchi la porte ; si ce sont de vrais guerriers, ils le respecteront.

Robert Willoughby était pressé de terminer cette affaire et redoutait trop les reproches de Maud pour différer. Il avait traversé la cour, et il était à la seconde porte avant que la garnison eût remarqué sa présence. C'est alors que le cœur du père se troubla, mais son orgueil militaire l'empêcha de revenir sur ce qui était décidé. Il pensa d'ailleurs qu'il était trop tard, et après avoir pressé la main du jeune homme, il le laissa sortir de la cour. Joël le suivit d'un pas ferme en apparence, quoiqu'il ne fût pas sans crainte sur les conséquences que l'entreprise pourrait avoir pour lui et pour sa famille.

CHAPITRE XVII.

> Je n'adore pas le soleil, la lune et les étoiles; je n'adore ni le vent, ni les flots, ni la flamme; je ne fléchis pas le genou devant la sagesse, la vertu, la liberté. Le vrai Dieu que j'adore se nomme Jéhovah.
>
> MONTGOMERY.

Le passage de Robert à travers la cour avait été si soudain et si inattendu, qu'il ne fut reconnu de personne. Quelques-uns virent bien un étranger, mais, sous son déguisement, aucun n'eut le temps de s'assurer qui c'était. Le drapeau blanc qu'il avait déployé leur indiqua seulement qu'il partait avec Joël pour remplir un message au camp des Indiens.

Aussitôt que le capitaine eut été assuré que l'alarme du matin n'aurait pas de résultats immédiats, il avait congédié tous ses gens, à l'exception d'une petite garde qui veillait près de la porte extérieure sous les ordres du sergent Joyce. Ce dernier était un de ces soldats qui considèrent les détails de la profession comme le point capital; et quand il vit le capitaine diriger une sortie, il mit son orgueil à ne lui adresser aucune question. Jamie Allen, l'un de ses hommes, approuva tranquillement cette réserve, mais ce fut une grande privation pour les trois ou quatre autres de ne pas être instruits de ce qui se passait.

— Attendez les ordres, braves gens, attendez les ordres, leur fit observer le sergent, afin de modérer l'impatience qu'ils montraient. Si Son Honneur, le capitaine, avait voulu que nous connussions la raison de ses mouvements, il nous en aurait déjà instruits, comme il le fait, vous le savez, quand il est nécessaire. C'est un drapeau qu'on porte vers le camp ennemi, vous voyez, et si une trêve s'ensuit, nous pourrons mettre les mousquets de côté et reprendre la direction de la charrue. Serait-ce une capitulation? Je connais trop bien le brave et vieux capitaine qui nous commande pour le supposer; mais quand même ce serait cela, nous déposerons nos armes et tout sera pour le mieux.

— Et si Joël et son compagnon, qui m'est étranger, allaient être scalpés? demanda un des hommes de la petite troupe.

— Alors nous les vengerions. C'est ce que nous avons fait quand milord Hume tomba. Vengez sa mort! cria notre colonel; et tous s'élancèrent jusqu'à ce que deux mille d'entre nous fussent tombés devant les retranchements des Français. Oh! c'était un spectacle digne d'être vu, et dont un jour on parlera.

— Oui, mais vous avez été battus d'une belle manière; je l'ai entendu dire par quelques-uns de ceux qui y étaient.

— Qu'importe, Monsieur, nous obéissions à l'ordre. Vengez sa mort! voilà le cri qui nous excitait; et nous marchâmes jusqu'à ce qu'il ne restât plus assez d'hommes dans notre bataillon pour porter les blessés à l'arrière.

— Et ceux qui furent blessés ensuite, qu'en fit-on? demanda un jeune homme qui regardait le sergent comme un autre César, le nom de Napoléon n'étant pas encore cité en 1776.

— Nous les laissâmes où ils tombaient. La guerre nous donne d'utiles leçons, jeune homme, elle nous apprend qu'on ne peut faire l'impossible. La guerre est la grande école de la race humaine, et bien savant est celui qui a fait dix-neuf ou vingt campagnes. Et si l'on doit mourir dans une bataille, ne vaut-il pas mieux mourir avec un esprit pourvu de connaissances, que d'être tué comme un chien, qui lorsqu'il est mort a son utilité? Chaque bataille emporte hors de ce monde sciences sur sciences acquises dans la carrière des armes. Mais voilà Son Honneur qui vous confirmera tout ce que je vous dis. — Je faisais comprendre à ces gens, Monsieur, que l'armée et le champ de bataille sont les meilleures écoles de la terre. Tous les soldats maintiendront cette opinion, n'est-ce pas, capitaine?

— Oui, nous sommes disposés à penser ainsi, Joyce. Les armes ont-elles été examinées ce matin?

— Dès que le jour a paru, j'en ai fait l'inspection moi-même, Monsieur.

— Vous avez vu les pierres, les gibernes et les baïonnettes, je pense?

— Rien n'a été oublié, Monsieur. — Vous rappelez-vous, capitaine, l'affaire à laquelle nous avons pris part près du Fort Duquesne?

— Vous voulez parler de la défaite de Braddock, je suppose, Joyce?

— Je n'appelle pas cela une défaite, capitaine Willoughby. On nous a rudement traités ce jour-là, mais je ne puis dire que ce fut une défaite. Il est vrai que nous avons été repoussés et que nous avons perdu des armes et des bagages; mais enfin nous nous sommes ralliés sous notre étendard. Non, Monsieur, je ne puis pas appeler cela une défaite.

— Vous avouerez au moins que nous fûmes pressés de la bonne manière, et qu'il aurait pu nous en arriver bien pis sans le secours d'un certain corps colonial qui arrêta bravement les sauvages.

— Oui, Monsieur, je le reconnais. Je me souviens de ce corps; et celui qui le commandait était, avec la permission de Votre Honneur, un colonel Washington.

— C'est vrai, Joyce. Et savez-vous ce qu'est devenu ce même colonel Washington?

— Je n'ai jamais pensé à m'en informer, Monsieur, car c'était un provincial. J'ose dire qu'il aurait pu commander un régiment ou même une brigade alors, et l'un ou l'autre auraient été bien dirigés.

— Vous n'y êtes pas tout à fait, Joyce; c'est maintenant un général en chef.

— Vous voulez plaisanter, capitaine, le général en chef vit encore.

— C'est Washington qui conduit l'armée américaine dans la guerre contre l'Angleterre.

— Hé bien, Monsieur, ils remporteront vite des avantages alors; je ne doute pas qu'un si bon soldat ne sache se faire obéir.

— Pensez-vous qu'il ait eu raison d'embrasser la cause des Américains?

— Je ne pense rien là-dessus, Monsieur. Celui qui a pris du service avec le congrès, comme ils appellent le nouveau quartier général, ne doit-il pas obéir au congrès, aussi bien que celui qui sert le roi doit se soumettre aux ordres de Sa Majesté?

— Et dans cette crise, sergent, puis-je vous demander dans quel service vous croiriez devoir entrer vous-même actuellement?

— Je me conformerai au commandement de Votre Honneur.

— Si tous étaient animés du même esprit, nous serions assez nombreux pour défendre la Hutte contre deux fois plus de sauvages qu'il n'y en a sur les rochers, répondit le capitaine en souriant.

— Et pourquoi n'y réussirions-nous pas? demanda Jamie Allen avec vivacité. Vous êtes le maître ici, nous n'avons ni le temps, ni la capacité d'étudier et de comprendre rien aux débats survenus entre la maison de Hanovre et les maisons des Américains; et si nous défendons la maison et la famille de notre maître, le Seigneur sourira à nos efforts, et nous laissera la victoire.

— Vous n'avez jamais mieux parlé, Jamie, dit Mike. Tenons bon pour le capitaine, et le Seigneur sera de notre côté.

Le sergent fit de la tête un signe d'approbation; et le plus jeune Pline, qui arrivait sur ces entrefaites, serra le poing, ce qui était de sa part une marque d'assentiment. Mais les Américains, instruments de l'artifice de Joël et du meunier, manifestèrent plus de froideur. Ces hommes s'étaient laissé tromper par les machinations d'un démagogue, et n'étaient plus maîtres d'agir selon leurs propres idées. Le capitaine fut frappé du calme qu'ils montraient; mais il avait depuis assez longtemps observé le flegme des habitants du pays pour l'attribuer au climat. Son impression ne fut pas d'ailleurs assez forte pour le faire entrer dans quelques explications. Tournant ses regards vers la route que suivaient les deux messagers, ses pensées furent bientôt loin de ce qui venait de se passer.

— Ils ont envoyé deux hommes au-devant de nos messagers, sergent, dit-il; cela me porte à croire qu'ils comprennent les lois de la guerre.

— C'est tout à fait vrai, Votre Honneur. Ils devraient maintenant leur boucher les yeux, quoiqu'il n'y ait pas là un grand avantage, car il n'y a pas un pouce de ces rochers qui ne soit connu de Strides.

— Et de quelle nécessité est la cérémonie que vous avez mentionnée?

— On ne l'a jamais su, Votre Honneur. Il est convenu que c'est dans les règles ; et je banderais les yeux à celui que je verrais arriver un drapeau à la main, avant de le laisser s'approcher. On gagne beaucoup et l'on ne perd jamais rien à se conformer à la règle.

Le capitaine sourit, ainsi que tous les Américains du poste ; quant à Jamie et à Mike, ils reçurent l'opinion du sergent comme une loi. En ce moment, cependant, tous étaient curieux d'examiner le résultat de la rencontre.

Robert Willoughby et Joël s'étaient avancés vers les rochers, sans hésiter, tenant leur drapeau en vue. Mais leur approche ne sembla produire aucun mouvement parmi les sauvages, qui préparaient alors leur déjeuner ; ce ne fut que lorsqu'ils se trouvèrent à deux cents pas du camp, que deux Peaux-Rouges, après avoir mis leurs armes de côté, s'avancèrent à la rencontre des visiteurs. C'était cette entrevue qui attirait l'attention de ceux qui étaient à la Hutte ; ils la suivirent des yeux avec le plus profond intérêt.

La rencontre parut être amicale. Après une courte conférence, ils marchèrent tous les quatre vers les rochers. Le capitaine Willoughby avait pris sa longue-vue, et pouvait aisément apercevoir ce qui allait se passer dans le camp à l'arrivée de son fils. Les mouvements du major étaient calmes et fermes, et un sentiment d'orgueil traversa le cœur du père à cette remarque. Le capitaine observa aussi que cette arrivée ne causa pas de visible sensation parmi les Hommes Rouges. Même ceux près desquels le major passa ne parurent pas le remarquer. Les préparatifs du déjeuner continuèrent comme si personne ne fût entré dans le camp. Les deux hommes qui avaient été à la rencontre du drapeau suivirent seuls ceux qui le portaient. Enfin, tous les quatre firent halte, et le major se retourna et regarda derrière lui, comme un soldat qui, d'avance, mesure le terrain, et ne paraît pas disposé à s'interrompre dans cet examen qui, comme le prononça le sergent Joyce, était hardi et contre les usages de la guerre. Le capitaine trouva que le stoïcisme des sauvages était porté à l'exagération, ce qui renouvela sa défiance sur le caractère réel de ces visiteurs. Cependant, une où deux minutes après, on vit trois ou quatre Hommes Rouges se consulter entre eux, puis ils s'approchèrent des messagers et s'entretinrent quelque temps avec eux. La nature de ces communications ne pouvait se reconnaître, quoique la conférence parût amicale. Après quelques instants de conversation, Robert Willoughby, Strides, les deux hommes qui avaient été au-devant d'eux, et les quatre chefs qui s'étaient joints au groupe, quittèrent ensemble le sommet du rocher, et prirent un sentier qui conduisait au moulin. En peu de temps ils disparurent.

La distance n'était pas si grande qu'on ne pût voir ces mouvements à l'œil nu, mais la lunette était nécessaire pour en distinguer les détails. Le capitaine Willoughby avait pointé l'instrument sur les palissades, et il tint son regard fixé sur le groupe aussi longtemps qu'il fut à la portée de la vue, puis il se tourna vers ses compagnons et les regarda comme s'il voulait lire leurs opinions sur leurs physionomies. Joyce le comprit, et le saluant selon l'usage militaire, il répondit à sa muette interrogation :

— Tout me paraît aller droit, Votre Honneur, si ce n'est qu'on a négligé de leur bander les yeux. Le drapeau a été rencontré avant d'être arrivé aux avant-postes et accompagné dans le camp : l'officier ou le sauvage qui fait le service a entendu le message, et sans doute ils vont maintenant faire leur rapport.

— J'ai recommandé à mon fils, Joyce...

— Qui? Votre Honneur?

Le mouvement général apprit au capitaine combien était grande la surprise de ses auditeurs à cette annonce inattendue de la présence du major au Rocher. Il était trop tard pour revenir sur ses paroles, et il semblait si peu probable que Robert pût échapper à la pénétration de Joël, que le capitaine ne crut pas utile de garder le secret plus longtemps.

— Je dis que j'ai recommandé à mon fils le major Willoughby qui porte ce drapeau, reprit-il d'un ton ferme, d'élever son chapeau d'une manière particulière, si tout lui paraissait aller bien, ou de faire un certain geste du bras gauche s'il voyait quelque chose qui dût nous porter à nous tenir sur nos gardes.

— Et quel signe a-t-il fait à la garnison? Votre Honneur veut-il nous le faire connaître?

— Aucun. J'ai pensé qu'il manifestait l'intention de faire le signal avec son chapeau quand les chefs sont venus le joindre, mais il hésitait, et sa main retomba sans faire ce que j'attendais. C'est alors justement qu'il disparut derrière le rocher; le bras gauche était en mouvement, mais le signal n'a pas été complet.

— Ne semblait-il pas embarrassé, Votre Honneur, comme si l'ennemi l'empêchait de vous communiquer ses pensées ?

— Non pas du tout, Joyce, c'est sa manière de voir qui semblait irrésolue.

— Pardonnez-moi, Votre Honneur, le mot incertain conviendrait mieux à un aussi bon soldat. Le major Willoughby a-t-il quitté le service du roi, qu'il se trouve parmi nous juste à ce moment ?

— Dans un autre moment je vous dirai ce qu'il est venu faire, sergent. A présent, je ne puis penser qu'aux dangers qu'il court. Ces Indiens sont de vils misérables, on ne peut jamais s'en rapporter à leur parole.

— Qui donc pourrait avoir la mauvaise foi de mépriser les droits de gens qui viennent en parlementaires ? répondit gravement le sergent ; les Français eux-mêmes, Votre Honneur, ont toujours respecté nos envoyés.

— Je voudrais bien les apercevoir d'ici. C'est un grand avantage pour eux, Joyce, de se mettre à couvert dans le moulin pour délibérer.

Le sergent regardait le camp à ce moment ; son œil suivit les bois et les côtés de la montagne qui bordaient la plaine, jusqu'à ce qu'il tournât le dos à l'ennemi et se trouvât vis-à-vis de la forêt qui était derrière la Hutte.

— S'il est agréable à Votre Honneur, un détachement peut aller faire une démonstration (Joyce n'employait pas exactement ce mot, mais il sonnait militairement) ; je puis faire sortir une petite troupe par derrière et lui faire suivre le ruisseau. Une fois dans les bois, il sera aisé de faire un mouvement de flanc sur la position de l'ennemi, après quoi le détachement agirait suivant les circonstances.

Le capitaine ne répondit pas, et se dirigea vers la maison en soupirant et en secouant la tête. Le chapelain le suivit, tandis que les autres restaient pour observer les sauvages.

— Votre proposition, sergent, semble ne pas satisfaire complétement Son Honneur, dit le maçon aussitôt que son maître ne fut plus à portée de l'entendre ; cependant c'eût été agir militairement. Je m'y connais, moi, qui ai fait partie du 45e. Les mouvements de flanc, les surprises, les observations, les démonstrations et tous les expédients de ce genre sont l'âme de la guerre et se trouvent sur le grand chemin qui conduit à la victoire. Votre idée me plaît beaucoup, sergent, et si vous arrivez à la mettre en pratique, j'espère que vous n'oublierez pas que vous avez un vieil ami qui veut être de la partie.

— Je ne pense pas que le capitaine soit charmé d'être questionné sur les sentiments de son fils et sur sa visite à la Hutte dans un temps comme celui-ci, dit un des Américains.

— Il a des entrailles de père, ce pauvre capitaine, s'écria Mike; vous ne savez pas ce que c'est que d'être père, sans cela vous comprendriez ce qui doit se passer dans son esprit au moment où il voit son propre fils sous les griffes de ces diables furieux. Vous n'avez pas demandé, sergent, comment le major a pu entrer dans la maison sans être vu d'un vigilant soldat comme vous.

— Je suppose qu'il a obéi au commandement, et ce n'est pas le devoir d'un sergent de questionner son supérieur sur ce qui lui paraît sortir de la voie ordinaire. Je prends les choses comme elles se trouvent, et j'obéis aux ordres. J'espère seulement que le fils, comme un digne officier, n'est pas venu pour renverser l'autorité du père, ce qui ne serait pas bienséant, l'ancienneté et la supériorité ayant toujours droit au respect.

— Je pense plutôt, si un major au service du roi devait entreprendre de s'emparer du pouvoir ici, dit l'Américain, qu'il n'en trouverait pas beaucoup pour marcher à sa suite.

— Les mutins ne seraient pas bien traités s'ils osaient lever la tête dans cette garnison, répondit le sergent avec dignité. Le capitaine Willoughby et moi nous avons vu souvent des tentatives de rébellion dans les régiments, et nous n'avons été ni l'un ni l'autre témoins de leur réussite.

— Je voudrais bien savoir au service de qui il faut m'enrégimenter, dit un laboureur.

— Et ne sommes-nous pas au service de notre bon maître, de Son Honneur le capitaine Willoughby? dit Jamie Allen. Puisse le Seigneur le préserver de tout danger!

Une discussion aurait pu s'engager après ces paroles, si l'attention ne se fût trouvée appelée à cet instant vers le tumulte qui avait lieu parmi les sauvages. Un mouvement semblait général, et Joyce ordonna à ses hommes de se tenir l'arme au bras; il hésitait cependant à donner l'alarme. Au lieu de s'avancer vers la Hutte, les Indiens poussèrent un cri général, et suivant le penchant de la montagne, ils disparurent dans la direction du moulin, comme une nuée d'oiseaux qui prennent ensemble leur volée. Après avoir attendu vainement une demi-heure pour s'assurer si rien ne signalait le retour des Indiens, le sergent alla lui-même faire son rapport au capitaine.

Le capitaine Willoughby avait communiqué à sa femme tout ce qui s'était passé, et mistress Willoughby, à son tour, l'avait répété à ses filles. Maud était la plus affligée, ses soupçons sur Joël lui revenant plus sérieusement à l'esprit. Dès qu'elle eut tout appris, elle craignit de graves conséquences pour Robert Willoughby, mais elle eut le courage de renfermer en elle-même ses appréhensions.

Quand Joyce demanda son audience, la famille déjeunait, mais on mangeait peu et l'on parlait moins encore. Le sergent fut admis, et il fit son récit avec une précision toute militaire.

— Cela me paraît suspect, Joyce, dit le capitaine après quelques instants de réflexion ; il me semble, à moi, qu'ils veulent nous induire à les suivre, afin de nous attirer dans une embuscade.

— Cela pourrait bien être, Votre Honneur, ou bien est-ce simplement une honnête retraite. Ils ont fait deux prisonniers, c'est un exploit considérable. On dit que lorsqu'ils en font un, ils le comptent comme une victoire.

— Ne vous alarmez pas, Wilhelmina, le rang de Bob lui assure un bon traitement ; et s'il est vrai qu'ils l'ont fait prisonnier, ils regarderont son échange comme plus important que sa mort. Il n'est pas encore temps de décider un tel point, sergent. Après tout, les Indiens peuvent s'être réunis en conseil au moulin ; ils ont l'habitude de consulter tous leurs guerriers avant de prendre un parti important, et puis leurs chefs désirent peut-être donner à nos envoyés une idée de leur force.

— Tout cela est militaire, Votre Honneur, et tout à fait possible ; cependant, d'après leurs mouvements, il me semble plutôt qu'ils font retraite.

— Je saurai bientôt la vérité, s'écria le chapelain. Moi, un homme de paix, je puis sortir en toute sûreté, et m'assurer qui ils sont et quels sont leurs projets.

— Vous ! mon cher ami ; vous imaginez-vous qu'une tribu de sauvages respectera votre caractère sacré ?

— Je vous demande pardon, Monsieur, dit le sergent, le révérend M. Woods a raison, c'est à peine s'il y a une tribu dans la colonie qui n'ait pas entendu les instructions de nos prêtres, et je n'en connais pas un seul que les sauvages aient maltraité.

Le chapelain s'était levé que le sergent parlait encore, et avait quitté la chambre sans être aperçu.

— Voilà qui me paraît beaucoup trop beau, Joyce, pour les Mohawks, les Oneidas, les Onondagas et les Tuscaroras. Et Woods ne recevrait pas, je pense, ces témoignages de vénération.

— On ne sait pas, Hugh, fit observer à son mari la mère alarmée. Notre cher Robert est entre leurs mains; et si M. Woods est disposé à remplir cette mission de miséricorde, son père et sa mère pourraient-ils s'y opposer?

— Une mère n'est que mère, murmura le capitaine, qui se leva de table, embrassa sa femme avec affection, et sortit en faisant signe au sergent de le suivre.

A peine le capitaine eut-il quitté la chambre, que le chapelain reparut, vêtu de son surplis et coiffé de sa plus belle perruque; à cette époque les vieux gentilshommes regardaient cette dernière parure comme nécessaire à la dignité et à la gravité de leurs personnes. Pour dire la vérité, mistress Willoughby fut ravie. Si cette excellente femme était jamais injuste, c'était en considération de ses enfants; sa sollicitude lui faisait quelquefois dépasser les lois rigides de la justice.

— Nous verrons qui comprend mieux l'influence du caractère sacré dont je suis revêtu, du capitaine Willoughby ou de moi, dit le chapelain avec un peu plus d'importance que n'en prenait d'ordinaire cet homme si simple.

L'animation de M. Woods impressionna les trois femmes. Beulah et Maud, que le résultat de cette entreprise intéressait à un si haut point, ne voulurent pas s'opposer aux desseins de celui que dès l'enfance on leur avait appris à révérer et qui agissait d'une manière si peu conforme à ses habitudes. Quant à mistress Willoughby, jamais elle n'avait trouvé à M. Woods cette expression évangélique; il lui apparaissait comme entouré d'une auréole de sainteté, et elle se persuada qu'il agissait sous l'empire d'un pouvoir surhumain.

Le digne chapelain avait une idée exaltée de son caractère; il attachait tant d'importance à ce titre de prêtre, qu'il voulait prouver par lui-même combien on a peu à craindre quand le pouvoir qu'on a reçu s'exerce avec foi et humilité, fût-ce même auprès des Indiens.

— Je tiendrai cette branche de laurier au lieu de la branche d'olivier, dit-il, comme un symbole de paix. Il n'est pas probable que les sauvages puissent les distinguer l'une de l'autre, et s'ils font cette distinction, il sera aisé de leur expliquer que l'olivier ne croit pas en Amérique.

— Vous leur direz de laisser revenir Robert sans délai, dit mistress Willoughby avec vivacité.

— Je leur dirai de respecter Dieu et leurs consciences. Je ne puis pas m'arrêter maintenant à vous détailler la manière dont je m'y prendrai, mais tout est arrangé dans mon esprit. Il sera nécessaire, pour me faire comprendre, que j'appelle la Divinité le Grand-Esprit ou Manitou, et que j'emploie quelques images poétiques, mais le moment m'inspirera. Prêcher d'abondance est loin de m'être agréable en général, mais je saurai me soumettre à cette nécessité.

Il était si rare que M. Woods exprimât de si belles idées ou prît une manière qui dépassât la plus grande simplicité, que ses auditrices se sentirent pénétrées de respect, et quand il se tourna vers elles, Maud et Beulah s'agenouillèrent pour recevoir sa bénédiction, qu'il leur donna avec solennité. Cela fait, il sortit de la chambre, traversa la cour et se dirigea vers la porte. Il est probablement heureux pour le projet du révérend M. Woods, que ni le capitaine ni le sergent ne se fussent trouvés dans son chemin pour s'y opposer. Le premier l'aurait certainement fait par égard pour son ami; et le dernier par égard pour les ordres. Mais les deux militaires étaient dans la bibliothèque, en grande consultation sur le parti qu'il allait être nécessaire de prendre. Nul autre ne se crut une autorité suffisante pour arrêter le chapelain, surtout quand on le vit paraître avec sa perruque et son surplis. Jamie Allen lui ouvrit aussitôt la porte, et le salua respectueusement.

Le capitaine ne reparut dans la cour que lorsque le chapelain, qui avait fait la plus grande partie du chemin vers les rochers, errait comme un fantôme parmi les ruines, à travers les tentes désertes du dernier campement.

— Quel est l'animal de couleur blanche qui marche sur les

rochers? demanda le capitaine qui avait regardé d'abord du côté du camp.

— On dirait un Indien habillé de blanc, Votre Honneur. Sur ma parole, il a un chapeau à trois cornes.

— Allons, interrompit Jamie, vous ne connaîtriez jamais la vérité sans l'aide de ma petite révélation ; l'esprit que vous avez vu est justement le chapelain Woods.

— Woods! — le diable!

— Mais non, Votre Honneur, c'est le révérend chapelain lui-même, et pas le diable du tout. Il a son froc blanc. Pourquoi n'a-t-il pas gardé le noir? c'est plus que je ne pourrais dire ; mais le voilà marchant parmi les tentes des Indiens, comme si c'étaient les bancs de son église.

— Et comment l'avez-vous laissé franchir la porte contre mes ordres?

— Hé bien, c'était pour obéir aux ordres de l'église, de cette autorité dont il nous a si souvent parlé ; le voyant vêtu de blanc et sachant que nous avons beaucoup de fêtes dans l'église d'Angleterre, je m'imaginai qu'il allait prier dans la chapelle qui est dans la plaine.

Se plaindre eût été inutile alors ; le capitaine fut forcé de se soumettre, et commença même à concevoir quelque espoir de cette entreprise, quand il vit M. Woods continuer sa marche à travers le camp. La lunette fut pointée, et l'on examina tous les mouvements du chapelain avec le plus grand intérêt.

Il explora d'abord chaque tente hardiment et avec diligence, puis il descendit les rochers, et on le perdit de vue comme ceux qui l'avaient précédé.

Une heure d'angoisses se passa sans qu'aucun être humain parût dans la direction des moulins ; de temps à autre les observateurs croyaient voir une fumée s'élever sur le sommet des rochers comme signe précurseur de l'incendie auquel ils s'attendaient ; mais un moment après leurs appréhensions disparaissaient ainsi que la fumée imaginaire. Le jour s'avançait, et la solitude régnait toujours au-dessus de la mystérieuse vallée. Aucun bruit n'en venait, aucune forme humaine ne paraissait près de là ; il était impossible de découvrir un signe d'hostilité ou de paix. Tout était silencieux dans cette direction, comme si le ravin eût été un tombeau qui eût englouti les Indiens.

CHAPITRE XVIII.

> Pour embellir ma liste, la nature me désignerait bien de ces beaux faits qui honorent l'espèce humaine ; mais je n'en trouve pas ici : d'abord portés au bien, ces esprits égarés par leurs passions se laissent entraîner vers le mal.
>
> Cook.

On ne s'alarma pas d'abord de la disparition de M. Woods. Une heure s'était écoulée avant que le capitaine eût cru nécessaire de parler de ce nouvel événement à sa famille, et l'inquiétude s'empara enfin de l'esprit des trois femmes auxquelles cette entreprise avait donné tant d'espérance.

— Que pouvons-nous faire, Willoughby ? demanda la tendre mère déjà réduite au désespoir. J'irai moi-même chercher mon fils ; ils me respecteront, moi, une femme et une mère.

— Que vous connaissez peu l'ennemi avec lequel nous traitons, Wilhelmina ! sans cela cette pensée téméraire ne traverserait pas votre esprit. Il ne faut rien précipiter : quelques heures peuvent nous apporter bien du changement, et nous verrons dans peu d'instants, sans doute, ce qu'il nous reste à faire. Le délai de Woods m'apprend une chose, c'est que les Indiens ne peuvent être loin, et il doit être avec eux ou en leur pouvoir, autrement il serait revenu après avoir visité le moulin et les autres habitations.

Cela paraissait probable, et toutes se sentirent soulagées à la pensée que leur ami reviendrait peut-être, et qu'il ne traverserait pas le désert en prisonnier.

— Je me sens moins alarmée que vous, dit Beulah avec son air calme. Si Bob est entre les mains d'une troupe américaine, le beau-frère d'Evert Beekman ne doit pas avoir beaucoup à craindre ; si ce sont des Indiens armés par l'Angleterre, ils le respecteront pour lui-même aussitôt qu'il se sera fait connaître.

— J'ai pensé tout cela, mon enfant, répondit le père d'un air réfléchi, et il y a là de rassurantes raisons. Il serait difficile cependant à Bob de prouver d'une manière certaine son vrai caractère, dans la position où il se trouve. Il ne paraît pas ce qu'il est sous ce déguisement, et quand même il serait au pouvoir d'un peuple qui sût lire, il n'a pas un papier sur lui à montrer pour appuyer ses assertions.

— Mais il m'a bien promis de se servir du nom d'Evert s'il venait à tomber dans les mains des Américains, répondit Beulah avec vivacité, et Evert m'a dit plusieurs fois que *mon* frère ne pourrait jamais être son ennemi.

— Que le ciel daigne nous secourir, chère enfant ! répondit le capitaine en embrassant sa fille. Nous tâcherons d'avoir du courage, car nous ne savons rien encore qui puisse nous alarmer avec raison ; tout ira bien peut-être avant le coucher du soleil.

Le capitaine essaya de prononcer ces paroles d'un air gai, mais aucun sourire ne lui répondit, car sa femme ne pouvait être que malheureuse quand le salut de ceux qu'elle aimait était incertain ; elle vivait entièrement hors d'elle-même, et tout à fait pour son mari, ses enfants et ses amis, il n'y avait pas de femme moins intéressée ou plus dévouée à ses affections. Beulah, avec toute sa confiance dans le nom magique d'Evert, et ses profonds sentiments d'épouse et de mère, aimait encore son frère aussi tendrement qu'autrefois. Quant à Maud, le tourment affreux qu'elle souffrait s'augmentait encore des efforts qu'elle faisait pour le cacher, dans la crainte de trahir son secret, et il y avait sur ses traits une expression de résolution énergique qui donnait à sa beauté un air de grandeur que son père n'avait jamais vu sur sa ravissante physionomie.

— Cet enfant souffre plus que nous tous, dit le capitaine en attirant sa favorite vers lui, l'asseyant sur ses genoux et la pressant contre son sein ; elle n'a pas de mari encore pour partager son cœur, et tout son amour se concentre sur son frère.

Le regard que Beulah jeta sur son père n'avait pas une expression de reproche, elle ne se le serait pas permis ; mais il disait si bien combien elle était affligée et mortifiée de ces paroles, que la mère lui tendit les bras.

— Hugh, vous êtes injuste envers Beulah, dit mistress Willoughby ; rien ne peut lui faire oublier les tendres sentiments qu'elle a toujours eus pour nous tous.

Le capitaine, empressé de réparer sa faute, embrassa affectueusement Beulah, ce qui la fit sourire à travers ses larmes. Tout fut aussitôt oublié, et Maud profita de cette courte scène pour s'échapper de la chambre.

L'entretien finit là, et le capitaine, après avoir exhorté sa femme et sa fille à donner aux autres l'exemple du courage, sortit de la maison pour aller s'acquitter de ses devoirs parmi ses gens.

L'absence de Joël jetait une ombre de doute sur les esprits des mécontents. Ces derniers étaient nombreux, car ils comprenaient tous les Américains, excepté les noirs et Joyce.

Strides avait effectué ses desseins plus aisément avec ses compatriotes en se servant adroitement de leurs bonnes aussi bien que de leurs mauvaises qualités. Plusieurs de ces hommes, la plupart même, avaient de bons sentiments; mais leur attachement à la cause américaine les rendait accessibles à des attaques auxquelles Mike et Jamie Allen étaient insensibles. D'abord, le capitaine Willoughby était Anglais, ensuite c'était un vieil officier de l'armée ; et son fils unique était ouvertement armé contre l'indépendance de l'Amérique. Il est aisé de voir comment un démagogue comme Joël, qui se trouvait à chaque instant à même d'entretenir ses camarades, pouvait faire valoir des circonstances si favorables à ses projets particuliers. Il avait cependant rencontré des difficultés. S'il était vrai que Parson Woods insistait pour faire des prières pour le roi, il était connu que le capitaine riait de son respect pour César ; si Robert Willoughby était major dans les troupes royales, Evert Beekman était colonel dans l'armée continentale; si le propriétaire du manoir était né en Angleterre, sa femme et ses enfants étaient nés en Amérique ; et on l'avait souvent entendu exprimer ses convictions sur la justice des demandes des provinciaux.

Aussi la plus grande partie des Américains de la Hutte n'avaient-ils aucune des vues étroites et intéressées de Joël et du meunier. La parfaite intégrité avec laquelle ils avaient été traités avait sur eux quelque influence; ils n'oubliaient ni la bonté habituelle de mistress Willoughby pour leurs femmes et leurs enfants, ni la douceur de Beulah, ni la beauté, l'esprit et les mouvements généreux de Maud. En un mot, quand le capitaine visita ses hommes, qui étaient alors rangés en dedans des palissades, les Américains étaient plutôt irrésolus que dans des dispositions absolues de mécontentement ou de rébellion.

— Attention ! cria Joyce, quand le capitaine arriva devant la ligne que formaient des hommes différant par la couleur, la taille, l'habillement, le pays, les habitudes, la physionomie : c'était comme un échantillon de tous les peuples divers qui, à cette époque, habitaient les colonies. Attention ! Présentez armes !

Le capitaine ôta son chapeau en retour de ce salut sans pouvoir s'empêcher de sourire du spectacle qu'il avait sous les yeux. Les Hollandais avaient présenté convenablement les armes, mais Mike avait exécuté un mouvement qui aurait embarrassé un autre que lui. La crosse du fusil avait été dirigée vers le capitaine, tandis que le canon était resté sur son épaule. Cependant il s'imagina s'en être mieux tiré que les autres. Jamie avait des notions correctes sur la perpendiculaire, ayant souvent fait usage du fil à plomb, mais il tenait son fusil sens dessus dessous. Quant aux Yankees, ils s'acquittèrent à peu près bien de ce devoir, et mirent armes bas les uns après les autres. Les nègres défiaient toute description; il était curieux de les voir avancer la tête hors de la ligne; ils tenaient à voir l'effet du mouvement général. Le sergent avait le bon sens de voir que ses hommes n'étaient pas encore arrivés à la perfection, et il leur indiqua encore comment il fallait tenir leurs armes. Il réussit parfaitement, si ce n'est que la moitié des armes fut portée à l'épaule droite et l'autre moitié à l'épaule gauche.

— Nous ferons mieux plus tard, Votre Honneur, dit Joyce en saluant militairement. Le caporal Strides a une assez bonne idée de la manœuvre, et s'en tire ordinairement assez bien. Quand il sera revenu, les choses n'en iront que mieux.

— Quand il sera revenu, sergent! Quelqu'un pourrait-il m'apprendre quand ce sera ?

— Oui, Votre Honneur, s'écria Mike avec l'empressement d'un enfant, je puis vous le dire, moi.

— Vous ? Que pouvez-vous savoir qui ne soit connu de nous tous, mon bon Michel ?

— Je sais ce que je dis ; il arrive, je reconnais son pas.

Joël, en effet, parut à la porte à ce moment. Comment était-il arrivé là sans être vu pendant qu'on regardait si attentivement dans la direction du moulin, on n'en savait rien; il semblait être tombé des nues. Enfin, le fait ne pouvait se nier. Le retour de Joël fut connu de toute la maison, en un instant, par les cris des enfants; et toutes les femmes vinrent dans la cour pour apprendre les nouvelles.

— Avez-vous quelque chose de particulier à me communiquer, Strides? demanda le capitaine en affectant un calme qui était loin de son esprit, ou pouvez-vous faire votre récit devant tout l'établissement?

— C'est comme il plaira au capitaine, répondit le rusé démagogue; quoique, selon moi, chacun ait le droit de tout connaître dans une affaire qui touche les intérêts communs.

— Attention! cria le sergent. Par peloton, droite.

— C'est inutile, Joyce, interrompit le capitaine, en faisant un signe de la main; qu'ils restent. — Vous avez communiqué avec nos visiteurs, je pense, Strides?

— Et c'est une terrible espèce de visiteurs. Je n'ai jamais rien vu de plus laid que ces Mohawks et ces Onondagas.

— Leur physionomie m'est indifférente. Quel est l'objet de leur visite?

— Ils sont, m'ont-ils dit, envoyés par les colonies pour se saisir du capitaine et de sa famille.

En prononçant ces paroles, Joël jeta un regard sur les visages qui se trouvaient devant lui afin d'y lire l'effet qu'elles pouvaient avoir produit. Il était évident qu'elles n'avaient pas été perdues. Le capitaine, cependant, parut calme, et il y avait un air d'incrédulité dans le sourire qui passa sur ses lèvres.

— Alors vous venez ici pour nous faire connaître leurs intentions, dit-il tranquillement.

— Oui, Monsieur; et c'est pour moi une mauvaise commission.

— Y a-t-il donc quelque personnage important qui se dise chargé de remplir un si haut devoir?

— Il y a parmi eux un ou deux blancs qui prétendent être autorisés à agir au nom du peuple.

A chaque allusion faite au peuple, Joël regardait ses partisans. Il s'aventura même cette fois à envoyer un regard d'intelligence au meunier.

— S'ils sont autorisés, pourquoi se tiennent-ils si loin? Je ne me suis jamais opposé aux lois, pour que ceux qui agissent en leur nom puissent craindre de ma part une résistance.

— C'est qu'il y a deux lois en opposition, par ce temps : la loi du roi, et la loi du peuple. Si les Indiens viennent en vertu de la loi du peuple, ils peuvent penser que le capitaine est pour la loi du roi.

— Et cela, ils vous l'ont dit, afin que vous me le répétiez?

— Nullement; c'est ma propre manière de voir. Je me suis peu entretenu avec eux.

— Et maintenant, dit le capitaine, je présume que je puis m'informer de votre compagnon. Vous l'avez probablement reconnu?

— J'en étais loin d'abord, capitaine, quand la vérité a brillé tout à coup à mes yeux. Je n'aurais jamais reconnu le major sous cet habillement; et je le suivais en me disant à moi-même : qui ce peut-il être? Alors je remarquai qu'il avait votre démarche, et puis je me souvins de la dernière nuit et de l'étranger qui accompagnait le capitaine; je me rappelai aussi qu'il occupait la chambre près de la bibliothèque, et quand j'en vins à examiner ses traits, je fus bien assuré que c'était le major.

Joël mentait hardiment dans ce récit: mais il se disait que personne n'était en mesure de le contredire.

— Maintenant que vous m'avez expliqué comment vous avez reconnu mon fils, Strides, ajouta le capitaine, je vous prierai de me faire connaître ce qu'il est devenu.

— Il est resté avec les sauvages. Venant de si loin pour s'emparer du père, ils n'auraient pas laissé la liberté au fils, qui arrivait tout droit se jeter dans l'antre du lion.

— Et comment les sauvages savent-ils que c'est mon fils? L'ont-ils reconnu aussi à sa démarche?

Joël se trouva pris à cette question, et rougit légèrement. Il vit qu'il s'était placé dans une position critique, et il connaissait suffisamment le capitaine pour savoir qu'il n'hésiterait pas à le punir si ses soupçons se trouvaient confirmés. Il n'ignorait pas qu'il méritait la potence, et Joyce était homme à l'exécuter à l'instant si son supérieur le lui ordonnait. Cette idée fit trembler le traître.

— Ah! j'ai été un peu distrait au commencement de mon récit; se hâta-t-il de dire; sans cela, j'aurais mieux raconté comment les choses sont arrivées.

— Eh bien, pour ne pas être interrompus, nous irons dans ma chambre, et Joyce nous y suivra aussitôt qu'il aura congédié ses hommes.

En une minute ou deux, le capitaine et Joël étaient assis dans la bibliothèque. Joyce se tenait respectueusement debout, le vieux soldat ne se permettant jamais aucune familiarité avec son supérieur. Nous donnerons la substance du récit de Joël dans notre propre langage, le préférant à celui de l'inspecteur, qui n'était dicté que par son esprit bas et perfide.

D'après ce rapport, les messagers avaient été amicalement reçus par les Indiens. Les deux chefs étaient venus à leur rencontre et leur avaient fait bon accueil. Quant au mouvement subit qu'on avait remarqué parmi eux, il se rapportait à l'instant où ils s'étaient disposés à prendre leur repas; et pendant ce temps les chefs, accompagnés du major et de Strides, s'étaient dirigés vers la maison du meunier. Là, par le moyen d'un blanc qui leur servait d'interprète, le major avait demandé pour quel motif les étrangers étaient venus dans l'établissement. On lui répondit franchement que c'était pour obliger la Hutte à se rendre, comme l'ordonnait le congrès continental. Le major avait tâché de persuader au blanc qui semblait revêtu de l'autorité, que les dispositions de son père étaient tout à fait neutres dans la querelle, mais selon ce récit, au grand étonnement de Joël, le chef répondit qu'il connaissait le vrai caractère de Robert Willoughby, et qu'un homme qui avait un fils dans l'armée du roi, et qui le tenait caché dans sa propre maison, ne pouvait pas être tout à fait indifférent au succès de la cause royale.

— Comment ce chef a-t-il su que le major était à la Hutte? ajouta Joël; voilà qui est un peu étrange, puisque tout le monde l'ignorait; mais ces gens-là emploient des moyens si extraordinaires dans ces jours-ci.

— Et le major convint-il de son vrai caractère, quand on l'accusa d'être au service du roi?

— Il en convint franchement; il leur assura seulement qu'il était venu ici pour voir sa famille, et qu'il avait l'intention de s'en retourner ensuite à New-York.

— Comment reçut-on ces explications?

— Pour avouer la vérité, cela les fit rire. Ils ne m'ont pas paru ajouter foi à une seule parole du major. Je n'ai jamais vu de créatures avec des figures aussi incrédules! Après avoir longtemps conféré entre eux, ils ordonnèrent d'enfermer le major dans l'office, et mirent une sentinelle à la porte; après quoi ce fut à mon tour d'être examiné.

Joël fit ensuite, à sa manière, le récit de ce qui s'était passé entre lui et les étrangers. On l'avait questionné sur la nature des défenses de la Hutte, la force de la garnison, sa disposition, le nombre et la qualité des armes; on lui avait demandé aussi si elle était bien approvisionnée.

— Vous pouvez être tranquille là-dessus, je leur ai rendu un bon compte, continua l'inspecteur, d'un air satisfait. D'abord je leur ai dit que le capitaine avait avec lui un lieutenant qui avait servi dans la guerre contre la France; j'ai mis cinquante hommes sous vos ordres, trouvant que c'était aussi facile à dire que trente ou trente-trois. Quant aux armes, je leur ai fait croire que plus de la moitié des fusils étaient à deux coups; et que le capitaine, en particulier, portait une carabine qui avait tué neuf sauvages en un seul combat.

— Vous vous êtes beaucoup trompé en cela, Joël. Il est vrai que cette carabine a tué une fois un chef célèbre, mais je ne vois pas de raison pour s'en vanter.

— Eh bien, ces neuf hommes ont fait beaucoup d'effet, et les questionneurs m'ont paru encore plus embarrassés quand je leur ai parlé de votre canon.

— De votre canon, Strides! Pourquoi vous être aventuré ainsi? La suite leur montrera bien que tout était exagéré.

— C'est ce que nous verrons, capitaine, c'est ce que nous verrons. Rien ne ralentit le courage des sauvages plus que les canons. Ils nous ont considérés, je crois, tout à fait comme des gens à craindre quand je leur eus raconté une histoire sur ce canon.

— Et quelle est cette histoire, je vous prie?

— Je leur ai dit que c'était justement le même que vous aviez pris sur les Français, et que tout le monde savait que c'était un redoutable canon qui avait tué plus de cent soldats avant que le capitaine, dans une charge à la baïonnette, s'en fût emparé.

C'était là une artificieuse parole, puisqu'elle faisait allusion à l'exploit le plus remarquable de la carrière militaire du capitaine Willoughby, exploit dont il se souvenait avec orgueil. Tous ceux qui le connaissaient l'avaient entendu citer cette aventure, et Joël, comme on le voit, avait su s'en servir adroitement. Ce souvenir en effet endormit, pour le moment au moins, les soupçons qui s'étaient emparés de l'esprit de son supérieur.

— Il n'était pas nécessaire, Strides, de parler aucunement de cette affaire, dit modestement le capitaine. Il y a longtemps que c'est arrivé, et on peut bien l'avoir oublié; et puis, vous le savez, nous n'avons pas de canon pour appuyer votre récit, et l'on reconnaîtra bientôt que nous avons voulu cacher notre faiblesse réelle.

— Je demande pardon à Votre Honneur, dit Joyce, je crois que Strides a agi d'une manière toute militaire dans cette affaire. N'est-ce pas selon l'art de la guerre pour les assiégés d'avoir l'air d'être les plus forts? Les récits militaires ne sont pas paroles d'évangile.

— D'ailleurs, ajouta Joël, je savais que nous avions ici un canon qui ne demande qu'à être monté.

— Je crois comprendre Strides, Votre Honneur, reprit le sergent. J'en ai sculpté un en bois pour armer la grande porte, et le disposer de la même manière que Votre Honneur a vu que cela se faisait dans les garnisons; eh bien, ce canon est fini et peint, et j'avais l'intention de le monter cette semaine : je suppose que c'est de ce canon que Joël voulait parler.

— Le sergent a raison. On dirait tout à fait un vrai canon, on s'y méprendrait certainement.

— Mais il n'est pas monté; et quand il le serait, il ne pourrait pas nous être d'un grand secours.

— Une fois le canon monté, je réponds que les Indiens n'oseront pas s'avancer jusqu'ici. Il vaudra une douzaine de sentinelles, répondit Joël. En une heure ou deux, il peut être placé, et à une distance de cent pas, les Indiens le prendront pour un vrai canon.

— Cela est plausible, Votre Honneur, dit Joyce respectueusement, cela montre que le caporal Strides a une idée de la guerre. Si Votre Honneur veut excuser cette liberté, je lui ferai observer que ce pourrait être une bonne idée de placer le canon sur ses jambes et de le braquer à la porte pour tenir en respect ceux qui voudront s'approcher.

Le capitaine réfléchit un moment, puis il dit à l'inspecteur de continuer son récit. Le reste fut bientôt raconté. Joël avait, disait-il, trompé les étrangers si complétement en affectant de ne rien leur cacher; qu'ils le considéraient presque comme un allié, et ne l'avaient pas emprisonné. Il est vrai qu'il avait été mis en surveillance, mais le devoir se faisait avec tant de négligence, qu'il avait trouvé moyen de descendre dans le ravin et de se cacher dans les bois de manière à ne pouvoir être découvert si on tentait de le poursuivre. Faisant ensuite un long détour pendant lequel bien du temps s'était passé, il suivit toute la vallée et parvint à gagner la Hutte, caché par les buissons qui se trouvaient sur les bords du ruisseau; c'était précisément la route qu'il avait prise avec Mike quand ils étaient tous deux à la recherche de Maud, le soir de l'arrivée du major. Ce dernier fait, cependant, Joël avait des raisons particulières pour le cacher.

— Vous ne m'avez rien dit de M. Woods, Strides? dit le capitaine quand Joël eut cessé de parler.

— M. Woods! Qu'en pourrais-je dire? Il n'est donc pas ici?

La manière dont le chapelain avait quitté la Hutte, et sa disparition dans le ravin, furent alors expliquées à l'inspecteur, qui devait avoir quitté le moulin avant l'exploit du digne prêtre. Il y avait une expression sinistre dans les yeux de Joël pendant qu'on lui faisait ce récit, ce qui aurait pu donner l'alarme à des hommes plus soupçonneux que les deux vieux soldats; mais il eut l'adresse de cacher ce qu'il éprouvait.

— Si M. Woods est tombé entre les mains des Indiens dans son costume de prêtre, répondit l'inspecteur, il n'y a guère à espérer qu'on ne l'ait pas fait prisonnier. Une des charges contre le capitaine, c'est de laisser le chapelain faire régulièrement des prières pour le roi, comme si cela s'accordait avec les sentiments publics.

— Vous avez entendu dire cela par le magistrat dont vous m'avez parlé? demanda le capitaine.

— Oui, il s'est plaint des prières qu'un ministre faisait pour le roi, quand le pays est en guerre contre lui.

— En cela le révérend M. Woods n'a fait qu'obéir aux ordres, dit le sergent.

— Il n'y a plus d'ordres à suivre, disent-ils, et aucun homme n'est obligé maintenant de prier pour le roi.

— Oui; on doit se conformer aux ordres des magistrats, peut-être? Mais le révérend M. Woods est un prêtre, ses supérieurs, à lui, sont dans l'église, et c'est à ceux-là qu'il doit obéir. J'ose dire que si le commandant en chef de l'église donnait l'ordre général de ne pas prier pour le roi George, le révérend M. Woods s'y soumettrait sans scrupule. Mais c'est bien différent quand un juge de paix s'arroge un droit qui n'appartient qu'au clergé; c'est comme si un capitaine de vaisseau voulait commander à un régiment.

— Pauvre Woods! s'écria le capitaine. S'il m'avait écouté, il aurait renoncé à ces prières, et nous nous en trouverions mieux tous deux. Mais il est de votre opinion, sergent, et il pense qu'un laïque ne peut avoir aucune autorité sur un prêtre.

— Et ne pense-t-il pas juste, Votre Honneur?

Comme le capitaine ne crut pas nécessaire de prolonger l'entretien, il congédia ses compagnons et alla trouver sa femme pour lui rendre compte de l'état des choses. C'était un triste devoir ; cependant mistress Willoughby et ses filles apprirent ce qui s'était passé avec moins d'appréhension que le capitaine ne l'avait redouté. Elles avaient tant souffert de l'incertitude, que c'était un soulagement pour elles de connaître enfin la vérité. La mère ne pouvait croire que les autorités de la colonie permettraient qu'il arrivât malheur à son fils. Beulah pensa que le nom de son mari serait la sauvegarde de Bob, et Maud, en apprenant qu'il ne lui était rien arrivé et qu'il se trouvait encore près d'elle, s'estima heureuse comparativement aux tourments qu'elle avait endurés.

Ce pénible devoir rempli, le capitaine commença à penser sérieusement à ce qu'il avait à faire. Après quelque temps de réflexion, il se rendit aux suggestions de Joyce et consentit à laisser poser le canon sur ses roues. Les charpentiers se mirent immédiatement à cet ouvrage, que le sergent voulut surveiller en personne. Quant à Joël, il employa ce qui lui restait de temps à s'entretenir avec sa femme, ses enfants et le meunier. Quand le jour baissa, il reparut, selon sa coutume, parmi les gens de l'établissement.

Pendant toute la journée tout demeura silencieux au dehors. Les rayons d'un soleil éclatant animaient seuls le paysage qu'il dorait de ses reflets. Ni blancs ni Indiens ne se montraient, et le capitaine commençait à soupçonner que, satisfaits de leurs captures, ils s'en étaient retournés vers la rivière, estimant moins sa propre arrestation, qu'ils réservaient pour quelque autre occasion. Cette idée s'était si bien fortifiée dans son esprit à la fin du jour, qu'il était occupé à écrire à quelques amis influents à Albany et sur la Mohawk, pour leur demander d'interposer leurs noms et leur caractère en faveur de son fils, quand le sergent, à neuf heures, heure à laquelle il lui avait été ordonné d'organiser une garde pour la première moitié de la nuit, se présenta à la porte de la chambre pour lui faire un rapport important.

— Qu'y a-t-il maintenant, Joyce? dit le capitaine. Quelques-uns de nos gens seraient-ils endormis ou malades?

— Ah! c'est bien pis, Votre Honneur, lui fut-il répondu. Des dix hommes que Votre Honneur m'avait commandé de mettre dans la garde de nuit, cinq sont absents. Je les ai portés comme déserteurs.

— Déserteurs! Voilà qui me paraît sérieux; faites un appel général, ils ne peuvent pas être encore couchés, nous allons bien voir.

Comme Joyce se faisait une sorte de religion d'obéir aux ordres, ce commandement fut immédiatement mis à exécution. En cinq minutes, un messager fut envoyé vers le capitaine pour le prier de se rendre dans la cour où la garnison était sous les armes. Le sergent se tenait devant la petite troupe avec une lanterne, et sa liste à la main. Le premier regard apprit au capitaine que ses forces avaient subi une sérieuse réduction, et il appela le sergent pour entendre son rapport.

— Quel est le résultat de votre enquête, Joyce? demanda-t-il avec plus d'inquiétude qu'il n'aurait voulu en montrer.

— Nous avons perdu juste la moitié de nos hommes, Monsieur. Le meunier, la plus grande partie des Yankees et deux des Hollandais ne sont pas ici; et l'on n'en a trouvé aucun dans les environs. Ils ont passé du côté de l'ennemi, capitaine Willoughby, ou bien, mécontents des événements, ils sont allés se mettre en sûreté dans les bois.

— Et ils ont abandonné leurs femmes et leurs enfants, sergent? Ce n'est pas croyable.

— Leurs femmes et leurs enfants ont déserté aussi, Monsieur. On n'a trouvé personne de leurs familles dans la Hutte.

CHAPITRE XIX.

> Tous les Gallois sont dispersés, ils ont passé
> du côté de Bolingbroke.
> RICHARD II.

DANS de telles circonstances, il était douloureux d'apprendre cette désertion, juste à l'entrée de la nuit. Quant aux hommes qui restaient, le capitaine Willoughby trouva prudent de s'informer de leurs caractères et de leurs noms, afin de savoir la conduite qu'il avait à tenir. Il le demanda au sergent dès qu'il fut assez loin pour n'être pas entendu de la petite troupe.

— Nous avons Michel O'Hearn, les deux charpentiers, les trois nègres, Joël et les trois Hollandais, qui depuis quelque temps seulement font partie de l'établissement, et les deux garçons que Strides a engagés au commencement de l'année. En y ajoutant Votre Honneur et moi-même, cela fait en tout quinze hommes : encore assez, je crois, pour défendre la maison en cas d'assaut.

— Ce sont les meilleurs, répondit le capitaine, et les plus dignes de confiance, je crois. Je compte sur Mike, sur Jaime et sur les noirs aussi bien que sur nous-mêmes. Joël aussi est un homme de ressource, mais je ne sais comment il se comportera quand il verra le feu de près.

— Le caporal Strides est un soldat qui n'a pas encore été mis à l'épreuve, mais les nouvelles recrues font quelquefois des merveilles. Je réduirai la garde de moitié pour que nos hommes aient le temps de prendre du repos.

— Nous veillerons tour à tour, Joyce. Vous resterez jusqu'à une heure, et je vous remplacerai le reste de la nuit. Je parlerai à nos hommes avant que vous les ayez congédiés. Une parole encourageante ne peut que nous être utile dans ce moment.

Le sergent était rarement d'un avis contraire à celui de son supérieur ; il alla avec lui dans la cour et plaça la lanterne de manière que le capitaine pût voir toutes les physionomies.

— Il paraît, mes amis, dit M. Willoughby, que plusieurs de nos gens ont été saisis d'une panique, et ont déserté. Ces hommes égarés n'ont pas fui seuls, ils se sont fait suivre de leurs femmes et de leurs enfants. Un peu de réflexion vous montrera à quelle détresse ils peuvent être réduits par cette fuite imprudente. Il n'y a pas d'établissement de quelque importance distant de moins de cinquante milles d'ici, et il en faudrait faire plus de trente avant de rencontrer une simple hutte ; un long temps se passera avant qu'ils aient pu gagner un lieu de sûreté, en supposant qu'ils échappent aux sauvages qui, comme nous le savons, errent dans les bois. Les femmes et les enfants n'auront ni l'art de cacher leur marche, ni les forces suffisantes pour résister à la fatigue et à la faim pendant plusieurs heures. Que Dieu leur pardonne ce qu'ils ont fait et les guide à travers les difficultés et les peines dont ils sont menacés! Quant à nous, il faut que nous remplissions dignement notre devoir. S'il y en a un parmi vous qui appréhende de rester armé ici, et de défendre cette maison, qu'il l'avoue franchement; je le laisserai partir, il pourra emporter tout ce qui lui appartient et prendre des moyens de subsistance et de défense. Je ne veux avec moi que des hommes de bonne volonté. La nuit est sombre, ce serait un moment propice pour quitter la Hutte, on s'en trouverait assez éloigné quand le jour paraîtra. Si quelqu'un veut partir, qu'il le dise simplement, sans rien craindre, la porte lui sera ouverte.

Le capitaine s'arrêta, mais pas une voix ne répondit. Un sentiment commun de loyauté semblait engager ses auditeurs à rester fidèles à leur devoir. Les yeux noirs des nègres suivirent la petite rangée d'hommes pour voir quel serait le premier qui abandonnerait le maître, et une grimace de plaisir montra la satisfaction avec laquelle ils remarquaient l'inutilité d'un tel appel. Quant à Mike, il était trop fortement ému pour garder le silence.

— Och! s'écria l'homme du comté de Leitrim, je leur souhaite un bon voyage. Les voilà maintenant errants à travers les bois avec le remords de leur conscience. Jamais je ne ferais pareille chose; non, pas même quand on devrait me scalper toute la tête, et qu'un Indien serait à quelques pouces de moi pour tailler ses draps dans ma propre peau. C'est le manque de religion qui a perdu ces créatures! Quoi, il n'y en a pas un qui soit porté à réciter la plus courte prière que le Seigneur nous a recommandé de lui faire! Si le diable les brûle, ils n'auront que ce qu'ils méritent.

Le capitaine attendit patiemment que ce monologue fût terminé; puis il congédia les hommes avec quelques mots d'encouragement, et les félicita de la fidélité qu'ils avaient montrée. Comme il se tournait vers Joyce pour lui donner ses dernières instructions, il découvrit, à l'aide de la lumière de la lanterne que tenait le sergent, une forme humaine arrêtée à une petite distance, mais trop près des murs de la Hutte pour qu'il pût la bien distinguer. C'était certainement un homme; et comme, à l'exception de la sentinelle placée en dehors de la cour, tous ceux qui étaient capables de porter les armes se trouvaient encore réunis en groupe, la nécessité de s'assurer du caractère de ce visiteur inconnu traversa l'esprit des deux vieux soldats au même instant. Joyce élevait sa lanterne, tandis qu'ils marchaient rapidement vers la forme immobile ; quand ils en furent tout près, la lumière brilla dans les yeux noirs et ardents d'un Indien.

— Nick ! s'écria le capitaine, est-ce vous ? Qu'est-ce qui vous a amené encore ici ? et comment avez-vous franchi les palissades ? Venez-vous comme un ami pour nous visiter, ou comme un ennemi ?

— Trop, beaucoup de questions, capitaine ; demander tout ensemble. Aller à la chambre aux livres, Nick vous suivre ; dire tout ce qu'il faut.

Le capitaine parla quelque temps à voix basse au sergent pour lui recommander de veiller attentivement à la garde. Quand il arriva dans la bibliothèque, il trouva sa femme et ses filles qui l'attendaient avec anxiété.

— Ah ! Hugh, j'espère qu'il n'y a pas autant de mal que nous le craignions, s'écria la mère quand le capitaine entra dans la chambre suivi du Tuscarora ; nos gens ne peuvent pas être assez lâches pour nous abandonner dans un tel moment.

Le capitaine embrassa sa femme, lui adressa quelques paroles d'encouragement et montra l'Indien.

— Nick ! s'écrièrent les trois femmes d'une seule voix, quoique le ton de chacune dénotât une sensation différente.

L'exclamation de mistress Willoughby n'était pas sans plaisir, car elle le croyait son ami ; celle de Beulah était pleine de crainte, car la pensée du petit Evert et des massacres des sauvages traversa soudain l'esprit de la jeune mère ; le ton de Maud était empreint de la résolution énergique qu'elle avait prise pour se soutenir dans ces terribles épreuves.

— Oui, Nick, Saucy Nick, répéta l'Indien de sa voix gutturale. Vieil ami ; vous pas contents de le voir ?

— Cela dépend de ce que vous venez faire ici, dit le capitaine. Faites-vous partie de ceux qui sont maintenant au moulin ? Mais un moment ; comment êtes-vous entré en dedans des palissades ? Répondez-moi d'abord à cela.

— Arbres pas bons pour arrêter Indien. Faut beaucoup de mousquets, beaucoup de soldats, capitaine ; pauvre garnison ici pour Nick. Toujours lui dire, trouver trous assez pour passer.

— Ce n'est pas répondre à ma question, camarade. Par quels moyens avez-vous passé de l'autre côté des palissades ?

— Quels moyens? moyens Indiens sûrement. Venir comme un chat, comme une bête fauve, comme un serpent. Nick, grand chef Tuscarora; bien connaître comment marche le guerrier quand la hache est déterrée.

— Et Nick doit connaître bien aussi l'usage que je pourrais faire de son dos. Vous vous souvenez, Tuscarora, que je vous ai flagellé plus d'une fois dans ma vie.

Ceci fut dit d'un ton menaçant, et avec plus de chaleur peut-être que de prudence. Les femmes tressaillirent comme si un nouveau danger leur apparaissait, et leurs regards pleins d'anxiété se levèrent sur le capitaine pour l'avertir qu'il allait trop loin. Quant à Nick, le nuage qui annonce l'orage n'est pas plus sombre que ne devint son visage quand il eut entendu ces paroles; il lui sembla que chaque coup déshonorant qu'il avait reçu torturait de nouveau sa chair, et la pensée de son ignominie blessa profondément l'orgueil du fier Tuscarora. Le capitaine Willoughby fut surpris de l'effet que sa menace avait produit sur Nick, mais il était trop tard; et il attendit tranquillement ce qui pourrait en résulter. Nick resta plus d'une minute sans répondre. Graduellement, mais avec lenteur, l'expression de son visage changea. Elle reprit enfin son calme stoïque, son immobilité de marbre. Il put alors prendre la parole.

— Écoutez, dit l'Indien sérieusement. Capitaine vieil homme, sa tête comme la neige sur les rochers. Bon soldat; mais pas avoir sagesse assez pour cheveux blancs. Pourquoi mettre la main rudement sur l'endroit que le fouet frappe? Sage homme jamais faire cela. Hiver froid, besoin de feu pour le réchauffer. Beaucoup de glace, beaucoup d'orage, beaucoup de neiges. Tout sembler affreux. Hé bien, hiver s'en va, glace s'en va, neige s'en va, orage s'en va. Été venir à la place. Tout sembler bon, tout agréable. Pourquoi, quand l'été venir, faire oublier le beau ciel et rappeler l'hiver?

— C'est afin de se précautionner pour son retour. Celui qui ne penserait jamais aux mauvais jours, à l'heure de sa prospérité, oublierait non-seulement un devoir, mais aussi manquerait de sagesse.

— Lui pas sage! dit Nick avec énergie. Capitaine chef des Faces-Pâles. Avoir garnison, bons soldats, bons mousquets, hé bien, flageller le guerrier, lui faire le sang venir. Cela méchant assez ; plus méchant encore de mettre le doigt sur vieilles marques et faire douleur et honte venir encore.

— Peut-être aurait-il été plus généreux, Nick, de ne pas rappeler cela ; mais vous voyez quelle est ma situation : me voilà avec un ennemi au dehors, mes hommes ont déserté, tout me paraît aller mal, enfin je trouve un homme dans ma cour et je suis ignorant des moyens qu'il a pris pour y arriver.

— Nick dire au capitaine les moyens. Si les Hommes Rouges dehors, tuer eux ; si la garnison s'en aller, flageller la garnison ; si Nick ne sait pas, apprendre à Nick, mais pas frapper encore sur l'ancien mal.

— Bien, bien, ne disons plus rien là-dessus, Nick. Voilà un dollar pour prendre du rhum, et nous allons parler, j'espère, d'une autre manière.

Nick ne parut pas remarquer la pièce, que pourtant le capitaine tint devant lui pendant quelque temps pour le tenter. S'apercevant que le Tuscarora agissait alors comme un guerrier et un chef, il remit le dollar dans sa poche et se conduisit en conséquence.

— A tout événement, dit-il, j'ai le droit d'insister pour savoir d'abord par quels moyens vous êtes entré en dedans des palissades, et en second lieu, pour quelle raison vous êtes venu ici à la nuit et si soudainement.

— Demander à Nick tout ce que capitaine avoir droit pour demander, mais pas toucher aux anciennes blessures. Comment moi traverser palissades ? Où est sentinelle pour arrêter Indien ? Une à la porte, bien, aucune à une autre place. Dix, vingt, trois autres endroits. Supposer arbre ? grimper après ; supposer palissade ? grimper aussi. Soldat hors la porte quand Nick passer de l'autre côté. Si aisé à faire, Nick honteux de s'en vanter. Capitaine une fois ami de Nick, aller ensemble sur le sentier de la guerre, cela dans l'ancien temps. Tous deux guerriers ; tous deux marcher contre garnison française. Eh bien, qui ramper pour arriver dans leur garnison entourée de canons ? qui ouvrir la porte et faire entrer les Hommes Pâles ? Grand Tuscarora faire cela : pas flageller alors ; pas parler d'anciennes plaies cette nuit-là.

— Tout cela est vrai, Wyandotté. — C'était le plus glorieux des noms de Nick ; et un sourire de satisfaction illumina son visage quand il l'entendit dans la bouche de celui qui l'avait connu lorsque ce nom portait la terreur dans les cœurs de ses ennemis.

— Tout cela est vrai, Wyandotté. Dans cette occasion, vous vous êtes montré hardi comme un lion et adroit comme un renard. Cet exploit vous a fait beaucoup d'honneur.

— Pas d'anciennes plaies dans cela, s'écria Nick avec un accent qui fit tressaillir jusqu'au cœur mistress Willoughby. — Pas appeler Nick chien cette nuit-là. Lui guerrier alors, lui avoir visage, pas de dos.

— J'ai dit que cette conduite vous fit honneur, Nick, et vous en avez été récompensé. Maintenant, faites-moi donc connaître pourquoi vous êtes venu ici à la nuit, et d'où vous êtes venu?

Il y eut encore à ce moment quelques instants de silence. La physionomie de l'Indien devint de moins en moins fière, jusqu'à ce qu'enfin elle perdit son expression de ressentiment pour en prendre une autre, dans laquelle dominaient des émotions d'une meilleure nature.

— Squaw bonne, dit-il avec un sourire en tendant sa main vers mistress Willoughby. — Avoir un fils, aimer lui comme petit enfant à la mamelle. Nick venir six, deux fois avant, Nick coureur de son fils.

— Mon fils, Wyandotté! s'écria la mère. M'apportez-vous des nouvelles de mon fils?

— Pas apporter nouvelles trop lourdes : Indien pas aimer à être chargé ; apporter une lettre.

Les trois femmes ne jetèrent qu'un seul cri, et chacune tendit la main par un mouvement involontaire pour recevoir le billet. Nick tira la missive d'un pli de son vêtement et la mit dans la main de mistress Willoughby avec la grâce d'un courtisan.

La lettre était courte, et avait été écrite au crayon sur une feuille de papier grossier arrachée de quelque livre. On reconnut bien l'écriture de Robert Willoughby, quoiqu'il n'y eût ni adresse ni signature. Le papier contenait simplement ces mots :

« Comptez sur vos moyens de défense. Il y a ici plusieurs hommes blancs déguisés en Indiens. Je leur suis suspect, peut-être connu. On voudra vous faire capituler ; le plus sage est de tenir ferme. Si Nick est fidèle, il vous en dira davantage ; sinon, il montrera cette lettre avant de vous la remettre. Que les portes intérieures soient bien défendues ; pensez plus à mettre la maison en sûreté que les palissades. Ne craignez rien pour moi, ma vie ne peut être en danger. »

Chacun lut ce billet tour à tour. Maud se détourna pour cacher les larmes qui tombaient sur le papier. Comme ce fut elle qui le lut la dernière, elle put le garder. C'était un trésor précieux pour son cœur dans un moment où elle n'avait de pensées que pour le captif.

— Il nous est conseillé de vous demander des informations, Nick, dit le capitaine. J'espère que vous ne nous direz rien que la vérité. Un mensonge est indigne de la bouche d'un guerrier. Personne n'a-t-il vu cette lettre que nous, vous-même et celui qui l'a écrite?

— Pourquoi demander cela? Si Nick dit non, capitaine penser qu'il ment. Même le renard dit la vérité quelquefois; pourquoi pas Indien? Nick dit non.

— Où avez-vous laissé mon fils, et depuis quand? Où sont les Peaux Rouges en ce moment?

— Toutes les Faces Pâles pressées! Demander dix, une, quatre questions à la fois. — Hé bien, répondre de même. — Là bas, au moulin; ici, au moulin; une demi-heure, six, deux, dix heures.

— Je vous comprends; vous voulez dire que le major Willoughby était au moulin quand vous l'avez quitté, et qu'il y a de cela une demi-heure.

Le Tuscarora fit de la tête un signe d'assentiment, mais ne répondit pas d'une autre manière. Ses yeux perçants parcoururent alors les visages pâles des trois femmes, de telle sorte que le capitaine sentit des soupçons s'éveiller en lui, et il reprit ses questions avec un ton qui appartenait plus à la sévérité militaire de ses anciennes habitudes qu'à la bienveillance qui lui était habituelle depuis ces dernières années.

— Vous me connaissez, Nick, dit-il sévèrement, et vous devriez redouter mon mécontentement.

— Que veut dire capitaine maintenant? demanda tranquillement l'Indien.

— Que le même fouet que j'avais dans l'autre fort est dans celui-ci; et que je n'ai pas oublié la manière de s'en servir.

Le Tuscarora regarda fixement le capitaine, mais avec une expression plutôt ironique que fière.

— Pourquoi parler de fouet maintenant? dit-il. Même le général des Yankees cacher fouet quand voit ennemi. Soldat peut pas combattre quand dos fait mal. Quand bataille près, alors bons amis; quand bataille passée, alors battre, battre, battre encore. Pourquoi parler ainsi? Capitaine jamais frapper Wyandotté.

— Il faut que votre mémoire soit courte pour dire cela. Je pensais qu'un Indien a meilleure mémoire.

— Aucun homme frapper Wyandotté! s'écria l'Indien avec énergie. Aucun homme, Face Pâle ou Peau-Rouge, peut donner coup sur le dos de Wyandotté.

— Bien, bien, Nick, nous ne voulons pas disputer sur ce point; mais cependant à qui cela est-il arrivé et arrivé souvent?

— Cela arriver à Nick, Saucy Nick, pauvre buveur de Nick; à Wyandotté, jamais!

— Je vous comprends maintenant, Tuscarora, et je suis content d'avoir chez moi un guerrier au lieu d'un pauvre misérable. Aurai-je le plaisir de vous remplir un verre en l'honneur de nos anciennes campagnes?.

— Nick, toujours altéré; Wyandotté, connaît pas la soif. Nick, mendier pour rhum, prier pour rhum, rêver de rhum, parler de rhum, rire pour rhum, crier pour rhum. Mais quand Wyandotté voir rhum, pas connaître; Wyandotté demande rien.

— Voilà qui est fort bien, et je suis doublement satisfait, chef, de vous recevoir avec le caractère dans lequel vous me faites comprendre que vous venez maintenant. Un guerrier du nom glorieux de Wyandotté est trop fier pour vouloir me tromper, et je n'entendrai de lui que la vérité. Dites-moi alors tout ce que vous savez sur ces Indiens qui sont au moulin; que sont-ils venus faire ici? comment avez-vous rencontré mon fils, et quelle direction les sauvages vont-ils prendre? Répondez à toutes ces questions.

— Wyandotté, pas gazette, pour dire tant à la fois. Que le capitaine parle comme un chef à un autre chef.

— Dites-moi d'abord ce que vous savez de ceux qui sont au moulin. Y a-t-il beaucoup de Faces Pâles parmi eux?

— Mettez-les dans la rivière, répondit l'Indien d'un ton sentencieux, eau dira la vérité.

— Vous croyez qu'il y en a plusieurs qu'elle rendrait blancs?

— Quand donc guerriers rouges voyager jamais comme une troupe de bestiaux? Un Homme Rouge là, comme Grand-Esprit l'a fait; de chaque côté de lui deux Hommes Rouges, comme peinture les a faits. Cela se voit à leurs traces.

— Vous les avez donc suivis et rejoints ensuite?

Un autre signe indiqua l'assentiment de l'Indien. S'apercevant que le Tuscarora ne paraissait pas disposé à parler, le capitaine continua son interrogatoire.

— Et comment leurs traces ont-elles trahi ce secret, chef? demanda-t-il.

— Orteil tourné dehors, pas trop court, trace trop large, trace trop pleine, marche trop courte.

— Il faut que vous les ayez suivis à quelque distance, Wyandotté, pour apprendre cela?

— Depuis les Mohawks, joindre eux au moulin. Tuscarora n'aime pas trop voyager avec Mohawks.

— Mais, selon votre récit, ils ne peuvent pas être beaucoup de Peaux Rouges?

Nick alors éleva la main droite, montrant tous les doigts et le pouce, et cela six fois. Ensuite il l'éleva encore une fois et montra seulement l'index et le pouce.

— Cela fait trente-deux, Nick. Vous comprenez-vous dans le nombre?

— Wyandotté un Tuscarora. Compter les Mohawks.

— Y a t-il quelques autres Hommes Rouges parmi eux?

— Oneidas aussi.—Et il leva quatre doigts seulement; après il éleva un seul doigt en ajoutant : Onondaga aussi.

— Trente-deux Mohawks, quatre Oneidas et un seul Onondaga, font trente-sept en tout. Combien de blancs ai-je à ajouter? Les avez-vous comptés?

L'Indien leva les deux mains avec tous les doigts étendus, et répéta ce geste quatre fois; puis il montra une main entière et deux doigts de l'autre.

— Quarante-sept. Ajoutons cela aux Peaux-Rouges, et nous en aurons soixante-quatorze. Je les supposais plus forts, Wyandotté?

— Pas plus forts, pas plus faibles, juste ainsi. Plusieurs vieilles femmes aussi, parmi les Faces Pâles.

— Des vieilles femmes! Vous vous trompez, Nick, je n'ai vu que des hommes.

— Avoir de la barbe, mais vieilles femmes aussi. Parler, parler, parler, faire rien. Cela l'Indien appelle vieilles femmes. Pauvres guerriers! capitaine les battre, s'il combat comme au vieux temps.

— Hé bien, c'est encourageant, Wilhelmina, et Nick me semble agir franchement avec nous.

— Maintenant, informez-vous encore de Robert, Hugh, dit mistress Willoughby dont le cœur maternel ne voyait rien au delà de son enfant.

— Vous entendez, Nick, ma femme désire apprendre quelque chose sur son fils.

Pendant le dialogue précédent, il y avait eu quelque chose d'équivoque dans l'expression du visage de l'Indien. Mais ce qu'il dit sur les sauvages, les nombres qu'il précisa, et la manière dont il les avait joints, tout cela était vrai, sa physionomie l'indiquait bien. Cependant le capitaine s'imaginait voir dans ses regards et dans ses manières un air de fierté farouche qui l'alarmait malgré lui. Mais dès que mistress Willoughby se fut interposée, la lueur de férocité qui passait si naturellement et si vite sur les traits basanés du sauvage, se fondit dans une expression de douceur et de bienveillance.

— Bon avoir mère, dit Nick. Wyandotté n'a pas de squaw : épouse morte, mère morte, sœur morte, toutes parties pour la terre des Esprits, chef les suivra. Avoir été sur le sentier de mort aussi, mais femme du capitaine dire : Arrêtez, Nick ; un peu trop tôt maintenant, prenez médecine et allez bien. Chef toujours aimer la squaw, quand son esprit pas rendu farouche par la guerre.

— Et la guerre, Wyandotté, ne rend pas votre esprit farouche maintenant? répondit mistress Willoughby avec vivacité. Vous aiderez donc une mère à retirer son fils des mains des impitoyables ennemis.

— Pourquoi penser impitoyables? parce que Faces Pâles habillés comme Indiens et essayer de tromper?

— Cela pourrait être une raison, mais je crains qu'il n'y en ait beaucoup d'autres. Dites-moi, Wyandotté, comment avez-vous découvert que Robert était prisonnier, et par quel moyen a-t-il pu vous donner sa lettre?

L'Indien reprit une contenance fière, persuadé qu'il montrait la supériorité d'un Homme Rouge sur une Face Pâle en indiquant les moyens à l'aide desquels il avait fait ses découvertes.

— Lire livre sur terre, répondit Nick gravement. Deux livres toujours ouverts devant chef, un dans le ciel, l'autre sur la terre.

Livre du ciel dit le temps : neige, pluie, vent, tonnerre, éclairs, guerre ; livre sur terre dit qui est arrivé.

— Et quel rapport le livre de la terre a-t-il avec mon fils, Wyandotté?

— Dit tout sur lui. Trace du major d'abord vue au moulin. Pas mocassin, mais botte. Botte de soldat, comme lettre, dit grande quantité en peu de mots. D'abord penser pied du capitaine, mais trop petit. Alors connaître pied du major.

— Voilà qui est très-bien, Nick, interrompit le capitaine, mais vous m'excuserez si je dis que c'est aller un peu trop loin. Il me semble impossible que vous ayez pu reconnaître que l'empreinte était celle du pied de mon fils? Comment pouvez-vous en être certain?

— Comment pouvoir, hein? Qui suivit ses traces de la maison à la rivière de l'Hudson? Penser Nick aveugle et pas voir? Tuscarora lira son livre aussi bien que Face Pâle lira la Bible.

Ici Nick regarda un moment autour de lui, leva l'index, et ajouta avec vivacité : — L'ai vu à Bunker-Hill, le connaître parmi dix, six, deux mille guerriers. Connaître ce pied, si je rencontrais dans l'Heureuse Terre.

— Et pourquoi celui de mon fils en particulier? On change souvent de chaussure, une botte ne peut pas être exactement semblable à la précédente, cela me semble impossible. Ce récit de la botte, Nick, vient jeter du soupçon sur toute votre histoire.

— Quel soupçon? demanda l'Indien avec la rapidité de l'éclair.

— Que cela me donne des doutes, des soupçons.

— Pas croire, ha?

— Il n'en faut peut-être croire que la moitié.

— Pourquoi vieux soldat toujours des soupçons, squaw jamais? Demandez à mère, — ha! — Penser que Nick pas connaît trace de fils, jolie trace comme celle de jeune chef?

— Je crois réellement que Nick a pu reconnaître la marque du pied de Bob, Hugh, dit mistress Willoughby. Il est reconnaissable entre mille. Vous pouvez vous souvenir combien on vantait son pied quand il était enfant. Pour un homme, je pense qu'il est encore plus remarquable.

— Oui, allez toujours dans cette voie, Nick, et ma femme croira tout ce que vous direz. Il n'y a pas de soupçon dans la partialité d'une mère, certainement. Vous êtes un vieux courtisan, et vous feriez votre chemin à Saint-James. Enfin vous voyez l'empreinte d'un pied, et vous reconnaissez que c'est celui de mon fils. Ensuite. Avez-vous demandé à être admis dans sa prison? ou votre entrevue fut-elle secrète?

— Wyandotté trop sage pour agir comme femme ou enfant. Voir sans regarder, converser sans parler, entendre sans écouter. Major écrire lettre, Nick prendre. Tout fait par œil et main, rien par langue. Mohawk aveugle comme hibou.

— Puis-je vous croire, Tuscarora; ou, excité par les démons, venez-vous pour me tromper?

— Vieux guerrier regarder deux fois avant d'aller; penser dix fois avant dire oui. Tout est bon. Capitaine peut croire tout ce que Nick dit.

— Mon père! s'écria Maud avec une énergique simplicité, je réponds de la franchise de l'Indien. Il a si souvent guidé Robert, qu'il ne peut pas avoir le cœur de trahir lui ou nous. Fiez-vous donc à lui, il peut nous servir.

Le capitaine Willoughby, peu disposé cependant à juger Nick favorablement, fut frappé de l'expression de reconnaissance et de bonté qui traversa le visage noir de l'Indien, à ces paroles de la charmante fille.

— Nick semble disposé à faire une trêve avec vous toutes, Maud, dit-il en souriant, et je saurai maintenant où trouver un médiateur si quelques troubles s'élèvent entre nous.

— Je connais Wyandotté depuis mon enfance, cher monsieur, et il a toujours été mon ami. Il m'a promis en particulier d'être fidèle à Bob, et je suis heureuse de dire qu'il a toujours tenu sa parole.

Maud ne disait pas tout. Elle avait fait souvent des présents à l'Indien, et surtout pendant l'année qui avait précédé le retour de Robert à Boston, parce qu'elle savait que Nick devait être son guide. Nick avait connu le vrai père de Maud, il était présent à sa mort. Il connaissait donc la position actuelle de la jeune fille dans la famille de la Hutte, et même il avait approfondi le secret de son cœur plus que notre héroïne elle-même. La sollicitude de Maud l'avait trahie, et le pénétrant Tuscarora avait discerné ce qui avait échappé à l'observation du père, de la mère et de la sœur. Si Nick eût été une Face Pâle de la classe de ceux qu'il fréquentait habituellement, il n'aurait pas manqué de livrer sa découverte aux railleries de tout l'établissement ; mais cet hôte des forêts, malgré sa dégradation et ses nombreuses fautes, avait trop de respect pour les affections d'une femme pour en faire le sujet de ses plaisanteries. Un père n'eût pas mieux gardé le secret de Maud que ne le fit Saucy Nick.

— Nick ami, dit l'Indien tranquillement ; cela suffit ; ce que Nick dit, Nick pense. Allons, capitaine ; il est temps de quitter squaw pour parler de guerre.

A cet avis, qui était trop clair pour n'être pas compris, le capitaine Willoughby dit à l'Indien de se rendre dans la cour, lui promettant d'aller le rejoindre après qu'il aurait eu une courte conférence avec Joyce qu'il avait fait demander. C'est la manière dont le Tuscarora avait escaladé la palissade, et la crainte qu'il n'eût été vu, qui firent le sujet de la discussion. Le sergent était disposé à se méfier de tous les Hommes Rouges, et il conseilla de retenir Nick prisonnier, au moins jusqu'au retour du jour.

— Je puis dire à Votre Honneur que ce serait dans l'ordre. L'avis des soldats en guerre avec les sauvages est de payer la trahison par la trahison ; et la trahison est un exercice familier à l'Homme Rouge. O'Hearn ferait une bonne sentinelle. La chambre de M. Woods est disponible, et rien ne sera plus facile que de tenir le sauvage sous notre dépendance. D'ailleurs, avec un peu de ménagement, il pourra s'imaginer que nous lui faisons l'honneur de le retenir près de nous par bienveillance.

— Nous verrons, sergent, répondit le capitaine. Cela ne me paraîtrait pas très-loyal, et c'est peut-être cependant ce que nous aurions de mieux à faire. Allons d'abord faire notre ronde ; prenons Nick avec nous pour plus de sûreté, et nous nous déciderons après.

CHAPITRE XX.

> Il se sentit calme, sans savoir pourquoi. C'était en respirant l'air pur, en admirant le ciel bleu et les richesses du sol que la nature prodigue avait répandues devant lui, et le soleil, et la rosée qui brillait sous ses rayons éclatants, que ses émotions venaient diminuer le sentiment du péril qui croissait cependant autour de lui.
>
> MISTRISS SEBA SMITH.

Les désertions n'inquiétaient pas seulement le capitaine, mais elles donnaient aussi à son grand auxiliaire, le sergent, les plus graves appréhensions. L'apparition inattendue du Tuscarora venait s'associer avec la défection de la garnison, dans les idées des deux vieux soldats.

— Je pense, Votre Honneur, dit Joyce tandis qu'ils entraient ensemble dans la cour, que nous pourrions nous reposer sur O'Hearn, sur Jamie et sur Strides. Mais voilà le caporal; il pourra parler pour lui-même.

En effet le caporal Strides, — que le sergent persistait à appeler Joël, — se trouvait à quelques pas d'eux; l'inspecteur s'approcha du capitaine, eut soin de saluer militairement, ce que Joyce n'avait jamais pu réussir à lui faire faire, malgré cent remontrances à ce sujet.

— C'est une désolante affaire, capitaine Willoughby, dit Joël de son air le plus hypocrite, et à mes yeux c'est incompréhensible. Il me semble contre la nature de déserter son propre logis au moment du danger. On ne doit s'attendre à rien de bon de ceux qui ne restent pas pour défendre leurs femmes et leurs enfants.

— C'est tout à fait juste, Strides, répondit le confiant capitaine, quoique les déserteurs ne soient pas aussi perfides que vous pourriez le croire: ils ont emmené avec eux leurs femmes et leurs enfants.

— Oui, il faut bien reconnaître la vérité, et cela me semble le plus extraordinaire. Ceux sur lesquels on comptait le plus, parce qu'ils avaient des femmes et des enfants qui devaient les retenir, ont déserté sans s'inquiéter de ceux qui restent.

— Si nous n'avons pas de femmes et d'enfants à nous à défendre, dit Joyce, nous avons la femme et les enfants du capitaine Willoughby. Toute personne qui serait disposée à vendre chèrement sa vie, ne pourrait considérer un meilleur motif.

— Merci, sergent, dit le capitaine avec émotion. Je compte sur vous comme sur moi-même. Tant que je vous aurai ici avec Joël, Mike, les noirs et les autres braves gens qui me sont restés fidèles, je ne désespérerai pas. Nous pouvons défendre la maison contre une troupe dix fois plus nombreuse que la nôtre. Mais il est temps de voir ce que deviennent les Indiens.

— Je venais parler de Nick au capitaine, dit Joël qui avait écouté l'éloge de sa propre fidélité avec quelques scrupules de conscience. Je ne puis pas dire que j'approuve sa manière d'être entre les deux partis; ce sauvage m'a toujours paru nourrir une haine mortelle contre le capitaine.

— Cela m'a passé aussi par l'esprit, je l'avoue, Joël; cependant quand je viens à me rappeler son caractère, il me semble que Nick et moi nous avons toujours été en bons rapports; et si pendant quelque temps j'ai eu l'occasion de le flageller, j'ai eu aussi celle de lui donner du rhum ou un dollar.

— Dans ce cas, je crois que le capitaine calcule mal, dit Joël avec une connaissance de la nature humaine qui lui aurait profité s'il s'en était servi lui-même. Aucun homme n'est reconnaissant pour du rhum quand son désir est satisfait, puisqu'il sait qu'il s'est mis un ennemi dans l'estomac. Quant à l'argent, c'était comme si c'eût été de la liqueur, car il s'en servait pour en acheter aussitôt qu'il pouvait aller vers le moulin. D'ailleurs je suppose que le capitaine sait qu'on se souvient encore d'une injure longtemps après qu'une faveur est oubliée.

— C'est peut-être vrai, Strides, et certainement je surveillerai l'Indien. Pouvez-vous me citer quelque fait particulier qui justifie vos soupçons?

— Le capitaine pense-t-il que Nick n'est pour rien dans les désertions? Comment ces hommes auraient-ils pu déserter sans être secondés par quelqu'un qui restait pour guider et dissimuler leurs mouvements?

C'était assez vrai, certainement, mais Joël faisait allusion à ses propres machinations. Le capitaine fut frappé par la suggestion, et il se détermina immédiatement à tenir Nick en respect. Cependant il était nécessaire d'agir avec prudence, l'état de la Hutte rendant une complète surveillance et une prison convenable assez difficiles à obtenir. C'est ce qu'on fit observer à l'inspecteur, mais celui-ci offrit la partie des bâtiments occupée par sa famille, proposant de faire lever sa femme et ses enfants et donnant ainsi une marque de bonne volonté au moment où tant d'autres prouvaient leur manque de loyauté. Il manifesta l'intention d'offrir un petit cabinet dans son propre appartement pour servir de prison à Nick, remarquant qu'il faudrait que le sauvage fût bien ingénieux s'il pouvait échapper à la vigilance de toute sa famille.

— Je vous crois, Strides, dit le capitaine en souriant; s'il pouvait échapper aux yeux de Phœbé et de ses enfants, il faudrait qu'il fût fait de vif-argent. Mais j'ai une meilleure prison en vue. Je suis content cependant d'apprendre que toute votre famille est couchée, c'est une preuve de votre fidélité, car il y a des gens qui auraient voulu me porter à vous soupçonner vous-même.

— Moi! Hé bien, si le capitaine ne peut pas compter sur son inspecteur, je voudrais bien demander à ces gens-là sur qui il peut compter. Mistress Willoughby et les jeunes dames ne vous sont pas plus attachées que moi-même, je crois. Rien dans la nature ne me ferait changer de sentiments, aucune raison, aucune crainte.

Joël en disait tant, que son empressement à détourner les soupçons aurait pu le faire croire coupable, mais le capitaine l'arrêta court en lui disant qu'il était inutile de lui recommander de la vigilance, et il s'en alla à la recherche de Nick. Il trouva l'Indien près de la porte, debout, immobile, et l'attendant patiemment. La lumière d'une lanterne éclairait cet endroit; aussi il était facile d'apercevoir l'état du battant qui n'était pas encore placé sur les gonds. Ce battant était cependant soutenu à sa place par de fortes charpentes. Le capitaine Willoughby, en arrivant à la porte, remarqua l'Indien qui semblait étudier cet arrangement. La circonstance lui causa de l'inquiétude et le détermina à s'assurer aussitôt de la personne de Nick.

— Hé bien, Nick, dit-il, cachant son intention sous un air indifférent, vous voyez, nos portes sont bien solides, et les bras fermes et les regards sûrs feront le reste. Mais il se fait tard, je désire que vous soyez confortablement logé avant d'aller moi-même prendre du repos. Suivez-moi, je vous montrerai un endroit où vous serez à votre aise.

Le Tuscarora comprit le dessein du capitaine dès qu'il l'eut entendu parler d'un logement confortable, car tout le monde savait qu'il n'était pas dans ses habitudes de faire usage d'un lit. Mais il n'éleva aucune objection, et suivit tranquillement le capitaine jusque dans la chambre de M. Woods. L'appartement du chapelain était au-dessus de la bibliothèque; il se trouvait du côté de la maison fortifié seulement par la colline, et des lucarnes on avait vue sur la forêt. Le capitaine pensait que la hauteur de ces petites fenêtres rendait la fuite impossible, et en faisant veiller tour à tour près de l'Indien Mike et l'un des Plines, il comptait bien pouvoir le retenir jusqu'au retour du jour.

— C'est ici, Wyandotté, que je désire que vous passiez la nuit, dit le capitaine d'un air bienveillant et affable, comme s'il eût fait les honneurs de sa maison à un hôte invité et honoré. Je sais que vous méprisez un lit, mais il y a des couvertures que vous pourrez étendre sur le plancher pour votre commodité.

Nick fit un geste d'assentiment, regarda avec prudence autour de lui, mais en évitant, plutôt par fierté que par adresse, toute apparence de curiosité. Néanmoins il prit une suffisante connaissance de la localité.

— C'est bien, dit-il, un chef tuscarora pas penser à dormir. Dort debout, en marchant, où il veut, quand il veut. Chien mange, et puis dort; guerrier toujours prêt. Adieu, capitaine, voir demain.

— Bonne nuit, Nick. J'ai ordonné à votre vieil ami Mike, l'Irlandais, de venir vous tenir compagnie, car vous pourriez avoir besoin de quelque chose dans la nuit. Vous êtes bien ensemble, je crois; c'est pour cela que je l'ai choisi.

L'Indien comprit encore, mais aucune expression de mécontentement, aucun sourire, aucun autre signe ne montra qu'il avait deviné les motifs du capitaine.

— Mike bon, répondit-il avec emphase. Longue langue, courte pensée. Parler beaucoup, dire peu. Cœur comme du chêne, esprit comme amadou, brûler vite, mais pas grande flamme.

Ce sentencieux et caractéristique portrait de l'homme du comté de Leitrim fit sourire le capitaine; mais comme O'Hearn entrait à ce moment, il ne jugea pas à propos de répondre. Une minute plus tard, le capitaine laissa les deux hommes dans la chambre à coucher, après avoir recommandé formellement à Mike de ne pas se permettre de boire. Il était si tard que le capitaine ne fit pas la ronde comme il se l'était proposé. Et après s'être entretenu quelque temps avec Joyce, qui devait veiller le premier dans la cour, il se jeta sur un matelas. En peu de temps le bruit des pas cessa de se faire entendre dans la Hutte, et une personne étrangère aurait pu s'imaginer que la paix et la sécurité régnaient encore au Rocher.

Il était deux heures quand le sergent frappa à la porte de la chambre de son supérieur. Le capitaine fut aussitôt sur pied, et s'empressa de demander des nouvelles.

— On n'entend rien que les pas des sentinelles, Votre Honneur. Je suis aussi frais qu'un régiment qui sort de la caserne, et je puis aisément rester de garde jusqu'au jour. Mais comme Votre Honneur m'a dit de l'appeler, j'obéis.

— Très-bien, sergent; je vais me laver le visage, et je suis à vous dans une minute. Comment la nuit a-t-elle été?

— Tout à fait tranquille, Monsieur. Elle n'a pas même été troublée par le cri du hibou. Les sentinelles ont tenu leurs yeux tout grands ouverts, car la crainte du couteau à scalper est une bonne surveillante, et aucun signe d'alarme n'a été donné. J'attendrai Votre Honneur dans la cour: le moment de relever la garde est souvent choisi par les ruses de l'ennemi pour l'assaut.

— Oui, dit le capitaine, quand il connaît l'heure.

Une minute après, les deux vieux soldats étaient ensemble dans la cour, attendant le retour de Jamie Allen, qui avait été appeler les hommes de la seconde garde. On ne fut pas longtemps avant de voir le vieux maçon se dirigeant en toute hâte vers l'endroit où Joyce lui avait donné rendez-vous.

— Que le Seigneur fasse miséricorde à nous et à tous les misérables pécheurs! s'écria Jamie aussitôt qu'il fut assez près pour n'être entendu que des deux soldats. Les lits des trois garçons de Connecticut sont vides, comme un nid d'oiseaux que des enfants auraient visité.

— Pensez-vous, Nick, que les jeunes gens aient déserté?

— Justement, et il n'est pas besoin d'appeler cela d'une autre manière. Il s'est élevé parmi tous ces gens-là un esprit de mécontentement qui nous met dans un cruel embarras.

— Avec votre permission, dit le sergent, je demanderai au caporal Allen si les déserteurs sont partis avec leurs armes?

— Avec leurs armes! Oui, et aussi avec tout ce qui leur appartenait, et même bien d'autres choses qui étaient la propriété du maître ; ils n'ont rien laissé derrière eux.

— Alors nous pouvons être assurés qu'ils sont allés dans les rangs de l'ennemi, remarqua tranquillement le sergent tout en se consolant lui-même avec du tabac dont il s'était privé jusqu'à cette heure de la nuit, car le sergent ne se serait pas permis de fumer pendant le moment de sa garde. C'est une pénible affaire, Votre Honneur. On en a vu souvent, cependant, dans les guerres civiles, faire volte-face de cette manière, et puis revenir du bon côté ; le même homme change souvent ses couleurs deux ou trois fois dans une campagne.

Le capitaine Willoughby reçut la nouvelle de ce surcroît de malheur avec un air de stoïcisme militaire, mais en réalité plutôt en père et en époux qu'en héros. Accoutumé à se commander à lui-même, il cacha l'excès de son inquiétude.

— Joël doit venir me joindre, dit-il, et il peut jeter quelque lumière sur cette affaire. Appelons-le sans différer ; les minutes sont peut-être précieuses.

Tout en parlant, le capitaine traversa la cour accompagné du sergent et du maçon, et comme on pensait peu à faire des cérémonies dans de telles occasions, ils entrèrent tous trois ensemble dans le quartier de Strides. La place était vide. Le mari, la femme et les enfants avaient abandonné les lieux, et quand le capitaine eut jeté un coup d'œil sur la chambre dépouillée, il reconnut bien que l'homme dans lequel il avait mis depuis si longtemps sa confiance l'abandonnait au jour de sa détresse : pour un moment, le mari et le père se sentit accablé.

— Voyons plus loin, Joyce, dit-il, et assurons-nous en une seule fois de toute l'étendue du mal.

— C'est d'un très-mauvais exemple, Votre Honneur. J'ai toujours remarqué, Monsieur, dans l'armée, que lorsqu'un soldat revêtu de quelque autorité quittait son drapeau, il était assez certain d'emmener un peloton avec lui.

Les recherches justifièrent cette opinion du sergent. Un complet examen des quartiers de tous les hommes ayant été fait, on fut bien assuré qu'il n'y avait d'hommes blancs dans la Hutte que le sergent, Jamie Allen et un jeune laboureur américain du nom de Blodget ; les autres avaient abandonné la place. Ils avaient tous emporté avec eux leurs armes et des munitions. Les femmes et les enfants aussi étaient partis, ce qui prouvait que la fuite avait été faite avec délibération et de concert. La Hutte n'avait plus pour la défendre que son propriétaire, le sergent, les deux Plines et un autre noir, Jamie Allen, Blodget, et Mike qui n'avait pas encore été relevé de sa garde près de l'Indien; huit hommes en tout qui pourraient au besoin recevoir quelque assistance des quatre femmes noires de la cuisine.

Le capitaine réfléchit sur les moyens de disposer les forces de sa petite troupe, mais avec tristesse, car il se souvenait combien elles avaient encore diminué depuis le jour précédent, et que ceux sur qui il comptait n'étaient plus là. Ce qui ajoutait de la mortification à ses regrets, c'était de penser que cette grande perte avait été faite sans qu'un seul coup ait été frappé pour la défense de sa précieuse famille et de ses droits.

— Il faut que nous fermions la porte de la cour, et que nous la barricadions, Joyce, dit le capitaine, aussitôt qu'il fut pleinement instruit de l'état de ses forces. Avec la maison bien fortifiée, comme elle l'est, cette poignée d'hommes sera suffisante. C'est la facilité qu'offrait la porte ouverte qui est cause de tout ce malheur.

— Je ne crois pas, Votre Honneur. Quand l'idée de la désertion a une fois gagné l'esprit d'un homme, c'est merveilleux les moyens qu'il trouve pour en arriver à ce qu'il désire. Le caporal Strides, sans doute, a passé avec sa famille par la porte, car nos gens sont assez disciplinés pour comprendre la différence qu'il y a entre celui qui a l'autorité et celui qui ne l'a pas, mais il aurait trouvé cent autres chemins s'il eût voulu.—Jamie, prenez un des noirs, et barrez la porte de la cour.—Quel est le bon plaisir de Votre Honneur, maintenant?

— Je désire éclaircir mes idées au sujet du Tuscarora. Nick comme coureur et espion, et même comme habile tireur, peut nous être d'un grand secours. Voyez à la porte vous-même, sergent, et puis vous me suivrez à la chambre de M. Woods.

Le capitaine attendit son compagnon, et quand ce dernier eût fini, ils rentrèrent ensemble dans la maison, montèrent rapidement l'étroit escalier et furent bientôt à l'étage au-dessus. Ils furent heureux de voir la porte de la prison du Tuscarora fermée et barricadée comme ils l'avaient laissée, cette précaution ayant été prise à la suggestion du sage O'Hearn. Quand elle eut été débarrassée de ses entraves, le sergent se mit de côté pour laisser entrer son supérieur. Le capitaine s'avança la lanterne à la main ; il trouva la chambre vide. Nick et Mike étaient partis, quoiqu'il ne fût pas facile de découvrir par quels moyens ils avaient quitté la place. Ce ne pouvait pas être par la porte barricadée au dehors, les fenêtres étaient trop hautes, et les cheminées trop étroites pour permettre à un homme d'y passer. La défection de l'Irlandais causa une véritable douleur au capitaine, le sergent lui-même en fut grandement surpris. La fidélité de Mike avait toujours été crue à l'épreuve, et le maître de la place pensa un instant que quelque mauvais esprit s'était mis à l'œuvre pour corrompre ses gens.

— Je ne m'attendais pas à cela, Joyce, dit-il avec autant de chagrin que de mécontentement. Je ne pensais pas plus à la désertion de Mike qu'à celle du vieux Pline.

— C'est extraordinaire, Monsieur ; mais on n'est jamais en sûreté sans discipline. Un exercice par semaine, et seulement de deux ou trois heures, capitaine Willoughby, peut faire une sorte de milice, mais ce n'est pas ce qui formera des hommes pour le champ de bataille. — Vous parlez d'enrégimenter des hommes pour un an, sergent Joyce, me dit le vieux colonel Flanker, un jour dans la dernière guerre, mais il faut bien un an pour apprendre au soldat à manger. Vos simples gens s'imaginent, parce qu'un homme a des dents, un estomac et de l'appétit, qu'il sait comment il faut manger ; mais manger est un art, sergent, et manger militairement est un art difficile ; et je maintiens qu'un soldat ne peut pas plus savoir manger comme un soldat, ainsi que l'entendait le colonel, Votre Honneur, qu'il ne peut apprendre ce que c'est que le service sans avoir passé par la pratique. Pour ma part, capitaine Willoughby, j'ai toujours pensé qu'il fallait à un homme les cinq premières années d'enrôlement pour apprendre comment on obéit aux ordres.

— Je croyais le cœur de cet Irlandais bien placé, Joyce, et je comptais autant sur lui que sur vous.

— Sur moi, capitaine Willoughby ! répondit le sergent d'un ton mortifié. Je pensais que Votre Honneur aurait fait quelque différence entre un homme qui a servi trente ans dans votre régiment, et la plupart du temps dans votre propre compagnie, et un ignorant Hibernien que vous ne connaissez que depuis dix ans, un homme qui n'a jamais vu manœuvrer un bataillon autrement qu'à la parade.

— Je reconnais mon erreur, Joyce, mais Michel avait tant d'honnêteté, ou semblait en tant avoir, que j'ai été sa dupe. Il est trop tard pour nous affliger, il est parti maintenant ; il nous reste seulement à découvrir par quel moyen il a exécuté sa fuite. N'est-ce pas Joël qui aurait défait les barricades de la porte, pour le faire échapper avec l'Indien ?

— J'ai barricadé cette porte, Monsieur, de mes propres mains, d'une manière toute militaire, et je suis sûr de l'avoir retrouvée telle que je l'avais laissée. Le lit du révérend M. Woods semble avoir été défait, cela peut-être nous fournira un indice.

L'examen des lits résolut bientôt le problème : draps et couvertures y manquaient. Cette découverte dirigea l'enquête vers les fenêtres ; l'une d'elles n'était pas entièrement fermée. Une cheminée se trouvait tout auprès, et par son aide il n'avait pas été difficile de gagner le sommet du toit. Là, il y avait une terrasse dont nous avons déjà parlé, et une fois dessus, on pouvait faire le tour du toit sans aucun danger. Joyce gagna cette terrasse suivi du capitaine, ils firent ensuite le tour du bâtiment pour voir si les draps qui avaient servi aux fugitifs pour descendre ne pendaient pas au dehors. Ils les trouvèrent attachés avec les couvertures, et les retirèrent, car les ennemis auraient pu s'en servir pour s'introduire dans la maison.

Michel s'en était donc allé avec son prisonnier, et on pouvait le croire dans les rangs des assiégeants. La conviction de cette vérité donna au capitaine plus que de l'inquiétude ; il en fut réellement affligé, car l'Irlandais avait été un favori de toute la famille, et surtout de sa fille Maud.

— Je ne pense pas que les noirs m'abandonnent, Joyce, dit-il en descendant l'escalier ordinaire. Sur vous je sais que je puis me reposer comme sur mon noble fils, s'il était ici à cette heure.

— Je vous demande pardon, mais si Votre Honneur veut avoir la condescendance de donner ses ordres, la manière dont il sera obéi en dira plus que tout ce que je pourrais répondre.

— Je suis satisfait de cela, sergent ; il faut nous mettre épaule contre épaule, et mourir sur la brèche, s'il est nécessaire, avant de rendre la place.

Les deux vieux soldats étaient encore dans la cour où ils trouvèrent tous les hommes qui leur restaient, car les pauvres gens étaient trop inquiets pour penser à dormir jusqu'à ce qu'ils se sentissent en sûreté. Le capitaine Willoughby ordonna à Joyce de les mettre en ligne, parce qu'il avait quelques paroles à leur adresser.

— Mes amis, dit le capitaine, il serait inutile de vous cacher votre situation réelle, et ce ne serait pas non plus strictement loyal. La défense de mes foyers et de ma famille ne dépend plus que de ceux que vous voyez réunis ici. Mike a été rejoindre le reste en compagnie de l'Indien. Vous pouvez raisonner chacun en votre particulier sur nos chances de succès, mais ma résolution est prise. Avant d'ouvrir la porte à des misérables qui ne valent pas les sauvages du désert, car ils en ont toutes les mauvaises qualités sans posséder aucune des bonnes, je suis déterminé à m'ensevelir sous les ruines de cette habitation. Mais vous n'êtes pas forcés de suivre mon exemple, et s'il y en a un parmi vous, blanc ou noir, qui regrette d'être ici, il lui sera donné des armes, des munitions et des approvisionnements, les portes lui seront ouvertes, et il pourra librement chercher sa sûreté dans la forêt. Pour l'amour de Dieu, qu'il n'y ait plus de déserteurs; celui qui désire me quitter maintenant, qu'il me quitte sans crainte; mais, après ce moment, la loi martiale sera en vigueur, et je donnerai l'ordre de tuer l'homme qu'on découvrira en trahison, comme on tue un chien vicieux.

Ces paroles furent entendues dans un profond silence. Aucun mouvement ne fut fait, aucune parole ne fut prononcée.

— Blodget, continua le capitaine, vous êtes avec moi depuis bien moins de temps que ceux qui sont ici, et vous ne pouvez pas ressentir pour moi le même attachement qu'ils m'ont voué. Vous êtes le seul né en Amérique parmi nous, excepté Joyce, car dans le pays on compte les noirs pour rien; vous pouvez sentir que moi je suis Anglais de naissance, et c'est là, je crois, ce qui a été la raison de l'abandon de vos amis. Je ne dois peut-être pas vous demander de rester. Prenez vos armes et dirigez votre marche comme vous l'entendrez. Si vous allez jusqu'à Albany, vous pourrez me servir essentiellement en remettant une lettre que je vous confierai, ce qui me serait d'un grand secours.

Le jeune homme ne répondit pas, mais ses doigts s'agitaient sur le canon de son fusil, et il s'appuyait tantôt sur une jambe, tantôt sur l'autre, comme un homme dont les sentiments intérieurs étaient flottants et irrésolus.

— Je crois vous comprendre, capitaine Willoughby, dit-il enfin, mais je pense que vous ne me comprenez pas. Je sais que vous autres gens de l'ancien pays, vous pensez pauvrement de nous qui sommes du nouveau ; mais je suppose que c'est dans la nature des choses, et puis j'avoue que la conduite de Joël Strides peut bien vous faire mal juger de nous. Mais il y a des différences parmi les Américains, aussi bien que parmi les Anglais ; et quelques-uns de nous, je pourrais dire que je suis de ceux-là, — mais les actions parlent plus haut que les paroles, et tout se reconnaîtra à la fin, — quelques-uns de nous restent fidèles à leurs devoirs, aussi bien que les autres hommes.

— Bravement répondu, mon garçon, s'écria le sergent en regardant son commandant d'un air enchanté pour le féliciter d'avoir un tel homme sous ses ordres. En voilà un qui obéira aux ordres quoi qu'il arrive, j'en réponds, Votre Honneur. Il s'inquiétera peu du roi ou du gouverneur, tant qu'il sera avec le capitaine et son corps.

— Vous vous trompez en cela, sergent Joyce, fit observer le jeune homme d'un ton ferme. Je suis pour mon pays ; et je quitterais cette maison à l'instant si je pensais que le capitaine Willoughby fût dans l'intention de soutenir la couronne. Mais j'ai vécu assez longtemps ici pour connaître qu'il est plutôt neutre, quoique je pense qu'il est mieux disposé pour les colonies que pour la couronne.

— Vous m'avez bien jugé, Blodget, dit le capitaine. Je ne suis pas tout à fait pour cette déclaration d'indépendance, quoique je puisse à peine blâmer le congrès de l'avoir faite, et je me crois maintenant plutôt Américain qu'Anglais. Je souhaite que cela soit compris, Joyce.

— C'est comme il plaira à Votre Honneur. Des ordres sont des ordres, qu'ils viennent du roi ou des colonies. Je prendrai la liberté de demander à Votre Honneur que ce jeune homme soit promu en grade. La désertion de Strides a laissé une vacance parmi les caporaux, et il nous en faudra un autre pour la garde.

— Très-bien, Joyce, comme vous voudrez, interrompit le capitaine un peu impatiemment, car il s'était aperçu que Blodget était un homme qui devait estimer de telles bagatelles à leur juste valeur. Que le caporal Allen soit secondé par le caporal Blodget.

— Vous entendez, braves gens ; ce sont les ordres. La garde

qu'on va relever ira prendre un peu de repos, et nous ferons encore la parade avant le jour.

Hélas! la seconde garde, comme la première, ne se composait que de deux hommes, le caporal Blodget et Pline le jeune, le vieux Pline, en vertu de ses travaux domestiques, ne pouvant faire partie de la troupe. Ces cinq, avec le capitaine et le sergent, élevaient le nombre des hommes de la garnison à sept : c'était là toutes les forces qui restaient.

Le capitaine Willoughby accompagna Joyce et ses deux compagnons jusqu'à leurs chambres, reprenant lui-même la surveillance et profitant de l'occasion pour faire une connaissance plus complète avec le caractère de son nouveau caporal.

CHAPITRE XXI.

> Pour toi ils ont combattu, pour toi ils sont tombés, fidèles à leur serment; pour toi les clairons sonnaient et pour toi les guerriers mourants adressaient leurs prières à Dieu.
>
> PERCIVAL.

L'AVERSION qui existe entre les peuples de la Nouvelle-Angleterre et ceux des colonies voisines est antérieure à la guerre de la révolution; mais dans les circonstances actuelles, il était tout à fait probable que ce sentiment se montrerait. Quoique les territoires de la Nouvelle-Angleterre et de New-York fussent contigus, leur condition sociale respective était bien différente. Hors des grandes villes, il n'y avait personne de condition noble dans la première; mais New-York, province conquise, était organisée selon le système anglais, possédait des seigneurs et des manoirs, et divers autres fragments du système féodal. L'égalité sociale était si grande dans l'intérieur des provinces de la Nouvelle-Angleterre, qu'on n'y voyait pas les plus communes distinctions des associations civilisées; toutes les classes étaient au même niveau, à l'exception des gens de très-bas étage, ou de quelques autres qui s'étaient élevés au-dessus de leurs voisins en arrivant à une fortune extraordinaire, aidés peut-être par les accidents de leur naissance ou les avantages de leur éducation, et ce cas était fort rare. Les habitudes avaient pris la place des principes, et un peuple accoutumé à voir même les questions de discipline domestique traitées à l'église ou en public, et qui connaissait peu ou point les distinctions ordinaires des communications sociales, se soumettait aux usages des autres classes de la société avec une singulière répugnance. Celui qui était né dans la Nouvelle-Angleterre ne savait pas apprécier les opinions de ce qu'il appelait le grand monde des provinces avec lequel il n'avait jamais eu de relations, et, selon l'usage du provincial, il affectait de mépriser ce qu'il ne pratiquait ni ne comprenait. Il ne voulait pas reconnaître la distinction des classes; et quand par occasion il se trouvait obligé d'aller habiter le territoire voisin, il se faisait remarquer en décriant tous les usages qui l'entouraient, les comparant, avec une satisfaction toute personnelle, à ceux qu'il avait laissés derrière lui.

Un semblable état de choses s'est montré plus spécialement dans la partie ouest de New-York depuis la paix de 83, les grandes invasions des émigrés de la Nouvelle-Angleterre ayant presque converti ce district en une colonie de l'est. Tout en admettant les progrès de l'activité et de l'intelligence, on a regretté que la fusion eût été si rapide et si complète.

La position actuelle du capitaine Willoughby tenait à ces causes liées avec les sentiments et les habitudes dont nous venons de parler. C'était avec déplaisir que Joël et un ou deux de ses associés voyaient la distance qui existait entre le propriétaire du Rocher et ses gens, et une active cupidité qui espérait des confiscations venait en aide à cette jalousie. Tout à fait incapable d'apprécier la largeur du vide qui sépare le gentilhomme de l'homme vulgaire, Joël commençait à prêcher cette doctrine erronée qui dit qu'un homme est aussi bon qu'un autre. Dans des occasions ordinaires, les machinations de Strides n'auraient probablement pas eu de résultats; mais aidé par les opinions du temps, il ne lui avait pas été très-difficile de détruire peu à peu la popularité de son maître en faisant d'incessants appels à l'envie et à la cupidité de ses compagnons. La probité, la libéralité et la sincérité du capitaine Willoughby nuisirent souvent à ses plans, il est vrai; mais finalement, à force de persévérance et d'adresse, il réussit à triompher de l'influence qu'exerçaient ces bonnes qualités.

La part que Joël avait prise au dernier mouvement se découvrira mieux encore par la suite de notre histoire, et nous préférons laisser le reste des explications prendre leur place convenable dans le cours de la narration.

Quand le capitaine se fut séparé de Joyce et du maçon, il se trouva tout à fait seul dans la cour, car le jeune Blodget avait monté à la galerie qui faisait le tour des toits, tandis que le nègre était en faction à la grande porte. Comme la première position se voyait du haut des bâtiments, le capitaine monta l'escalier qu'il avait récemment descendu et rejoignit le jeune Américain à son poste.

La nuit était étoilée, mais l'élévation à laquelle les deux surveillants étaient placés n'était pas favorable pour découvrir quelque ennemi en embuscade; cependant Blodget fit observer au capitaine qu'il ne pensait pas qu'un homme pût franchir les palissades sans être vu. Ils suivirent la galerie jusqu'au côté sud, et de là ils purent voir assez bien sur le front et les deux flancs en même temps. Cependant ce devoir ne pouvait être rempli sans de grands dangers, car il était presque certain que la tête et les épaules d'un homme se mouvant au sommet du bâtiment attireraient l'œil de quelque Indien. Ce fut la première remarque que fit le capitaine en joignant son compagnon, et ce fut lui qui resta devant pour surveiller le dehors, afin que l'autre se tenant à quelque distance pût à un certain degré au moins éviter le danger.

— Je suppose, Blodget, que c'est la première fois que vous faites le service, dit le capitaine Willoughby, et il n'est pas aisé de pénétrer un jeune homme de l'importance d'une vigilance incessante contre les artifices des sauvages.

— J'admets la vérité de votre observation, Monsieur, répondit Blodget, quoique je ne croie pas qu'aucune tentative soit faite sur la maison avant que nous ayons reçu de l'ennemi un autre envoyé.

— Quelle raison avez-vous de le supposer? demanda le capitaine un peu surpris.

— Il me semble déraisonnable pour des hommes de s'aventurer sur un chemin où ils risquent leur vie, quand un chemin plus aisé pour vaincre semble s'ouvrir à eux. Voilà tout ce que je pensais, capitaine Willoughby.

— Je crois que je vous comprends, Blodget. Vous pensez que Joël et ses amis ont si bien réussi à entraîner les premiers de nos gens, qu'ils peuvent être disposés à attendre un peu, afin de s'assurer si les autres n'agiront pas de la même manière.

Blodget avoua que telle était sa pensée, et déclara en même temps qu'il croyait que les désertions n'iraient pas plus loin.

— Ce ne serait pas aisé à obtenir de ceux-ci, répondit le capitaine en souriant avec amertume au souvenir de ceux qui avaient mangé son pain, qu'il avait soignés dans la maladie ou secourus dans l'adversité, et qui l'abandonnaient au moment où, à son tour, il avait besoin d'eux, — à moins qu'ils ne persuadent à ma femme et à mes filles de suivre aussi ceux qui m'ont quittés.

Le respect imposa d'abord silence à Blodget, mais la peine qu'il éprouvait lui fit prendre la parole.

— J'espère que le capitaine Willoughby ne soupçonne aucun de ceux qui restent maintenant avec lui : s'il en était ainsi, je penserais que c'est de moi qu'il se méfie.

— Pourquoi de vous en particulier, jeune homme? Avec vous sûrement je n'ai que des raisons d'être satisfait.

— Vous ne pouvez pas soupçonner le sergent Joyce, qui est tout à fait à vos ordres, répliqua le jeune homme, et quant à l'Écossais, il est vieux, et les traîtres n'attendent pas si longtemps pour se montrer. Les Nègres vous chérissent comme si vous étiez leur père, et il n'y a que moi qui puisse vous trahir.

— Je vous remercie pour cette courte énumération de mes forces, Blodget, puisqu'elle me donne une nouvelle assurance de la fidélité de mes gens. Vous, je ne veux pas vous soupçonner, les autres je ne le peux pas; et il y a un sentiment de grande confiance... Mais que voyez-vous? Pourquoi abaissez-vous votre fusil, et vous mettez-vous en garde de cette manière?

— Monsieur, une forme d'homme, sur le côté de la porte, essaie d'escalader les palissades. J'ai tenu les yeux fixés dessus pendant quelque temps, et je suis sûr de bien viser.

— Attendez un instant, Blodget; soyons certains avant d'agir.

Le jeune homme releva le canon de son fusil, et attendit avec calme et patience ce que son supérieur allait décider. Une forme humaine s'éleva lestement et avec précaution jusqu'à ce qu'elle eût gagné le sommet de la fortification; là elle sembla s'arrêter pour se reconnaître.

— Nous ne pouvons pas épargner cet homme, dit le capitaine avec regret. Il faut que vous l'abattiez, Blodget. Dès que vous aurez fait feu, vous viendrez me rejoindre de l'autre côté de la galerie.

Le capitaine se retira à l'angle opposé de la terrasse pour observer le résultat du coup de son compagnon. Blodget ne se hâta pas. Il attendit jusqu'à ce qu'il fût certain de son but; alors le bruit d'une détonation retentit dans le silence de la vallée, et une lueur subite brilla dans l'obscurité. L'homme tomba en dehors, comme un oiseau de son perchoir, au pied de la fortification, mais aucun cri, aucun gémissement, n'indiqua qu'il eût été surpris par un coup inattendu. L'instant d'après, Blodget était à côté du capitaine Willoughby. Sa conduite répondait de sa fidélité, et une cordiale poignée de main assura le jeune homme de l'approbation de son supérieur.

Joyce et les autres hommes avaient pris l'alarme, et le sergent et ses compagnons montèrent immédiatement jusqu'à la terrasse, laissant le nègre seul pour surveiller la porte. Un message fut aussi envoyé aux femmes pour les rassurer, et particulièrement pour engager les noirs à s'armer et à se retirer aux lucarnes.

Tout cela fut fait sans confusion et sans bruit. La terreur réduisit les nègres au silence, et la discipline fit taire les autres. En une minute chacun fut levé et en mouvement. Il est inutile de parler des prières mentales et des émotions avec lesquelles mistress Willoughby et ses filles se préparèrent pour le combat; la belle et délicate Maud attendit résolument le moment de l'assaut. Quant à Beulah, douce, paisible, comme d'ordinaire, elle ressentait toutes les angoisses d'une mère, et une expression de vive anxiété se remarquait sur son visage habituellement si calme.

Un moment suffit pour mettre Joyce et ses compagnons au courant de ce qui s'était passé. Il y avait quatre hommes armés sur la terrasse, trois se placèrent aux trois côtés exposés du bâtiment pour surveiller le dehors, laissant le maître de la maison aller d'un poste à un autre pour écouter les observations, entendre les rapports et distribuer ses ordres.

Un des hommes surveillait le corps qui était tombé au pied des palissades, pour s'assurer s'il ne bougeait pas, ou si on n'essayait pas de l'emporter. Les Indiens attachent toute la gloire ou la honte d'une bataille à l'acquisition ou à la perte des chevelures des vaincus; aussi emportent-ils ceux des leurs qui sont tombés, afin qu'ils échappent à la mutilation accoutumée. Quelques tribus même croient que c'est un opprobre de souffrir qu'un cadavre reste exposé aux coups de l'ennemi, et plus d'un guerrier a perdu la vie en voulant sauver de cette dégradation imaginaire le corps inanimé d'un camarade.

Un calme aussi profond que celui qui avait précédé l'alarme régna bientôt autour de la place. Aucun bruit ne venait de la direction du moulin ; on n'entendait ni cri, ni appel, ni signal de combat, tout était parfaitement tranquille. Une demi-heure se passa ainsi ; enfin un rayon de lumière qui parut à l'orient annonça l'approche du jour.

Les vingt minutes qui suivirent furent pleines d'anxiété. La lumière qui s'avançait graduellement, éclairant l'un après l'autre les objets du petit panorama, renouvelait les conjectures et les appréhensions. D'abord on aperçut les palissades, puis la chapelle, la lisière du bois, les différentes cabanes qui le bordaient, le bétail dans les champs et tous les arbres plantés çà et là. Pour Joyce, il tenait son regard fixé sur l'objet au pied de la fortification, attendant le moment où l'on tenterait d'aller le retirer.

Enfin le jour devint assez grand pour permettre à l'œil de voir toute la surface qui s'étendait devant la Hutte, ce qui apporta l'assurance qu'aucun ennemi n'était près, et qu'on n'avait pas à redouter un assaut immédiat.

— Nous échapperons encore à un assaut ce matin, je crois, Joyce, dit le capitaine ; je ne vois rien qui dénote une intention d'attaque.

— Pour plus de certitude, je vais regarder plus loin encore, Votre Honneur, répondit le sergent en montant au sommet du bâtiment, où il obtint l'avantage de mieux voir, au risque de s'exposer à recevoir quelque balle hostile.

A peine se trouva-t-il au haut du toit, que le bruit d'un coup de fusil retentit aux oreilles de la garnison ; alors suivit le sifflement de la balle que l'air apporta vers la Hutte. Mais le bruit venait d'assez loin pour annoncer que le fusil avait été déchargé de la lisière du bois, ce qui donnait une certaine évidence à deux faits importants : l'un, que l'ennemi était caché ; l'autre, que les mouvements de la maison étaient attentivement observés.

Rien ne fait un plus singulier effet sur un jeune soldat que le sifflement d'un coup de feu éloigné ; plus la balle s'approche lentement, plus elle fait de bruit ; et le son se continuant plus longtemps qu'on ne se l'imagine généralement, les inexpérimentés sont portés à croire que le dangereux projectile s'avance directement vers eux, et ils s'inclinent pour s'en garantir, tandis qu'il est quelquefois de cent pas à droite ou à gauche.

Dans l'occasion présente, le plus jeune Pline s'abaissa ; Jamie mit prudemment une cheminée entre lui et le côté d'où partait le bruit ; Blodget regardait en l'air comme pour voir la direction que suivrait la balle. Le capitaine Willoughby n'avait pas songé à la balle, il regardait la fumée sur les bords du bois et notait cet endroit, pendant que Joyce, de son observatoire élevé, examinait la vallée dans une autre direction, pensant qu'un coup de feu parti de si loin ne pouvait pas être bien dangereux.

Jamie n'avait pas mal calculé, la balle frappa contre la cheminée, en détacha une brique et tomba sur le toit. Joyce descendit l'instant d'après ; il ramassa froidement le morceau de plomb aplati, et le remua dans sa main pendant une minute ou deux.

— L'ennemi nous assiége, Votre Honneur, dit-il ; mais il ne nous attaquera pas à présent. Si je puis me permettre un avis, nous ferons bien de laisser une sentinelle sur cette terrasse, de peur qu'on n'approche des palissades sans être vu.

— C'est à quoi je pensais moi-même, sergent ; nous laisserons d'abord Blodget ici. Nous pouvons nous fier à lui. Il faudra lui recommander aussi d'avoir l'œil derrière la Hutte, car le danger vient souvent du côté où on l'attend le moins.

Blodget demeura donc, et le reste des hommes descendirent dans la cour. Le capitaine Willoughby fit débarricader la porte pour aller au dehors voir le corps que le jeune Américain avait fait tomber. Joyce et Jamie Allen l'accompagnaient, le dernier portant une bêche, dans l'intention d'enterrer le sauvage, ce qui était le plus court moyen d'ôter de la vue un objet désagréable. Nos deux vieux soldats ne craignirent pas de s'exposer ainsi. Avec les sentinelles convenablement postées, ils n'appréhendaient pas que quelque danger pût exister, et ils allaient avec confiance et fermeté où le devoir les appelait. Non-seulement la porte de la cour était ouverte, mais celle de dehors aussi, la simple précaution de poster un homme à la première étant le seul moyen de sauvegarde qu'on eût pris.

Quand ils furent hors des palissades, le capitaine et ses compagnons se dirigèrent vers le corps; c'était le moment du lever du soleil, et une riche lumière illuminait le sommet de la montagne, mais les rayons n'étaient pas encore descendus dans la vallée. Ils trouvèrent l'Indien précisément où il était tombé, aucun guerrier n'étant venu le sauver du couteau à scalper. C'est sa tête qui avait la première touché la terre, et il offrait à l'œil une masse confuse de jambes et de couvertures plutôt qu'un hardi sauvage étendu dans le repos de la mort.

— Pauvre Indien! s'écria le capitaine en approchant; il faut espérer que la balle de Blodget avait atteint son but, car la chute lui aurait donné une triste mort.

— Par Jupiter, ce n'est qu'un mannequin! s'écria Joyce en le faisant rouler avec son pied; et la balle du jeune homme lui a passé juste à travers la tête. Les Indiens l'ont élevé sur les fortifications pour voir si nos sentinelles étaient ou n'étaient pas endormies.

— Quant à moi, Joyce, dit le capitaine, cela me paraît plutôt venir d'un homme blanc. C'est un Indien qu'on a voulu représenter, mais les gens de notre propre couleur ont mis la main à cette affaire.

— Hé bien, quoi qu'il en soit, Monsieur, il est heureux que notre jeune caporal ait eu le coup d'œil aussi juste. Voyez, Votre Honneur, voilà la perche dont on s'est servi pour élever l'effigie au haut de la palissade; et voilà la trace des pas de celui qui la tenait.

Le capitaine regarda avec attention les marques laissées sur la terre, et pensa d'après cet examen que plusieurs hommes avaient dû être employés pour élever la figure, circonstance qui semblait probable en elle-même, quand on considérait le poids du mannequin et le danger de l'entreprise. Ce qui le réjouit, ce fut de n'avoir tué personne.

— A tout événement, Votre Honneur, je porterai le mannequin dans la maison, dit Joyce en le plaçant sur ses épaules; cela me fera un homme pour mon canon au moins, et il en effraiera peut-être quelques-uns de l'autre côté, plus qu'il ne nous a effrayés nous-mêmes.

Le capitaine Willoughby ne s'y opposa pas, quoiqu'il rappelât à Joyce que les déserteurs avaient probablement fait connaître à l'ennemi leurs moyens de défense et leurs forces, ainsi que l'histoire du canon en bois. Si Joël et ses compagnons avaient rejoint ceux du moulin, le nom, l'âge, le caractère et l'esprit de chaque homme resté dans la garnison étaient probablement connus maintenant des chefs, et ni le canon, ni le mannequin, ne compteraient pour beaucoup à leurs yeux.

Le capitaine, après être rentré en dedans des palissades, ferma la porte, la barra de ses propres mains, quoique toutes les appréhensions immédiates eussent cessé. Il savait certainement que soutenir un vigoureux assaut était au-dessus de ses moyens actuels de résistance ; mais, d'un autre côté, il était certain que les Indiens n'approcheraient jamais d'une fortification en plein jour et ne s'exposeraient pas au hasard de perdre quinze ou vingt hommes avant d'avoir pu emporter la place. Cela s'opposait à toutes leurs habitudes de guerre, ils n'auraient trouvé dans cette tentative ni honneur ni avantage, car la gloire devait se mesurer sur le nombre de chevelures prises ou perdues ; et en comptant les femmes restées dans la Hutte, il n'y aurait pas eu un nombre suffisant de têtes pour suppléer à celles qui seraient probablement perdues dans l'assaut,

Le capitaine fit ces réflexions en peu de mots au sergent, tout en se dirigeant vers l'appartement où l'attendaient dans l'anxiété la plus vive sa femme et ses filles.

— Dieu nous a regardés en pitié et nous a protégés cette nuit, dit la reconnaissante mistress Willoughby, les yeux remplis de larmes, en se jetant dans les bras de son mari. Nous ne pouvons trop remercier le ciel, quand nous voyons encore ces chères filles et le petit Evert. Si Robert était seulement avec nous, je serais complétement heureuse !

— Voilà bien la nature humaine, ma petite Maud, dit le capitaine en attirant sa favorite vers lui, et déposant un baiser sur son front pur. L'idée seule de notre détresse actuelle aurait rendu ta mère aussi malheureuse que son plus grand ennemi pourrait le souhaiter, s'il y a un monstre sur terre qui puisse être son ennemi ; et maintenant elle proteste qu'elle est ravie parce qu'on ne nous a pas coupé la gorge cette nuit. Nous sommes assez en sûreté pour la journée, je pense, et la nuit suivante pas une seule de vous ne la passera dans la Hutte. — Si l'on voit parfois la désertion, on voit aussi l'évacuation.

—Hugh ! comment pouvez-vous avoir une pareille pensée ? Rappelez-vous que nous sommes entourés par un désert.

— Je connais parfaitement notre position, ma chère, et j'ai

l'intention d'utiliser cette connaissance, Dieu aidant. J'entends que le vieux Willoughby soit l'imitateur de Xénophon et de Washington, et laisse voir au monde ce dont un homme est capable quand il a une femme, deux filles et un petit-fils à sauver. Quant à Bob, je ne voudrais pas qu'il fût ici. Le jeune soldat me ravirait la moitié de ma gloire.

Les trois femmes furent enchantées de voir la gaieté du capitaine, et tout le monde se mit à table pour le déjeuner.

CHAPITRE XXII.

> Je me souviens bien encore des marques d'attachement de ces hommes. Ne me faisaient-ils pas bon accueil? Ne me criaient-ils pas tous : salut! Ainsi Judas fit au Christ, mais lui dans douze hommes n'a trouvé qu'un traître, et moi dans douze mille je n'en trouve pas un de fidèle.
>
> RICHARD II.

Ce que le capitaine avait dit sur un ton de plaisanterie, il le projetait sérieusement. L'idée de passer une autre nuit dans la Hutte, seulement avec six hommes, tandis que les assiégeants étaient dix fois plus nombreux et connaissaient tous les secrets de sa défense, lui était trop pénible. S'il n'y eût eu que sa vie en danger, l'orgueil militaire l'aurait peut-être porté à rester; mais les autres vies étaient trop précieuses pour les exposer sur des considérations si vaines.

Aussitôt après le déjeuner, le capitaine demanda Joyce pour le consulter. L'entrevue eut lieu dans la bibliothèque.

— Je suppose, sergent, dit le capitaine Willoughby, qu'un soldat de votre expérience n'a pas à apprendre ce qui reste à faire à un commandant, quand il se trouve dans l'impossibilité de tenir bon contre l'ennemi.

— C'est une retraite, Votre Honneur. Le chemin qu'on ne peut suivre, on le tourne.

— Vous avez bien jugé. C'est maintenant mon intention d'évacuer la Hutte, et d'essayer de me retirer par derrière. Une retraite habilement exécutée est une honorable chose, et je crois que cela vaut mieux que d'exposer des êtres chéris au danger d'un assaut de nuit.

Joyce parut frappé de la proposition, quoique l'expression de sa physionomie montrât qu'il était loin de la recevoir favorablement. Il réfléchit un moment avant de répondre.

— Votre Honneur m'a-t-il envoyé chercher, dit-il enfin, pour recevoir ses ordres, ou est-ce son bon plaisir d'entendre ce que je pourrais avoir à dire à ce sujet?

— Je ne ferai rien sans connaître votre opinion.

— C'est le devoir d'un inférieur de parler sans réserve quand on le consulte, capitaine Willoughby, comme d'obéir en silence quand on lui donne des ordres. Selon moi, nous devrions rester ici et examiner ce qu'il y a à faire pour défendre la maison contre ces vagabonds.

— Vous avez sans doute vos raisons pour parler ainsi, Joyce?

— Certainement, Votre Honneur; en premier lieu, je suppose que c'est contre les règles de la guerre d'évacuer une place bien approvisionnée, quand on n'est pas assiégé. Il est vrai, Monsieur, que nos rangs sont éclaircis par les désertions, mais je n'ai jamais entendu parler d'une ville de garnison qui s'occupât de quelques déserteurs.

— Mais nos déserteurs sont en grand nombre, Joyce. Si nous les comptons bien, il est parti trois fois plus d'hommes qu'il ne nous en reste. L'important n'est pas de savoir d'où vient la perte, dès qu'elle existe.

— Une retraite avec des femmes et un bagage est toujours une opération difficile, Votre Honneur, surtout si l'ennemi harcèle l'arrière-garde. Puis, nous avons un désert devant nous, et les dames pourraient difficilement soutenir cette longue marche jusqu'à la Mohawk, sur les rives de laquelle on ne sera guère plus en sûreté qu'ici.

— Ce n'est pas cette marche que j'ai en vue, Joyce. Vous savez qu'il y a une cabane très-confortable à un mille de cet endroit sur le versant de la montagne, où nous avions commencé une éclaircie pour le pâturage des moutons, il y a seulement trois étés. Le champ a des herbes magnifiques; si nous pouvions atteindre la cabane et emmener d'ici une vache ou deux, nous serions en sûreté au moins pour un mois. Quant aux provisions et aux vêtements, nous en emporterions assez pour nous servir pendant plusieurs semaines, surtout si nous étions aidés par les vaches.

— Je suis content que Votre Honneur ait eu cette idée, dit le sergent, dont le visage s'éclaircissait à mesure qu'il écoutait ; ce sera une belle chose que de trouver cette position, puisque nous ne pouvons tenir ici plus longtemps. La nécessité de quelques-uns de ces arrangements avait été ma seule objection, capitaine Willoughby ; car il me semblait que dans le désert, nous serions comme un régiment rangé en bataille avec un ravin ou un marais derrière lui.

— Je suis heureux de voir que vous approuvez mon projet, sergent. J'ai l'intention de faire immédiatement les arrangements nécessaires pour évacuer la Hutte, pendant qu'il est jour, et aussitôt que la nuit sera arrivée, nous ferons notre retraite par les portes, les palissades et le ruisseau. Qu'avez-vous, Jamie ? Vous paraissez avoir quelques nouvelles à me communiquer.

En effet, Jamie Allen venait d'entrer si vite qu'il avait dédaigné la cérémonie habituelle de dire son nom ou même de frapper.

— Des nouvelles ! répéta le maçon avec un sourire, c'est justement ce que je viens vous apporter. Quoi que nous puissions en penser, Monsieur, tous nos gens sont encore dans leurs cabanes, faisant bouillir leurs pots et frire leur porc, absolument comme si la vallée était dans un parfait état de tranquillité, et que nous n'ayons qu'à aller et venir selon notre plaisir.

— Je ne vous comprends pas, Jamie. Qu'entendez-vous par *nos gens* ?

— Je veux dire les déserteurs, Joël et le meunier, et Michel et le reste.

— Mais les cabanes, les pots, le porc, c'est du jargon pour moi.

— C'est que j'ai un accent étranger. Mais dans mon idée, capitaine Willoughby, mes paroles peuvent être comprises sans dictionnaire. Joël Strides, Daniel, le meunier, et tous ceux qui nous ont abandonnés la nuit passée, se sont retirés chez eux, ont allumé leurs feux, ont mis dessus leurs pots et leurs chaudrons, et suivi leurs habitudes domestiques, comme si la digue des Castors était un des parcs de Londres.

— Ils ont le diable au corps. Nous aurions dû nous en aller plus tôt, sergent. Je ne me soumettrai jamais à une telle insulte.

Le capitaine Willoughby était trop animé pour mesurer ses

paroles, et, saisissant son chapeau, il voulut voir par lui-même. La galerie qui était sur les toits offrait la vue la plus étendue; en une minute, il y fut arrivé avec ses deux compagnons.

— D'ici, vous verrez de vos propres yeux la fumée sortir de l'habitation de Joël, et il en est de même chez son cousin Seth, dit Jamie en montrant la direction dont il parlait.

— Il y a certainement là de la fumée, mais les Indiens peuvent avoir allumé des feux dans les cuisines pour faire cuire leurs aliments. Ils pourraient avoir agi ainsi pour nous investir facilement, sergent, et ce serait plus adroit que ce qu'ils ont fait jusqu'ici.

— Je ne crois pas, Votre Honneur. Jamie a raison, ou mes yeux ne sont plus capables de distinguer un homme d'une femme. Il y a certainement une femme dans le jardin de Joël, et je parierais que c'est Phœbé arrachant des oignons pour son insatiable estomac, la coquine.

Le capitaine Willoughby ne se séparait jamais de sa petite lunette, il la dirigea vers l'objet mentionné.

— Par Jupiter, vous avez raison, Joyce, s'écria-t-il, c'est Phœbé; seulement elle sarcle, elle ne cueille pas d'oignons. Oui, et maintenant je vois Joël lui-même. Le coquin examine des bêches avec autant de philosophie que s'il en était le maître. C'est singulier!

Cette dernière remarque était tout à fait juste; la situation était vraiment étrange. Un examen poussé plus loin montra que chaque cabane avait ses habitants, car pas un de ceux qui étaient restés en dedans des palissades n'était chef de famille. En se servant de sa lunette et en la dirigeant vers les différentes habitations, le capitaine découvrit la présence de presque tous les déserteurs. En effet, pas un seul ne manquait, à l'exception de Mike. Ils étaient tous là avec leurs femmes et leurs enfants, jouissant tranquillement de leurs demeures. Ce n'était pas tout : ils s'occupaient des affaires de la vallée comme ils le faisaient habituellement depuis des années. Les vaches étaient traites, les porcs avaient leur nourriture, la volaille était soignée, et chaque chef de famille faisait ses préparatifs ordinaires pour le repas du matin.

Le capitaine était si étonné de cette scène extraordinaire qu'il resta une heure dans la galerie, suivant de l'œil tous les mouvements. Les déjeuners furent bientôt finis; ayant eu lieu plus tard que de coutume, on les avait un peu pressés; alors commença la plus importante occupation du jour. Il y avait déjà un champ à moitié labouré et préparé pour une récolte de grains d'hiver : Joël lui-même dirigea les travaux nécessaires, et fut accompagné par les travailleurs qui l'aidaient ordinairement dans cette branche particulière de l'agriculture. Trois charrues furent bientôt à l'œuvre et fonctionnèrent avec autant de régularité et d'ordre que s'il ne fût rien arrivé qui pût troubler la tranquillité de la vallée. On entendait dans la forêt le bruit des cognées des bûcherons qui coupaient du bois pour l'hiver. Un fossé à demi terminé avait aussi ses travailleurs qui s'occupaient à élever le sol et à perfectionner leur tranchée. En un mot, tous les travaux suspendus recommençaient avec un parfait système d'ordre.

— Il y aurait de quoi embarrasser le diable lui-même, Joyce, dit le capitaine après une demi-heure de silence. Tous ces camarades travaillent aussi froidement et deux fois plus vite que si je leur avais donné leur tâche. Cette ardeur au travail est un mauvais symptôme.

— Votre Honneur fera attention à une circonstance : pas un de ces coquins ne vient se mettre en face des mousquets.

— J'ai presque eu idée de les disperser avec une décharge, dit bravement le capitaine. Des balles feraient un certain effet au milieu de ces laboureurs.

— Et les bestiaux ! dit l'Écossais, car il avait l'œil sur la partie économique du mouvement comme sur la partie militaire. Une balle pourrait tuer un cheval aussi bien qu'un homme, dans une telle escarmouche.

— C'est assez vrai, Jamie, et ce n'est pas là l'espèce de service militaire que je pourrais désirer, que de faire feu sur des hommes qui étaient mes amis il y a si peu de temps. Je ne vois pas, Joyce, que ces coquins aient aucune arme avec eux.

— Pas un mousquet, Monsieur. J'y ai fait attention quand Joël est parti avec son détachement. Est-il possible que les sauvages se soient retirés ?

— Non, autrement M. Strides et ses amis seraient partis avec eux. Non, sergent, il y a un plan caché pour nous conduire dans quelque embûche, et nous aurons l'œil au guet.

Joyce resta quelque temps dans un profond silence à contempler cette scène, puis il s'approcha cérémonieusement du capitaine et lui fit le salut militaire, ce qu'il observait ponctuellement dans toutes les occasions, depuis qu'on pouvait dire que la garnison était gouvernée par la loi martiale.

— Si c'est le bon plaisir de Votre Honneur, dit-il, j'organiserai un détachement, nous ferons une sortie, et nous amènerons deux ou trois de ces déserteurs. Nous pourrons ainsi entrer dans leurs secrets.

— Un détachement, Joyce! répondit le capitaine en regardant son subordonné avec un peu de curiosité; quelles troupes vous proposez-vous d'employer pour ce service?

— Votre Honneur, il y a le caporal Allen et Pline l'ancien qui le feront par devoir. Je pense que la chose pourrait avoir lieu si Votre Honneur avait la bonté d'ordonner au caporal Blodget et aux deux noirs de se joindre à nous pour former un parti qui nous soutiendrait à l'abri d'un des retranchements.

— Et le capitaine Willoughby resterait sans garnison. Je vous remercie, sergent, de votre offre et de votre bravoure, mais la prudence ne me permet pas cela. Nous pouvons considérer Strides et ses compagnons comme autant de misérables, et...

— C'est vrai, cria la voix bien connue de Mike de la fenêtre qui ouvrait sur les greniers au niveau de celle où causaient les deux soldats; c'est vrai, on peut le dire sans faire tort à la vérité, à la justice, ni à moi. Och! si je pouvais faire marcher les noirs, chacun de ces coquins aurait les mains et les pieds liés et serait mis sous cette jolie chute d'eau, à côté du moulin, jusqu'à ce qu'il ait avoué tous ses péchés. Ce seraient là des confessions, et une telle sortie de secrets pourrait soulager la conscience d'un porc.

Pendant que Mike développait ses idées, il était sur le bord de la galerie, se démenant de tous côtés et faisant une grimace significative qui donnait à son épaisse mâchoire et à sa large bouche une expression particulière de finesse. Joyce lança un coup d'œil au capitaine, attendant ses ordres pour saisir le fuyard revenu; mais le supérieur reconnut facilement la bonne foi dans la physionomie de sa vieille connaissance.

— Vous nous avez bien surpris, O'Hearn, plus que pas un, fit observer le capitaine qui pensait qu'il était prudent d'affecter plus de sévérité de manières que sa façon de penser actuelle ne le nécessitait. Vous ne vous êtes pas seulement sauvé vous-même, mais vous avez souffert que votre prisonnier s'échappât avec vous. Votre manière d'agir demande une explication. J'attendrai ce que vous avez à dire, avant de juger votre conduite.

— Faut-il que je parle? je le veux bien, et aussi longtemps qu'il plaira à Votre Honneur de m'écouter. Och! Saucy Nick n'est-il pas un homme singulier? Le diable me brûle si l'on en trouve un semblable dans toute l'Amérique, quoiqu'elle soit pleine d'Indiens et de coquins. Maintenant je suppose, sergent, que vous m'avez compté avec M. Joël et ses amis.

— Vous avez été marqué comme déserteur, O'Hearn, vous avez abandonné votre poste.

— Mon poste! si j'y étais resté sans bouger, je n'aurais pas su les nouvelles que je vous apporte du major, de M. Woods, des sauvages et des autres.

— Mon fils! est-ce possible, Michel? L'avez-vous vu, et pouvez-vous nous dire quelque chose de sa position?

Mike prit un air de mystérieuse importance, et posant un doigt sur son nez en indiquant la sentinelle et Jamie : — Je considère le sergent comme quelqu'un de la famille, dit l'homme du comté de Leitrim quand il eut terminé sa pantomime, mais il n'est pas décent de crier nos secrets devant tout le voisinage. Pour le vieux Nick ou Saucy Nick, ou comme il vous plaira de l'appeler, n'est-ce pas un joli Indien? Vous pouvez parcourir toute l'Amérique, vous ne trouverez jamais son égal.

— Nous n'en finirons jamais, O'Hearn. Ce que vous avez à dire doit être expliqué clairement et de la manière la plus simple. Suivez-moi dans la bibliothèque et j'y entendrai votre rapport. Joyce, vous nous accompagnerez.

— Qu'il vienne s'il désire entendre la fin merveilleuse de mon histoire, répondit Mike en suivant le capitaine qui descendait l'escalier. Il n'osera plus me parler de ses campagnes en voyant que j'en ai fait dix fois et même quarante fois plus que lui. Och! ce diable de Nick!

— En premier lieu, O'Hearn, dit le capitaine aussitôt qu'ils furent tous les trois seuls dans la bibliothèque, vous devez nous expliquer pourquoi vous avez déserté.

— Déserté! vous ne voulez pas dire que j'ai fui, que j'ai abandonné Votre Honneur et la maîtresse, et miss Beuly, et la jolie miss Maud, et l'enfant. Serait-ce ce qu'entend Votre Honneur?

Ceci fut dit avec tant de naturel et de vérité, que le capitaine n'eut pas le courage de répéter la question, et sentit des larmes dans ses yeux. Il ne soupçonna pas plus longtemps la fidélité de l'Irlandais, quoique sa conduite dût lui sembler inexplicable. Mais la susceptibilité de Mike avait pris l'alarme et ne pouvait être apaisée que par des explications.

— Votre Honneur ne répond pas à ma question? dit-il bravement.

— Quoi! Mike, pour être sincère, cela ne pouvait-il pas donner quelques soupçons que non-seulement vous partiez, mais encore que vous laissiez l'Indien vous accompagner?

— En ai-je agi ainsi? dit Mike en réfléchissant. Non, je n'admets pas ça, mes intentions étaient bonnes. D'ailleurs je n'ai pas pris l'Indien avec moi, c'est lui qui m'a emmené.

— Je crois, Votre Honneur, dit Joyce en souriant, que nous pourrons remettre le nom d'O'Hearn à son ancienne place, et que nous ne lui diminuerons pas sa paie.

— Je pense en effet que cela finira ainsi, Joyce. Mais ayez patience, et laissez Mike raconter son histoire à sa manière.

— Mon histoire? Voyez, Nick m'a donné quatre morceaux de bois dont chacun représente une histoire. Voici le premier; il veut dire : Mettez le capitaine dans le secret de votre retraite, dites-lui comment vous vous êtes en allé, comment vous avez manqué de vous casser le cou en tombant, parce que le pied vous a glissé, comment vous êtes descendu à l'aide d'une corde, et comment Nick vous a montré un trou par lequel vous êtes sortis tous les deux comme deux rats à travers une porte.

Mike s'arrêta pour grimacer et rire de sa manière de se sauver, que, du reste, ses auditeurs connaissaient avant qu'il eût commencé son récit.

— Jetez cette baguette, maintenant, et dites-nous où est ce trou?

— Non, répondit Mike en regardant la baguette avec hésitation. Je ne la jetterai pas, avec la permission de Votre Honneur, sans vous avoir expliqué comment nous avons traversé le ruisseau à gué pour gagner les bois, où nous étions comme deux morceaux de trèfle dans une meule de foin. Ce Nick est une créature extraordinaire!

— Allez donc, dit patiemment le capitaine, sachant qu'il était inutile de contrarier un homme comme Mike dans sa manière particulière de communiquer ses pensées. Qu'êtes-vous devenus enfin?

— Je vais vous le dire, ce second morceau de bois m'en donne les moyens. Nick et moi nous étions seuls dans la chambre du chapelain, et nous n'avions ni l'un ni l'autre envie de boire, Nick parce qu'il était prisonnier, et moi parce que j'étais en sentinelle. Le sergent Joyce m'a dit assez souvent, Dieu le sait, que si je faisais bien mon devoir, je pourrais devenir caporal, rang qui vient après le sien. Enfin j'étais en sentinelle, et une sentinelle ivre déshonore son âme, son corps et son mousquet.

— Ainsi vous n'avez bu ni l'un ni l'autre, dit le capitaine, comme pour le remettre sur la voie.

— Par les raisons que je vous ai dites et par une meilleure encore, c'est que nous n'avions rien à boire. Mike, me dit Nick, vous aimez le capitaine et la maîtresse, et miss Beuly, et miss Maud, et l'enfant. Le diable me brûle, Nick, lui répondis-je, pourquoi me faites-vous une question si étrange? Est-ce là ce que vous voulez savoir? Eh bien! faites-vous cette question à vous-même, demandez-vous si vous aimez vos propres parents, et vous connaîtrez ma réponse.

— Et que vous proposa Nick? interrompit le capitaine.

— C'est sur cette baguette que nous trouverons ce que vous demandez. Il me dit: Venez avec Nick, voyons le major et rapportons des nouvelles. Nick est ami du capitaine, mais le capitaine ne le sait pas, il ne le croit pas. Enfin je ne pourrais pas répéter à Votre Honneur tout ce qu'il me dit, et, avec votre permission, je ne dirai que ce dont je me souviens. L'idée de Nick était de partir par la plate-forme, de prendre les couvertures du lit, et de nous laisser glisser jusqu'à terre. Nous l'avons fait, aussi sûr que Votre Honneur et le sergent sont là, nous l'avons fait, et sans nous briser les os. Bien, dis-je à Nick, nous voilà ici, mais comment faire pour sortir? escaladerons-nous les palissades pour que les sentinelles tirent sur nous, ou resterons-nous ici? Alors vous serez encore fait prisonnier, et vous en vaudrez deux, puisque vous avez déjà été pris. Nick ne parla pas, mais il leva le doigt, et me fit signe de le suivre. Nous nous glissâmes à travers les palissades, et nous fîmes une jolie promenade le long des prairies et à travers les haies.

— Vous avez passé à travers la palissade, Mike! Mais il n'y a pas d'issue assez grande.

— Le trou est étroit, c'est vrai, mais il existe. Et il est aussi bon pour une entrée que pour une sortie, puisque j'y suis passé ce matin. Ah! cette créature de Nick! Et comment pensez-vous que cette ouverture a été faite?

— Cela n'a pu être fait avec intention, O'Hearn.

— C'est Joël qui l'a faite en sciant un poteau, et en enlevant une cheville ou deux, afin que la palissade fonctionnât comme une porte.

— Il faut y voir, s'écria le capitaine. Marchez devant, Mike, et montrez-nous l'endroit.

Tous trois furent bientôt dans la cour. Michel traversa la porte et se dirigea vers le point où la palissade touchait les rochers à l'est des bâtiments. C'était l'endroit où le sentier conduisait à la source, c'était la route par laquelle le capitaine comptait effectuer sa retraite, c'était aussi celle par laquelle Maud était rentrée à la Hutte la nuit de l'invasion. A un endroit commode, une des palissades avait été sciée si bas que les mottes de terre cachaient ce dégât, pendant que les chevilles, qui attachaient la charpente à la pièce de traverse, étaient dans leurs trous, laissant en apparence chaque chose dans son état ordinaire. En remuant les mottes, et en poussant la charpente de côté, le capitaine s'assura qu'un homme pouvait aisément passer à travers la palissade. Comme ce coin était le plus retiré de tous, on ne pouvait douter plus longtemps que l'ouverture n'eût été faite pour tous les déserteurs, y compris les femmes et les enfants. Mais de quelle manière avait-elle été connue de Nick? c'est ce qui restait matière à conjecture.

Des ordres allaient être donnés pour boucher ce passage, quand le capitaine songea qu'il pourrait s'en servir lui-même pour sa retraite. Dans cette idée, il se hâta de s'éloigner, de peur que quelque œil indiscret ne découvrît sa présence près de là et n'en devinât la cause; il retourna à la bibliothèque, et le récit de Mike fut repris.

Comme le lecteur doit être souvent embarrassé de la manière de s'exprimer de l'homme du comté de Leitrim, par amour pour la brièveté nous dirons en substance ce qu'il lui restait à apprendre au capitaine. Nick avait réussi à persuader à Mike d'abord que lui, le Tuscarora, était l'ami du capitaine et de sa famille, et ensuite que le meilleur service que l'Irlandais pût rendre aux Willoughby, c'était de laisser partir Nick et d'aller avec lui. Cependant Mike n'avait pas la moindre idée de désertion; le motif qui le décida à quitter la Hutte, était le désir de voir le major et de l'aider à s'échapper. Aussitôt qu'il eut cet espoir, Mike fit ce que désirait l'Indien. Comme tout homme dont le zèle va trop loin, l'Irlandais était impatient d'agir, et il se faisait un jeu d'enfant de rendre un grand service à ceux qu'il aimait tant. Telle était l'histoire de la désertion apparente de Michel. Il nous reste à raconter ce qui se passa lorsqu'il eut quitté la maison.

Le Tuscarora mena son compagnon hors de la Hutte, une demi-heure après qu'on les eut laissés seuls dans la chambre de M. Woods. Comme tout ceci se passait après la fuite de Joël, Nick se mit en embuscade afin de s'assurer que la défection avait eu lieu. Satisfait sur ce point, il se dirigea tranquillement vers le moulin. Après avoir fait un détour suffisant pour éviter d'être vu de la maison, Nick ne se donna pas la peine d'aller dans les bois, ni d'essayer de quelque expédient dangereux comme l'avaient fait les déserteurs, il marcha paisiblement à travers les prairies jusqu'à ce qu'il eut atteint le grand chemin, qu'il prit pour se diriger immédiatement vers les rochers. Tout ceci fut fait d'une façon qui montrait qu'il se sentait chez lui, et qu'il ne craignait pas de tomber dans une embuscade. Cela venait, ou de sa connaissance du terrain, ou de sa conviction qu'il approchait d'amis plutôt que d'ennemis.

Arrivé aux rochers, cependant, Nick pensa qu'il ne serait pas sage de laisser aller Mike plus loin sans prendre d'abord quelques précautions. L'Homme Blanc se cacha dans la crevasse d'un rocher, pendant que l'Indien poursuivait seul son chemin. Ce dernier fut absent une heure au bout de laquelle il revint, et après avoir recommandé à Mike le silence et la prudence, il le conduisit à la cabane du meunier, dans la laiterie de laquelle se trouvait Robert Willoughby. Cette laiterie avait une fenêtre, mais elle était si petite qu'elle suffisait pour prévenir une évasion, en sorte qu'on n'avait pas placé de sentinelle à l'intérieur du bâtiment. Pour sa propre sûreté, et afin de jouir seul de son petit logement, le major avait donné sa parole qu'il resterait prisonnier jusqu'au lever du soleil. Nick avait donc pu s'approcher de la fenêtre et communiquer avec le major. C'est ensuite qu'il retourna aux rochers chercher Mike.

Le major Willoughby ne pouvait guère écrire à cause des ténèbres. Il lui fallut se fier à la cervelle de l'Irlandais, quoique celui-ci ne réussit pas toujours à se faire comprendre de ses auditeurs.

Le major était bien traité, et cependant on lui avait donné à entendre qu'il serait considéré comme un espion. Il lui paraissait impossible de s'échapper. Pourtant il n'en abandonnait pas l'espérance. Le parti indien, d'après ce qu'il en avait vu, avait un caractère qui rendait une capitulation très-hasardeuse, et il conseillait à son père de tenir bon jusqu'à la dernière extrémité. Au point de vue militaire, il considérait ses oppresseurs comme des hommes à mépriser, attendu qu'ils n'avaient pas de chef. Cependant plusieurs d'entre eux, surtout les sauvages, paraissaient féroces. Ils étaient tous avares de paroles et très-peu s'exprimaient en anglais, quoiqu'il y eût parmi eux plus d'hommes blancs que le major ne l'avait cru d'abord. Il n'avait pas vu M. Woods et ne savait rien sur son arrestation et son emprisonnement.

Mike réussit enfin à se faire comprendre du capitaine ; pourtant il y eut quelques explications de perdues à cause de la confusion qui régnait dans l'esprit du messager. Mike avait cependant encore une autre communication à faire, mais nous la réservons pour les oreilles de la personne à laquelle elle était spécialement destinée.

Ces nouvelles amenèrent un temps d'arrêt dans les projets du capitaine Willoughby. Quelque chose du feu de sa jeunesse se réveilla, et il discuta avec lui-même la possibilité de faire une sortie, de délivrer son fils, et puis enfin de commencer la retraite. Connaissant bien le terrain, ce qui lui donnait une grande facilité pour faire une action si hardie, son projet lui parut admirable et il se décida à l'exécuter.

CHAPITRE XXIII.

> Un autre amour commence à entrer dans son âme, quoique son cœur soit enchaîné au mien par un fil d'or.
> WILLIS.

PENDANT que le capitaine et Joyce arrangeaient leurs plans, Mike se préparait à s'acquitter d'un message très-délicat dont il avait été chargé par Robert Willoughby. Le bruit qui courait qu'il était revenu de sa fuite à travers les habitations, nécessita plusieurs saluts et poignées de main que l'honnête garçon eut à subir de la part de Pline et des briseuses avant d'avoir la liberté de faire sa commission. Les négresses, en particulier, s'étant assurées que Mike n'avait pas encore mangé, insistèrent pour lui offrir un repas confortable avant de lui permettre de les quitter. Comme l'homme du comté de Leitrim était toujours prêt à jouer du couteau et de la fourchette, il ne fit guère d'opposition, et quelques minutes après il était à l'œuvre, dépeçant un jambon froid et les autres mets d'un substantiel déjeuner américain. Les noirs, en y comprenant les briseuses, avaient été sérieusement alarmés de l'invasion. Entre eux et la race entière des Hommes Rouges, il existait une sorte de haine innée, une antipathie qui prenait son origine dans la couleur, dans les vêtements, et qui ne pouvait guère diminuer avec l'appréhension d'être scalpées.

— Comment considérez-vous donc les choses, vieux Pline, vieux sans laine? avait dit la grande briseuse cinq minutes avant l'apparition de Mike dans la cuisine, en réponse à quelque observation apologétique de son mari sur ce que les sauvages s'étaient montrés moins hostiles qu'on ne l'avait cru. Quoi! vous dites qu'ils n'assassinent pas, qu'ils ne volent pas, qu'ils ne mettent pas le feu, et pourtant vous connaissez les Indiens. La nature est la nature, je l'ai entendu dire trois fois par le révérend M. Woods.

Comme la grande briseuse était un oracle chez elle, elle ne fut pas contredite, et Pline l'ancien fut obligé de se soumettre. Mais la présence de Mike qui avait été bien près de l'ennemi, sinon dans son camp, et qui par-dessus le marché était leur grand favori, fut une occasion de faire revivre le sujet de la conversation. En effet, tous les nègres entourèrent la chambre aussitôt que l'Irlandais fut à table, un ou deux pour parler et le reste pour écouter.

— Avez-vous été bien près des sauvages, Michel? demanda la grande briseuse, dont les deux yeux noirs comme du charbon semblaient s'ouvrir proportionnellement à l'intérêt qu'elle attachait à la réponse.

— Je suis allé aussi près d'eux qu'il le fallait, briseuse, à peu près comme de mon assiette à votre porte, peut-être pas tout à fait autant; je désire de ne jamais les voir de plus près.

— Sont-ils aussi terribles la nuit qu'en plein jour? demanda la petite briseuse.

— Ce n'est pas moi qui serais resté pour les examiner. Nick

et moi nous avions nos affaires, et quand un homme est pressé, il n'est pas raisonnable de supposer qu'il tournera la tête pour voir de tous côtés.

— Que font-ils de M. Woods? que peuvent faire des sauvages avec un prêtre?

— Vous avez raison, petite; un prêtre, quand même il serait hérétique, ne peut pas être appelé pour rendre des services dans une telle congrégation, et je ne pense pas que ces camarades soient assez misérables pour scalper un ministre de Dieu.

Alors suivit un flot de questions incohérentes faites par tous les noirs en même temps, accompagnées de regards sinistres et mêlées d'éclats de rire qui leur échappaient, de façon à rendre ce mélange de sensations aussi comique qu'étrange. Mike trouva bientôt que la tâche de répondre à tant de questions était trop difficile pour être tentée, et il prit philosophiquement la détermination de borner ses efforts à ceux qu'exige la mandication.

Malgré la terreur qui régnait actuellement parmi les noirs, ils avaient presque tous pris la résolution de mourir les armes à la main plutôt que de s'en rapporter à la clémence des sauvages. La haine suppléait au courage, quoiqu'ils eussent pris insensiblement quelque chose de cette résolution que donne plus ou moins une vie retirée. Les deux briseuses, en leur particulier, sous l'influence de circonstances qui auraient excité leurs sentiments, étaient femmes à accomplir des actes qui auraient pu passer pour héroïques.

— Maintenant, briseuses, dit Mike, quand d'après son calcul il y eut environ trois minutes que son déjeuner fut terminé, vous ferez ce que je vous dirai, et vous ne me demanderez plus rien. Vous irez trouver les dames : la maîtresse, et miss Beuly, et miss Maud, vous leur présenterez mes humbles respects, et vous leur direz que Michel O'Hearn demande l'honneur d'être admis à leur souhaiter le bonjour.

La petite briseuse se récria beaucoup en recevant cette commission, pourtant elle la fit sur-le-champ.

— O'Hearn a quelque chose à nous dire de la part de Robert, dit mistress Willoughby qui avait appris le retour et les exploits de l'Irlandais. Qu'il vienne aussitôt qu'il le désirera.

La petite briseuse termina sa mission en portant la réponse.

— Maintenant, messieurs et mesdames, dit Mike avec gravité,

en se levant pour quitter la chambre, que ma bénédiction et mes souhaits soient avec vous. Je vous remercie du repas que vous m'avez fait faire. Pour les Indiens, mettez vos cœurs en repos, pas un de vous ne sera scalpé aujourd'hui, les sauvages étant plus loin que le moulin et tenant un grand conseil, comme je l'ai appris de Nick lui-même. Vous pouvez donc vous flatter de l'assurance de garder vos têtes sur vos épaules et votre laine sur vos têtes.

La grimace de Mike en se retirant montrait que son intention était d'être plaisant ; il avait toute la gaieté que donne l'appétit satisfait. Une acclamation récompensa cette saillie, et l'on se sépara avec bonne humeur. C'est dans cette situation d'esprit que Mike fut introduit auprès des dames. Quelques mots d'explications préliminaires suffirent pour mettre Mike en train, quand une fois il eut entamé son sujet.

— Le major n'est pas du tout découragé, dit-il, et il m'a ordonné d'apporter ses salutations à son honorée mère et à ses sœurs. Vous leur direz, Mike, a-t-il ajouté, que j'ai pour elles les sentiments d'un père. Dites-leur aussi qu'elles calment leurs esprits et que tout finira bien. Ceux qui remplissent leurs devoirs envers Dieu, envers les hommes et envers l'église, ne seront pas abandonnés dans leur longue course, et ils poursuivront leur chemin à travers le purgatoire jusqu'au paradis.

— Sûrement mon fils, mon cher Robert, n'a jamais dit de telles paroles, Michel.

— Je n'ajoute pas une syllabe, et il y en avait une quantité d'autres que ma mémoire a laissé échapper, répondit l'Irlandais qui inventait, mais qui pensait commettre une fraude pieuse. Le major a parlé plutôt comme un prêtre que comme un soldat. Les trois dames se regardèrent un peu interdites, pourtant il y avait dans le sourire de Maud quelque chose qui montrait qu'elle appréciait le rapport de l'Irlandais à sa juste valeur. Mistress Willoughby et Beulah, moins accoutumées aux habitudes de Mike, ne pénétraient pas si bien sa manière de substituer ses propres pensées à celles des autres.

— Comme je connais mieux que vous le langage de Mike, ma chère mère, dit tout bas Maud, peut-être vaudrait-il mieux que j'aille avec lui dans la bibliothèque, et que je le questionne en particulier sur ce qui se passe ; en agissant ainsi, je saurai la vérité.

— Faites, mon enfant, car il est réellement pénible pour moi d'entendre donner ainsi une fausse idée de Robert ; et comme Evert doit commencer maintenant à réfléchir, je n'aimerais pas que son petit esprit pût prendre une telle opinion de son oncle.

Maud ne sourit pas de cette preuve d'une faiblesse de grand'-mère, quoiqu'elle en sentît toute l'absurdité ; le cœur ayant toujours le dessus chez l'excellente femme, ceux qui l'aimaient ne pouvaient voir que ses vertus. Profitant de la permission, Maud dit tranquillement à Mike de la suivre et se dirigea vers la chambre qu'elle avait nommée.

Pas un mot ne fut échangé jusqu'à ce qu'ils fussent tous deux dans la bibliothèque ; Maud ferma soigneusement la porte, et pâle et émue elle interrogea du regard son compagnon. Le lecteur sait que, M. Woods et Joyce exceptés, pas une âme dans la Hutte ne connaissait la position de notre héroïne à l'égard du capitaine et de sa famille. Il est vrai que quelques-uns des plus vieux noirs avaient eu quelques vagues notions sur ce sujet, mais leurs souvenirs se trouvaient obscurcis par le temps, et l'habitude était devenue pour eux une seconde nature.

— C'est une pensée ingénieuse que vous avez eue là, miss Maud ! commença Mike avec une de ses grimaces expressives et en clignant de l'œil. Je vois que les amis n'ont pas besoin du secours de la parole pour s'entendre. Malgré tous les inconvénients, je suis certain que Michel O'Hearn pourrait se faire comprendre de miss Maud Willoughby sans même lui dire un mot.

— Vous réussiriez mieux alors, Michel, qu'en vous servant de votre langue, répondit la jeune dame. Qu'avez-vous donc à me dire que vous puissiez supposer que j'aie déjà deviné ?

— Le major m'a recommandé de vous parler à vous-même, et m'a dit un mot qui ne doit pas être entendu des autres.

— C'est singulier ; mais continuez. Je trouve pourtant le messager un peu extraordinaire.

— C'est pour moi que vous dites cela, puisque je suis le messager ; et où en trouverait-on un autre, qui porterait des nouvelles sans les répandre partout ? Nick, peut-être ? Mais le major ne se confierait pas à un Indien. Pour Joël et les autres vagabonds, on les broiera dans le moulin avant d'en avoir fini avec eux.

Maud souffrait à la pensée que ces sentiments sacrés qu'elle vouait à Robert Willoughby et qui avaient été si longtemps cachés dans le plus profond de son cœur, étaient grossièrement sondés par une main rude et maladroite. Quoiqu'elle en eût beaucoup dit dans sa dernière conversation avec le jeune soldat, elle en avait tant laissé à dire, qu'elle eut presque envie de s'agenouiller et de supplier Mike de s'expliquer. Malgré cela la réserve d'une femme lui fit garder le décorum de son sexe.

— Si le major Willoughby a désiré que vous me communiquiez quelque chose en particulier, dit-elle en se composant un maintien, je suis prête à vous entendre.

— Nous étions obligés de parler tout bas, miss Maud, mais j'en sais assez pour le répéter, et voici la baguette que Nick m'a engagé à garder pour mieux me souvenir. C'est meilleur pour moi qu'un livre, dont je ne pourrais pas déchiffrer une syllabe. Mike, m'a dit le major, trouvez le moyen de voir seule la jolie miss Maud.

— La jolie miss Maud! interrompit involontairement la jeune fille.

— Och! c'est moi qui dis ça, et ce n'est pas sans raison. Ainsi, vous aurez la bonté de laisser passer cette phrase. Donc vous tâcherez, dit-il, de voir seule la jolie miss Maud, et surtout ne laissez connaître à personne ce que vous lui direz. Ceci a bien été dit par le major.

— C'est très-extraordinaire. Peut-être vaudrait-il mieux, Michel, que vous ne me disiez strictement que ce qui vient du major. La commission se ferait alors en aussi peu de mots que possible.

— Deux mots! Mais ce ne sont pas des mots que j'ai à vous donner.

— Si ce ne sont pas des mots, qu'est-ce donc? Ce ne sont pas des baguettes, sûrement?

— C'est ceci, s'écria Mike avec triomphe; c'est ce petit morceau d'argent qui vaut autant que quarante Indiens.

Mike mit une petite tabatière en argent dans les mains de Maud, qui la reconnut pour appartenir à Robert Willoughby; pourtant il était probable que le messager ignorait ce que cela voulait dire.

La boîte était très-jolie, et mistress Willoughby et Beulah avaient souvent ri aux dépens du major en le voyant posséder un objet qui était alors de rigueur pour un homme de bon ton, quand tous ses amis savaient qu'il ne prenait pas de tabac. En effet, il était si éloigné d'user de ce stimulant, qu'il n'avait jamais voulu montrer comment s'ouvrait la boîte, à laquelle était adapté un ressort secret, et qu'il manifestait toujours de l'embarras quand ses sœurs cherchaient le moyen de vaincre l'obstacle.

Au moment où Maud vit la boîte, son cœur battit vivement. Elle eut un pressentiment que sa destinée allait se décider. Pourtant elle parvint à se contenir assez pour apprendre tout ce que son compagnon avait à lui communiquer.

— Le major Willoughby vous a donné cette boîte, dit-elle d'une voix qui tremblait malgré elle ; n'y a-t-il ajouté aucun message ? Rappelez-vous bien ? les paroles en pourraient être très-importantes.

— Des paroles ! nous n'avons pu en échanger que quelques-unes, bien bas, attendu que les Indiens étaient tout près de nous.

— Ce doit être le message que je demande.

— Vous avez la sagesse du serpent, miss Maud, comme nous le disait tous les dimanches le père O'Lonny. Voici ces mots : Donnez ceci à miss Maud, m'a dit le major, et dites-lui qu'elle est maintenant maîtresse de mon secret.

— C'est bien là ce qu'il a dit, Michel ? Au nom du ciel ! êtes-vous certain de ce que vous me répétez ?

— Irlandais Mike, le maître avoir besoin de vous, cria le plus jeune des trois noirs en passant son visage luisant à travers la porte. Après avoir annoncé ainsi le sujet de son entrée, il disparut dans le même instant.

— Ne me quittez pas, O'Hearn, dit Maud respirant à peine, ne me quittez pas sans m'assurer que vous ne faites pas de méprise.

— Le diable me brûle, je n'aurais apporté ni boîte, ni message, ni rien de semblable, jolie miss Maud, si j'avais pensé vous tourmenter.

— Michel O'Hearn ! cria de la cour le sergent avec sa voix d'autorité, et sur un ton qui n'admettait pas de délais.

Mike sortit aussitôt, et en moins d'une demi-minute Maud se trouva seule au milieu de la bibliothèque, tenant dans sa petite main la tabatière bien connue de Robert Willoughby. Les célèbres écrins de Portia ont à peine excité plus de curiosité dans leur temps que cette petite boîte d'argent n'en avait fait naître dans l'esprit de Maud. Outre les plaisanteries évasives dont le major se servait pour l'empêcher, elle et Beulah, de pénétrer dans ses secrets, il lui avait dit une fois gravement : Quand vous connaîtrez le contenu de cette boîte, ma chère enfant, vous saurez le plus grand secret de ma vie. Ces paroles, qu'il lui avait dites à sa visite de l'année précédente, avaient fait sur elle une profonde impression, mais elle les avait provisoirement oubliées dans le grand nombre d'événements qui les avaient suivies. Le message de Mike, accompagné de la boîte, les lui rappela, et elle s'imagina que le major, se croyant en danger, lui envoyait cette babiole pour qu'elle connût son secret. Peut-être désirait-il qu'elle les communiquât aux autres? Dans la situation de notre héroïne on sent plutôt qu'on ne raisonne, et il est possible que Maud aurait eu d'autres pensées si elle avait été calme, ou si elle s'était trouvée dans une situation d'esprit à examiner logiquement les circonstances. Maintenant Maud possédait cette boîte si longtemps convoitée. Non-seulement elle ignorait le secret de l'ouvrir, mais encore elle n'osait pas l'essayer. D'abord elle pensa à la porter à Beulah et à lui demander si elle connaissait le moyen de faire jouer le ressort, mais elle recula en songeant à quoi l'exposait cette démarche; plus elle réfléchissait, plus elle avait la conviction que Robert Willoughby ne lui aurait pas envoyé cette boîte, à elle en particulier, si elle n'était pas destinée pour elle seule. Depuis la conversation qu'elle avait eue dans l'atelier de peinture, elle avait vu clair dans les sentiments de Bob. Cette lumière l'avait aidée à mieux comprendre son propre cœur, et toutes ses délicatesses se révoltaient à la pensée de mettre quelqu'un dans sa confidence. A tout événement elle se détermina, après quelques minutes de réflexion, à ne parler à personne ni du message, ni du présent.

Dans cette situation d'esprit, pleine d'anxiété, de doutes, d'appréhensions et d'espérances, tout cela adouci par la conviction de sa parfaite innocence et de ses motifs qu'un ange aurait pu avouer, Maud restait dans l'endroit où l'avait laissée Mike, tournant toujours la boîte dans ses mains, quand tout à coup elle toucha le ressort et le couvercle s'ouvrit. Y jeter un coup d'œil fut une action trop naturelle et trop involontaire pour qu'elle eût le temps de réfléchir.

Il n'y avait rien qu'un morceau de papier blanc adroitement plié, et comprimé de façon à être contenu dans la boîte. Robert a écrit, pensa Maud. Comment a-t-il pu faire? Il faisait nuit, et il n'a ni plume ni papier. Un autre regard lui fit voir qu'elle se trompait ; le papier était doré sur tranches, et Bob n'avait pu le trouver ni dans le moulin, ni dans sa poche. Pourtant ce doit être une lettre, se disait-elle. Peut-être l'avait-il écrite avant de quitter la Hutte ; peut-être même avant son arrivée, ou l'année dernière quand il parla de la boîte comme contenant le plus grand secret de sa vie.

Maud aurait voulu que Mike se trouvât là ; quoique ses explications fussent incohérentes, inintelligibles et étourdies, elle aurait pu le questionner encore sur les paroles précises du message. Il est possible que Bob n'ait pas voulu dire que j'ouvre la boîte, mais seulement que je la lui garde jusqu'à ce qu'il vienne la réclamer. Elle contient un grand secret, et parce qu'il désire que les Indiens l'ignorent, il ne s'ensuit pas de là qu'il semble me le révéler. Je vais fermer la boîte, et je garderai son secret comme si c'était le mien.

A peine cette pensée fut-elle venue à Maud, qu'elle l'exécuta. Elle pressa le couvercle et elle entendit le bruit du ressort. Mais elle se repentit bientôt de ce qu'elle venait de faire.

— Bob ne m'aurait pas envoyé cette boîte sans raison, et s'il avait voulu qu'on ne l'ouvrît pas, il aurait dit à O'Hearn : Que Maud garde cette boîte jusqu'à ce que je la lui demande, elle contient un secret, et je désire que mes ravisseurs ne l'apprennent pas. Certainement il m'a envoyé cette boîte pour que j'en examine le contenu ; sa vie en dépend peut-être, et je m'en vais m'en assurer à l'instant.

Cette dernière idée n'eut pas plus tôt traversé l'esprit de notre héroïne, qu'elle se dépêcha de chercher le ressort caché. Peut-être la curiosité lui donnait-elle le violent désir de connaître ce secret, peut-être aussi qu'un sentiment plus tendre et non moins naturel se cachait derrière cette curiosité. Ses jolis petits doigts n'avaient jamais été plus agiles, et la boîte fut pressée dans tous les sens ; elle ne retrouvait pas le ressort. La boîte avait de chaque côté de son ouverture deux ou trois bandes richement ciselées. Maud pensa que c'était au milieu de ces ornements que le ressort devait se trouver caché. Elle l'examina alors soigneusement sans négliger le plus petit endroit saillant ; pourtant, comme la première fois, ce fut le hasard qui la servit, et au moment où elle s'y attendait le moins le couvercle se renversa et exposa encore une fois le papier à ses regards.

Maud avait été trop sérieusement alarmée en voyant la boîte se refermer pour hésiter un instant à en examiner le contenu. Le papier fut pris, et elle commença à le déplier lentement, non sans un léger tremblement. Elle s'arrêta un moment pour respirer le délicieux parfum qui semblait en rendre l'intérieur sacré, puis ses doigts continuèrent leur office. A chaque instant elle s'attendait à voir l'écriture bien connue de Robert Willoughby, mais les plis du papier s'ouvrant tout à fait, à la surprise de Maud, elle vit qu'il n'y avait qu'une mèche de cheveux. Elle l'examina avec inquiétude, puis ses yeux brillèrent, et une rougeur qui pouvait être comparée aux teintes dont l'approche du jour illumine le ciel, se répandit sur ses joues, quand, la boucle se déroulant, elle reconnut des cheveux tout à fait semblables à ceux qui tombaient en ce moment en profusion autour de son charmant visage. Oter son peigne et comparer la boucle de Robert avec les siennes fut l'ouvrage d'un moment, qui suffit pourtant pour lui donner une parfaite conviction. C'était à un souvenir d'elle que Robert attachait tant de prix, c'était ce souvenir qu'il appelait le secret de sa vie.

Il était impossible que Maud ne comprît pas tout. Robert Willoughby l'aimait, et il prenait ce moyen pour lui avouer sa passion. Il avait été sur le point de la lui faire connaître la veille, et maintenant il se servait de la seule voie qui lui fût ouverte. Un flot de tendresse inonda le cœur de Maud, en repassant tout cela dans son esprit, et dès ce moment elle cessa de rougir de son propre amour. Elle pouvait éviter encore de l'avouer à sa mère et à Beulah, mais pour elle-même, elle était maintenant parfaitement justifiée à ses propres yeux.

La demi-heure qui suivit fut délicieuse. Tous les dangers présents se trouvèrent effacés par de brillantes espérances. L'imagination de Maud lui peignit des scènes de bonheur dans l'exercice de ses devoirs domestiques, et dans son amour pour Bob, qui s'élevait presque jusqu'à l'adoration. Elle voyait son père et sa mère heureux du bonheur de leurs enfants. Ces illusions ne pouvant toujours l'occuper, elle revint à la réalité. Elle pouvait aimer Bob sans blesser la susceptibilité des opinions de son sexe, et elle aurait voulu le récompenser pour avoir songé à lui faire connaître l'état de son cœur, dans un moment où il avait tant de raisons pour ne songer qu'à lui-même.

Il était temps que Maud retournât auprès de sa famille adoptive. La boîte fut soigneusement cachée, les cheveux laissés dans leur vieille enveloppe, et elle se dirigea vers la retraite de sa mère. Le capitaine venait d'y entrer. Il était grave et pensif plus que d'habitude, et sa femme, accoutumée à étudier sa physionomie, la trouva chagrine.

— Y a-t-il quelque chose qui aille mal, Hugues, demanda-t-elle, que je vous vois ainsi inquiet?

Le capitaine Willoughby posa une chaise à côté de celle de sa femme, s'assit, et lui prit la main avant de répondre; puis il se mit à jouer avec le petit Evert, comme s'il voulait différer de remplir un devoir désagréable.

— Vous savez, ma chère Wilhelmina, dit-il enfin, qu'il n'y a jamais rien eu de caché entre nous aux approches du danger, même quand j'étais soldat de profession, et qu'on pouvait dire que je portais ma vie dans ma main.

— Je crois que vous m'avez toujours trouvée raisonnable. Si j'avais des sentiments de femme, j'accomplissais attentivement mon devoir d'épouse.

— C'est vrai, mon amour, et c'est pour cela que j'ai toujours agi franchement avec vous.

— Nous nous comprenons, Hugues. Maintenant, dites-moi quel est le malheur qui arrive?

— Je suis certain que vous penserez que ce n'est pas un si grand malheur, Wilhelmina, puisqu'il est question de la liberté de Bob. J'ai l'intention de me mettre à la tête de tous les hommes blancs qui me restent, afin de le délivrer des mains de ses ennemis. Vous resterez seule quelque temps, cinq ou six heures peut-être, dans la Hutte, avec les trois noirs pour vous garder, et les femmes. Vous n'avez pas à craindre un assaut, car tout indique d'autres intentions de la part de nos ennemis, et pour ce moment vous pouvez être tranquille.

— Toutes mes appréhensions et toutes mes prières seront pour vous, Hugh. Pour nous-mêmes, nous n'en avons pas besoin.

— Je m'y attendais, et c'est pour diminuer ces appréhensions que je suis venu vous découvrir mon plan tout entier.

Le capitaine Willoughby raconta alors assez minutieusement le rapport de Mike, ainsi que le plan qu'il avait formé, et dont nous avons donné une idée dans le précédent chapitre. Le projet avait mûri dans son esprit, et tout promettait le succès. Les hommes furent informés de ce qu'ils auraient à faire ; chacun d'eux manifesta les meilleures dispositions. Ils se préparèrent, et une demi-heure après, ils furent en état de marcher. Beulah pressait le petit Evert sur son cœur, pendant que son visage défait se tournait vers son père avec un regard qui semblait vouloir dévorer chaque syllabe. Quant à Maud, il y avait en elle un mélange de crainte et de joie. Voir Bob en liberté était pour elle le parfait bonheur, mais elle ne pouvait s'empêcher de craindre quelque contre-temps. Pourtant le capitaine était si net dans ses explications, et paraissait si calme, que toutes elles restèrent moins inquiètes qu'on n'aurait pu s'y attendre.

CHAPITRE XXIV.

> Marchez, marchez, marchez. Ils font du bruit en marchant ; comme ils vont vite ! ils vont à la mort !
>
> Coxe.

Le temps que Maud avait consumé à méditer sur la boîte et sur son contenu, avait été employé par le capitaine en préparatifs pour son entreprise. Joyce, le jeune Blodget, Jamie et Mike, conduits par leur chef, composaient en personne, toute la troupe. Chacun d'eux avait préparé ses armes, ses munitions et ses provisions, afin d'être prêt à l'heure. Aussi quand le capitaine Willoughby eut pris congé de sa famille, il trouva ses hommes disposés à partir.

La première chose à faire, était de quitter la Hutte sans être vu. Joël et ses amis travaillaient encore dans les champs, mais ils évitaient tous soigneusement de se tourner du côté du Rocher qui les eût mis à la portée des mousquets ; c'est ce qui faisait que ce côté n'était pas espionné, à moins que les Indiens ne se trouvassent dans les bois vers cette direction. Cependant comme Mike avait passé par là, il y avait peu de temps, il était probable que les Indiens restaient dans le voisinage des moulins, où ils comptaient s'installer. L'intention du capitaine était d'effectuer une sortie par le ruisseau, derrière la maison, et de gagner les bois à couvert sous les broussailles, comme on l'avait déjà fait si souvent depuis l'invasion.

La grande difficulté était d'atteindre le ruisseau sans se mettre en vue. On était facilité par le moyen qu'avait trouvé Joël, l'inspecteur ayant pris toutes les précautions possibles pour ne pas être découvert. La distance entre les palissades et la base des rochers était de quarante à cinquante pas, et entièrement à découvert ; il fallait la traverser sans être aperçu de ceux dont les regards pouvaient être tournés par là. Après beaucoup de réflexions, le capitaine et le sergent se déterminèrent à agir de la façon suivante : Blodget passa le premier par le trou et se laissa glisser jusqu'au ruisseau. Là, un buisson fort épais le cacha suffisamment, les broussailles s'étendant le long des rochers qui bordaient la rive. Une fois dans ces taillis, il n'y avait pas à craindre d'être découvert. Aussitôt qu'on fut certain que le jeune homme était sous la fenêtre le plus à l'est de l'aile du nord, et la seule qui fût au-dessus des broussailles, on lui descendit les carabines deux par deux ; personne ne parut à la fenêtre pendant cette opération. On réussit facilement ; les secousses de la corde étaient suffisantes pour annoncer quand il fallait la remonter. Les munitions suivirent bientôt, et enfin tout le matériel offensif et défensif se trouva réuni sur le bord du ruisseau.

Ensuite les hommes descendirent un à un en suivant les mêmes précautions que Blodget. Chaque homme avait ses provisions, et sur lui un pistolet, un couteau ou autre chose. En une demi-heure, les quatre hommes étaient armés et cachés sous les broussailles ; ils attendaient leur chef. Le capitaine Willoughby n'avait plus qu'à donner quelques instructions à ceux qu'il laissait dans la Hutte, et à suivre ses compagnons.

Pline l'ancien, en vertu de ses années et de son expérience des guerres indiennes, eut le commandement de la garnison en l'absence du maître. S'il était resté seulement un blanc au Rocher, il n'en aurait pas été ainsi, car il aurait semblé contraire aux lois de la nature qu'un nègre commandât à un homme d'une autre couleur. Toutefois, non-seulement sa vieille maîtresse mais encore les deux jeunes filles devaient exercer sur lui une autorité sans bornes. Le capitaine lui donna ses derniers ordres, lui recommandant d'être vigilant, et surtout de tenir les portes fermées.

Aussitôt qu'il eut fini, le capitaine alla trouver sa femme et ses enfants pour les embrasser une dernière fois. Ne voulant pas les inquiéter davantage, il leur dit adieu affectueusement, mais sans trop de solennité.

— Je ne verrai d'autres signes de succès, Hugh, dit sa femme en pleurant, que votre retour et celui de notre cher fils. Quand je vous tiendrai tous deux dans mes bras, je me sentirai heureuse, tous les Indiens du continent fussent-ils dans la vallée.

— Ne calculez pas le temps, Wilhelmina, votre cœur trop tendre voyage quelquefois de façon à vous chagriner inutilement. Souvenez-vous que nous avancerons avec beaucoup de précaution pour aller et venir, et que nous aurons besoin de plusieurs heures pour faire le détour que je médite. J'espère vous revoir avant le coucher du soleil, un retard nous mènerait jusqu'à la nuit, et il peut devenir nécessaire de différer l'attaque jusqu'à ce moment.

C'était une triste nouvelle pour les femmes, mais elles l'écoutèrent avec calme, et tâchèrent autant qu'elles purent de se montrer résignées : ce fut les yeux baignés de larmes que Beulah reçut le baiser de son père et sa bénédiction, puis elle pressa son petit Evert sur son cœur. Maud fut embrassée la dernière, et le capitaine l'entraîna doucement dans la cour, en l'exhortant à ranimer les esprits de sa mère par son courage et sa fermeté.

— Bob reviendra bientôt à la Hutte, ajouta-t-il, et nous nous trouverons tous dédommagés des périls que nous aurons courus. Tous, excepté vous, petite querelleuse, car votre mère m'a dit qu'avec les caprices ordinaires de votre sexe vous aviez éloigné de vous ce pauvre garçon.

— Mon père !

— Oh ! je sais que ce n'est pas très-sérieux, et cependant Beulah m'a dit que vous l'aviez appelé une fois major d'infanterie.

— L'ai-je dit? répondit Maud, craignant de trahir son secret. Ma langue ne parle pas toujours comme mon cœur.

— Je le sais, mignonne, et ça ne me regarde pas. Traitez le fils comme vous voudrez, Maud, je suis certain que vous aimerez toujours le père. — Il la pressa sur son cœur et l'embrassa sur le front, sur les yeux et sur les joues. — Vous avez vos papiers, Maud, et vous pouvez facilement prendre connaissance de vos intérêts. Quand vous examinerez le tout, vous verrez que chaque shelling de votre fortune a été mis de côté, et que vous vous trouverez, petite méchante, être quelque chose comme une grande héritière.

— Pourquoi me dites vous cela, mon cher père? vos paroles me font peur.

— Cela ne doit pas être, ma chère. Le danger ne peut augmenter quand on est préparé à le rencontrer.

Maud tomba sur le sein de son père et sanglota. Jamais il n'avait fait de si claires allusions aux véritables relations qui existaient entre eux; les papiers qu'elle possédait parlant d'eux-mêmes, ils lui avaient été remis sans explication. Toutefois, comme le capitaine ne paraissait pas disposé à aller plus loin pour le moment, la pauvre fille s'efforça de se contenir, et y réussit en partie; elle se leva et reçut la bénédiction de son père, qu'il lui donna tendrement et solennellement, puis elle le vit partir avec un calme qui l'étonna elle-même.

Il nous faut maintenant quitter le groupe intéressant qui reste à la Hutte, et accompagner nos aventuriers dans leur marche.

Le capitaine Willoughby fut obligé d'imiter ses hommes pour sortir des palissades. Il s'était vêtu dans cette occasion d'une blouse de chasse américaine dont il se servait rarement, ce qui diminuait les chances qu'il aurait pu avoir d'être reconnu. Joyce avait un costume semblable; mais ni Jamie, ni Mike, ne purent se décider à prendre un vêtement que tous deux ils prétendaient ressembler beaucoup à celui des Indiens. Pour Blodget, il était vêtu comme un ouvrier.

Aussitôt qu'il fut au bas du rocher, le capitaine le fit savoir au vieux Pline en se servant de la parole avec précaution, mais pourtant assez haut pour être entendu de la galerie du toit placée directement au-dessus de sa tête. Le noir avait reçu l'ordre de veiller sur Joël et ses compagnons, afin de s'assurer si rien dans leurs mouvements ne trahissait une certaine connaissance de ce qui se passait dans la Hutte. Le rapport fut favorable. Pline dit à son maître : — Tous ces hommes travailler, Monsieur, tout comme avant; Joël être occupé à labourer. Pas un œil tourné par ici, maître.

Encouragée par cette assurance, la petite troupe traversa les taillis qui bornaient cette partie du pied des rochers, puis elle entra dans le lit du ruisseau. On était au mois de septembre, et l'eau était si basse qu'ils purent suivre à pied sec le bord du ruisseau en se posant sur chaque pierre. On se servit de cet expédient chaque fois que les circonstances le permettaient, afin de laisser aussi peu de traces que possible. Les détours du ruisseau empêchaient la vue de s'étendre, et les épaisses broussailles qui étaient sur les bords protégeaient les hommes.

Le capitaine Willoughby avait d'abord appréhendé un assaut de ce côté. Cependant l'élévation de la maison lui donnait un avantage que ne pouvait pas posséder un ennemi placé plus bas, et d'ailleurs le Rocher offrait de ce côté de sérieux obstacles à une surprise. Il emmena ses hommes en tenant son regard attaché sur l'étroit chemin qui se déroulait devant eux, comme pour s'assurer que chaque détour n'allait pas le mettre en face d'un parti ennemi. Heureusement qu'ils ne firent pas une telle rencontre, et ils gagnèrent la lisière de la forêt sans voir apparaître personne et sans avoir été découverts. Derrière les bâtiments, dans le bois, se trouvait un petit bras du ruisseau. Il y avait là une vue admirable que Maud avait souvent fait admirer à la famille et qu'elle avait esquissée. Le capitaine fit halte et donna au vieux Pline un signal dont il attendit la réponse. Elle fut encore favorable; le nègre lui fit signe que tout allait bien; puis le fidèle serviteur se hâta d'aller trouver sa maîtresse pour lui dire que la petite troupe était arrivée en sûreté dans la forêt. Pendant ce temps, nos aventuriers montaient le long du ruisseau et poursuivaient leur route par un chemin plus solide.

Le capitaine Willoughby et ses hommes se trouvaient maintenant tout à fait engagés, et chacun sentait l'importance et la gravité du devoir qu'il avait à remplir. Mike se trouva obligé d'obéir à l'ordre de rester silencieux, car le son de la voix pouvait faire connaître leur passage à quelques-unes des sentinelles de l'ennemi. Ils usèrent aussi de précautions en marchant sur le bois mort dont le craquement pouvait les trahir.

On entendait le bruit de la hache des bûcherons derrière les cabanes, où ils éclaircissaient une partie boisée, selon l'ordre du capitaine, qui avait le double but de se procurer du bois de chauffage et d'agrandir son verger. Cette petite clairière était à un quart de mille de la plaine. Passer entre cette clairière et les cabanes eût été trop hasardeux, et il fallut diriger la marche de manière à éviter les habitations.

Les sentiers des bestiaux furent suivis, Mike connaissant parfaitement toutes leurs sinuosités. Le capitaine et le sergent portaient chacun une boussole de poche, sans laquelle on n'eût pu s'aventurer bien loin dans la forêt. Les coups de hache guidaient aussi nos aventuriers, et ils purent bientôt s'assurer des progrès qu'ils avaient faits et du degré de sécurité qu'ils pouvaient avoir.

Le lecteur se rendra probablement compte de la nature du terrain sur lequel s'avançait ainsi la petite troupe. Le site du vieil étang des Castors a déjà été décrit. La vallée, vers le sud, se terminait aux rochers du moulin et devenait un vaste ravin ; à l'est, il y avait de hautes montagnes ; au nord, le terrain, nivelé, s'étendait à plusieurs milles ; à l'ouest, le long de la route que suivaient nos hommes, la forêt montrait ses riches surfaces boisées, pleines de promesses pour l'avenir. La plus haute des élévations était près de la Hutte, et c'est ce qui donnait à l'habitation l'aspect d'une vallée.

Le projet du capitaine Willoughby était de gagner le sommet de cette colline qui pourrait le guider, puisqu'elle terminait la ligne de rochers et atteignait la chute d'eau située derrière les moulins. Il se trouverait tout à fait au delà de la clairière, et tournerait ainsi le camp de l'ennemi. Une fois arrivé à ce brusque changement de terrain, causé par quelques phénomènes géologiques qui avaient arraché le rocher de sa base, il ne pourrait plus s'égarer, puisque ces marques raboteuses devaient le diriger vers l'endroit qu'il savait être occupé par le corps ennemi.

En une demi-heure, ils atteignirent le sommet, puis ils changèrent leur marche et se dirigèrent vers le sud.

— Le bruit des cognées se rapproche de plus en plus, sergent, fit observer le capitaine Willoughby après avoir longtemps marché dans un profond silence. Nous devons arriver près de l'endroit où sont les travailleurs.

— Que Votre Honneur réfléchisse sur toutes les raisons qui rendent ces camarades si actifs dans un moment comme celui-ci. Ça me fait l'effet d'une espèce d'embuscade.

— Ce n'est pas une embuscade, Joyce, puisqu'on ne nous suppose pas en route. D'ailleurs une embuscade ne se pratique pas sur une garnison.

— Je demande pardon à Votre Honneur ; pourquoi dans une sortie ne serait-on pas attaqué aussi bien qu'en marche ?

— Dans ce sens, vous pouvez avoir raison, et maintenant que vous m'y faites penser, je trouve étrange qu'on travaille avec tant d'ardeur dans ce moment-ci. Nous nous arrêterons quand nous serons près d'eux, et alors vous et moi nous reconnaîtrons les hommes et nous prendrons par nous-mêmes connaissance des choses.

— Je me souviens, Monsieur, que lorsque Votre Honneur conduisit deux compagnies des nôtres et une de Royal-Irlandais pour observer l'armée française la veille de l'attaque......

— Votre mémoire vous sert mal, Joyce, interrompit le capitaine en souriant; nous étions bien loin de les attaquer, puisque nous avions perdu deux mille hommes de plus qu'eux.

— J'ai toujours considéré une attaque militaire comme devant réussir. Nous n'avons jamais eu une meilleure position, et quoique nous ayons été forcés de nous en aller, je maintiens cet assaut aussi bon que s'il avait été fait.

— C'est votre point de vue, Joyce. Je me souviens en effet que la veille de votre assaut je suis sorti avec trois compagnies. Nous craignions une embuscade.

— C'est justement ce que je voulais dire, Votre Honneur. Le général vous envoyait comme vieux capitaine, avec trois compagnies, pour fermer la trappe avant qu'il fût exposé à mettre son pied dedans.

— L'effet désiré a été produit.

— De mieux en mieux, Monsieur; je me souviens qu'on tirait sur nous, et que nous avions perdu dix ou quinze hommes; mais je ne pourrais pas dire si nous avons été vainqueurs, car le jour suivant on ne parlait plus de cette affaire.

— Le lendemain, nous avions bien autre chose pour occuper nos esprits. Ce fut une sanglante et triste journée pour l'Angleterre et ses colonies.

— Et pourtant notre sortie, comme vous le dites vous-même, avait été utile.

— C'est vrai, Joyce, mais les calamités du lendemain empêchèrent notre petit succès d'être mentionné dans le rapport du général. Mais à quoi tend tout ceci? A quoi cela nous conduira-t-il?

— C'était simplement un respectueux avis, Votre Honneur. Qu'un de nous, selon nos anciennes règles, soit envoyé pour reconnaître la clairière, tandis que le commandant en chef restera avec le gros de la troupe.

— Je vous remercie, sergent, et je ne manquerai pas de vous

employer quand l'occasion le demandera. Dans ce moment, mon intention est que nous allions ensemble à la découverte, laissant nos hommes reprendre haleine, dans une cachette convenable.

Joyce se montra satisfait. Aussitôt que le bruit des haches montra qu'on s'était assez avancé, et que la nature du terrain convainquit le capitaine qu'il se trouvait précisément où il désirait être, il fit faire halte à ses hommes, et les laissa à couvert sous la cime d'un arbre tombé. Cette précaution fut prise de peur qu'en rôdant quelque sauvage ne les aperçût s'ils restaient dans les endroits découverts de la forêt pendant l'absence du capitaine.

Ces dispositions prises, le capitaine et le sergent, après avoir examiné les amorces de leurs armes, se dirigèrent avec les précautions nécessaires vers la clairière. Le bruit des cognées les guidait suffisamment, et, avant qu'ils fussent bien loin, la lumière qu'ils voyaient briller à travers les arbres leur prouva qu'ils approchaient d'une ouverture de la forêt.

— Appuyons à gauche, Votre Honneur, dit respectueusement Joyce. Il y a dans cette direction un rocher qui a vue sur la clairière, et d'où nous pourrons même apercevoir la Hutte. Je m'y suis souvent assis pendant la chasse, quand j'étais fatigué; car la meilleure chose, après celle d'être chez soi, c'est de voir sa maison.

— Je me souviens de cet endroit, Joyce, et j'aime votre conseil, répondit le capitaine avec un empressement qui ne lui était pas habituel. Je marcherai avec un cœur plus léger, quand j'aurai jeté un coup d'œil sur le Rocher et que je me serai assuré de sa sécurité.

Ils se dirigèrent rapidement vers l'endroit en question. Ce roc isolé s'élevait de quinze à vingt pieds au-dessus de la surface de la terre, et avait une largeur double de sa hauteur. C'était une de ces élévations communes dans les forêts et qui ne peuvent intéresser que les géologues. Il n'était pas difficile de le découvrir, et la recherche fut bientôt couronnée de succès. Nos deux soldats se trouvèrent au pied du roc, dont le sommet était couvert de buissons; d'autres branchages environnaient sa base, c'est-à-dire l'endroit où il se joignait à la terre.

Joyce monta le premier, laissant sa carabine au capitaine, qui le suivit après lui avoir passé les armes; ni l'un ni l'autre n'était disposé à bouger sans ces importants auxiliaires. Une fois sur le roc, ils se dirigèrent avec précaution vers le côté est, en ayant soin de ne pas aller plus loin que le couvert, puis ils s'arrêtèrent et regardèrent attentivement la scène qui s'étendait devant eux, à travers les ouvertures pratiquées dans les broussailles.

A l'étonnement du capitaine, il se trouva à une demi-portée de mousquet des ennemis. Un bivouac régulier avait été formé autour de la source au centre de la clairière, et l'on avait renversé des arbres pour former une espèce de grossier retranchement. En un mot, on avait fait un de ces campements qui sont si difficiles à emporter sans artillerie, surtout quand ils sont bien défendus. Placés comme l'étaient les Indiens, un assaut aurait exposé les assaillants, et la source apportait à la garnison de l'eau en abondance.

Il y avait dans cet arrangement un ordre et une méthode qui surprirent nos deux vieux soldats. Que les Indiens eussent eu d'eux-mêmes recours à cet expédient, ni l'un ni l'autre ne le croyait; les blancs de la Mohawk, peu soigneux, ignorants et inexpérimentés, n'auraient pas non plus adopté ce système de défense sans les conseils d'une personne instruite des usages habituels des guerres de frontières. Il est vrai que de tels individus n'étaient pas difficiles à trouver, et c'était une preuve que des gens prétendant, à tort ou à raison, exercer une certaine autorité, étaient présents.

Il y avait quelque chose de singulier et d'imprévu dans la manière dont étaient organisés les étrangers à ce moment où, en apparence, ils ne faisaient rien, et ne se préparaient pour aucun service. Joyce, qui était un homme méthodique et accoutumé à évaluer la force des troupes, ne compta pas moins de quarante-neuf de ces aventuriers, dont le plus grand nombre étaient placés près du retranchement; les autres se promenaient en causant autour de la clairière, et sans paraître avoir de dessein bien arrêté.

— C'est la plus extraordinaire expédition militaire que j'aie jamais vue, murmura Joyce après qu'ils eurent examiné la position en silence pendant une minute. J'avoue que cet ouvrage n'est pas mal fait, et ils pourraient soutenir un assaut; mais ils n'ont pas de corps de garde, pas seulement une sentinelle. C'est un affront pour la tactique, capitaine Willoughby, et un tel affront, que nous emporterons le poste par surprise si tous se trouvent aussi offensés que moi.

— Il n'est pas temps de faire des actions téméraires et de s'occuper de sentiments exagérés, Joyce. Si mon brave fils était avec nous, je crois pourtant que nous pourrions attaquer ces hommes, et avec des chances de succès.

— Oui, Votre Honneur, et sans lui aussi. Un feu couvert et une vigoureuse charge repousseraient ces coquins dans les bois.

— Où ils se rallieraient, reviendraient nous assaillir, et nous mettraient peut-être dans l'obligation de nous rendre ou de mourir de faim. A tout événement, nous ne pouvons rien entreprendre de la sorte avant d'avoir délivré le major Willoughby. Mes espérances ont beaucoup augmenté depuis que j'ai vu que c'est ici que l'ennemi a son poste principal, à peu près à un demi-mille du moulin, même en prenant la ligne droite.—Vous avez compté les ennemis?

— Il y en a quarante-neuf ici, et peut-être huit ou dix qui dorment dans les branchages, car j'en ai aperçu quelques-uns qui lèvent la tête de temps en temps. Regardez, Votre Honneur peut voir comme moi.

— Que puis-je voir, sergent? Il n'y a pas de changement visible.

— Seulement un Indien qui coupe du bois, et qui me fait l'effet d'un homme blanc qui s'est fait peindre.

Le lecteur sait que ces hommes étaient tous Indiens en apparence, avec le visage et les mains de cette couleur rouge bien connue qui annonce les Américains aborigènes. Les deux militaires découvrirent que ces apparences étaient trompeuses, et que les Hommes Rouges étaient mêlés avec des Faces Pâles. Mais les ennemis se croyaient si bien à l'abri dans leur position actuelle, que l'un de ces faux Indiens était monté sur un arbre, avait pris une hache des mains de son propriétaire, et commençait à couper avec une vigueur et une adresse qui ne pouvait appartenir qu'à un bûcheron expérimenté.

— C'est assez bien pour une Peau-Rouge, dit Joyce en souriant; s'il n'y a pas du sang blanc dans ce bras plutôt que du sang indien, je consens à lui donner le mien. Avancez dans ce chemin, Votre Honneur, seulement un pas ou deux; là, en regardant à travers l'ouverture, juste au-dessus de l'endroit où ce prétendu Indien éparpille ses copeaux comme si c'étaient autant de grains d'orge destinés aux poulets, vous apercevrez la Hutte.

En effet, en changeant un peu sa position, le capitaine put

voir parfaitement les bâtiments du Rocher. Il est vrai qu'il n'apercevait ni la pelouse, ni toutes les palissades, mais seulement l'aile occidentale et une partie des habitations. Tout paraissait aussi tranquille au dedans et au dehors que si l'on eût été dans un désert. Il y avait dans ce silence quelque chose d'imposant, et le capitaine pensa que s'il avait été frappé du mystère qui accompagnait l'inaction et la tranquillité des ennemis, ils avaient pu éprouver les mêmes sensations en voyant le repos de la Hutte et la sécurité apparente de la garnison. En effet, la désertion de Joël et les informations qu'il avait apportées avec lui devaient avoir contribué à donner des doutes à l'ennemi. Hélas! il n'était pas probable qu'on pourrait en imposer longtemps par ce semblant de calme.

Le capitaine Willoughby sentit les larmes lui monter aux yeux à la vue de cette habitation qui contenait tout ce qui lui était cher. Joyce la contempla aussi avec plaisir : il y demeurait depuis tant d'années! il avait toujours pensé qu'il y mourrait. Uni avec son ancien commandant par un lien qui ne pouvait se rompre, il était impossible que le sergent pût sans émotion voir l'endroit où il avait laissé tant de précieuses marques de la protection de la Providence. Chacun d'eux se taisait. Les haches seules rompaient le silence des bois, et pour des oreilles accoutumées à ce bruit, cela n'offrait aucun inconvénient. Au milieu de ce calme, les taillis du Rocher remuèrent comme au passage d'un écureuil ou d'un serpent. Le capitaine Willoughby se retourna, s'attendant à voir quelque animal de ce genre, mais il n'aperçut qu'une face basanée et deux yeux brillants qui se trouvaient à la portée de son bras. Celui qui apparaissait ainsi était un véritable Indien, et l'instant n'admettant pas de réflexion, le vieil officier prit son poignard et levait déjà le bras pour frapper, quand Joyce arrêta le coup.

— C'est Nick, Votre Honneur, dit le sergent. Est-il ami ou ennemi?

— Il nous le dira lui-même, répondit le capitaine en baissant sa main d'un air de doute. Laissons-le parler.

Nick s'avança et se posa calme et sans crainte à côté des deux hommes blancs. Son regard était féroce et ses mouvements indécis. Il pouvait les trahir, et ils se sentaient peu tranquilles. Mais le hasard avait amené Nick directement en face de l'ouverture qui laissait voir la Hutte. En allant de l'un à l'autre des deux militaires,

WYANDOTTÉ

son œil rencontra l'Habitation, et il resta où il était comme par le charme d'une fascination. La férocité s'effaça graduellement de sa physionomie, qui devint humaine et douce.

— Squaws dans le wigwam, dit le Tuscarora en montrant la maison avec sa main. Vieille squaw et jeune squaw être bonnes. Wyandotté malade, elles ont soigné lui. Sang est dans le corps de l'Indien. Jamais oublier bien, jamais oublier mal.

CHAPITRE XXV.

> Chaque pas est lourd, chaque empreinte se voit; c'est un squelette qui marche, il a un suaire sur les épaules; il agite sa tête, ses os sont couverts de terre, il retourne chez les morts.
>
> COXE.

La physionomie de Nick reflétait les pensées de son esprit, et ses paroles n'étaient pas trompeuses. Jamais Wyandotté n'oubliait le bien ni le mal qu'on lui avait fait. Après avoir regardé la Hutte avec attention pendant quelque temps, il se retourna et demanda brusquement à ses compagnons :

— Pourquoi venir ici? Pour voir l'ennemi entre vous et le wigwam.

Nick prononça ces paroles à demi-voix, comme s'il croyait nécessaire de se cacher de ceux qui se trouvaient à une si dangereuse proximité. Cette discrétion inspira de la confiance aux deux militaires, qui le crurent disposé à les servir.

— Puis-je me fier à vous comme à un ami? demanda le capitaine en regardant l'Indien avec fermeté.

— Pouquoi pas vous fier? Nick pas héros, lui parti. Nick jamais revenir. Wyandotté héros. Qui donc pas se fier à Wyandotté? Yankees ont toujours regardé lui comme grand chef.

— Je vous prends au mot, Wyandotté, et je vais tout vous dire, afin de me faire de vous un allié. Mais d'abord expliquez-moi pourquoi vous avez quitté la Hutte la nuit dernière; les amis ne quittent pas leurs amis.

— Pourquoi avoir laissé le wigwam? Parce que avoir besoin.

Wyandotté va quand il veut, et revient quand il veut. Mike venir aussi, aller voir fils à vous, voilà l'histoire, eh !

— Oui, en effet, tout s'est passé comme vous le dites, et je consens à croire que vous aviez d'excellents motifs. Vous serait-il possible de me dire quelque chose de Joël et de ceux qui m'ont abandonné ?

— Avoir rien à dire. Que capitaine regarde, il verra. Les uns coupent, d'autres labourent, d'autres arrachent des mauvaises herbes, d'autres creusent des fossés tout comme autrefois. Hache enterrée ; eux las d'être dans le sentier de la guerre. Est-ce là ce que demande le capitaine ?

— Je vois tout ce que vous me dites. Vous savez alors que ces hommes sont amis avec le parti qui nous attaque ?

— Pas savoir, mais voir. Regardez Indien qui coupe, lui Face Pâle.

— Je vois avec satisfaction que ces hommes ne sont pas tous des Peaux-Rouges.

— Capitaine a raison. Mais ce Mohawk-là, coquin, ennemi de Nick.

Un éclair de fureur passa sur le visage basané de Wyandotté, et il fit avec la main un geste menaçant dans la direction de celui dont il parlait, et qui était un véritable sauvage, appuyé nonchalamment contre un arbre à une si courte distance du roc, qu'on pouvait distinguer ses traits. L'expression vague de la physionomie de cet homme montrait qu'il n'avait pas la conscience de l'approche du danger. C'était l'indifférence de l'Indien dans un état de parfait repos, l'estomac plein, le corps à l'aise et l'esprit paisible.

— Je croyais que Nick n'était pas ici, dit le capitaine tranquillement en souriant au Tuscarora avec un peu d'ironie.

— Capitaine avoir raison. Nick être pas ici ; heureusement pour ce chien. Trop bas pour que Wyandotté le touche. Mais quoi vous faire ici ?

— Comme je ne vois pas la nécessité de me cacher de vous, Wyandotté (Nick paraissait toujours charmé quand son vrai nom était prononcé), je vous parlerai franchement. Vous avez aussi beaucoup à me dire. Pourquoi êtes-vous ici et comment nous avez-vous découverts ?

— Suivre vos traces. Connaître le pas du capitaine, connaître le pas du sergent, connaître le pas de Mike. Voir tant de pas, moi les suivre. Eux me dire que vous ici. Wyandotté chef, lui rejoindre chef.

— Où avez-vous reconnu la trace de nos pas?

— Ici, plus loin, là. (Le capitaine Willoughby comprit que l'Indien avait vu des pas à plusieurs endroits). Wyandotté voir le pas d'un ami, pourquoi donc pas le suivre, eh?

— J'espère que c'est tout, mon vieux guerrier, et que vous nous prouverez que vous êtes vraiment un ami. Nous avons l'espérance de délivrer mon fils, et nous sommes ici pour compter le nombre de nos ennemis.

Les yeux du Tuscarora regardaient attentivement le capitaine tout en écoutant, et il semblait satisfait d'entendre la vérité. Prenant un air d'intérêt, il demanda au capitaine dans quel endroit était détenu le major. Après quelques mots d'explication, les deux hommes se comprirent.

— Capitaine avoir raison, dit Nick, mais beaucoup de guerriers avoir l'œil sur son fils.

— Vous connaissez sa position, Wyandotté, et vous pouvez nous aider si vous en avez la volonté. Qu'en dites-vous, chef? voulez-vous servir une fois de plus sous les ordres du vieux commandant?

— Qui servez-vous? le roi George, ou le Congrès, eh?

— Ni l'un ni l'autre. Je reste neutre, Tuscarora, dans la querelle actuelle. Je me défends personnellement, et les droits que me donne la loi laissent chacun agir comme il l'entend.

— C'est mal. Jamais on doit être neutre dans une guerre. Pas pouvoir aller de deux côtés, mais être pour l'un ou pour l'autre, capitaine.

— Vous pouvez avoir raison, Nick, mais un homme consciencieux peut penser que ni l'un ni l'autre n'a tout à fait tort, ni tout à fait raison; et je ne lèverai jamais la hache sans être sûr que la justice est de mon côté.

— L'Indien pas comprendre cela. Il jette la hache à son ennemi; il scalpe son ennemi; il ne touche pas à son ami.

— C'est votre façon de faire la guerre, Tuscarora, mais ce ne sera jamais la mienne. Je dois sentir que le droit est de mon côté, avant d'ôter la vie à un de mes semblables.

— Capitaine a-t-il toujours parlé ainsi, eh? Quand lui militaire et que le général ordonnait de tirer sur dix, quarante, cent Français, lui pas disait : Arrêtez, général, n'allons pas si vite, laissez-moi réfléchir. Il prenait son épée et il allait.

Le vieux militaire rougit, car il sentait que l'Indien l'avait trouvé en contradiction avec lui-même.

— J'étais alors dans l'armée, Wyandotté, répondit-il malgré sa confusion, et mon premier devoir était d'obéir aux ordres de mes supérieurs, j'agissais comme un soldat; maintenant, j'agis comme un homme.

— Chef indien toujours être au service, toujours son plus grand devoir est d'obéir à son supérieur. Il obéit à Manitou et scalpe ses ennemis. Le sentier de la guerre toujours ouvert quand l'ennemi est au bout.

— Nous ne sommes pas dans un endroit convenable pour discuter de telles questions, chef, et nous n'en avons pas le temps. Venez-vous avec nous ?

Nick inclina la tête et fit signe à son compagnon de quitter le rocher. Le capitaine hésita un moment pendant lequel il étudia attentivement la scène qui se passait dans la clairière.

— Qu'en dites-vous, Tuscarora ? le sergent me propose d'assiéger ce retranchement.

— Pas bonne idée, capitaine. Vous faire feu, vous élancer sur eux, bien ! en tuer quatre, six, deux, le reste se sauver. Indiens du moulin entendre les coups de carabine, voir la fumée. Que feront-ils du major, alors ? Allons vers lui, et pensons que lui environné d'ennemis.

En disant ceci, Nick fit de nouveau signe au capitaine de descendre; celui-ci obéit en silence et rejoignit bientôt ses hommes. Ils furent tous contents de voir Nick, qui était connu pour être un excellent tireur, pour être brave et pour posséder une merveilleuse connaissance des bois.

— Qui conduira ? capitaine ou Nick ? demanda le Tuscarora avec son air sentencieux.

— Och ! quelle créature que ce Nick ! murmura Mike. Le diable me brûle, Jamie, s'il ne traverse pas par-dessus les arbres plutôt que ne pas nous conduire à l'habitation du major.

— Pas une syllabe ne doit être prononcée, dit le capitaine en levant la main. Je vous conduirai; Wyandotté marchera à mon côté et me donnera tout bas ses conseils; Joyce sera à l'arrière; Blodget, vous veillerez sur la gauche pendant que Jamie en fera autant pour la droite. Comme nous approchons des moulins, nous pourrions rencontrer quelques rôdeurs dans les bois ; aussi conduirons-nous notre marche avec la plus grande précaution. Maintenant, suivez-moi et soyez muets.

Le capitaine et Nick se mirent à la tête de la petite troupe, qui les suivit en observant l'ordre qui lui avait été donné de garder le silence. La manière habituelle de traverser les bois pendant les guerres était que l'un marchât derrière l'autre ; puis on suivait un ordre qui a obtenu le nom de file indienne et dont l'objet est de diminuer les traces et de cacher la force des troupes, c'est-à-dire que chaque homme pose son pied dans l'empreinte du pied de celui qui le précède. Dans cette occasion, cependant, le capitaine décida Nick à marcher près de lui, car il n'était pas tout à fait sans inquiétude au sujet de la fidélité du Tuscarora. Ce n'est pas là la raison qu'il lui donna, comme doit bien le supposer le lecteur. En voyant la trace d'un mocassin à côté de celle d'une botte, les rôdeurs pourraient être conduits à penser que les pas marquaient le passage de quelques-uns des hommes de la clairière ou du moulin. Nick approuva tacitement ce raisonnement et vint se placer à côté du capitaine sans faire aucune observation.

Nos aventuriers regardaient de tous côtés, quoiqu'il fût à espérer et à croire que la route qu'ils avaient suivie les mettait à l'abri d'une surprise. Et en effet, ils atteignirent en sûreté les rochers qui continuaient la colline, et se trouvèrent près du précipice, ce qui leur montrait qu'ils avaient été assez loin vers le sud. Là, le précipice était presque perdu dans les basses terres, mais ses bords encore assez distincts pouvaient couvrir la marche de la petite troupe.

Ils descendirent sur le plateau, puis le capitaine et Nick se dirigèrent vers l'est pour arriver derrière les moulins. Comme les bâtiments étaient dans le ravin, il fallait descendre immédiatement et rapidement afin de se trouver à leur proximité. Nick assura à ses compagnons qu'il avait plusieurs fois traversé ce même plateau et qu'il n'y avait rencontré aucune trace de pas, ce qui lui faisait penser que les ennemis n'avaient pas pris la peine de monter sur les rochers qui entouraient le côté occidental du vallon.

Ils s'approchèrent avec précaution du sommet du rocher, dont le flanc gauche était bien protégé par la terrasse placée au-dessus d'eux et qu'ils venaient de descendre. Ce côté gauche n'était guère plus en vue que le droit; l'arrière était couvert par des amas de terre. Ils atteignirent le bout du ravin sans avoir fait aucune découverte. L'endroit se trouvant favorable, le capitaine s'arrêta à un détour du sentier, bien garni de buissons, qui se trouvait au niveau des bâtiments.

La vallée des moulins, très-étroite, protégeait à peine les habitations et contenait trois ou quatre cabanes pour les ouvriers. Les moulins se trouvaient placés en avant, aussi près que possible du cours de la rivière, tandis que les habitations des travailleurs étaient perchées sur le penchant des rochers ou dans des renfoncements. C'était ainsi qu'était la maison de Daniel le meunier, où l'on supposait que se trouvait le major. Elle se trouvait heureusement au bout du sentier par lequel étaient descendus nos aventuriers. Tout était favorable et avait été pris en considération par le capitaine Willoughby quand il avait conçu le plan de la sortie.

Dès qu'on aperçut la cheminée de la cabane, au-dessus des buissons, le capitaine Willoughby fit faire halte et répéta ses instructions à Joyce en parlant aussi bas que possible. Il ordonna au sergent de rester dans sa position actuelle jusqu'à ce qu'on lui fît le signal d'avancer. Le capitaine avait l'intention de descendre seul pour aller aussi près que possible de la laiterie, et pour faire une reconnaissance avant de donner ses derniers ordres. Cette laiterie était sur une pente, et comme il lui fallait de l'ombre et de la fraîcheur à cause du lait qu'on y mettait en réserve dans cette saison de l'année, elle était à demi cachée par les broussailles et les jeunes arbres. Il n'y avait qu'une seule fenêtre, avec des barreaux de bois pour arrêter les chats et autres animaux qui ont du goût pour le lait; mais sans lattes ni plâtre, ces deux derniers articles composant un luxe qu'on ne rencontrait guère dans les habitations des frontières. Celle-là était pourtant construite solidement; les crevasses en avaient été bouchées avec du mortier, et avec une porte bien gardée elle pouvait très-bien jouer le rôle de prison, pourvu que le captif fût privé d'instruments tranchants. Toutes ces circonstances étaient bien connues du père quand il pensa à délivrer son fils, et la position des bâtiments avait aussi été calculée dans ses chances de succès.

Aussitôt que ses ordres furent donnés, le capitaine Willoughby prit le sentier et s'avança accompagné seulement de Nick. Il avait annoncé son intention d'envoyer le Tuscarora en avant pour faire une reconnaissance, tandis que lui-même irait entre la pente et les rochers et tâcherait de communiquer avec le major à travers les fentes de la cabane. Sauf les conseils que Nick pouvait lui donner, son plan était de se laisser conduire par les événements et d'agir en conséquence.

— Que Dieu vous bénisse, Joyce! dit le capitaine en pressant la main du sergent comme il était sur le point de descendre. Nous faisons un service difficile et qui demande toute notre présence d'esprit. S'il m'arrive quelque chose, souvenez-vous que ma femme et mes filles restent sous votre protection.

— Je suivrai les ordres de Votre Honneur, capitaine Willoughby, et vous n'avez pas besoin d'en dire davantage.

Le capitaine sourit à son vieux compagnon, et Joyce, en lui rendant son serrement de main, pensa qu'il n'avait jamais vu le visage mâle de son maître rayonner d'une expression plus calme et plus douce. Les deux aventuriers prirent leurs précautions, et la descente se fit sans bruit. Les hommes placés au-dessus écoutaient en retenant leur haleine, mais les deux guerriers expérimentés ne faisaient pas plus de bruit qu'un chat qui s'approche d'un oiseau.

L'endroit où Joyce resta avec ses hommes était élevé de cinquante pieds au-dessus du toit de la cabane et presque perpendiculaire à l'étroite ouverture qui existait entre les rochers et la pente. Les broussailles et les arbres étaient assez épais pour empêcher que les objets fussent aperçus d'en bas; cela dépendait de la forme du rocher, qui interceptait même les sons. Joyce s'imagina, néanmoins, qu'il entendait le craquement des branches pendant que le capitaine descendait, et il en augura bien, puisque cela semblait prouver qu'il ne rencontrait pas d'opposition. Une demi-heure de silence suivit, et elle ne fut interrompue que par le bruit de l'eau. Au bout de ce temps, on entendit un cri en face des moulins, et nos hommes apprêtèrent leurs armes dans l'appréhension qu'une découverte n'amenât une catastrophe. Cependant rien ne vint confirmer ces craintes, et un éclat de rire, qui fut évidemment poussé par un homme blanc, servit plutôt à les rassurer. Une autre demi-heure s'écoula sans interruption. Mais Joyce devenait inquiet, ses instructions n'ayant pas prévu l'état des choses. Il allait laisser le commandement à Jamie et descendre lui-même pour faire une reconnaissance, quand il entendit marcher dans le sentier. Il n'y avait que la profonde attention des hommes et le soin qu'ils prenaient de retenir leur haleine qui pût leur faire apprécier un son à peine perceptible, mais en ce moment chacun de leurs sens semblait avoir acquis plus de pouvoir. Les carabines furent baissées pour recevoir l'assaillant ; elles furent bientôt relevées quand on reconnut Nick qui arrivait lentement. Le Tuscarora était calme comme si aucun accident n'était venu déconcerter les arrangements, et cependant ses yeux semblaient chercher une personne absente.

— Où est capitaine ? où est major ? demanda-t-il aussitôt qu'il eut regardé tout le monde.

— Nous vous le demandons, Nick, répliqua Joyce. Nous n'avons pas vu le capitaine, et nous n'avons reçu aucun ordre de lui depuis qu'il nous a quittés.

Cette réponse parut causer à l'Indien plus de surprise qu'il n'en montrait habituellement, et il réfléchit avec inquiétude.

— Pouvoir pas rester ici toujours, murmura-t-il. Mieux serait d'aller voir. Eux peuvent venir. Alors trop tard.

Le sergent éprouvait de la répugnance à changer de place sans l'ordre de son chef. Il avait des instructions pour agir dans tous les cas qui pouvaient se présenter, mais il ne savait que faire dans un moment de complète inaction. Pourtant il s'était écoulé deux fois plus de temps qu'il n'en aurait fallu, et ni signal ni coup de feu n'était venu jusqu'à ses oreilles.

— Savez-vous quelque chose du major, Nick ? dit Joyce, déterminé à connaître les faits avant de prendre une décision.

— Major là. Voir lui à la porte ; beaucoup de sentinelles. Mais où est le capitaine ?

— Où l'avez-vous laissé ? il n'y a que vous qui puissiez nous donner de ses nouvelles.

— Derrière la laiterie, sous le roc, au milieu des buissons.

— Il faut y voir. Son Honneur a pu se trouver mal. De telles choses arrivent quelquefois ; et un homme qui combat pour son enfant craint plus, Jamie, que celui qui combat pour un principe général ; et cela doit être.

— Avoir raison, sergent Joyce, et faire bien de voir par vous-même.

Ces paroles déterminèrent Joyce, qui décida Nick à l'accompagner et à lui servir de guide. L'Indien en parut satisfait et ne demanda aucun délai. En une minute ils atteignirent le passage. Joyce crut bientôt apercevoir une blouse de chasse, et il allait remonter, pensant qu'il avait eu tort d'anticiper sur les ordres. Un seul regard lui enleva ses scrupules, car il vit que son commandant était assis sur un morceau de rocher, le corps penché en avant et appuyé sur le bord d'un des bâtiments. Il paraissait être sans connaissance, et le sergent se hâta de s'approcher pour s'assurer de la vérité.

Joyce toucha le bras du capitaine, celui-ci ne bougea pas. Alors il releva le corps, l'adossa contre les rochers, et recula en s'apercevant que les couleurs de la mort étaient répandues sur ce visage. D'abord il avait pensé qu'il s'était trouvé mal, mais en le changeant de position, il découvrit une petite mare de sang qui annonçait que la violence avait été employée. Quoique les nerfs du sergent fussent aguerris, et qu'il fût méthodique en tout, il ne put s'empêcher de trembler quand il fut certain de la mort de son vieux et bien-aimé commandant. Pourtant il était trop bon soldat pour négliger aucune des choses que nécessitaient les circonstances. En examinant le corps, il découvrit entre deux côtes une profonde blessure qui avait dû être faite avec un couteau ordinaire. Le coup avait traversé le cœur, et, il n'y avait plus à en douter, le capitaine Willoughby était mort! Il avait rendu le dernier soupir à six pieds de son brave fils qui, ignorant tout ce qui se passait, ne pouvait avoir l'idée que son père était si près de lui et dans une si horrible position.

Joyce était un homme d'une vigoureuse constitution, et en ce moment il se sentait la force d'un géant. Il s'assura d'abord que le blessé ne respirait plus; puis il mit les bras du mort sur ses épaules, élevant ainsi le corps sur son dos, et quitta la place en prenant moins de précautions que lorsqu'il était arrivé, mais cependant de façon à ne pas s'exposer. Nick examinait ses mouvements avec un regard étonné, et aussitôt qu'il y eut assez d'espace, il l'aida à porter le corps.

Ils sortirent ainsi du sentier en soutenant leur fardeau. Le sergent ne s'arrêta pas même pour respirer, jusqu'à ce qu'il eût atteint le sommet du rocher. Le corps fut respectueusement posé sur la terre, et Joyce recommença son examen avec plus de facilité et de soin, jusqu'à ce qu'il se fût parfaitement assuré que le capitaine avait dû cesser de vivre depuis près d'une heure. Ce fut une triste nouvelle pour la bande. Ces hommes ne s'informèrent pas comment leur excellent maître avait reçu le coup de la mort, ils pensèrent seulement à l'étendue de ce malheur et aux moyens de retourner à la Hutte. Joyce était l'âme du parti; l'expression de son visage était sévère et impérative, mais tout signe de faiblesse avait disparu. Il donna ses ordres promptement, et ses hommes ne purent s'empêcher de tressaillir en l'entendant parler.

Les carabines furent converties en brancard, le corps fut placé dessus, et les quatre hommes s'avancèrent dans un triste silence. Nick était en tête, indiquant les difficultés du sentier avec une sollicitude et une douceur de manières que jusqu'à présent on n'avait pas remarquées en lui. Il était devenu femme, pour employer une de ses expressions favorites.

Personne ne parlait. Tous marchaient avec bonne volonté, et la retraite se faisait assez rapidement. Nick dirigeait la marche, choisissant le terrain mieux que n'eussent pu le faire les hommes blancs. Il avait souvent traversé toutes ces montagnes en chassant, et les avenues de la forêt lui étaient aussi familières que le sont à un bourgeois les rues de sa ville natale. Il n'offrit pas d'être un des porteurs, c'eût été contraire à ses habitudes. Son appréhension était, à ce qu'il disait, de voir les Mohawks scalper le mort, malheur qu'il désirait éviter autant que Joyce lui-même. Malgré la ferme résolution de tous ces hommes, la marche fut longue et pénible. La distance était de plus de deux milles, et ils avaient contre eux les inégalités et les obstacles de la forêt. Cependant leur force et leur persévérance vainquirent toutes les difficultés, et au bout de deux heures ils atteignirent l'endroit où il devenait nécessaire d'entrer dans le lit du ruisseau ou d'exposer le triste cortége à être vu des rôdeurs qui pouvaient se trouver derrière la Hutte.

Le courage du désespoir avait soutenu ces hommes pendant leur marche. Ils n'avaient pas réfléchi, et cette circonstance les avait favorisés; car la hardiesse rencontre moins de difficultés dans les guerres que l'inquiétude et la timidité; mais l'embarras qui se présentait maintenant était plus difficile à surmonter que les autres. On allait se trouver en présence de la famille du mort; il fallait apprendre à sa femme et à ses filles le malheur que la divine providence avait tout à coup envoyé sur leur maison.

— Mettez le corps par terre, mes braves, et arrêtez-vous, dit

Joyce avec autorité, quoique sa voix tremblât. Nous devons nous consulter pour savoir ce que nous allons faire.

On déposa le cadavre sur l'herbe, le visage un peu élevé, les membres allongés; enfin tout fut disposé avec un soin qui prouvait le profond respect qu'on avait pour ces dépouilles, même depuis que le noble esprit qui les animait était parti. Mike seul ne put s'empêcher de parler. L'honnête garçon prit une des mains de son maître, la baisa avec une vive affection, et commença son monologue d'un ton ému qui montrait qu'il n'appréhendait rien.

— Vous n'aviez pas besoin d'un prêtre ni de l'extrême-onction, dit-il. Les gens comme vous gardent toujours leur conscience pure, et le couteau qu'on a enfoncé dans votre cœur n'y a rien trouvé de honteux. Quel chagrin pour moi! c'est une perte aussi grande que si j'avais appris que la vieille Irlande s'est enfoncée dans la mer, ce qui ne peut jamais arriver et ce qui n'arrivera jamais, pas même au dernier jour; car le monde sera brûlé et non pas noyé. Et qui portera cette nouvelle à la maîtresse, et à miss Beuly, et à la jolie miss Maud, et à l'enfant par-dessus le marché? Le diable me brûle, si c'est Michel O'Hearn, qui a déjà assez de son chagrin. Sergent, ce sera donc vous? Je plains l'homme qui s'acquittera de ce message.

— Personne ne me verra m'exempter d'un devoir, O'Hearn, dit Joyce avec fermeté, quoiqu'en retenant avec peine ses larmes qui n'avaient point coulé depuis vingt ans. Le devoir est le devoir, et il doit être fait. Caporal Allen, vous voyez l'état des choses; Dieu bénisse mistress Willoughby et l'ait en sa sainte garde, ainsi que les jeunes dames. Il faut pourtant délibérer. Vous qui êtes le plus vieux, donnez-nous d'abord votre opinion.

— Le chagrin est un hôte toujours mal reçu, qu'il soit attendu ou non. Nos consolations se briseront contre les sentiments de la nature. Je ne vois rien de mieux que d'envoyer un messager qui préparera les dames à voir arriver la vérité sous la forme de la mort.

— J'y ai déjà pensé. Voulez-vous vous en charger, Jamie, vous qui êtes vieux et discret?

— Non, non. Vous ferez mieux d'envoyer un homme plus jeune que moi. L'âge a affaibli ma mémoire, et je pourrais raconter mal les circonstances. Mais vous avez Blodget : son esprit est vif, et sa langue prompte.

— Je n'irais pas, maçon, quand on me donnerait dix propriétés comme celle-ci, s'écria le jeune homme en reculant d'un pas comme il eût pu le faire devant un ennemi redoutable. D'ailleurs, sergent, vous avez Michel, qui n'est pas de notre église, et qui se raffermira le cœur pour remplir cette commission.

— Vous entendez, O'Hearn, dit le sergent; chacun semble espérer que c'est vous qui remplirez ce devoir.

— Devoir! Vous appelez un devoir pour un homme dans ma situation, de briser le cœur de la maîtresse, de miss Beuly, de la jolie miss Maud et de l'enfant! car les enfants ont des cœurs aussi bien que les hommes. Le diable me brûle, si vous me faites annoncer que le capitaine est mort. Je dois vous obéir comme à mon caporal et à mon sergent, puisque je suis soldat et que vous représentez le capitaine, auquel j'obéirais encore si son âme n'était pas séparée de son corps; mais il n'était pas homme à désirer qu'un fidèle serviteur affligeât sa femme; et je ne me chargerai jamais d'un tel message.

— Nick ira, dit l'Indien avec calme. Il a l'habitude de porter des messages; il en portait pour le capitaine, il le fera encore une fois.

— C'est bien, Nick, allez, puisque vous êtes ainsi disposé, répondit Joyce qui aurait accepté les services d'un Chinois plutôt que de faire lui-même la commission. Rappelez-vous qu'il faut parler doucement à ces dames et ne pas leur annoncer les nouvelles trop brusquement.

— Oui, squaw avoir le cœur tendre. Nick le sait. Avoir eu mère, avoir eu femme, avoir eu fille.

— Très-bien. C'est un avantage de plus, mes amis, car Nick est le seul homme marié parmi nous, et les hommes mariés connaissent mieux les femmes que ne les connaissent les célibataires.

Joyce eut avec le Tuscarora un entretien secret qui dura cinq ou six minutes, puis ce dernier sauta dans le lit du ruisseau et fut bientôt caché par les buissons.

CHAPITRE XXVI.

> Tous les cœurs semblent palpiter du même
> mouvement et être animés de la même chaleur.
> Ce bon vieillard! son sang nous crie vengeance.
> SPRAGUE.

Quoiqu'en apparence Nick eût commencé sa marche avec zèle et activité, sa vitesse se ralentit quand il se trouva éloigné de ceux qu'il avait laissés dans le bois. Avant d'atteindre le pied du Rocher, son pas rapide avait dégénéré en promenade, et quand il y arriva il s'assit sur une pierre comme pour réfléchir sur ce qu'il allait faire.

Lorsque le Tuscarora se fut arrêté, sa physionomie exprima des émotions variées. D'abord elle se montra farouche, sauvage, exaltée, puis elle devint douce, peut-être même repentante. Il tira son couteau d'une gaîne de peau de bouc, et en regarda la lame avec chagrin. S'apercevant qu'un caillot de sang était collé au manche, près de la fermeture, il l'enleva soigneusement avec de l'eau. Ensuite il se regarda lui-même comme pour s'assurer qu'il ne restait aucune trace qui pût le trahir, puis il parut plus calme.

— Le dos de Wyandotté ne lui fait plus mal, murmura-t-il. Vieilles cicatrices guéries. Pourquoi capitaine toucher moi? Croyait-il Indien pas sentir? Quelquefois bon, mais quelquefois mauvais. Pourquoi dire à Wyandotté qu'il le fera fouetter encore, et en allant au camp de l'ennemi? Non, le dos est bien maintenant, il ne cuit plus.

Quand ce monologue fut terminé, Nick se leva, regarda le soleil pour savoir combien de temps il ferait encore jour, jeta un coup d'œil vers la Hutte comme pour en examiner le plan de défense; il étendit ses bras comme un homme fatigué et regarda à travers les buissons pour voir ce que faisaient ceux qui étaient encore dans les champs. Quand il eut fini, il arrangea son costume avec un air de délibération et de fermeté, et se prépara à se présenter devant la femme et les filles de celui qu'il avait assassiné sans remords trois heures auparavant. Nick avait souvent médité ce crime pendant les trente ans qui s'étaient écoulés entre sa première correction et l'époque présente ; les circonstances l'en avaient toujours empêché. Les punitions suivantes n'avaient fait qu'augmenter son désir de se venger, mais le temps avait bien affaibli ce désir, qui n'aurait peut-être jamais reparu sans les malheureuses allusions de la victime à ce sujet. Le capitaine Willoughby, soldat anglais de l'école du dernier siècle, était naturellement humain et juste, mais il adoptait pleinement cet axiôme militaire : les régiments les plus sévèrement punis sont ceux qui se battent le mieux. Et peut-être n'était-il pas dans l'erreur en ce qui regarde les Anglais de la basse classe. Il aurait fallu ne pas appliquer cette maxime à un sauvage américain qui avait été chef et qui n'en avait pas perdu tous les sentiments. Malheureusement, dans un moment où tout dépendait de la fidélité du Tuscarora, le capitaine se souvint de son ancien expédient pour s'assurer une prompte obéissance, et il y fit allusion. Selon l'expression de Nick, les vieilles blessures devenaient cuisantes ; le projet indécis depuis trente ans se trouva soudain arrêté, et le couteau traversa le cœur de la victime avec une rapidité qui ne lui laissa même pas le temps de se recommander à Dieu. En une demi-minute, le capitaine Willoughby avait cessé de respirer.

Tel avait été l'acte de l'homme qui franchissait maintenant l'ouverture de la palissade et qui entrait dans l'habitation de sa victime. Un profond silence régnait au dedans et au dehors de la Hutte, et personne ne paraissait pour s'informer de ce que voulait ce visiteur inattendu. Nick passa sans bruit et trouva la porte fermée. Il fallait absolument frapper pour la faire ouvrir ; c'est ce qu'il fit.

— Qui est là ? demanda le vieux Pline de l'intérieur.

— Ami, ouvrez la porte. Moi venir avec message du capitaine.

La haine des noirs de la Hutte pour les Indiens s'étendait jusqu'au Tuscarora. Cette aversion était mêlée de crainte, et il était difficile pour des êtres ignorants de faire une distinction entre un Indien et un autre Indien. Dans leur imagination, éprise du merveilleux, les Onéidas, les Tuscaroras, les Mohawks, les Onondagas et les Iroquois étaient tous unis ensemble dans une inextricable confusion, car pour eux un Homme Rouge était un Homme Rouge, et un sauvage un sauvage.

Il n'est donc pas surprenant que Pline l'ancien hésitât à ouvrir la porte pour admettre un individu de cette race détestée, quoique ce fût un homme bien connu de tous. Heureusement la grande briseuse était tout près, et son mari l'appela par un de ces signes dont ils se servaient entre eux.

— Qui pensez-vous être là? demanda Pline l'ancien à sa compagne avec un regard significatif.

— Comment moi savoir, vieux Pline? Vous supposez donc moi comme les sorcières d'Albany qui voient à travers une porte et connaissent tout, même un peu plus.

— C'est Saucy Nick. Quoi vous dire maintenant?

— Êtes-vous sûr, vieux Pline? demanda la briseuse avec un air sinistre.

— Être certain. Avoir entendu. Il demande à entrer. Quoi faire?

— Vous pas ouvrir, vieux Pline, jusqu'à ce que maîtresse l'ait dit à vous. Restez ici et appuyez-vous contre la porte aussi fort que vous pourrez. Maintenant, moi appeler miss Maud. Elle est seule dans la bibliothèque, elle dira ce qu'il faut faire. Appuyez-vous bien contre la porte, vieux Pline.

Pline l'ancien inclina la tête en signe d'assentiment, plaça résolument ses épaules contre les massives charpentes, et comme un autre Atlas soutenant le monde, il resta pour défendre une porte qui aurait résisté facilement à un bélier. Sa corvée ne fut pas longue, sa femme revint bientôt avec Maud qui était impatiente d'apprendre les nouvelles.

— Est-ce vous, Nick? demanda la douce voix de notre héroïne.

Le Tuscarora tressaillit en entendant ces sons bien connus au moment où il ne s'y attendait pas. Son regard s'assombrit un instant et prit une expression de pitié et d'intérêt. Il fit sa réponse avec moins de brusquerie et de brièveté que d'habitude.

— C'est Nick, Saucy Nick, Wyandotté, Fleur des Bois; car souvent l'Indien appelait Maud ainsi. Moi apporte des nouvelles, capitaine envoie Nick. Personne avec moi. Wyandotté seul. Nick avoir vu major aussi, dire quelque chose à la jeune squaw.

Ceci termina la discussion. La porte fut débarrée, et en une demi-minute Nick se trouva dans la cour. La grande briseuse fit signe à Pline l'ancien de venir voir le singulier spectacle de Joël et de ses compagnons travaillant dans les champs. Quand ils relevèrent la tête, Maud et son compagnon étaient déjà dans la bibliothèque. Le nom de Robert Willoughby avait engagé notre héroïne à choisir cette chambre; car peu confiante dans la délicatesse du messager, elle aurait craint de l'entendre en présence de la famille.

Nick ne se hâtait pas de parler; il prit la chaise que lui indiqua Maud, et la regarda de façon à l'alarmer.

— Si vous avez pitié de moi, Wyandotté, dites-moi ce qui est arrivé au major Willoughby.

— Lui bien. Il rit, il parle, il ne pense à rien. Lui prisonnier; on ne le tuera pas.

— Qu'y a-t-il donc alors? Pourquoi ce regard sinistre? Votre visage semble annoncer un malheur.

— Mauvaises nouvelles, pour dire vrai. Quel est votre nom, jeune squaw?

— Vous le savez bien, Nick. Je suis Maud, votre ancienne amie Maud.

— Face Pâle avoir deux noms. Tuscarora en avoir trois. Quelquefois Nick, quelquefois Saucy Nick, quelquefois Wyandotté.

— Vous savez que mon nom est Maud Willoughby, répondit notre héroïne en rougissant, mais en préférant conserver les anciennes apparences.

— Le nom de votre père être Meredith; pas Willoughby.

— Miséricordieuse Providence! et comment ce grand secret est-il connu de vous, Nick?

— Pas de secret pour Wyandotté. Lui tout savoir, avoir vu tuer le major Meredith. Lui bon chef : jamais battre, jamais frapper les Indiens. Nick connaître votre père et votre frère.

— Et pourquoi choisissez-vous ce moment pour me parler de tout ceci? Quel rapport cela peut-il avoir avec votre message, avec Bob, avec le major Willoughby, je veux dire? demanda Maud, respirant à peine.

— Quel rapport? dit Nick un peu irrité. Pas de rapport. Vous Meredith, pas Willoughby, demandez à votre mère, demandez au major, demandez au chapelain. Ils vous diront que c'est vrai. Vous avoir pas besoin de chagrin, lui pas votre père.

— Que voulez-vous dire, Nick? Pourquoi cet air tour à tour chagrin, compatissant, irrité, farouche? Vous avez de mauvaises nouvelles à m'annoncer?

— Pourquoi mauvaises pour vous? lui pas votre père. Seulement ami de votre père. Père à vous mort quand vous enfant.

Maud respirait à peine. La vérité semblait luire à ses regards, quoiqu'elle se trouvât obscurcie par l'incertitude. Elle devint pâle comme la mort et appuya sa main sur son cœur comme pour en comprimer les battements. Puis, par un effort désespéré, elle devint plus calme et eut le courage de parler.

— En est-il ainsi, Nick? dit-elle. Mon père a-t-il succombé dans cette terrible affaire?

— Père à vous tué il y a vingt ans, répondit le Tuscarora avec aigreur; car, dans son désir d'amoindrir le coup qu'il allait porter à Maud, pour laquelle il avait une singulière affection, due aux bontés qu'elle avait eues pour lui en cent occasions, il s'imaginait qu'en lui rappelant que le capitaine Willoughby n'était pas son père, son chagrin serait moins grand. Pourquoi appeler lui votre père? Lui pas votre père. Nick connaître père et mère. Major pas votre frère.

Malgré les sensations qui l'accablaient, Maud rougit à cette allusion, et elle baissa son visage sur ses genoux. Cette action lui donna le temps de se remettre, et comprenant toute la nécessité de se commander à elle-même, elle releva la tête.

— Ne me faites pas attendre plus longtemps. Dites-moi la vérité sans hésiter. Mon père est-il mort? J'entends par mon père le capitaine Willoughby.

— Vous avoir tort, puisque lui pas votre père.

— Nick, le capitaine Willoughby aurait-il été tué?

Nick regarda attentivement Maud, puis il baissa la tête affirmativement. Malgré toutes ses résolutions d'être calme, notre héroïne fut accablée par ce coup. Pendant dix minutes, elle se tut et resta la tête appuyée sur ses genoux; la confusion de ses pensées lui fit craindre de perdre la raison. Heureusement un torrent de larmes la soulagea et elle se sentit mieux. La nécessité d'en apprendre davantage, afin de pouvoir agir, occupa son esprit, et elle questionna Nick de manière à tirer de lui tout ce qu'il jugea convenable de révéler.

La première impulsion de Maud avait été d'aller voir le corps du capitaine pour s'assurer par elle-même qu'il n'y avait plus d'espoir. Le récit de Nick avait été si laconique, qu'il ne l'avait pas complétement instruite, et le coup avait été si soudain qu'elle avait peine à croire à la vérité dans toute son étendue. Il restait encore à communiquer cette triste nouvelle à la famille qui, au milieu de ses craintes, n'avait jamais songé à une calamité comme celle-là. Mistress Willoughby elle-même, malgré sa sensibilité, qui enveloppait tous ceux qu'elle aimait, était accoutumée depuis si longtemps à voir son mari s'exposer avec impunité, qu'elle commençait à croire que sa vie était protégée par un charme. Maud sentait qu'en ce moment elle ne pourrait dire la vérité à sa mère. Tant qu'elle eut une ombre de doute sur la mort de son père, il lui sembla cruel d'annoncer cette triste nouvelle. Elle se décida à envoyer chercher Beulah par une des négresses.

Lorsqu'ils sentent qu'ils peuvent soutenir les autres par leur courage, les êtres les plus faibles possèdent une fermeté qui leur est étrangère dans d'autres circonstances. Maud, malgré la délicatesse de sa constitution et sa frêle apparence, était une jeune femme capable des efforts les plus hardis. La vie de frontières avait élevé son esprit au-dessus des faiblesses ordinaires de son sexe, et peu d'hommes eussent eu plus de détermination quand les circonstances l'exigeaient. Son plan maintenant était d'aller à la rencontre du corps de son père, et un ordre de sa mère aurait pu seul l'arrêter. Notre héroïne était dans cette disposition d'esprit quand Beulah parut.

— Maud, s'écria la jeune femme, qu'est-il arrivé? Pourquoi es-tu si pâle? Pourquoi m'envoies-tu chercher? Nick nous apporte-t-il quelques nouvelles du moulin?

— De mauvaises nouvelles, Beulah. Mon père, mon cher père est blessé. Ils l'ont porté jusqu'au bord du bois où ils se sont arrêtés, afin de ne pas trop nous surprendre. Je vais aller à leur rencontre et le faire amener ici. Prépare notre mère à ce triste événement. Oui, Beulah, le plus triste des événements!

— Oh! Maud, c'est horrible! s'écria sa sœur en tombant sur une chaise. Que deviendrons-nous?

— La Providence qui règle le ciel et la terre aura soin de nous. Embrasse-moi, chère sœur. Comme tu as froid! Ranime-toi, Beulah, pour l'amour de notre mère. Pense qu'elle sera encore plus triste que nous, si c'est possible, et prends un peu de résolution.

— C'est vrai, Maud. Personne ne peut souffrir plus qu'une épouse, à moins que ce ne soit une mère.

Après ces paroles, Beulah s'évanouit.

— Vous voyez, briseuse, dit Maud en montrant sa sœur avec

résolution. Il lui faut de l'air et un peu d'eau ; elle a des sels sur elle, je crois. Venez, Nick, nous n'avons pas de temps à perdre. Vous serez mon guide.

Le Tuscarora avait observé cette scène en silence, et si elle ne lui avait pas donné de remords, elle avait au moins fait naître en lui des sentiments qu'il n'avait jamais éprouvés. Voir deux êtres souffrir du coup qu'avait frappé sa main, c'était une sensation nouvelle pour lui. Il ne savait ce qu'il devait encourager dans son cœur, ou du regret, ou d'un sauvage ressentiment qui pouvait braver les reproches. Mais Maud avait sur lui une autorité à laquelle il ne savait pas résister, et il la suivit hors de la chambre tout en regardant le visage pâle de Beulah, qui revint à elle, au bout de quelques minutes, par les soins des négresses.

Maud n'attendait rien. Impatiente de se trouver dehors, elle se glissa derrière le Tuscarora avec une rapidité que rien ne pouvait égaler. Elle ne fit aucune difficulté pour franchir la palissade, tandis que Nick examinait les travailleurs et s'assurait qu'il n'y avait personne au guet. Une fois dans le sentier qui longeait le ruisseau, Maud ne prit plus de précaution, elle marcha presque entièrement cachée par les broussailles. Sa robe était d'une couleur sombre et ne l'exposait pas à être découverte. Quant à Nick, son costume de forêt, à peu près semblable à la blouse de chasse des blancs, était arrangé de telle façon qu'il lui était facile d'aller et de venir sans être vu.

Trois minutes après que l'Indien et Maud eurent passé la porte, ils se trouvèrent près du triste groupe arrêté dans la forêt. Notre héroïne fut reconnue à son approche, et quand elle s'élança vers l'endroit qu'occupaient nos hommes, ils s'écartèrent pour lui faire place ; elle tomba à genoux à côté du corps, baignant de ses larmes le visage du mort, et le couvrant de baisers.

— Il n'y a donc plus d'espoir, Joyce ? s'écria-t-elle. Est-il possible que mon père soit mort ?

— Je crains, miss Maud, que Son Honneur n'ait fait sa dernière expédition. Il a reçu l'ordre d'aller dans un autre endroit, et comme un brave soldat, il a obéi sans murmurer, répondit le sergent en tâchant lui-même d'avoir la fermeté d'un militaire. Nous avons perdu un commandant noble et humain, et vous le plus excellent et le plus tendre des pères.

— Pas être son père, murmura Nick en touchant le coude du

sergent et en lui tirant la manche en même temps pour attirer son attention. Sergent connaître son père. Lui et moi étions là quand Iroquois tira sur lui.'

— Je ne vous comprends pas, Tuscarora, et je crois que vous ne vous comprenez pas. Moins vous parlerez et mieux cela vaudra. Il est de notre devoir, miss Maud, de dire : que la volonté de Dieu soit faite! Le soldat qui meurt en faisant son devoir n'est pas à plaindre. Je désirerais que le révérend M. Woods fût ici ; il nous dirait cela d'une manière qui n'admet pas de discussion, car moi, je suis un homme tout uni, miss Maud, et ma langue ne peut pas exprimer la moitié de ce que mon cœur sent en ce moment.

— Ah! Joyce, quel ami, quel père il a plu à Dieu de rappeler à lui?

— Oui, miss Maud, on peut dire cela avec raison.

— Si bon! si vrai! si doux! si juste! si affectionné! dit Maud en se tordant les mains.

— Et si brave, jeune dame! Son Honneur le capitaine Willoughby n'était pas de ceux qui parlent, qui écrivent et qui se vantent pendant le combat; mais quand il fallait agir, le colonel savait toujours qui prendre pour remplir un devoir. L'armée n'aurait pas pu perdre un plus brave gentilhomme, s'il en avait encore fait partie.

— Oh! mon père! mon père! s'écria Maud avec un redoublement de chagrin en se jetant sur le corps et en l'embrassant comme elle le faisait dans son enfance. Pourquoi n'ai-je pu mourir pour vous!

— Pourquoi vous dire cela? murmura encore Nick. Lui pas votre père; vous le savoir, sergent.

Joyce n'était pas en état de répondre. Ses sentiments avaient été comprimés par l'orgueil militaire; mais ne pouvant plus résister, il se sentit obligé de se retirer à l'écart afin de cacher sa faiblesse. De grosses larmes coulaient sur son rude visage, comme l'eau coule à travers les fissures d'un chêne fendu. La prudence qui constituait surtout le caractère de Jamie Allen devint de l'activité, et il fit comprendre à la troupe la nécessité de se mettre sous la protection de la Hutte.

— La mort est terrible dans tous les temps, dit le maçon; elle frappe les jeunes et les vieux. L'affliction qu'elle met dans le cœur doit se soumettre à la loi de la nature. Pourtant nous avons nos devoirs à remplir aussi longtemps que nous serons sur la terre, et il est temps de songer à mettre ce corps en sûreté, et à jeter un regard prudent sur notre propre situation.

Maud s'était levée à cet appel; elle recula doucement de quelques pas en arrière, tâcha de se composer un maintien, et fit signe aux hommes d'avancer. A cet ordre, le corps fut levé et le triste cortége reprit sa marche.

Afin de mieux cacher les mouvements, Joyce s'engagea dans le lit du ruisseau, laissant les autres le suivre un peu plus bas dans la forêt. Aussitôt que lui et ses compagnons furent dans l'eau, il se retourna et engagea Nick à escorter la jeune dame sur la terre ferme ou par le sentier le long duquel elle était venue; enfin, la petite troupe se mit en marche. Maud regardait ce triste spectacle, quand elle se sentit tirer par la manche et vit à côté d'elle le Tuscarora.

— Pas aller à la Hutte, dit Nick avec empressement, venir avec Wyandotté.

— Ne pas suivre les restes de mon cher père! ne pas consoler ma bien-aimée mère: Vous ne pensez pas à ce que vous dites, Indien. Laissez-moi partir.

— Pas aller chez vous. Pas utile, pas bon. Capitaine mort, pas avoir de commandant. Venir avec Nick. Trouver major. Alors pouvoir faire bien.

Maud tressaillit de surprise. Il y avait quelque chose de si vrai, de si consolant, de si doux à son cœur dans cette proposition, qu'elle en fut frappée.

— Trouver le major, répondit-elle, est-ce possible, Nick? Mon pauvre père a péri en l'essayant. Quel espoir avons-nous de mieux réussir?

— Beaucoup d'espoir. Venir avec Wyandotté. Lui grand chef. Montrer à la jeune squaw comment trouver son frère.

Nick usait de toute son adresse. Il connaissait si bien le cœur des femmes, qu'il évitait de faire allusion aux véritables relations qui existaient entre Robert Willoughby et Maud, quoiqu'il eût agi autrement quand il pensait éloigner ainsi son chagrin. En plaçant le major devant ses yeux comme un frère, il augmentait ses chances de réussite. Pour Maud, des sentiments tumultueux agitèrent son cœur à cette proposition extraordinaire. Délivrer Bob, le ramener à la Hutte pour protéger sa mère, Beulah et Evert, tous ces avantages se présentèrent à son imagination et en appelèrent à ses affections.

— Pouvez-vous le faire, Tuscarora? demanda-t-elle vivement en appuyant sa main sur son cœur comme pour en calmer les battements. Pouvez-vous réellement me conduire vers le major Willoughby, et puis-je avoir quelque espérance de le délivrer?

— Certainement. Vous aller, lui venir. Moi aller, lui pas venir. Lui pas aimer Nick. Vous aller, lui venir. Si lui rester, rencontrer couteau et mourir comme le capitaine. Jeune squaw, suivre Wyandotté et voir.

Maud n'hésita plus. Pour sauver la vie de Bob, de son bien-aimé qu'elle avait si longtemps adoré en secret, elle aurait suivi un homme qu'elle aurait moins connu que le Tuscarora. Il lui fit signe de marcher, et ils se trouvèrent bientôt sur le chemin du moulin, à travers le labyrinthe de la forêt.

Nick était bien loin d'observer les précautions qu'avait prises le capitaine dans sa malheureuse marche. Familiarisé avec chaque coin de terre, dans le voisinage de l'étang, connaissant toutes les dispositions des ennemis, il n'eut pas besoin de faire des détours, et il marcha sur une ligne plus directe. Au lieu de tourner la vallée et la clairière du côté de l'ouest, il prit la direction contraire, traversa la rivière sur un pont fait avec un arbre tombé, et suivit le chemin le long de la rive orientale. De ce côté de la vallée, il savait qu'il n'y avait pas d'ennemis, et la position des huttes et des granges lui fit suivre un sentier de la forêt justement assez profond pour cacher sa marche. Outre l'avantage de se trouver dans un chemin clair et battu, la distance se trouvait réduite à un mille.

Maud ne fit aucune question, ne demanda pas à se reposer en chemin, ne manifesta aucune faiblesse physique. L'Indien marchait très-vite à travers les arbres, elle le suivait de près, et elle avait à peine commencé à réfléchir sur la nature de l'entreprise dans laquelle elle était engagée, quand le bruit du ruisseau et la configuration du terrain l'avertirent qu'ils avaient atteint la lisière du vallon au bas des moulins. Nick la pria de s'arrêter un moment pendant qu'il s'avancerait sur les rochers pour faire une reconnaissance. C'était la place d'où l'Indien avait fait ses premières observations sur les ennemis et s'était assuré de leur véritable caractère avant de hasarder sa personne au milieu d'eux.

Dans ce moment, il voulait voir s'ils se trouvaient encore autour et à l'intérieur des moulins.

— Venez, dit-il en faisant signe à Maud de le suivre ; nous aller. Eux dorment et mangent et parlent. Major prisonnier maintenant ; dans une demi-heure, major libre.

C'en était assez pour le cœur ardent, dévoué et généreux de Maud. Elle descendit aussi vite que son guide le sentier qui était devant elle, et en cinq minutes ils atteignirent le bord du ruisseau à un point où ils ne pouvaient être vus du moulin. Là, un énorme pin avait été jeté en travers du torrent, et l'on en avait aplani la surface de façon à en faire un pont convenable pour ceux dont le pied était sûr et l'œil ferme. Nick regarda derrière lui en passant le pont pour voir si sa compagne pouvait le suivre, et un simple coup d'œil lui suffit pour voir que toute crainte à cet égard devenait inutile. Ils furent bientôt en sûreté sur l'autre bord.

— Bien, murmura l'Indien, jeune squaw faite pour être l'épouse d'un guerrier.

Maud ne fit attention ni au compliment ni à l'expression de physionomie qui l'accompagnait ; elle fit seulement un geste d'impatience pour engager Nick à continuer de marcher. Il la regarda avec attention et pendant un instant ; il sembla hésiter, mais elle répéta son geste et Nick se remit en route.

La marche de Nick devenait nécessairement plus réservée et plus lente. Il fut bientôt obligé de quitter le sentier commun et d'incliner vers la gauche du côté du rocher afin de ne pas être vu. Depuis le moment où il avait atteint le pont rustique jusqu'à celui où il prit cette précaution, il avait seulement longé la grande route sur laquelle il y avait toujours le danger de rencontrer un messager voyageant dans la vallée.

Mais Nick n'était pas homme à s'égarer. Quand il fut au milieu des sentiers, il en prit un qui l'amena dans celui par lequel était descendu le capitaine Willoughby. Arrivé à l'endroit où s'était arrêté Joyce, Nick fit une pause, et après avoir écouté attentivement, il s'adressa à sa compagne :

— Jeune squaw hardie, dit-il d'un ton encourageant, maintenant avoir besoin d'un cœur de guerrier.

— Je puis vous suivre, Nick, si loin que vous alliez. Pourquoi vous défier de mes forces ?

— Parce que lui ici, là bas. Femme aime homme, homme aime.

femme. C'est bien ; mais pas se montrer, quand il y a danger de mort.

— Peut-être que je ne vous comprends pas, Tuscarora; mais j'ai confiance en Dieu, il soutiendra ma faiblesse.

— Bien ! arrêtez-vous ici. Nick reviendra dans une minute.

Nick descendit le passage qui était entre les rochers et la pente où se trouvait la laiterie, afin de s'assurer que le major était encore dans sa prison et pour ne pas faire courir à Maud des risques inutiles. Il fut bientôt certain de ce fait, puis il prit la précaution de cacher la mare de sang en la couvrant avec de la terre et des pierres. Il fit avec soin ses autres observations et plaça dans un endroit propice la scie, le ciseau et les autres outils qui étaient tombés de la main du capitaine quand il reçut le coup de la mort; puis il remonta le sentier et rejoignit Maud. Pas un mot ne fut dit entre notre héroïne et son guide. Ce dernier l'engagea seulement à le suivre et il la conduisit au bas de la cabane. Ils arrivèrent bientôt tous les deux dans l'étroit passage, et Maud, obéissant à un signe de son compagnon, s'assit précisément à l'endroit où l'on avait trouvé son père et où le couteau lui avait percé le cœur. Nick manifestait la plus grande indifférence. Il n'y avait plus d'expression de férocité sur son visage, et, suivant son langage figuratif, ses blessures ne saignaient plus. Son regard était devenu amical, mais il ne montrait aucun signe de regret.

CHAPITRE XXVII.

> Il me semblait que son visage pâle était d'une beauté surnaturelle. Elle regardait autour d'elle, et arrêtait sur moi ses grands yeux égarés et remplis de larmes ; son cœur se brisait et elle s'écriait :
> — Il est mort!
>
> HILLHOUSE.

MAUD avait été si empressée et tellement agitée, qu'elle réfléchit à peine à la singularité et à la nouveauté de sa position, jusqu'à ce qu'elle se fût assise, ainsi que nous l'avons dit dans le dernier chapitre. Alors elle commença à penser qu'elle s'était embarquée dans une entreprise peut-être imprudente et se demanda en quoi sa coopération pouvait être utile. Pourtant, ni son cœur ni ses espérances ne faiblirent. Elle vit que Nick était grave et occupé comme un homme bien décidé à effectuer ses desseins, et elle pensait qu'il n'en avait pas d'autres que la mise en liberté de Robert Willoughby.

Dès que Maud fut assise, et que Nick eut trouvé une position favorable, il se mit à l'œuvre avec une grande assiduité. Il a été dit que la laiterie, ainsi que la cabane, était bâtie de bûches, ce qui constituait un obstacle suffisant à la fuite du prisonnier. Celles de la laiterie étaient cependant beaucoup plus petites que celles du corps de logis; mais toutes venaient du pin blanc, arbre commun dans le pays, et dont le bois est solide, employé comme il l'était là, mais cède aisément à des outils tranchants. Nick se servit du ciseau pour ouvrir un trou de communication avec l'intérieur en enlevant le mortier qui bouchait les interstices des bûches. Ce fut l'affaire d'un moment; puis il appliqua son œil à ce trou, regarda, murmura : —bon! — et se retira en faisant signe à Maud de venir voir aussi. Notre héroïne obéit; elle aperçut, à quelques pieds d'elle, Robert Willoughby lisant avec un air de calme qui annonçait son ignorance de l'horrible événement qui venait d'arriver récemment et si près de lui.

— Que jeune squaw parle, murmura Nick. Voix douce comme un roitelet. Aller à l'oreille du major comme le chant de l'oiseau. Musique pour le jeune guerrier.

Maud se recula. Son cœur palpitait violemment, sa respiration devint pénible et le sang battit dans ses tempes. Elle appliqua sa bouche au trou.

— Robert, cher Robert, dit-elle à demi-voix Nous sommes ici, nous sommes venus pour vous délivrer.

L'impatience de Maud ne lui permit pas d'attendre plus longtemps, et son œil remplaça immédiatement sa bouche. Elle avait certainement été entendue du major, car le livre tomba de sa main et il se montra très-surpris. — Il reconnaît ma voix, même quand je parle bas, pensa Maud dont le cœur battit encore plus vite pendant qu'elle examinait le jeune soldat regardant autour de lui d'un air égaré, comme s'il eût entendu les murmures d'un ange consolateur.

Pendant ce temps, Nick avait enlevé un gros morceau de mortier, et il regardait aussi dans la laiterie. Afin de se faire mieux comprendre, l'Indien enfonça le ciseau dans l'ouverture, et en le remuant il eut bientôt attiré l'attention de Willoughby qui s'avança, appliqua son œil à la large crevasse, et aperçut la face basanée de Nick.

Willoughby savait que la présence de l'Indien dans ce lieu, et dans de telles circonstances, nécessitait quelques précautions. Il ne parla donc pas, mais il fit un geste significatif vers la porte de son étroite prison, comme pour indiquer que les sentinelles étaient proches, et il demanda tout bas quel était l'objet de cette visite.

— Venir pour mettre major en liberté, répondit Nick.

— Puis-je vous croire, Tuscarora? Quelquefois vous paraissez ami, d'autres fois ennemi. Je sais que vous êtes en très-bons termes avec mes ravisseurs.

— Bonne chose. Indien regarde deux côtés à la fois. Guerrier le doit, si lui grand guerrier.

— Je désire avoir une preuve, Nick, que vous êtes de bonne foi.

— Voici une preuve alors, murmura le sauvage en saisissant la petite main de Maud, et en la passant à travers l'ouverture avant que la jeune fille interdite pût se douter de ce qu'il allait faire.

D'un coup d'œil Willoughby reconnut la main. Elle était facile à distinguer par sa forme, sa blancheur et sa délicatesse, et de plus un de ses doigts effilés portait une bague dont Maud se servait depuis peu; c'était un diamant qui venait de sa véritable mère. On ne s'étonnera donc pas qu'il saisît le gage qui lui était offert d'une manière si étrange, et qu'il le couvrît de baisers avant que Maud eût eu la présence d'esprit ou la force de retirer sa main. Cependant, dans un tel moment, elle ne put s'empêcher de répondre aux preuves d'ardente affection qui lui étaient prodiguées en pressant doucement la main qui tenait la sienne.

— C'est si étrange, Maud, et si extraordinaire, que je ne sais qu'en penser, murmura le jeune homme aussitôt qu'il put voir le visage de la charmante fille. Pourquoi êtes-vous ici, ma bien-aimée, et dans une telle compagnie?

— Fiez-vous à moi, Robert. Nick est venu comme votre ami. Aidez-le autant que possible et ne parlez pas. Quand vous serez libre, il sera temps de tout vous apprendre.

Après avoir fait un signe d'assentiment, le major recula d'un pas, afin de donner à Nick les moyens de continuer. L'Indien s'était mis à l'œuvre avec son couteau, et il passa bientôt le ciseau au prisonnier qui le prit et commença à couper les bûches de l'autre côté. Il fallait introduire une scie, ce qui nécessitait quelque travail. A force de persévérance et en coupant la bûche en haut et en bas, un espace suffisant fut obtenu en quelques minutes. Nick passa la scie à travers l'ouverture avec son adresse habituelle.

Willoughby éprouvait l'ardeur et le zèle d'un captif qui voit luire l'heure de la liberté. Malgré cela, il agit avec autant d'intelligence que de précaution. La couverture qui lui avait été donnée par ses oppresseurs pour lui servir de lit, était accrochée à un clou; il prit la précaution d'ôter ce clou, de le placer au-dessus de l'ouverture, afin de pouvoir y suspendre la couverture pour cacher le trou en cas de visite. Quand tout fut prêt, et la couverture convenablement placée, il commença à se servir de l'outil de façon à en amortir le son. C'était une opération délicate, mais la couverture rendait le bruit moins fort. A mesure que l'ouvrage avançait, les espérances de Willoughby augmentaient, et il fut bientôt charmé d'entendre Nick dire qu'il était temps de faire jouer la scie à une autre place. Le succès rend quelquefois imprudent, et le bras de Willoughby travaillait avec une plus grande rapidité, lorsqu'un bruit qui se fit à la porte vint lui annoncer qu'on allait le visiter. Il n'eut que le temps de quitter sa besogne et de laisser retomber la couverture devant le trou. La sciure et les copeaux avaient été soigneusement enlevés, et aucun indice ne pouvait trahir le secret.

Il s'écoula à peu près un quart de minute entre le moment où Willoughby s'assit et reprit son livre, et celui où la porte s'ouvrit. Quelque court qu'eût été cet intervalle, il avait suffi à Nick pour enlever la dernière bûche coupée et pour retirer le manche de la scie, afin que la couverture pût couvrir complétement le trou. La sentinelle qui parut était un Indien en apparence, mais en réalité un grossier campagnard blanc.

— J'avais cru entendre le son d'une scie, major, dit-il avec toute sa nonchalance villageoise, et pourtant je trouve ici chaque chose à sa place.

— Où me serais-je procuré un tel outil? répliqua froidement Willoughby, et que pourrais-je scier?

— Le son était pourtant aussi naturel que si le charpentier l'eût fait lui-même.

— Il est possible que le moulin ait été mis en mouvement par quelques-uns de vos paresseux, et vous avez entendu la grande scie, qui à distance peut avoir le même son qu'une petite qui serait tout près.

L'homme regarda un instant son prisonnier avec incrédulité, puis il sortit afin de s'assurer par lui-même de la vérité, et appela à haute voix un de ses compagnons pour se joindre à lui. Willoughby reconnut qu'il n'y avait pas de temps à perdre. En moins d'une minute, il eut franchi le trou, fait retomber la couverture derrière lui, entouré la fine taille de Maud d'un de ses bras, tandis que de l'autre il écartait les broussailles; et il suivit Nick dans l'étroit passage placé entre les rochers et le moulin. Le major semblait plus occupé d'éloigner Maud de cet endroit que de se sauver lui-même. Son pied avait à peine touché la terre, que déjà il montait vers l'endroit où Joyce avait fait halte. Nick s'arrêta un instant et leva le doigt comme pour faire signe d'écouter. Ses oreilles exercées avaient entendu parler à peu près à cinquante pieds de distance. Les hommes s'appelaient les uns les autres par leurs noms, et une voix qui paraissait venir d'en bas leur apprit que l'un d'eux devait avoir passé sa tête par le trou.

— Voilà la scie, et en voici l'œuvre, s'écria la voix.

— Et là, il y a du sang, dit un autre. Voyez; en voici une mare cachée avec de la terre et des pierres.

Maud frissonna d'horreur, comme si son âme allait abandonner son corps, et le major fit signe à Nick de marcher. Mais pendant un instant, le sauvage parut dérouté. Pourtant le danger était si proche et si évident qu'il se remit en route. Les fugitifs atteignirent le sentier par lequel Nick et Maud avaient gagné diagonalement les rochers, Nick le prit, et alors les buissons les cachèrent à ceux qui auraient pu les poursuivre. Un peu plus bas, cependant, il y avait un espace découvert; l'esprit vif du sauvage lui fit comprendre qu'il valait mieux s'arrêter un moment, la fuite étant inutile, puisque l'ennemi était sur leurs talons.

Au bout de quelques secondes, les voix s'entendaient au-dessus des fugitifs. Willoughby voulait franchir le sentier en portant Maud dans ses bras, mais Nick s'y opposa. Ce n'était pas le moment de discuter, et des voix s'exprimant en anglais, ce qui prouvait que la plupart de ces hommes étaient anglais, ou de naissance, ou d'origine, se disputaient sur le chemin qu'il fallait prendre, car ils se trouvaient à la jonction des deux sentiers.

— Prenons le plus bas, cria une voix de derrière. Il doit avoir suivi le ruisseau pour rejoindre les colonies de l'Hudson. Il l'a déjà fait une fois, à ce que m'a dit Strides.

— Strides, répondit un autre qui était plus en avant, est un misérable poltron qui aime la liberté comme un porc aime le grain, pour l'amour du bien-être. Le major aura pris la colline qui le mènera sur les hauteurs, tout près de la garnison de la Hutte.

— Il y a des marques de pas sur la hauteur, fit observer un troisième; pourtant elles semblent descendre au lieu de monter.

— Ce sont les traces de ceux qui l'ont aidé à s'échapper. Montons, et nous les tiendrons tous dans dix minutes; montons, montons.

Tous ces hommes s'élancèrent dans le sentier placé au-dessus de la tête de Willoughby, ardents à la poursuite et se flattant du succès. Nick n'attendit pas plus longtemps, il se laissa glisser au bas du rocher et fut bientôt dans le sentier qui conduisait à la Hutte. Les fugitifs se trouvaient encore exposés au danger de faire une rencontre, mais heureusement il ne leur arriva rien, et ils passèrent le pont en sûreté. Nick tourna tout à coup vers le nord et s'enfonça dans les bois en suivant le chemin des bestiaux, par lequel il était descendu dans la vallée, il y avait bien peu de temps. Ils ne s'arrêtèrent pas. Willoughby entoura Maud de son bras et l'emporta avec rapidité. Moins de dix minutes après l'évasion du prisonnier, les fugitifs atteignaient la chute d'eau et la plaine de l'étang. Comme on ne pouvait raisonnablement supposer que les ennemis eussent passé de ce côté de la vallée, il était inutile de se hâter, et Maud put respirer un moment.

Le temps d'arrêt fut court, notre héroïne elle-même ne pouvant se figurer que le major serait en sûreté avant d'avoir franchi les palissades. C'est en vain que Willoughby essaya de calmer ses craintes. Les nerfs de Maud étaient excités et les tristes nouvelles qui lui restaient à annoncer pesaient sur son esprit.

Nick leur donna bientôt le signal d'avancer et ils tournèrent la plaine comme l'avaient déjà fait Maud et son guide. Quand ils atteignirent un endroit favorable, l'Indien les fit arrêter de nouveau et alla sur la lisière du bois pour faire une reconnaissance. Ses deux compagnons furent satisfaits de cet arrangement. Willoughby était impatient de dire de vive voix à Maud ce qu'il lui avait si bien fait comprendre en lui envoyant la boîte, et il voulait lui faire avouer qu'elle n'en était pas offensée; Maud sentait la nécessité d'apprendre au major la triste circonstance qu'il ignorait encore. Ce fut avec ces divers sentiments que nos deux amants virent Nick s'éloigner.

Willoughby fit asseoir Maud sur un tronc d'arbre, il se plaça auprès d'elle, lui prit la main et la pressa silencieusement sur son cœur.

— Nick s'est montré véritablement fidèle, ma chère Maud, lui dit-il, malgré mes doutes et mes soupçons.

— Oui, il m'a dit que vous n'avez pas confiance en lui, et c'est pourquoi je l'ai accompagné. Nous avons pensé, Bob, que vous vous fieriez à moi.

— Soyez bénie, ma bien-aimée Maud. Mais avez-vous vu Michel? A-t-il eu une entrevue avec vous? En un mot, vous a-t-il donné ma boîte?

Les sentiments de Maud avaient été tellement excités que la déclaration des sentiments de Willoughby, quoique précieuse à son cœur, ne produisait pas au dehors les signes que son sexe laisse ordinairement voir quand il entend pour la première fois le doux langage de l'amour. Ses idées étaient embarrassées par son triste secret, et elle cherchait le meilleur moyen de le dire au major. Aussi, c'est à peine si elle rougit à la question de Bob, et ses regards, pleins d'une vive tendresse, restèrent attachés sur le visage de son compagnon.

— J'ai vu Mike, cher Bob, répondit-elle avec une assurance qu'elle trouva dans la pureté de ses intentions, et il m'a remis la boîte.

— Mais m'avez-vous compris, Maud? Vous souvenez-vous que cette boîte contient le grand secret de ma vie?

— Si je m'en souviens! Ami, je sais que la boîte contient le grand secret de votre vie.

— Mais vous ne m'avez donc pas compris, Maud, que votre regard est si indifférent, si vague? Je suis bien malheureux.

— Non, non, interrompit vivement Maud. J'ai compris tout ce que vous avez voulu me dire, et vous n'avez pas sujet d'être... La voix de Maud s'éteignit et elle se souvint du coup qu'il lui fallait porter.

— Tout ceci me paraît si étrange et si peu semblable à vos manières habituelles, Maud, qu'il doit y avoir quelque mystère. La boîte ne devait contenir rien autre chose qu'une mèche de vos cheveux, ma chère Maud.

— Oui, rien autre chose. Je les ai reconnus dès l'instant que je les ai vus.

— Et cela ne vous a-t-il pas appris mon secret? Pourquoi n'y a-t-il pas des cheveux de Beulah? Pourquoi sont-ce les vôtres, Maud, et les vôtres seuls? Vous ne m'avez pas compris.

— Si, mon bien cher Bob. Vous m'aimez, vous avez voulu me dire que nous ne sommes pas frère et sœur, que nous avons l'un pour l'autre une affection bien plus forte, une affection qui nous lie pour la vie. N'ayez pas l'air si malheureux, Bob, j'ai compris tout ce que vous vouliez me dire.

— Je vous ai envoyé cette boîte, ma bien-aimée Maud, pour vous dire que vous possédez mon cœur tout entier; que je pense à vous le jour et la nuit; que vous êtes le but de mon existence; que je serais misérable sans vous, et que je ne puis être heureux qu'avec vous; en un mot que je vous aime, Maud, et que je ne puis jamais aimer que vous.

— Oui, c'est bien ainsi que je vous ai compris, Bob. Et Maud, malgré ses tristes pensées, ne put s'empêcher de rougir.

— Et comment avez-vous reçu ma déclaration? Dites-le-moi, ma chère enfant, avec votre franchise habituelle. Pouvez-vous, voulez-vous m'aimer?

C'était une question directe, et dans une autre occasion elle aurait peut-être causé à Maud de l'embarras et de l'hésitation. Mais la jeune fille fut charmée de l'idée qu'il était en son pouvoir d'adoucir la violence du coup qu'elle allait bientôt porter, en mettant l'esprit de Robert en repos sur ce point.

— Je vous aime, Bob, dit-elle avec une fervente affection qui fit rayonner tous les traits de son angélique visage. Je vous aime depuis plusieurs années. Comment pourrait-il en être autrement? Qui aurais-je pu aimer? Et comment vous voir sans vous aimer?

— Bonne, charmante Maud. Mais c'est une chose étrange, je crains encore que vous ne me compreniez pas. Je ne parle pas d'une affection comme celle que me porte Beulah et que ressentent un frère et une sœur. Je parle de l'amour que ma mère a pour mon père, de l'amour d'un homme et d'une femme.

Un gémissement de Maud arrêta l'ardent jeune homme, qui reçut sa compagne dans ses bras au moment où à demi évanouie elle laissait tomber sa tête sur son sein.

— Êtes-vous fâchée ou heureuse, ma chère Maud? demanda-t-il, agité par tout ce qui se passait.

— Oh! Bob! mon père! mon père! mon pauvre père!

— Mon père! qu'y a-t-il, Maud? que lui est-il arrivé qui puisse vous mettre dans cet état?

— Ils l'ont tué, cher Bob, et vous devez maintenant être père, mari, frère, fils; vous devez enfin nous tenir lieu de tout. Nous n'avons plus que vous.

Un long silence suivit. Le choc fut terrible pour Robert Willoughby, mais il le supporta en homme. L'embarras et l'air égaré de Maud lui étaient maintenant expliqués. Ils se témoignèrent une tendresse augmentée par le douloureux événement, mais ils ne parlèrent plus d'amour. Un profond chagrin semblait encore rapprocher leurs cœurs, et ils n'avaient pas besoin de paroles. Le désespoir de Robert Willoughby se mêla avec celui de Maud; il la serra sur son cœur, et ils confondirent leurs larmes.

Ce ne fut qu'au bout de quelque temps que le major Willoughby put faire des questions et que Maud fut en état de lui donner des explications. Elle raconta brièvement tout ce qu'elle savait, et son compagnon l'écouta avec la plus grande attention. Le fils pensa que la catastrophe était aussi extraordinaire qu'affligeante, mais que ce n'était pas le moment de faire des recherches.

Il fut heureux pour nos amants que Nick se trouvât obligé de s'éloigner; au bout de dix minutes il revint lentement avec un air pensif et un peu inquiet. Au bruit de ses pas, Willoughby laissa Maud s'échapper de ses bras, et ils tâchèrent de paraître tous deux aussi tranquilles que pouvait le leur permettre l'état de leurs cœurs.

— Il vaut mieux marcher, dit Nick avec son air sentencieux. Les Mohawks furieux.

— Comment l'avez-vous appris? demanda le major sachant à peine ce qu'il disait.

— Quand Indien furieux, lui scalpe. Prisonnier échappé, vouloir le scalper.

— Je crois que vous êtes injuste, Nick. Loin de témoigner des intentions aussi cruelles, ils m'ont aussi bien traité que le permettaient les circonstances, et pourtant nous étions dans les bois.

— Oui, eux pas scalper, parce qu'ils croyaient la corde prête. Jamais se fier aux Mohawks, tous mauvais Indiens.

Il faut dire ici qu'un des grands défauts des sauvages des forêts de l'Amérique était d'avoir sur les tribus voisines les mêmes idées que les Anglais ont sur les Français, *et vice versâ*, les Allemands sur ces deux nations, et toutes les nations sur les Yankees. En un mot chaque tribu se croit parfaite, comme Paris est parfait aux yeux de ses bourgeois, Londres à ceux des cockneys, et l'Amérique à ceux de ses citoyens. Nick, devenu plus libéral à cause de ses relations avec les blancs, avait pourtant encore gardé assez des impressions de son enfance pour mettre les autres Indiens au-dessous de lui. C'est pourquoi il avertissait ses compagnons de ne pas se mettre à la merci des Mohawks.

Cependant le major Willoughby aurait voulu être certain des intentions hostiles de l'ennemi. Son évasion avait dû allumer un désir de vengeance; il le croyait facilement, mais sa mère, sa mère désolée, et l'affligée Beulah, étaient constamment devant lui; il prit le bras de Maud et suivit Nick. Dire que le charmant être qui s'attachait à lui comme la vigne à l'arbre était oublié, ou qu'il n'avait pas conservé un vif souvenir de tout ce qu'elle lui avait si ingénument avoué, ce ne serait pas exact, mais ces nouvelles espérances ne luisaient plus que dans le lointain, cachées sous le chagrin, comme le soleil illumine le ciel pendant que sa face opposée est entièrement cachée par une éclipse.

— Ne voyez-vous rien qui annonce qu'on veut attaquer la maison, Nick? demanda le major quand ils eurent marché quelques minutes sur la lisière de la forêt.

Le Tuscarora se retourna, baissa la tête et jeta un coup d'œil à Maud.

— Parlez franchement, Wyandotté.

— Bien, interrompit l'Indien avec emphase et en prenant une dignité de manières que le major ne lui avait jamais vue. Wyandotté venir, Nick en aller. Jamais revoir Saucy Nick à l'étang.

— Je suis heureux de vous entendre, Tuscarora, et, comme le dit Maud, vous pouvez parler sans crainte.

— Il vaut mieux être près. Mohawks plus mauvais que s'ils avaient perdu dix, trois, six chevelures. Indien connaître les sentiments des Indiens. Face Pâle pouvoir pas arrêter Homme Rouge quand le sang l'attire.

— Pressons-nous alors, Wyandotté, pour l'amour de Dieu! Laissez-moi mourir en défendant ma bien-aimée mère.

— Mère, bien. Elle médecin du Tuscarora, quand la mort grimaçait devant lui. Elle ma mère aussi.

Ceci fut dit énergiquement et de manière à prouver aux auditeurs qu'ils avaient un allié sûr et fidèle dans ce belliqueux sauvage. Ils étaient loin de penser que cet homme, jouet de ses passions, était l'auteur du coup qui venait de les frapper si inopinément.

Le soleil avait encore une heure à rester sur l'horizon quand Nick amena ses compagnons vers l'arbre qui traversait le ruisseau. Il s'arrêta, montrant les toits de la Hutte qu'on voyait à travers les arbres, comme s'il voulait dire que son devoir de guide était fini.

— Je vous remercie, Wyandotté, dit Willoughby, et si la volonté de Dieu nous laisse sains et saufs, vous serez bien récompensé pour nous avoir rendu ce service.

— Wyandotté chef, avoir pas besoin de dollars, avoir été Indien coureur, être maintenant guerrier indien. Major suivre, squaw suivre. Mohawks se dépêchent.

Nick sortit lentement de la forêt, suivi de Willoughby dont le bras était toujours passé autour de Maud, à laquelle il ne permettait guère de toucher la terre. En ce moment, quatre ou cinq cors sonnèrent dans la direction des moulins, le long de la lisière occidentale des prairies. Le vent semblait se faire écho à lui-même. Alors l'infernal hurlement connu pour être le cri de guerre des Indiens, s'entendit du côté opposé aux bâtiments. A en juger par le bruit, les prairies devaient être remplies d'assaillants se pressant autour des palissades. Dans cet effrayant moment, Joyce parut sur la galerie du toit, criant d'une voix qu'on aurait pu entendre du point le plus éloigné de la vallée :

— Prenez vos armes, ils arrivent ces misérables ! et ne tirez que lorsqu'ils essaieront de traverser la palissade.

Il y avait en ceci un peu de bravade mêlée avec le courage que les habitudes et la nature avaient donné au sergent. Le vétéran connaissait la faiblesse de sa garnison et croyait que ses cris belliqueux pourraient contre-balancer les hurlements qui s'élevaient de tous côtés.

Nick et le major hâtèrent le pas. Le premier mesura la distance avec son oreille, et pensa qu'en ne perdant pas un moment, on avait encore le temps de se mettre en sûreté.

En une minute, on pouvait atteindre le pied du rocher; pour monter au trou de la palissade, il fallait la moitié moins de temps, et encore moins pour la franchir. Maud fut mise en avant; le moment où ils approchèrent tous trois de la porte ne fut pas sans danger. On les aperçut, et cinquante carabines firent feu. Les balles frappèrent contre la Hutte et les palissades, mais personne ne fut blessé. A la voix de Willoughby, la porte s'ouvrit, et quelques instants après, ils étaient tous à l'abri dans la cour.

CHAPITRE XXVIII.

> Ils n'ont pas péri! les douces voix dont je me souviens si bien, les bonnes paroles, les sourires rayonnants et les traits, ce miroir de l'âme, tout existe encore.
>
> Tout reviendra; les liens de pure affection nous uniront encore; ce qui est mauvais seul succombera, et le chagrin n'ira trouver que le prisonnier.
>
> Alors je pourrai les regarder : lui toujours bon et paternel; elle toujours belle et jeune.
>
> BRYANT.

La scène qui suivit ravagea la vallée comme un ouragan. Joyce était resté sur la galerie du toit, animant sa petite garnison et tâchant d'intimider ses ennemis dans ce moment extrême. La pluie de balles avait atteint les palissades et les bâtiments, et il n'avait reçu aucun mal. Mais en entendant en bas le son de la voix du major et l'annonce que miss Maud et Nick étaient à la porte, il changea soudain de système de défense. Il descendit rapidement pour faire son rapport et recevoir les ordres du nouveau commandant, pendant que les nègres, les femmes aussi bien que les hommes, s'élançaient dans la cour à la rencontre de leurs jeunes maîtres.

Il n'est pas facile de décrire ce qui se passa lorsque Willoughby et Maud eurent été entourés par les noirs. Le bonheur se faisait d'autant mieux sentir à ces pauvres êtres qu'ils avaient eu récemment un grand chagrin. La mort de leur maître et la captivité de master Bob et de miss Maud leur étaient apparues comme la ruine générale de la famille Willoughby ; mais à cette heure leurs espérances revivaient d'une manière miraculeuse. Au milieu des clameurs, des cris, des larmes, des lamentations et des irrésistibles éclats de joie, Joyce put à peine trouver un moment pour remplir son devoir.

— Je vois ce que c'est, sergent, s'écria Willoughby. L'assaut va avoir lieu, et vous désirez le repousser.

— Il n'y a pas un instant à perdre, major Willoughby, les ennemis sont déjà aux palissades, et nous n'avons que Jamie et le jeune Blodget.

— A vos postes, à vos postes, tout le monde. La maison se confiera dans le hasard. Pour l'amour de Dieu, Joyce, donnez-moi des armes ; il faut que je venge mon père.

— Robert, cher Robert, dit Maud en le serrant dans ses bras, n'ayez pas de tels sentiments en pareil moment. Défendez-nous, mais en chrétien.

Un baiser fut la réponse de Bob, et Maud s'élança dans la maison pour aller retrouver sa mère et Beulah, pensant que la nouvelle du retour de Bob pourrait être un léger adoucissement à leur douleur.

Willoughby n'avait pas le temps de consoler sa mère. Il fallait défendre la Hutte contre une horde d'ennemis, et les coups de carabine qui partaient de la galerie et des champs, annonçaient que le conflit était sérieusement engagé.

Joyce donna une carabine au major, et ils montèrent ensemble rapidement sur les toits. Ils y trouvèrent Jamie Allen et Blodget chargeant et tirant aussi vite qu'ils le pouvaient ; ils furent bientôt rejoints par tous les nègres. Sept hommes étaient maintenant réunis dans la galerie ; trois furent mis devant et deux de chaque côté ; le major allait partout où les circonstances l'appelaient, et Mike, qui connaissait peu l'usage des armes à feu, resta à la porte pour faire le guet.

C'était pour les sauvages une chose si peu habituelle d'attaquer en plein jour, et sans recourir à la surprise, que les assaillants étaient en confusion. L'idée de donner l'assaut leur fut inspirée par le ressentiment qu'ils éprouvaient de l'évasion du prisonnier ; mais les hommes blancs du parti, quoique se laissant entraîner par les événements, avaient formellement désapprouvé cette mesure.

Ces décisions soudaines étaient communes dans les guerres indiennes, et produisaient souvent des désastres. Dans cette occasion cependant, ce qui pouvait leur arriver de plus désagréable, c'était d'être repoussés, et les meneurs démagogues qui devaient leur autorité aux nécessités de l'époque, se soumettaient à cette nécessité, si elle se présentait. L'attaque avait été faite avec une férocité qui l'avait empêchée d'être mesurée. Au moment où l'on fit feu sur le major, les assaillants se découvrirent et remplirent les champs. C'est alors que la défense fut laissée à Allen et à Blodget, autrement les ennemis auraient pu payer cher leur imprudence. En effet, Blodget abattit un des plus hardis Indiens, tandis que le maçon faisait feu avec autant de bonne volonté, mais avec moins de succès. Le hurlement qui suivit cette démonstration de la force apparente de la garnison était mêlé de colère féroce et d'exaltation, et l'élan vers les palissades fut général et rapide. Quand Willoughby posta ses hommes, la palissade était déjà envahie par les ennemis, les uns montant, les autres faisant feu; quelques-uns en aidant d'autres à grimper; un Indien tomba en dedans de la palissade, seconde victime de l'infaillible coup d'œil de Blodget.

La décharge partie des toits fit reculer les sauvages, dont quelques-uns se mirent promptement à couvert. Trois ou quatre se croyant en sûreté en dedans des palissades, cherchèrent un abri du côté des bâtiments. La vue de ces hommes, parfaitement sains et saufs, même sous le feu de la garnison tant que celle-ci ne tenterait pas de sortie, enhardit ceux qui étaient dehors et produisit ce qui n'avait pas eu lieu jusque-là, de l'ordre et de l'ensemble dans l'attaque. Le feu devint plus régulier des deux côtés, le parti assaillant étant couvert par les arbres et les haies, pendant que la garnison veillait au haut des toits.

Au moment de l'invasion de la Hutte, tous les ci-devant serviteurs du capitaine Willoughby qui avaient déserté abandonnèrent leurs différentes occupations dans les bois et dans les champs et se rassemblèrent au dedans et autour des cabanes avec leurs femmes et leurs enfants. Joël seul ne se montrait pas. Il avait amené ses amis derrière un tas de foin, à une distance respectueuse de la maison, dont ils pouvaient approcher sans risque, au moyen du ruisseau et des broussailles qui le bordaient. Le petit conseil tenu à cet endroit prit place au même moment qu'une demi-douzaine d'assaillants tombés en dedans de la palissade étaient groupés sous les murs des bâtiments.

— La nature nous dit comment il faut nous conduire, fit observer Joël en montrant à ses compagnons ceux qui étaient près de la Hutte. Vous voyez ces hommes en dedans des palissades, ils sont plus en sûreté que nous, et si ce n'était par respect pour les apparences, je désirerais être avec eux. Cette maison ne sera prise qu'après un combat désespéré, car le capitaine est un vieux guerrier et il aime l'odeur de la poudre. (Le lecteur comprend par ces paroles que la mort du brave vétéran n'était connue que des habitants de la Roche.) — Il ne se rendra pas, tant qu'il aura de quoi charger un fusil. Si j'avais vingt hommes, non, trente vaudraient mieux, à mettre à la même place qu'occupent ces compagnons, je crois que la place serait emportée en quelques minutes; alors la liberté aurait raison et les hommes de la monarchie seraient mis à bas comme ils le méritent.

— Que faire? demanda le chef Mohawk, parlant anglais avec un accent guttural. Pas tirer, pas pouvoir tuer les bûches.

— Non, chef; ce que je vous dis est raisonnable et faisable. Il n'y a qu'un des côtés de la porte de posé et je me suis arrangé pour que les étais de celui qui n'est pas dans ses gonds soient défaits. Si j'avais seulement avec moi un homme de bonne volonté, l'affaire serait faite et promptement.

— Allez, vous, répondit le Mohawk avec une expression de méfiance et de mépris.

— Chacun a son emploi, chef. Le mien est la paix, la politique, la liberté; le vôtre est la guerre. Pourtant je puis vous mettre, vous et vos compagnons, sur la voie, et vous verrez alors ce que vous pourrez faire. Miséricorde! combien je vois de diables désespérés sur le toit. Je ne serais pas étonné s'ils tuaient ou blessaient quelqu'un.

Telles furent les délibérations de Joël Strides sur la bataille. Les chefs indiens cependant donnèrent ordre d'amener leurs jeunes guerriers, et après avoir envoyé des messagers dans différentes directions, ils quittèrent la meule de foin en obligeant Joël à les accompagner. Les résultats de ce mouvement furent bientôt apparents. Le plus courageux des Mohawks leur montra le chemin en entrant dans le ruisseau au nord des bâtiments, et ils furent bientôt au pied des rochers. Ils virent aussitôt que le trou que

Joël leur avait montré n'avait pas été bouché depuis l'entrée de Willoughby et de ses compagnons. Conduits par leurs chefs, les guerriers gagnèrent adroitement la montée, et commencèrent à ramper pour traverser le même passage qui, la nuit précédente, avait servi d'issue à tous les déserteurs.

Les Indiens qui se trouvaient en avant avaient reçu l'ordre d'occuper l'attention de la garnison pendant que ce mouvement s'exécuterait. A un signal, ils poussèrent un hurlement, se démasquèrent, firent feu, et s'élancèrent de nouveau vers la maison. C'est en ce moment que les autres entraient par le trou et que les sept chefs sauvages se trouvaient en sûreté en dedans de la palissade. Le huitième fut tué par Blodget avant d'avoir pu entrer. Le corps fut à l'instant retiré par les jambes, et les hommes de l'arrière se remirent à l'abri sous les rochers.

Willoughby comprenait maintenant la nature de l'assaut. Il plaça Joyce et quelques autres de manière à surveiller le trou, puis il alla lui-même dans la bibliothèque, accompagné de Jamie et de Blodget, en prenant les précautions nécessaires. Heureusement les fenêtres étaient ouvertes, et une décharge soudaine mit en déroute tous les Indiens qui s'étaient réfugiés sous les rochers. Ils ne s'enfuirent pas plus loin que le ruisseau, où ils se rallièrent sous les taillis et firent feu sur les fenêtres. Pendant plusieurs minutes le combat se concentra en cet endroit. Willoughby, en allant de fenêtre en fenêtre, envoya plusieurs décharges qui atteignirent les hommes sous le couvert.

Jusqu'à présent toute la perte avait été du côté des assaillants, quoique plusieurs hommes de la garnison, en y comprenant Willoughby et Joyce, eussent couru de grands périls. Une douzaine d'assaillants avaient été tués. L'assaut durait déjà depuis une heure et les ombres du soir se répandaient autour de la place. Daniel le meunier avait été envoyé par Joël pour faire jouer la mine qu'ils avaient préparée ensemble ; mais par une erreur bien pardonnable à un homme peu accoutumé à ce métier, il était resté en arrière, laissant les autres passer dans le trou, et il se trouva entraîné par la foule dans les broussailles du ruisseau.

Willoughby se consulta avec Joyce, et il songea sérieusement aux préparatifs nécessaires pour la défense pendant la nuit. En prenant des précautions, quoiqu'en courant quelques risques personnels, les fenêtres de l'aile nord de la Hutte furent fermées, et comme elles étaient à l'épreuve des balles ; l'arrière du bâtiment se trouvait imprenable. Quand tout ceci fut fait et les portes bien fermées, la place se trouva comme un vaisseau pendant un vent frais et sous de courtes voiles ; l'ennemi, en dedans des palissades, ne pouvait rien faire, et selon toute apparence il n'essaierait pas de mettre le feu à des murs de pierre. Mais il y avait plus de danger pour les toits, qu'on pouvait incendier avec des flèches ; on y monta de l'eau pour s'en servir au besoin.

Tous ces préparatifs occupèrent quelque temps, et il était tout à fait nuit quand ils furent terminés. Willoughby put alors réfléchir un moment, le feu ayant entièrement cessé et rien ne restant plus à faire.

— Nous sommes sauvés pour l'instant, Joyce, dit le major au sergent qui se trouvait avec lui dans la galerie et après avoir délibéré sur le présent état de choses. J'ai encore un devoir solennel à remplir. Ma chère mère... et le corps de mon père !

— Oui, Monsieur. Je ne vous aurais pas parlé de cela tant qu'il aurait plu à Votre Honneur de garder le silence à ce sujet. Mistress Willoughby a été douloureusement atteinte, comme vous pouvez bien vous l'imaginer. Pour mon vieux et brave commandant, il est mort en soldat, sous le harnois.

— Où avez-vous mis le corps ? Ma mère l'a-t-elle vu ?

— Dieu vous bénisse, Monsieur, mistress Willoughby l'a fait porter dans sa propre chambre, et là, elle et miss Beulah (on appelait toujours ainsi l'épouse d'Evert Beekman), elle et miss Beulah sont agenouillées, elles prient et pleurent, car les femmes ne peuvent se contraindre, vous le savez. Dieu les bénisse. Nous aussi nous prions.

— Très-bien, Joyce ; tout soldat doit une larme à son chef. Dieu seul peut savoir ce qui arrivera cette nuit, et je ne retrouverai peut-être plus un moment aussi propice pour remplir ce triste devoir.

— Oui, Votre Honneur. Joyce s'imaginait que le major devait avoir hérité de cette qualification. — Oui, les commandements que le révérend M. Woods nous lit tous les dimanches nous disent cela ; et c'est le devoir d'un chrétien d'observer les commandements, comme celui d'un soldat d'obéir aux ordres de son chef. Dieu vous bénisse, et vous conduise sain et sauf. J'ai parlé de ça avec miss Maud, et je sais ce qu'il en est. C'est déjà assez malheureux d'avoir perdu soudainement notre vieux commandant, sans avoir encore à craindre pour ces dames. Quant à ces misérables qui sont en bas, ne vous en inquiétez pas ; ce sera une tâche facile que de les occuper, comparée à celle que va remplir Votre Honneur.

L'air triste de Willoughby, en allant trouver sa mère, montrait bien qu'il pensait comme le sergent. Pourtant le moment était favorable et n'admettait pas de délai. Willoughby allait consoler sa mère et pleurer avec elle sur le corps de celui qu'ils avaient perdu.

Malgré tout ce qui était arrivé au dedans et au dehors de la place, la portion de la maison occupée par la veuve et ses filles était silencieuse et grave. Tous les domestiques étaient ou dans la galerie ou aux lucarnes, laissant les cuisines et les offices déserts. Le major entra d'abord dans une petite antichambre qui se trouvait entre une chambre à provisions et l'appartement qu'occupait habituellement sa mère. Il s'arrêta et écouta une minute, dans l'espoir d'entendre quelque chose qui pût le préparer à la scène qui allait se passer : pas un murmure, pas un gémissement, pas un sanglot. Il s'aventura à frapper doucement à la porte, on ne lui répondit pas. Il attendit une autre minute, et avec autant de crainte que de respect, il leva le loquet et entra aussi tristement que s'il eût pénétré dans le tombeau d'une personne aimée. Une seule lampe le guida dans les détours de cet endroit solennel.

Au milieu de la chambre était étendu sur une grande table le corps du capitaine Willoughby. La face était élevée et les membres avaient été arrangés avec soin. Aucun changement n'avait été fait dans les vêtements ; le capitaine portait encore sa blouse de chasse ; seulement la teinte rougeâtre qui en tachait un des côtés avait été soigneusement cachée par la grande briseuse. Le passage de la vie à l'éternité s'était fait si soudainement que la physionomie avait gardé son expression habituelle de bienveillance ; la pâleur qui avait succédé au teint naturel, montrait seule que ce repos était non le repos du sommeil, mais celui de la mort.

Le corps de son père fut le premier objet que rencontra le regard du major. Il s'avança, s'inclina, baisa ce front pâle avec respect, et gémit sous l'effort qu'il lui fallut faire pour essayer de réprimer son chagrin. Alors il se retourna pour voir les visages bien-aimés qu'il cherchait. Beulah était assise dans un coin de la chambre, tenant son enfant pressé sur son cœur comme pour le protéger; elle attachait avec angoisse son regard sur la forme inanimée de celui qu'elle avait aimé d'un amour de fille. La présence de son frère lui fit à peine détourner les yeux de ce triste spectacle. La jeune femme baissa son visage sur son enfant et pleura convulsivement. Le major s'approcha d'elle et l'embrassa. Ils se comprenaient. Beulah, incapable de le regarder, lui tendit une main qu'il pressa fraternellement.

Maud était agenouillée à côté du lit. Son attitude montrait la distraction d'un esprit absorbé dans l'adoration. Quoique le cœur de Willoughby le poussât à la relever, à la consoler, à lui offrir sa protection pour l'avenir, il respectait trop sa présente occupation pour l'interrompre. Son œil se détourna de cet objet chéri et il regarda sa mère.

Mistress Willoughby avait échappé aux premiers regards de son fils, à cause de la position dans laquelle elle s'était placée. La vieille dame occupait un coin de la chambre presque caché par la draperie d'un rideau de fenêtre; c'était évidemment l'effet du hasard plutôt que d'une préméditation. Willoughby tressaillit en regardant le visage de sa mère bien-aimée, et il sentit un frisson parcourir tout son être. Elle était debout, sans mouvement, sans larmes, sans aucune des faiblesses qui peuvent soulager le chagrin. Sa douce physionomie était éclairée par la lampe et ses yeux attachés sur le visage du mort. Elle était dans cette position depuis plusieurs heures; ni les tendres soins de ses filles, ni les attendrissements de ses domestiques, ni son propre chagrin, n'avaient produit aucun changement. Les clameurs de l'assaut avaient même passé sur elle comme le souffle du vent.

— Ma mère, ma chère mère, ma pauvre et malheureuse mère! s'écria Willoughby, et il se précipita à ses pieds.

Bob, le bien-aimé Bob, l'orgueil et la joie de sa mère, était là, et elle ne s'en apercevait même pas. Le cœur qui avait si longtemps battu pour les autres, et qui semblait n'avoir de désirs et de pulsations que pour les objets de son affection, n'avait pas eu assez de fermeté pour supporter le coup qui l'avait frappé si inopinément. Elle vivait encore, c'était tout, et la volonté n'exerçait plus son pouvoir que sur les fonctions animales. Son fils lui dérobait la vue du corps, et elle fit un mouvement d'impatience qu'il ne lui avait jamais connu. Le major lui prit doucement les mains, les couvrit de baisers et les inonda de larmes.

— Oh! ma mère, ma chère mère, s'écria t-il, ne voulez-vous pas me reconnaître? Robert, Bob, votre reconnaissant et affectionné fils. Si mon père est en présence de Dieu, qu'il révérait et servait, je suis resté pour être le soutien de votre vieillesse. Appuyez-vous sur moi, ma mère.

— Sera-t-il toujours là, Robert? murmura la veuve. Vous parlez trop haut, vous pourriez le réveiller avant qu'il en soit temps. Il m'a promis de vous ramener, et il ne manque jamais à ses promesses. Il a fait une longue marche, il est fatigué. Voyez comme il dort paisiblement.

Robert Willoughby baissa la tête sur les genoux de sa mère et poussa un gémissement. Quand il se releva il vit les bras de Maud élevés vers le ciel comme si elle eût voulu arracher au Tout-Puissant des consolations pour sa mère. Willoughby jeta encore un coup d'œil sur la malheureuse veuve, espérant saisir une lueur de raison et de connaissance. Ce fut en vain, elle avait encore sa placidité habituelle, son air de douce affection, mais il était mêlé à l'égarement d'un esprit excité au point de produire la maladie, sinon la folie. Un léger cri poussé par Beulah donna l'alarme, et se tournant vers sa sœur, le major la vit rapprochant Evert de son sein et les yeux attachés sur la porte. Il regarda aussi dans cette direction et aperçut Nick qui était entré à la dérobée dans la chambre.

L'apparition inattendue de Nick était bien capable d'alarmer la jeune mère. En entrant dans la Hutte il s'était appliqué ses peintures de guerre, et quoique ce fût pour défendre la maison, on ne pouvait le voir sans tressaillir. Il n'y avait pourtant rien d'hostile dans sa visite. Nick était venu en ami, dans la bonne intention de voir les dames qui étaient placées très-haut dans son amitié, malgré le terrible coup dont il avait frappé leur bonheur. Il avait été habitué aux distinctions qui existaient entre les couleurs, sans quoi il n'aurait pas été très-éloigné d'essayer de consoler la veuv en lui offrant de l'épouser. Le major Willoughby comprenant à l'air de l'Indien l'objet de sa visite, le laissa entrer dans l'espoir que sa présence pourrait peut-être rendre à sa mère la conscience des objets qui l'environnaient.

Nick se dirigea avec calme vers la table, et regarda sa victime avec un sang-froid qui prouvait qu'il n'avait pas de repentir. Pourtant il hésita à toucher le corps; il leva la main dans cette intention et la retira comme par un remords de conscience. Willoughby le remarqua, et, pour la première fois, un vague soupçon traversa son esprit. Maud lui avait dit tout ce qu'elle savait de la mort de son père, et d'anciens sujets de méfiance commençaient à revivre, quoique trop faiblement, pour produire des résultats immédiats.

Pour l'Indien, excepté son geste d'hésitation, le plus strict examen et le plus violent soupçon n'auraient pu découvrir en lui aucun signe d'émotion. Le corps privé de vie qui était devant lui n'était pas plus insensible. Il croyait qu'en guérissant à sa manière les blessures de son dos, il avait fait le devoir d'un Tuscarora et d'un chef. Que ceux qui se donnent le titre de chrétiens dans notre monde civilisé n'affectent pas de l'horreur pour cet exemple de justice sauvage. Ces rigides observateurs du texte se servent souvent de la loi pour venger les torts qu'ils s'imaginent qu'on a envers eux. Ils manient souvent la calomnie comme le couteau à scalper; ils persécutent leurs victimes par le pouvoir de l'or, et sous toutes les formes que la justice peut tolérer ou justifier, souvent dépassant ses larges limites et cherchant l'impunité derrière le parjure et la fraude.

Nick examina le corps sans la moindre agitation; quand il eut fini, il se tourna avec calme et considéra les filles du défunt.

— Pourquoi crier? pourquoi pleurer? dit-il en s'approchant de Beulah et passant sa rude main sur la tête de l'enfant endormi. Bonne squaw, bon pappoose. Wyandotté prendre soin d'eux dans les bois. Conduire eux à la ville des Faces Pâles et eux dormir tranquilles.

Ceci fut dit rudement, mais d'un ton bien senti. Beulah le reçut ainsi, et elle tâcha de sourire avec reconnaissance à celui dont elle se serait détournée avec horreur, si elle avait pu deviner le secret qu'il renfermait dans son sein. L'Indien comprit son regard, et, faisant un geste d'encouragement, se tourna vers celle dont sa main avait fait une veuve.

La présence de Wyandotté ne produisit aucun changement dans la physionomie de la vieille dame. L'Indien lui prit la main et lui dit:

— Squaw très-bonne. Pourquoi regard si fâché? Capitaine a

été dans le pays de chasse de son peuple. Tous aller là. Chef ira aussi.

La veuve reconnut la voix, et cette voix, par un instinct secret, lui rappela les scènes du passé et fit momentanément revivre ses facultés.

— Nick, vous êtes mon ami, dit-elle sérieusement. Parlez-lui et voyez si vous pourrez l'éveiller.

L'Indien ne put s'empêcher de tressaillir en entendant cette étrange proposition, mais cette faiblesse ne dura qu'un moment, et son maintien devint aussi stoïque qu'auparavant.

— Non, dit-il, squaw a quitté le capitaine maintenant. Guerrier suivi son dernier sentier, avoir pas besoin de compagnie. Qu'elle le laisse au tombeau et qu'elle soit heureuse.

— Heureuse! répéta la veuve. Qu'est-ce que cela, Nick? qu'est-ce que c'est que d'être heureuse, mon fils? c'est un rêve. Je dois avoir su autrefois ce que c'était, mais j'ai tout oublié maintenant. Oh! c'est cruel, cruel de poignarder un époux et un père. N'est-ce pas, Robert? Qu'en dites-vous, Nick? Vous donnerai-je une médecine? Vous mourrez, Indien, si vous ne le prenez pas. Croyez ce que vous dit une chrétienne, et soyez obéissant. Prenez la tasse, là! maintenant vous vivrez.

Nick recula d'un pas et regarda la victime de son impitoyable vengeance d'un air qu'il n'avait jamais eu auparavant. Ses habitudes ne lui avaient donné aucune idée de ce qui se passait sous ses yeux, et il commença à mieux comprendre les effets du coup qu'il avait porté, ce coup médité pendant plusieurs années et qui avait frappé si soudainement. La malheureuse veuve n'avait rien vu de ces changements.

— Non, non, non, Nick, ajouta-t-elle vivement, ne le réveillez pas. Dieu fera pour lui ce qu'il fait pour ses élus au pied de son trône. Restons ici et dormons avec lui. Robert, mettez-vous là, à son côté, mon noble enfant. Beulah, mettez-vous par là, avec le petit Evert. Maud, votre place est près de la tête, je dormirai à ses pieds pendant que Nick veillera, et nous avertira quand il sera temps de nous lever et de prier.

L'attention générale avec laquelle tous ceux qui étaient dans la chambre écoutaient ces doux et touchants égarements d'un esprit si simple et si pur, fut interrompue par des hurlements infernaux et par des cris si féroces, qu'il semblait que la trompette du dernier jour avait sonné, et que les hommes passaient de leurs tombeaux au jugement. Willoughby s'élança hors de la chambre ; Maud le suivit pour fermer et verrouiller la porte, quand elle sentit le bras de Nick la saisir par la taille et l'entraîner.

CHAPITRE XXIX.

Le temps et la mort marchent ensemble quoique d'un pas inégal. Ils se pressent et renversent également la cabane, le palais et le trône.
SANDS.

MAUD n'avait pas eu le temps de réfléchir : les hurlements et les cris inarticulés furent suivis de la décharge des carabines. Nick l'avait entraînée si rapidement que l'haleine même lui manquait pour le questionner, et elle se trouva à la porte d'une petite chambre à provisions, dans laquelle sa mère avait l'habitude de serrer les objets d'économie domestique qui n'exigeaient pas beaucoup d'espace. C'est dans cette chambre que l'avait fait entrer Nick, et elle entendit la clef tourner dans la serrure pour l'enfermer. Pendant un instant, Wyandotté fut presque décidé à mettre mistress Willoughby et son autre fille dans ce même endroit de sûreté ; puis jugeant qu'il n'en aurait pas le temps à cause de l'approche des bruits intérieurs au milieu desquels il distinguait la voix mâle de Robert Willoughby engageant la garnison à tenir ferme, il poussa un hurlement qui répondit à celui des Mohawks, c'est-à-dire le cri de guerre de sa nation, et se précipita dans la mêlée avec le désespoir d'un homme égaré et avec la joie d'un démon.

Pour comprendre la cause de ce changement soudain, il est nécessaire de revenir un peu en arrière. Pendant que Willoughby était avec sa mère et ses sœurs, Mike gardait la porte. Le reste de la garnison était aux meurtrières ou sur les toits. Quand les ténèbres augmentèrent, Joël rassembla tout son courage, se glissa par le trou et atteignit la porte. Sans lui, on n'aurait pu faire jouer la mine, et il s'était engagé à courir ce risque à la condition qu'on ne lui demanderait pas de faire violence à ses sentiments en entrant dans la cour d'une maison où il avait passé tant d'heureux jours.

L'arrangement par lequel ce traître mettait toute une famille à la merci des sauvages, était excessivement simple. Rappelons-nous qu'un seul battant de la porte était suspendu, et que l'autre était soutenu par un étai. Cet étai consistait en une seule pièce de charpente, dont un bout appuyait sur terre, et l'autre sur le cintre de la porte qui se trouvait préservée d'une chute par des chevilles de bois enfoncées au-dessus de sa base. Le bas bout de l'étai posait contre un fragment de rocher que la nature avait placé dans cet endroit retiré. Enfin, comme l'ouvrage avait été exécuté avec une grande précipitation, on s'était borné à placer des coins pour maintenir le battant dans les rainures.

Joël connaissait tout cet arrangement. Saisissant un moment favorable, il avait relâché les coins, les laissant pourtant à leur place, mais en prenant la précaution d'attacher une corde mince et forte au plus gros des trois. Enterrant ensuite cette corde dans la boue, il en avait roulé la moitié autour d'un bâton enfoncé dans la terre, tout près du mur, puis il l'avait passée par un trou fait par un des gonds à l'extérieur du battant. Le tout fut arrangé avec assez de soin pour échapper à la vigilance des observateurs que le hasard aurait pu amener en cet endroit, et pour que l'inspecteur pût assister ses amis en leur ouvrant la place, après qu'il aurait pourvu à sa propre sûreté par la fuite. Personne ne passant par là, la corde ne fut ni aperçue ni dérangée.

Aussitôt que Joël atteignit le mur de la Hutte, son premier soin fut de s'assurer qu'il ne pouvait être atteint par aucun projectile lancé des meurtrières; puis il alla près de la porte et se consulta avec le chef des Mohawks. Trouvant tout comme il l'avait disposé, il tira doucement la corde et fut bientôt certain qu'il avait dérangé le coin, et qu'on pourrait, en employant un peu de force, entrer par l'ouverture. Agissant avec précaution, il appliqua le bout d'un levier au milieu du battant et le souleva suffisamment pour être sûr qu'on le renverserait quand on le voudrait; puis il annonça au grave guerrier qui suivait attentivement tous ses mouvements, que le temps était arrivé de l'aider.

Il y avait une douzaine de blancs dans le groupe des sauvages réunis à la porte; on en prit quelques-uns et on leur donna des pointes de fer pour renverser le battant. Voilà quel était le plan : pendant qu'on appuierait sur la partie supérieure, les pointes et les barres de fer dont la prévoyance de Joël avait fait une provision suffisante seraient appliquées entre le gond et le mur de façon à tout renverser.

Malheureusement, Mike avait été laissé à la porte en sentinelle. On ne pouvait faire un plus mauvais choix, car le brave garçon avait assez de confiance et assez peu de prévoyance pour croire les portes inattaquables. Il avait allumé une pipe et fumait aussi tranquillement que jamais, quand le battant tomba du côté où il était, et il ne sauva sa tête qu'en se réfugiant contre le mur. Au même instant, une douzaine d'Indiens s'élancèrent à travers l'ouverture et parurent dans la cour en poussant les hurlements que nous avons déjà décrits. Mike se mit à leur poursuite, armé de son shilhlah, car dans la surprise il avait abandonné son mousquet, et il se servit de cette arme avec un zèle que les clameurs ne diminuaient pas. En ce moment Joyce, bien soutenu par Blodget et Jamie Allen, envoya du toit une décharge dans la cour. La mêlée devint générale; et bientôt Willoughby arriva, suivi quelques instants après par Nick.

La scène qui suivit n'est pas facile à décrire. C'était une mêlée dans les ténèbres, qu'éclairait par intervalles la lueur des fusils et que rendaient horrible les cris, les imprécations et les gémissements.

Mike avait gagné le milieu de la cour; rejoint par Willoughby, ils s'élancèrent ensemble vers la porte et allèrent retrouver leurs hommes sur le toit. Mais il n'était pas dans la nature du jeune soldat de rester dans ce poste pendant que sa mère, Beulah et Maud étaient en bas, exposées à être prises par les sauvages : au milieu d'une pluie de balles, il réunit son monde, et il s'apprêtait à charger dans la cour, quand un roulement de tambour qui se faisait entendre au dehors le fit arrêter. Blodget, qui pendant ce court combat, avait déployé l'ardeur d'un héros et le sang-froid d'un vétéran, descendit sans armes, traversa la foule étonnée sans être remarqué et s'élança vers la porte extérieure. Il la débarra vivement, et aussitôt on vit entrer un corps de troupe conduit par un officier à la haute stature et au regard mâle, et accompagné d'un homme que Blodget, malgré les ténèbres, reconnut pour être M. Woods, en surplis. Un moment après, les survenants, au nombre de cinquante, étaient rangés en bataille dans la cour.

— Au nom du ciel, qui êtes-vous? demanda Willoughby d'une fenêtre. Parlez, ou nous faisons feu.

— Je suis le colonel Beekman, à la tête d'une force régulière, fut-il répondu ; et si, comme je le crois, vous êtes le major Willoughby, vous êtes en sûreté. Au nom du congrès, j'ordonne aux bons citoyens de se tenir en paix, sans quoi ils seront punis.

Cette annonce termina la guerre, et l'instant d'après Beekman et Willoughby se serraient amicalement la main.

— Oh! Beekman, s'écria le dernier, dans quel moment Dieu vous a-t-il envoyé ici! Le ciel en soit loué! Malgré tout ce qui est arrivé, vous trouverez votre femme et votre enfant sains et saufs. Placez des sentinelles aux deux portes, car il y a des traîtres ici, et je demande qu'ils soient punis sévèrement.

— Doucement, doucement, mon bon ami, répondit Beekman en lui pressant la main. Votre position est un peu délicate, et nous devons agir avec modération. Ayant appris qu'un parti qui n'avait que de mauvaises intentions marchait vers la Hutte, je m'empressai d'obtenir les pouvoirs nécessaires en une telle occurrence, de requérir une compagnie à la garnison la plus rapprochée, et je suis venu aussi vite que possible. Si nous n'avions pas rencontré M. Woods allant demander du secours aux établissements, nous serions arrivés trop tard ; mais, Dieu soit loué, il n'en a pas été ainsi.

Telle avait été la marche des événements. Les Indiens avaient considéré le zélé chapelain comme un fou, et, dans leur respect pour les malheureux êtres qui sont privés de la raison, ils l'avaient forcé à se diriger vers les établissements. Il rencontra Beekman, l'engagea à hâter sa marche et l'amena avec ses compagnons à la porte de la Hutte ; il était temps, une minute de plus aurait coûté la vie à la garnison tout entière.

Quoiqu'il désirât voir Beulah et son enfant, Beekman avait à remplir ses devoirs de soldat et il ne les négligea pas. Les sentinelles furent postées ; on donna l'ordre d'allumer des lanternes et de faire du feu au milieu de la cour, afin de pouvoir s'assurer de l'état actuel du champ de bataille. Un chirurgien avait accompagné la troupe, et il était déjà à l'œuvre, autant que pouvait le lui permettre l'obscurité. Plusieurs mains furent employées, des combustibles se trouvèrent aisément, et bientôt le feu éclaira ce terrible spectacle.

Une douzaine de corps étaient étendus dans la cour, trois ou quatre ne devaient plus se relever ; quatre hommes étaient tombés avec la tête brisée, frappés par le shilhlah d'O'Hearn. Quoique ces coups n'eussent pas été mortels, ils avaient mis les guerriers hors de combat. Pas un soldat de la garnison ne fut trouvé mort sur le champ de bataille.

Pourtant, dans une dernière investigation, il fut reconnu que le pauvre vieux maçon écossais avait été tué à une fenêtre et par le dernier coup qui avait été tiré. En retournant les morts des assaillants, on découvrit aussi que Daniel le meunier était du nombre. Quelques-uns des Mohawks, avec leurs yeux flamboyants, étaient dans les coins de la cour, appliquant des pansements grossiers à leurs différentes blessures, qu'ils parvinrent à guérir aussi bien qu'auraient pu le faire ceux qui sont reconnus pour être les lumières de la science.

Quand les lanternes parurent, on fut surpris du très-petit nombre d'assiégeants qu'on trouva dans la maison. Quelques-uns s'étaient glissés à travers la porte avant qu'on eût posté les sentinelles; d'autres s'étaient sauvés par les toits, d'où ils avaient trouvé moyen de gagner la terre; quelques-uns étaient encore cachés dans les buissons, attendant un moment favorable pour s'échapper. Parmi ceux qui restaient, il n'y en avait pas un seul qui fût investi de quelque autorité. En un mot, après cinq minutes d'examen, Beekman et Willoughby reconnurent que les ennemis n'étaient plus en force suffisante pour les inquiéter.

— Nous avons différé trop longtemps de calmer les appréhensions de ceux qui nous sont chers, major Willoughby, dit enfin Beekman. Si vous voulez me montrer le chemin de la partie de la maison où sont votre mère, qui est aussi la mienne, et ma femme, je suis prêt à vous suivre.

— Ah! Beekman, il me reste une triste histoire à vous raconter. Ne craignez rien, j'ai laissé Beulah et votre fils en parfaite santé, il y a tout au plus un quart d'heure. Mais mon bien-aimé père a été tué de la façon la plus extraordinaire, et vous trouverez sa veuve et ses filles pleurant sur son corps.

Cette épouvantable nouvelle fit arrêter le colonel, et Willoughby lui expliqua ce qu'il savait touchant la mort de son père. Les deux jeunes gens se dirigèrent vers l'appartement des affligées, chacun portant un flambeau.

Willoughby fit une exclamation involontaire en s'apercevant que la porte de la chambre de sa mère était ouverte. Il avait espéré que Maud aurait eu la présence d'esprit de la fermer, et il la trouvait entre-bâillée comme pour inviter les ennemis à entrer. La lumière était éteinte ; mais avec l'aide des lanternes il vit de larges traces de sang dans l'antichambre et dans les passages qu'il fut obligé de traverser. Il hâta le pas et se trouva dans la chambre mortuaire.

La lutte n'avait pas été longue. Le désir de scalper avait amené des sauvages dans ce sanctuaire. Au moment où les Indiens étaient arrivés dans la cour, quelques-uns des plus féroces s'étaient élancés dans la maison, avaient pénétré dans ses retraites et y avaient traîné le carnage à leur suite. Le premier objet qu'aperçut Willoughby fut un de ces impitoyables guerriers, étendu sur le parquet, et sur lui un autre Indien encore vivant, mais dont le sang coulait par cinq ou six blessures. Les prunelles de ce dernier étincelaient comme celles d'un tigre en présence d'un ennemi. Le major fit un mouvement involontaire avec sa carabine, mais un second regard lui montra que l'Indien vivant était Nick. Il regarda alors plus attentivement autour de lui, et put contempler l'horrible vérité.

Mistress Willoughby était assise dans la chaise où nous l'avons déjà vue, elle était morte. Aucune marque de violence ne fut trouvée sur son corps, et il est à croire que son âme fidèle avait suivi celle de son mari dans l'autre monde, tout en se soumettant au coup qui les avait séparés. Beulah avait été tuée, non avec intention, comme on s'en assura, mais par une de ces balles perdues dont un si grand nombre étaient entrées dans la maison. Le projectile lui avait traversé le cœur, et elle tenait encore le petit Evert pressé sur son sein, avec cet air de calme et d'inaltérable affection qui avait marqué chaque action de cette vie innocente. L'enfant, grâce à la bravoure de Nick, avait échappé à la mort. Le Tuscarora, ayant vu cinq ou six sauvages se diriger vers cette chambre, les suivit comme s'il devinait leurs intentions. Quand le chef mohawk entra dans cette pièce et trouva trois corps morts, il poussa un hurlement de joie à l'espoir de les scalper ; ses doigts étaient déjà entortillés dans la chevelure du capitaine Willoughby, quand il tomba sous un coup de Wyandotté. Nick éteignit la lampe, et il s'ensuivit une scène que les acteurs eux-mêmes n'auraient pu décrire. Un autre Mohawk fut tué, et le restant, après avoir été horriblement maltraité par le couteau affilé de Nick, se traîna dehors, laissant le champ de bataille au Tuscarora. Nick soutint les regards égarés du major avec un sourire de triomphe, et il lui dit en lui montrant les trois corps :

— Eux pas été scalpés. Mort être rien.

Nous n'essaierons pas de décrire le violent désespoir du jeune mari et de son beau-frère. Ce fut pour eux un coup au-dessus des forces de l'humanité, quoiqu'un Américain des frontières eût dû être familiarisé avec de semblables scènes. La tranquille mais aimante nature de Beekman reçut un choc qui lui sembla devoir produire la dissolution de son être. Il releva le corps encore chaud de Beulah et le pressa sur son cœur. Heureusement pour sa raison, un torrent de larmes jaillit de son âme plutôt que de ses yeux, et inonda le doux et placide visage de sa femme.

Dire que Robert Willoughby ne sentait pas la désolation qui était si inopinément tombée sur une famille citée pour sa mutuelle affection et son bonheur, ce serait lui faire une grande injustice. Son cœur chancelait sous le coup, mais il désirait en savoir davantage. L'Indien regardait attentivement Beekman, avec autant d'étonnement que de sympathie, quand une main de fer lui serra le bras.

— Maud, Tuscarora? murmura le major à son oreille ; savez-vous quelque chose de Maud ?

Nick fit un geste affirmatif, et l'engagea à le suivre. Il le mena à la chambre des provisions, tourna la clef, ouvrit la porte, et un instant après Maud pleurait sur le sein de Robert Willoughby. Il ne voulut pas la mener dans la chambre mortuaire, mais avec une douce violence il l'entraîna dans la bibliothèque.

— Dieu soit loué, s'écria l'ardente jeune fille en élevant vers le ciel ses mains et ses yeux inondés de larmes, je ne sais pas qui est vainqueur, mais je m'en soucie peu, puisque vous êtes sauvé.

— Oh ! Maud, ma bien-aimée, nous devons maintenant être tout l'un pour l'autre. La mort les a tous frappés.

Cette annonce était peut-être précipitée, mais dans les circonstances actuelles il n'y avait guère de meilleur parti à prendre. Maud ne put d'abord entendre les détails des événements ; elle les supporta ensuite mieux que Willoughby ne l'avait espéré. Son esprit avait été tellement excité qu'elle semblait préparée à tous les malheurs humains. Elle eut un profond chagrin, mais il fut adouci par ses espérances et ses souvenirs.

Notre peinture n'aurait pas été complète si nous n'avions raconté la catastrophe qui désola la Hutte; mais après avoir rempli ce pénible devoir, nous préférons tirer un voile sur le reste de cette terrible nuit. Les cris des négresses, quand elles apprirent la mort de leurs deux maîtresses, troublèrent le silence de la maison pendant quelques minutes, et puis un calme profond régna dans les bâtiments. De nouveaux renseignements firent connaître que la grande briseuse, après avoir tué un Onéida, avait été mise à mort et scalpée. Pline le Jeune était aussi tombé en combattant avec fureur pour défendre l'entrée de l'appartement de ses maîtresses.

Au lever du soleil, on put prendre une idée plus exacte de l'état réel de la vallée. Le parti ennemi, excepté les blessés, avait fait une rapide retraite, suivi des déserteurs et de leurs familles. Le nom influent et l'autorité actuelle du colonel Beekman avaient amené ce changement. Les gens pourvus de pouvoirs irréguliers, qui avaient dirigé cette affaire, préférèrent cacher leurs menées en transigeant, plutôt que de se hasarder à réclamer une récompense pour un service patriotique, comme cela s'est fait si souvent dans les révolutions. Les blancs n'avaient pas eu le dessein d'attaquer la famille dans les personnes; mais poussés par Joël, ils avaient cru l'occasion favorable pour s'illustrer et se mettre en position de recevoir des faveurs de la fortune. L'assaut avait été l'œuvre de la férocité indienne, qui s'est si souvent affranchie des règles de la discipline.

On ne retrouva pas Nick. On l'avait vu pansant ses blessures avec la patience et l'adresse d'un Indien, puis aller à minuit dans la forêt chercher des herbes et des racines. Comme il ne revenait pas, Willoughby craignit qu'il ne se fût trouvé malade, et se détermina à aller le chercher aussitôt qu'il aurait rendu les derniers devoirs aux morts.

Deux jours s'écoulèrent avant que ce triste office fût accompli. Les corps de tous les sauvages qui avaient été tués furent enterrés le lendemain de l'assaut, mais celui de Jamie Allen et ceux des personnes de la famille furent laissés le temps voulu. La cérémonie offrit un touchant spectacle. Le capitaine, sa femme et leur fille furent placés à côté les uns des autres près de la chapelle. Ils furent les premiers et les derniers de leur race qui reposèrent dans les déserts de l'Amérique. M. Woods lut le service des morts et il lui fallut se rappeler qu'il était investi des pouvoirs spirituels pour avoir la force de s'acquitter de cette fonction solennelle.

Le bras de Willoughby était passé autour de Maud qui tâchait, mais en vain, de récompenser cette tendre attention par un sourire ; et le colonel Beekman, son petit Evert dans ses bras, conservait la physionomie grave d'un homme courageux frappé par le chagrin. C'était un touchant spectacle.

— *Je suis la résurrection et la vie, dit le Seigneur.* Ces mots retentirent dans le calme de la vallée comme s'ils eussent été prononcés par une voix du ciel apportant la consolation à toutes ces âmes brisées. Maud releva sa tête appuyée sur l'épaule de Willoughby, et tourna ses yeux bleus vers la voûte sans nuages placée au-dessus d'elle, comme pour demander l'exemple de la la résignation. Les soldats firent un mouvement par une commune impulsion, et un profond silence montra le désir que ces hommes grossiers avaient eux-mêmes de ne pas perdre une syllabe.

Les joues de M. Woods s'animèrent, et sa voix, prenant de la force, devint claire et distincte pour tout le monde.

Au moment de descendre les corps dans les deux tombes, le capitaine, sa femme et sa fille devant être placés dans la même, on vit Nick arriver et se placer sans bruit près du petit groupe des affligés. Il était sorti de la forêt il y avait quelques minutes, et comprenant le but de la cérémonie, il s'était approché aussi vite que sa faiblesse et ses blessures le lui avaient permis. Il écouta le chapelain avec une profonde attention, le regard fixé sur son visage, et sans jeter un seul coup d'œil sur les cercueils.

— *J'entends une voix du ciel qui me dit : Bénis soient ceux qui meurent dans le Seigneur, car ainsi que le dit l'Esprit ils se reposent de leurs travaux*, continua le chapelain dont la voix commençait à trembler. Le regard du Tuscarora devint alors comme celui que la panthère lance à sa victime. Les larmes coulaient, et pour un moment la voix de M. Woods s'éteignit.

— Pourquoi vous pleurer comme une femme ? demanda Nick, eux pas avoir été scalpés.

Cette étrange interruption ne produisit aucun effet. D'abord Beekman se laissa aller à sa douleur, puis Maud et Willoughby ; et enfin M. Woods lui-même, ne pouvant plus résister, ferma le livre et pleura comme un enfant.

Il fallut quelques instants avant que chacun reprît ses esprits.

Tout le monde s'agenouilla sur l'herbe, les soldats s'inclinèrent, et les dernières prières s'élevèrent vers le trône de Dieu.

Cet acte de dévotion rendit les affligés capables de garder une tranquillité apparente. Les troupes s'avancèrent, firent trois décharges sur la tombe du capitaine, et retournèrent à la Hutte. Maud avait pris le petit Evert des bras de son père et le pressait sur son sein où le pauvre orphelin s'était endormi. Elle s'en alla ainsi et fut suivie par le père qui chérissait maintenant son fils comme son seul trésor.

Willoughby resta le dernier auprès du tombeau, Nick seul restant à son côté. L'Indien avait été frappé du chagrin dont il venait d'être le témoin et il sentait une inquiétude à laquelle il n'était pas accoutumé. C'était un des caprices de cette étrange nature; il aurait voulu consoler ceux dont il causait le désespoir.

Pendant que le major retournait tristement à la Hutte, le Tuscarora s'approcha du fils de sa victime, et lui posant une main sur le bras:

— Pourquoi vous si chagrin, major? dit-il. Guerrier jamais mourir qu'une fois, mais tous mourir.

— Là sont couchés mon père, ma mère et mon unique sœur, Indien. N'est-ce pas assez pour abattre le cœur le plus courageux? Vous les connaissiez, Nick, et vous savez s'ils étaient bons?

— Femme bonne. Les deux femmes bonnes. Nick pas connaître femmes pâles aussi bonnes.

— Je vous remercie, Nick. Ce rude tribut payé aux vertus de ma mère et de ma sœur m'est plus doux que les condoléances régulières et calculées du monde.

— Pas de femme aussi bonne que la vieille; elle tout cœur, aimer tout le monde, excepté elle.

Ces mots caractérisaient si bien sa mère, que Willoughby fut étonné de la sagacité du sauvage; par réflexion, cependant, il pensa qu'une longue connaissance de la famille avait dû le familiariser avec le caractère de mistress Willoughby.

— Et mon père, Nick? s'écria le major. Mon brave père, si noble, si juste, si libéral! vous le savez bien, n'est-ce pas, vous devez l'avoir aimé?

— Pas si bon que la squaw, répondit le Tuscarora sentencieusement, et non sans dédain.

— Nous sommes rarement aussi bons que nos femmes, nos

mères et nos sœurs, Nick. Sans quoi nous serions des anges sur la terre ; mais en mettant à part nos imperfections, mon père était juste et bon.

— Trop frappait, répondit l'Indien sévèrement, écorchait le dos des Indiens.

Ce langage extraordinaire frappa le major, moins dans ce moment que plusieurs années après, quand il vint à réfléchir sur tous les événements et les conversations de cette semaine si remplie.

— Vous n'êtes pas un flatteur, Tuscarora, c'est ce que j'ai toujours remarqué. Si mon père vous a puni avec sévérité, vous me permettrez au moins de penser que vous l'aviez mérité.

— Lui trop frapper, je dis, interrompit le sauvage avec son air farouche ; pas faire de différence, chef ou pas. Toucher trop souvent les vieilles blessures. Bon quelquefois, mais quelquefois mauvais. Comme le temps, maintenant clair et après orageux.

— Ce n'est pas le moment de discuter là-dessus, Nick. Vous avez bravement combattu pour nous, et je vous en remercie. Sans votre aide, ces êtres si chers auraient été mutilés, et Maud, ma sainte Maud ! elle dormirait maintenant à leurs côtés.

La figure de Nick était redevenue douce ; il rendit à Willoughby sa poignée de main avec cordialité, et ils se séparèrent. Le major se hâta d'aller retrouver Maud pour la presser sur son cœur, et la consoler avec son amour ; Nick regagna la forêt.

Le sentier que suivait l'Indien le forçait à passer près du tombeau : du côté où se trouvait le corps de mistress Willoughby, il jeta une fleur qu'il avait cueillie dans la prairie ; mais il fit avec le doigt un geste menaçant dirigé vers la terre qui cachait la personne de son ennemi. En cela Wyandotté se montrait dans son vrai caractère qui lui ordonnait de ne jamais oublier un bienfait et de ne pas pardonner une injure.

CHAPITRE XXX.

Je voyage à travers l'éternité. Je ne suis encore qu'un atome, mais mon âme glorieuse remplira l'immensité. Coxe.

Une quinzaine de jours s'écoulèrent avant que Willoughby et les siens pussent s'arracher d'un lieu témoin de tant de bonheur domestique, et sur lequel était venue fondre la mort. Pendant ce temps, on prit des arrangements pour l'avenir. Beekman, instruit des sentiments qui existaient entre son beau-frère et Maud, leur conseilla de se marier immédiatement.

— Soyez heureux puisque vous le pouvez, leur dit-il. Nous vivons dans des temps de trouble, et le ciel seul sait quand tout ira mieux. Maud n'a pas de parents en Amérique, à moins que ce ne soit dans l'armée anglaise. Quoique nous soyons tous heureux de protéger et de chérir cette chère fille, elle préférera probablement se rapprocher de ceux que la nature lui a donnés pour amis. Elle sera toujours ma sœur et vous serez toujours mon frère. En vous mariant, toutes les apparences d'inconvenance seront évitées. Et plus tard, quand tout sera calmé, vous pourrez mettre votre femme en rapport avec ses parents anglais.

— Vous oubliez, Beekman, que vous parlez à un prisonnier sur parole, à un homme qu'on peut traiter comme un espion.

— Non, c'est impossible. Schuyler, notre noble commandant, est un homme juste et bien élevé. Il ne tolérera rien de semblable. Votre échange sera facilement effectué, et je puis m'engager à vous protéger.

Willoughby n'avait pas de répugnance à suivre cet avis, et il tâcha de faire comprendre à Maud que c'était le parti le plus sûr et le plus prudent qu'ils eussent à prendre. Mais notre héroïne avait une telle répugnance à s'occuper de projets de bonheur, si peu de temps après les pertes qu'elle avait faites, qu'il ne fut pas facile de la persuader. Elle n'y mettait aucune affectation, car elle avait trop de bon sens pour cela. Ses relations avec Robert Willoughby étaient très-affectueuses, elles n'avaient pas besoin d'être cachées, et se trouvaient encore plus sacrées à cause des scènes qui s'étaient passées. Elle ne se faisait aucun scrupule d'avouer son amour, mais elle n'osait pas se marier tandis que les taches de sang étaient encore autour des siéges où s'asseyaient ses parents. Elle les voyait encore à leurs places habituelles, elle entendait leurs rires, le son de leurs voix chéries, le murmure maternel, les jeux, les reproches du père et les douces appellations de Beulah.

— Pourtant, Robert, disait Maud, car elle l'appelait maintenant ainsi, trouvant le nom de Bob trop familier; pourtant, Robert, ce serait une satisfaction, une triste satisfaction de nous unir à l'autel de la petite chapelle, où nous avons si souvent prié ensemble avec ceux que nous pleurons.

— C'est vrai, ma chère Maud, et il y a encore une autre raison pour ne partir d'ici que mariés. Beekman m'a avoué qu'on élèvera probablement une discussion à Albany sur la nature de ma visite à la Hutte, et il lui serait facile de la justifier en me montrant comme un fiancé et non comme un espion.

Ce mot d'espion vainquit les scrupules de Maud. Toutes les considérations ordinaires s'effacèrent devant les appréhensions, et Maud consentit à se marier le jour même. La cérémonie fut faite par M. Woods, et la petite chapelle se trouva témoin des larmes données aux souvenirs, et des sourires avec lesquels la jeune mariée reçut l'ardent baiser de son époux, quand la bénédiction fut prononcée. Tout le monde trouvait que, vu les circonstances, un délai n'eût pas été sage. Maud vit une sainte solennité dans cette cérémonie liée à des scènes si tristes.

Un jour ou deux après le mariage, tous ceux qui étaient encore à la Hutte la quittèrent ensemble. Les objets de quelque valeur furent empaquetés et transportés sur des bateaux qui se trouvaient dans le ruisseau au bas des moulins; les bestiaux furent rassemblés et conduits vers les établissements. Des chevaux furent préparés pour Maud et les femmes, et l'on se dirigea vers le fort Stanwix. En un mot, le Rocher fut quitté comme n'étant pas habitable pendant une telle guerre. En effet, les travailleurs seuls auraient pu rester, et Beekman pensa qu'il était plus sage d'abandonner entièrement cet endroit pour quelques années.

Des confiscations avaient déjà été faites, et Willoughby craignant qu'on ne s'emparât de ses propriétés, investit le petit Evert du droit de recevoir une portion des revenus du capitaine. Comme il n'existait pas de testament, le fils héritait de droit; en conséquence, un acte fut rédigé par M. Woods, qui connaissait les affaires, et la propriété de l'Étang des Castors fut érigée en fief pour l'enfant. Trente mille livres qui étaient à lui, ce qui lui revenait de sa mère, la dot de Maud, enfin sa commission de major, formaient une somme considérable pour le nouveau marié.

Quand tout fut arrangé, Willoughby se trouva possesseur de trois ou quatre mille livres sterling de rente, indépendamment de la solde qu'il recevait du gouvernement britannique, et c'était pour l'époque une immense fortune. En examinant les comptes de

Maud, il eut lieu d'admirer la rigide justice et la libéralité avec laquelle son père avait administré cette fortune. Tout avait été transformé en un capital qui avait presque doublé. Sans le savoir, il avait épousé une des plus riches héritières des colonies américaines. Maud l'ignorait aussi, et quand elle l'apprit, elle en fut enchantée à cause de son mari.

En peu de temps, on arriva à Albany, quoique non sans difficultés. Là on se sépara. Pline l'Ancien et la petite briseuse furent mis en liberté ; on leur donna ce qui leur était nécessaire pour leurs petits besoins, et on leur procura de bonnes places. Mike annonça sa résolution d'entrer dans un corps de troupes expressément destiné à combattre les Indiens. Il avait un compte à régler avec eux, et, n'ayant ni femme ni enfant, il pensa qu'il pourrait s'amuser dans cette guerre aussi bien que dans une autre.

— Si Votre Honneur se rapproche du comté de Leitrim, dit-il à Willoughby qui lui offrait de le garder près de lui, je voyagerai volontiers avec vous, car un homme aime à revoir ses vieilles connaissances. Je vous remercie de cette bourse pleine d'or que vous m'avez donnée, elle me servira à acheter des couteaux à scalper, car le diable me brûle si je ne m'occupe pas de ça à l'avenir. Trois coups de couteau dans le côté, une balle qui m'a emporté un petit morceau de la tête, rappellent à un homme ce qui est arrivé ; et encore je ne parle pas du capitaine, de mistress Willoughby et de miss Beuly. Que Dieu les à bénisse jamais, et s'il y a seulement une église dans ce pays j'userai mon or à leur faire dire des messes. Et puis je scalperai aussi.

Tels étaient les projets de Michel O'Hearn. Les arguments de Willoughby ne purent rien changer à sa résolution. Il était déterminé à illustrer sa carrière en se procurant des chevelures d'Indiens, pour leur faire expier ce qui avait été fait à mistress Willoughby et à miss Beulah.

— Et vous, Joyce, dit le major dans une entrevue qu'il eut avec le sergent peu de temps après leur arrivée à Albany, vous êtes des nôtres, n'est-ce pas ? Grâce au zèle et à l'influence du colonel Beekman, je suis déjà échangé, et je me rendrai à New-York la semaine prochaine. Vous êtes soldat, et dans le temps où nous sommes, un bon soldat est à considérer. Je crois que je puis vous promettre une commission dans un des nouveaux régiments provinciaux qu'on va lever.

—Je remercie Votre Honneur, mais je ne me sens pas la liberté d'accepter cette offre. J'ai pris pour la vie du service avec le capitaine Willoughby. S'il avait vécu, je l'aurais suivi partout où il m'aurait mené, mais cet engagement est expiré. Je ne comprends pas la politique, mais quand la question est de tirer un coup de fusil pour ou contre son pays, un homme sans engagement a le droit de choisir. Je ne veux pas vous faire de reproches, major Willoughby, vous serviez avant la guerre, mais à choisir entre les deux partis, je me battrais plutôt contre un Anglais que contre un Américain.

— Vous pouvez avoir raison, Joyce. J'espère que vous suivrez les impulsions de votre conscience, comme je le fais moi-même. Cependant, nous ne nous rencontrerons jamais les armes à la main, si je puis faire autrement. Il est question de me nommer lieutenant-colonel, ce qui me ferait aller en Angleterre. Je ne resterai pas une heure de plus dans ces colonies, si cela est en mon pouvoir.

— Avec votre permission, major Willoughby, répondit le sergent, j'en suis content, car quoique je désire que mes ennemis soient de bons soldats, je ne voudrais pas voir le fils de mon vieux capitaine au milieu d'eux. Le colonel Beekman m'a offert le grade de sergent-major dans son propre régiment, et je rejoindrai avec lui la semaine prochaine.

Joyce devint sergent-major, puis lieutenant, puis adjudant.

Il se trouva aux principales batailles, et quand la paix arriva, il se retira avec une excellente position.

Dix ans plus tard, il fut tué dans un de ces meurtriers combats d'Indiens qui eurent lieu dans les premiers temps de la présidence; il était alors capitaine d'infanterie.

Il n'y eut pas lieu de le regretter, puisqu'il mourut comme il l'avait toujours désiré. Mais, par un singulier hasard, ce fut Mike qui trouva son corps et le protégea contre les mutilations. L'homme du comté de Leitrim s'étant fait soldat par nécessité, il se réengageait aussitôt qu'il était libre, et il se vengeait des Indiens toutes les fois qu'il en trouvait l'occasion.

Blodget avait suivi Joyce à la guerre. L'intelligence et la bonne volonté du jeune homme, unies à un courage éprouvé, lui firent faire un chemin rapide, et après la révolution il était capitaine. Son esprit, ses manières, son instruction firent aussi des progrès, il devint général de milice, lui qui avait été caporal à la Hutte; il fut aussi député. Beaucoup d'hommes moins capables que lui furent employés, et aux funérailles du général Blodget on put dire qu'un des héros de la révolution venait de mourir. On n'avait jamais vu sourire Beekman depuis qu'il avait relevé le corps inanimé de Beulah. Il servit fidèlement et fut tué dans une bataille quelques mois avant la paix. Son fils l'avait précédé au tombeau, laissant son oncle héritier de la propriété qu'il lui avait conférée.

Willoughby et Maud s'étaient transportés à New-York, où le major rejoignit son régiment. Notre héroïne rencontra là son grand-oncle, le général Meredith, le premier de ses parents qu'elle eût vu depuis son enfance. La bonne réception qu'elle en reçut la remplit de reconnaissance, et trouvant en lui de la ressemblance dans l'âge, dans l'apparence, dans les manières, avec le capitaine, elle reporta sur le vieillard cette affection qu'elle avait crue enfermée dans le tombeau de son père adoptif. Le général s'attacha à sa charmante nièce, et dix ans après, son héritage vint doubler la fortune de Willoughby.

Au bout de six mois, la gazette qui arrivait d'Angleterre annonça la promotion de sir Robert Willoughby, baronnet, ex-major dans le —— régiment d'infanterie, au grade de lieutenant-colonel de Sa Majesté dans le —— régiment d'infanterie. Willoughby quitta alors l'Amérique.

Il ne nous reste plus que peu de chose à dire de la guerre.

L'indépendance de l'Amérique fut reconnue par l'Angleterre en 1783, et, immédiatement après, les républicains commencèrent à cultiver leurs domaines d'une manière plus paisible.

En 1785, on s'occupa de la région montagneuse où se sont passées les principales scènes de notre histoire. Les Indiens en avaient été expulsés par les événements de la révolution, et les anciens propriétaires cherchaient à reprendre possession de leurs terres. Les familles isolées, qui s'étaient réfugiées dans les établissements, revenaient chez elles; et bientôt la fumée qui s'éleva des défrichements obscurcit le soleil. Whitestown, Utica, à la place du vieux fort Stanwix, de Cooperstown, furent bâties entre les années 1785 et 1790.

Oxford, Binghamton, Marwich, Sherburne, Hamilton et vingt

autres villes qui couvrent maintenant le pays que nous avons décrit, n'existaient pas même de nom.

Les dix années qui s'écoulèrent entre 1785 et 1795 changèrent tout ce district montagneux. Des terres mieux cultivées s'étendaient du côté de l'ouest, mais le défaut de routes et l'éloignement des marchés entravaient un peu les travaux. Quelques années après, quand la paix fut proclamée, les émigrés qui s'étaient éloignés revinrent en foule dans les endroits dont nous avons parlé dans notre premier chapitre. Ce pays forme aujourd'hui plusieurs comtés, et alors il n'y en avait qu'un.

La *Gazette de New-York*, journal assez exact, annonça dans son numéro de 11 juin 1795 la nouvelle suivante : « Le paquebot de Sa Majesté vient d'arriver, et parmi ses passagers se trouvent le lieutenant général sir Robert Willoughby et sa femme, tous deux natifs de l'Amérique. Nous sommes heureux de les revoir dans leur pays natal, où nous pouvons leur assurer qu'ils seront cordialement reçus, malgré les vieilles querelles. On se souvient avec reconnaissance de la bonté du major Willoughby pour les prisonniers américains, et l'on n'a pas oublié qu'il a désiré changer de régiment afin d'éviter de servir plus longtemps contre sa patrie. »

La visite de sir Robert et de lady Willoughby dans leur pays natal avait pour but d'abord de le revoir, et puis de s'occuper de la fortune future de leurs enfants. Le baronnet avait racheté l'ancienne propriété de sa famille en Angleterre, et ayant deux filles et un seul fils, il pensa que ce qu'il possédait en Amérique, c'est-à-dire la Hutte du Rocher, pourrait, avec le temps, augmenter leurs possessions. D'ailleurs, lui et sa femme avaient un grand désir de revoir ces lieux où ils avaient appris à s'aimer, et où étaient encore les restes de ceux qui leur avaient été si chers.

La cabine d'un sloop fut louée, et sir Robert, sa femme, deux domestiques et une espèce de courrier américain, engagé pour le voyage, s'embarquèrent le matin du 25 juillet. L'après-midi du 30, le sloop arriva en sûreté à Albany, et une voiture fit le reste du chemin. On prit la route du vieux fort Stanwix ; c'est ainsi qu'on appelait encore Utica. Nos voyageurs y arrivèrent le soir du troisième jour. Alors il fallait la moitié d'un jour pour traverser les sables ; aujourd'hui on y met moins d'une heure. Depuis le fort Stanwix la route était passable, et l'on voyagea jusqu'à ce qu'on eût atteint une auberge qui au confortable d'une civilisation grossière unissait la simplicité des frontières. Là on leur dit qu'ils n'avaient plus qu'une douzaine de milles à faire pour arriver au Rocher.

Il fallut faire le reste du voyage à cheval. Une grande propriété déserte était entre le grand chemin et la vallée; aucune route publique ne la traversait. Les sentiers abondaient, et le ruisseau fut trouvé sans difficulté. Il fut peut-être heureux que la Hutte ne se trouvât pas sur une route fréquentée, et en parcourant le sentier qui suivait les sinuosités du ruisseau, Willoughby vit qu'on y avait rarement marché dans l'intervalle de dix-neuf ans qui s'était écoulé depuis qu'il ne l'avait vu. L'évidence de ce fait augmenta quand ils remontèrent le ruisseau pour atteindre le moulin, où l'esprit de destruction, qui prévaut si facilement dans les nouveaux pays, s'était mis à l'œuvre. Les bâtiments avaient été brûlés, probablement parce qu'ils se trouvaient au pouvoir de quelques vagabonds malfaisants. Quelques-unes des machines furent transportées ailleurs, car dans les établissements des frontières on considère l'abandon temporaire d'une propriété comme un abandon complet.

Ce fut un moment de peine et de plaisir pour Maud et pour Willoughby que celui où ils atteignirent les rochers et aperçurent l'ancien étang des Castors. Les bâtiments étaient debout, et le temps les avait à peine altérés. Les portes avaient été assurées, quand on quitta l'habitation en 1776, et la Hutte n'ayant pas de fenêtres extérieures par lesquelles on pût s'y introduire, elle était restée complètement intacte. La moitié des palissades étaient pourries, mais la maison elle-même avait résisté aux ravages du temps. On y avait mis le feu, mais les murs de pierre opposaient un obstacle invincible; on avait jeté un tison sur le toit, mais le coup manqua et les lattes ne s'enflammèrent pas. La serrure de la porte intérieure n'avait pas été touchée, on l'ouvrait facilement, et nos voyageurs se trouvèrent dans la cour.

Quel moment que celui où Maud, maintenant habituée au luxe d'une maison anglaise, entra dans ce lieu chéri, témoin des premières émotions de sa jeunesse. De longues herbes avaient poussé dans la cour, elles furent bientôt arrachées, et l'on put facilement examiner la maison. La Hutte était exactement dans le même état où elle avait été laissée, sauf la poussière qui s'y était amassée.

Maud était encore dans la fleur de la beauté, aimante et aussi sincère que lorsqu'elle avait quitté ces bois ; seulement son ardeur avait été un peu tempérée par le temps. Elle alla de chambre en chambre, suspendue au bras de Willoughby, après avoir défendu qu'on les suivît. Tous les meubles avaient été laissés dans la maison. La bibliothèque était presque entière. Les chambres à coucher, les parloirs et même l'atelier de peinture furent trouvés dans le même état que si on ne les avait abandonnés que depuis quelques mois. Des larmes coulèrent sur les joues de lady Willoughby en revoyant ces lieux, et elle rappela à son mari les différents événements qui s'y étaient passés. Ils restèrent ainsi une heure ou deux pendant que les domestiques, prenant posession des offices, etc., s'occupaient de faire de la Hutte une maison habitable. Bientôt on leur annonça que les faucheurs avaient coupé les herbes jusqu'aux ruines de la chapelle et sur les tombeaux de la famille.

Le soleil allait se coucher et l'heure était favorable pour le triste devoir qui restait à remplir. Willoughby et Maud se dirigèrent seuls vers les tombes. Elles avaient été creusées dans un petit bosquet d'arbrisseaux planté par le pauvre Jamie Allen, sous la direction de Maud, qui avait pensé qu'on pourrait un jour avoir besoin de cet endroit. Ces arbustes, composés de lilas et de seringats, avaient rapidement crû dans ce riche sol. Ils cachaient complétement un espace de cinquante pieds carrés. Une ouverture faite par les faucheurs donnait accès jusqu'aux tombes. Comme ils arrivaient, Willoughby tressaillit en entendant des voix dans l'enclos. Il se disposait à renvoyer les intrus, quand Maud lui pressa le bras et lui dit tout bas :

—Écoutez, Willoughby. Ces voix résonnent étrangement à mes oreilles ! nous les avons entendues autrefois.

—Je vous dis, Nick, vieux Nick, ou Saucy Nick, ou quel que soit votre nom, disait quelqu'un avec un accent irlandais très-marqué, que Jamie le maçon est devant vous, sous ce monticule de gazon. Et Son Honneur, et la maîtresse, et miss Beuly sont enterrés ici. Och ! vous n'êtes bon, Nick, qu'à prendre des chevelures ; mais vous ne comprenez rien aux tombeaux, quoiqu'il y en ait une quantité que vous avez contribué à remplir.

— Bon, répondit l'Indien. Capitaine ici, femme là, fille ici, où est le fils ? où est l'autre fille ?

—Ici, répondit Willoughby en amenant Maud dans le taillis ;

je suis Robert Willoughby, et voici Maud Meredith, ma femme.

Mike tressaillit, il se disposait même à saisir un mousquet qu'il avait posé sur l'herbe. Pour l'Indien, un arbre de la forêt n'aurait pu être plus immobile que lui à cette interruption inattendue. Ils restèrent tous quatre silencieux, examinant les changements que le temps avait apportés en eux.

Willoughby était dans la force de l'âge. Il avait servi avec distinction. Sa physionomie militaire avait un air de robuste vigueur. Maud, dont les gracieuses formes étaient bien dessinées par son amazone, Maud, dont les traits délicats étaient toujours purs, ne paraissait pas avoir plus de trente ans, quoiqu'elle en eût réellement dix de plus. A l'égard de Mike et de Nick, c'était bien différent. Ils avaient vieilli, non-seulement de fait, mais encore en apparence. L'Irlandais approchait de soixante ans. Son visage rude, hâlé, rouge comme le soleil vu à travers un brouillard, se ressentait des fatigues et du Santa-Cruz; il était ridé, un peu maigri. Mike était toujours robuste et fort. Son aspect n'était pas des plus beaux, et l'on voyait d'un coup d'œil qu'il était militaire. On avait refusé d'engager de nouveau ce pauvre garçon à cause de ses infirmités et de son âge, et l'Amérique n'était pas alors en état de faire une retraite à ses vétérans. Cependant il recevait une pension à cause de ses blessures, et l'on ne pouvait pas dire qu'il fût dans le besoin. Il avait été blessé à la même bataille que Joyce dans la compagnie duquel il était caporal, mais le brave commandant avait succombé dans le combat.

Wyandotté était encore plus changé. Il comptait soixante-dix années, et il s'inclinait vers la tombe. Ses cheveux étaient devenus gris; son corps, quoique toujours actif et vigoureux, n'aurait pu soutenir les marches extraordinaires dont il s'acquittait si bien autrefois. Son costume n'avait rien de remarquable, il était toujours à peu près le même. Willoughby observa que son œil était moins féroce, et que tout symptôme d'intempérance avait disparu.

Au moment où Willoughby parut, un changement marqué se fit dans la contenance de Nick. Son œil sombre, qui avait encore beaucoup d'éclat, se tourna vers la chapelle voisine, et il parut soulagé quand un craquement dans les broussailles annonça quelqu'un. On n'avait pas encore parlé que les lilas s'écartèrent, et un homme de petite taille, âgé, mais encore vert et vigoureux, s'approcha. C'était M. Woods. Willoughby n'avait pas vu le chapelain depuis le départ pour Albany, et les compliments furent aussi sincères que l'entrevue avait été inattendue.

— J'ai vécu d'une vie d'ermite, mon cher Bob, depuis la mort de vos parents, dit le ministre en essuyant ses yeux pleins de larmes. De temps en temps une lettre de vous ou de Maud me redonnait du courage. Je vous appelle toujours Maud et Robert, car ce sont les noms que je vous ai donnés au baptême, et que vous portiez quand je vous ai mariés devant l'autel de ce petit édifice. Vous me pardonnerez si je suis trop familier avec un officier-général et sa dame.

— Familier! s'écrièrent-ils tous deux, et Maud tendit sa blanche main au chapelain avec empressement. Familier! vous qui nous avez faits chrétiens et que nous avons tant de raisons pour ne jamais oublier et pour aimer toujours!

— Bien, bien. Je vois que vous êtes toujours Robert et Maud, dit le chapelain pendant que les larmes inondaient ses yeux. Oui, je vous ai portés tous deux dans l'église de Dieu sur la terre, et vous avez été baptisés par un homme qui a reçu son ordination de l'archevêque de Cantorbéry lui-même. Il n'a jamais oublié ses vœux. Mais vous n'êtes pas les seuls chrétiens que j'aie faits. Je compte maintenant Nicolas dans ce nombre.

— Nick! interrompit sir Robert.

— Wyandotté, ajouta sa femme avec un tact plus délicat.

— Je l'appelle Nicolas depuis qu'il a été baptisé sous ce nom. Il n'y a plus de Wyandotté, ni de Saucy Nick. Major Willoughby, j'ai un secret à vous communiquer. Je vous demande pardon, sir Robert, vous m'excuserez. C'est une vieille habitude. Voudriez-vous prendre ce chemin?

Willoughby resta à l'écart avec le chapelain pendant une demi-heure; Maud pleurait sur les tombes, et les autres gardaient un silence respectueux. Nick était immobile comme une statue. Son air était contrit, son œil baissé et sa poitrine agitée. Il savait bien que le chapelain racontait à Willoughby la manière dont il avait tué son père. Enfin ces deux derniers revinrent lentement vers les tombeaux, le général agité, rouge, les sourcils froncés, M. Woods l'air calme et rempli d'espérance. Willoughby avait accordé aux raisonnements et aux arguments du chapelain le pardon de Nick, mais avec répugnance, et peut-être moins comme chrétien que parce qu'il n'aurait pu convenablement se venger.

— Nicolas, dit le chapelain, j'ai tout dit au général.

— Il le sait! s'écria l'Indien avec un tressaillement énergique.

— Je le sais, Wyandotté, et j'ai été bien fâché de l'apprendre. Vous me rendez bien malheureux.

Nick était terriblement agité. Sa jeunesse et ses premières opinions combattaient avec les idées qui lui étaient venues plus tard. Le résultat de ce combat était un sauvage mélange de ses notions de justice indienne et de sa soumission aux dogmes de sa foi nouvelle, qu'il ne comprenait encore qu'imparfaitement. Ses premières impressions prévalurent un moment. Il s'avança d'un pas ferme vers le général, lui mit dans les mains son tomahawk brillant et affilé, croisa les bras sur sa poitrine, baissa un peu la tête et dit :

— Frappez. Nick a tué le capitaine, que major tue Nick.

— Non, Tuscarora, non, répondit sir Robert Willoughby dont l'âme s'attendrit à cet acte d'humble soumission. Que Dieu vous pardonne dans le ciel, comme je vous pardonne ici.

Un sourire sauvage illumina le visage de l'Indien, il serra les deux mains de Willoughby dans les siennes, et murmura ces mots : Dieu pardonne; puis il leva les yeux au ciel et tomba mort sur la tombe de sa victime. On pensa que l'agitation avait accéléré la crise qui devait résulter d'une maladie incurable du cœur.

Quelques minutes de trouble suivirent. Mike, la tête nue, le visage rouge et courroucé, tira de ses poches un cordon d'objets hideux et étranges, et les posa à côté de l'Indien. C'étaient des chevelures humaines, rassemblées par Mike dans le cours de ses campagnes.

— Nick, s'écria-t-il, si j'avais su ce qui est arrivé, je n'aurais jamais fait de campagne avec vous. Ah! c'est une bien mauvaise action que cent confessions pourraient à peine effacer de votre âme. Il est pourtant bien malheureux que vous soyez mort sans avoir reçu l'absolution d'un prêtre. Si nous n'avions pas vécu en bons compagnons, j'aurais mis votre chevelure avec le reste, comme une offrande à Son Honneur, à la maîtresse et à miss Beuly.

— Assez, interrompit sir Robert Willoughby avec une autorité à laquelle les habitudes militaires de Mike ne purent résister. Il s'est repenti et il est pardonné. Maud, mon amour, il est temps de quitter ce triste lieu; nous aurons l'occasion d'y revenir.

M. Woods prit possession de la Hutte comme d'une espèce d'ermitage, pour y passer le reste de ses jours. Il avait travaillé courageusement à la conversion de Nick, en reconnaissance de ce que celui-ci avait combattu pour défendre les femmes.

Il se sentait maintenant un ardent désir d'arracher l'Irlandais aux superstitions qu'il regardait comme des erreurs aussi fatales que celles du paganisme. Mike consentit à passer le restant de ses jours au Rocher, qui fut restauré par ses soins et par ceux du chapelain.

Sir Robert et lady Willoughby passèrent un mois dans la vallée. Nick avait été enterré dans le taillis, et Maud avait regardé cet étrange mélange de tombes avec l'œil d'une chrétienne et les tendres regrets d'une femme. Le jour que le général et sa femme quittèrent la vallée, ils firent une dernière visite aux tombeaux. Maud pleura pendant une heure, puis son mari passant un bras autour de sa taille, l'entraîna doucement en lui disant :

— Ils sont au ciel, ma chère Maud. Ils regardent avec amour ceux qu'ils ont tant aimés sur la terre. Wyandotté a vécu selon ses habitudes et son intelligence, et il est heureusement mort dans les convictions d'une conscience dirigée par les lumières de la grâce divine. Si cet homme a été impitoyable dans sa vengeance, il s'est souvenu des bontés de ma mère et son sang a coulé pour elle et ses filles. Sans lui, ma vie serait privée de votre amour, ma précieuse Maud. Il n'a jamais oublié un bienfait ni pardonné une injure.

FIN DE WYANDOTTÉ.

www.ingramcontent.com/pod-product-compliance
Lightning Source LLC
Chambersburg PA
CBHW050549170426
43201CB00011B/1621